大津淳一郎著
野口勝一批點・大津淳一郎著述

大正三年再版
明治十三年出版

帝國憲政と道義

附 日本官吏任用論 全

日本立法資料全集 別巻 1238

信山社

注記

大津淳一郎著『帝國憲政と道義』の復刻に際し、大津淳一郎最初の著作である『日本官吏任用論　全』を合本の上、これらを併せ復刻することとした。復刻底本の詳細は、次の通りである。

大津淳一郎著『帝國憲政と道義』（元元堂書房、再版、一九一四〔大正三〕年）

野口勝一比點・大津淳一郎著述『日本官吏任用論　全』（金港堂本舗、一八八〇〔明治一三〕年）

なお、『帝國憲政と道義』は、書誌情報検索によると、一八八二（明治一五）年、一九一二（明治四五）年、一九一四（大正三）年の三度にわたって刊行されたようである。

〔信山社編集部〕

賜天覽

大津淳一郎著

（再版）

帝國憲政と道義

元元堂書房藏版

一　帝國憲政と道義　　四冊
右
天皇
皇后兩陛下
皇太子同妃兩殿下へ獻納被致候に付
御前へ差上候此段申入候也
明治四十五年四月二十三日
宮内大臣伯爵　渡邊千秋
衆議院議員　大津淳一郎殿

執奏を宮内大臣に請ふの表

恭しく惟ふに、赫赫たる神州
皇祖
皇宗極を立て統を垂れ、萬世一系、寶祚の隆なる天壤と共に窮り無き所以のものは、未だ嘗て斯道に由らずむばあらざる也。 斯道や是れ
皇祖
皇宗の遺訓にして、道義の由て以て發する所、國體の由て以て基く所、天の則たり、地の紀たり。 我

皇上陛下、卽位の初め、遠くは
祖宗の遺訓を繼述して、復古の隆運を啓き、近くは
先帝の偉業を恢弘して、進取の國是を定め、內は立憲の宏謨を肇めて、帝國の文明を進め、外は征露の大役を興して、東亞の平和を維ぎ、由て以て國光を宇內に宣揚す維れ神、維れ聖、允に文、允に武、國運の隆昌、曠古以來、未だ嘗て有らざる所なり。
今や、五洲對峙、列國の進取益、急にして、國際の競爭益、劇しく、東亞の形勢愈、逼りて、帝國の任務愈、重し。此時に當り、帝國臣民たるもの、宜しく

祖宗の遺訓を恪守し、克く忠、克く孝、其德を一にし、其心を同うし、鞠躬盡瘁以て其天職を竭さゞる可からず。然れども、凡そ物一利あれば一害なき能はず。物質的文明の流行漸く熾にして、精神的文明の要素漸く滅じ、奢侈の俗、日に長じて、醇厚の風、日に消し、滄海横流、殆ど底止する所を知らず、帝國固有の道義、蕩然として將に地を掃むとす。語に曰く、禮義廉恥は國の四維、四維張らざれば、國必ず亡ぶと。是れ淳一郎の夙夜痛嘆大息、禁ずること能はざる所なり。淳一郎菲才薄德、叨に衆議院議員の職を汚すこと、玆に二十有餘年。未だ嘗て涓埃の以て國恩に報ずる所あらず、牆面の陋、尸素の識、免れ難し、一念茲に至る毎に將に慙死せむとす。惟、一片耿耿の心、默せむと欲して默すること能はず、私に鄙見を述べ、題して『帝國憲政と道義』と曰ふ。事、國體に係り、
皇祖
皇宗の遺訓、
列聖の詔勅を引證するもの尠なからず。因て之を世に公にするに際し、閣下の內覽を經、謹みて
乙夜の覽に供し奉らむと欲す。區區の鄙著、固より道

ふに足らずと雖も、其志、一に憂國の誠、已むこと能はざるに出づ。幸に閣下に由て、天覽の榮を辱うすることを得ば、則ち、淳一郎の本懷、亦之に過ぎざるなり。故に譾劣を顧みず、茲に一本を上進す。冀くは閣下、淳一郎の微衷を容れ給はむことを。

明治四十五年四月　日

衆議院議員　大津淳一郎

宮內大臣伯爵　渡邊千秋閣下

帝國憲政と道義の再版に就て

大日本帝國は國家主義を以て肇造せられたり、帝國臣民は克く忠に克く孝に以て國體を擁護し、國運を發展せしめたり、帝國の忠孝は一致にして國家主義の要素なり、光輝ある三千載の歴史の成績を貽したるもの是れ之れに由る、開國の國是を執りしより外國の智識輸入せられ隨て帝國の文明を進めたりと雖、之れと同時に愛本位なる個人主義も亦輸入せられ、帝國臣民の精神を刺擊し思想頗る混亂を來したり、智識を世界に求め大に皇基を振起すべしとは五條誓文に宣せられたりと雖、一般臣民が帝國肇造の本義たる國家主義を遵奉し、以て其任務を竭すべきは論を俟たざるなり、然るに個人主義蔓延して國家主義を蠶食し、愛本位横流して忠孝の道義を汩沒せしむるに至ては、帝國の前途實に憂慮に堪へざるものあり、余不敏なりと雖、現代の狀勢を目擊し、一片耿々の志禁ぜんと欲して禁ずる能はず、曩きに『帝國憲政と道義』一篇を草して之を世に公にしたるもの、是れ聊が帝國の臣民として帝國を肇造せられたる皇祖皇宗及び祖先の神靈に報へむとするに外ならず。

今や吾人の時勢に對する憂慮は益す深く愈よ切なるものあり、國家の樞機に當るの大臣にして肇國の本義たる國家主義の訓を普及せしめ、以て國體を擁護して國性を發揮せしむるに努めず、却て個人主義を歡迎し之をして帝國の風教を扶けしめむとするが如き行動を敢てするあり、國家高等の教育を司どる博士等にして國家主義を誹議して個人主義を皷吹するものあり、愛本位の宗敎は其間に於て翅を伸べて布敎の慾を逞するに至る、是に於て帝國臣民の思想は彌ょ混亂し、益す惑溺し抵止する所を知らざるもの、又已を得ざるの結果なり、今本篇を再版するに當り言の之れに及ふなき能はず、故に其重なる一二を採て論述し以て讀者に問ふも亦無益の業に非るべきを信ず。

山本内閣は昨年夏季に於て行政改革を斷行したり、是れ久しく輿論の希望したる所にして頗る時機を得たるものなり、然れども物に本末あり、事に輕重あり、能く其本末輕重を審にして之を斷行するに非れば啻に其効果を收め得ざるのみならず、却て大害を國家に及ほすなきを保たざるなり、而して行政改革の結果如何を察するに悉く本末を失し、輕重を謬りたるものなりと言ふにあらずと雖、事頗る末節に似て其實帝國の國體に關し國性に及ぼす重大なるものに於て其改革の宜しきを得ざるものあり、何ぞや曾て內務省に設けある所の宗務局を文部省に移したる一事是れなり、奥田文部大臣は法律博士にして、鋭敏の士、精透の識、之を既往の大臣に比し、優に一頭地を拔くもの、此人にして此政務に當る、必ずや帝國臣民の思想を統一するに於て眼を拭ふて視るべきもののあるを信せり、何ぞ圖らむ就任の初に於て神社局を文部省に移すにあらずして却て宗務局を文部省に移さんとは。

帝國憲法は第二十八條を以て國家の安寧秩序を妨げず及臣民たるの義務に背がざる限りに於て信教の自由を有すと欽定せられたり、されば帝國臣民は宗教信仰の自由を有すと雖、絕對的に信仰の自由を有するものにあらざるなり、國家の安寧を害し秩序を紊し、臣民の義務に背反するに於ては何時にても之を禁遏すべきものに屬す、故に國家は常に宗敎に對しては國家の安寧秩序を妨けざるや否や、臣民たるの義務に背かざるや否やを監視し、之れが取締を爲すの必要を認むるのみ、國家として臣民が宗敎の信仰上に向て之を抑制する能はざると同時に之を奬勵するの權能を有せざるや明かなり、唯國家の治安を保たしめむか爲め臣民の行動を警戒するは當に內務大臣の職責に屬す、文部大臣は臣民の行動を監視し警戒し取締を爲すの職權を有せざるなり、國家の宗敎に對する政務は、集會政社法、及び出版法、及び新聞紙法の取締に於けると亦何の異なる所あらむや、故に宗務局の內務省に設置せられたるは正に理の當然にして深く怪むに足らざるなり。

文部大臣なるものは國家教育を臣民に普及せしむるの極めて重大なる職權を有し、文部省は專ら教育の政務を掌る所たり、今や帝國の學校教育は智識の普及に偏倚しつゝあるを免れずと雖、抑も明治天皇の明治二十三年十月三十日を以て下し給へる勅語は、臣民をして向ふ所の精神思想を訓示せられたる儼乎たる教育の方針なり、是れ明治天皇の下し給ひる所なりと雖、其文に宣せられたる如く、帝國肇造の鴻謨、宏猷にして皇祖皇宗の遺訓、吾人祖先の遺教なり、是れ則ち忠孝を淵源とするの國家主義にして愛本位の個人主義に非るなり、大慈大悲の教にあらざるなり、帝國臣民の精神上に於ける教育は國家主義たらざるべからず、忠孝本位ならざるべからざるや論なきなり、世人は此勅語を教育の勅語と命名し、文部省は各學校に令して常に之を捧讀せしむ、帝國の臣民を敎育するの方針は肇國の當時に確定し、列聖之を繼述し、更に明治天皇の宣示せられたる所なり、我臣民の精神思想は之に據らしめざるべからざると共に、學校敎育の方針も亦之れに據らしめざるべからざるの大責任を有するは文部大臣にあるや瞭々として明かなり、知らず奥田文部大臣は此勅語を記臆せらるゝや否や。

文部大臣の職權、文部省の政務なるもの前に述ぶるが如し、宗敎の取締を掌るものにあらざるなり、治安警察を司るものにあらざるなり、若し夫れ敎育上に於て安寧を妨け、秩序を紊し、臣民の義務を盡さざるが如き不穩の事柄ありとせば、之を內務大臣に移して處理決定を求むべきは理の當然なり、帝國政府の宗敎に對する政務は帝國憲法第二十八條に於て明かなり、文部大臣の關すべきものに非るなり、文部省は宗教と總て沒交渉のものなりと謂はざる可らず、去れば吾人は山本内閣の行政改革に於て、内務大臣の管掌せらるゝ内務省中に設けある宗務局を、文部大臣の管掌せらるゝ文部省中に移設せられたるは、何の爲めなるやを知るに苦しむものなり、文部大臣の管掌する國家教育の方針たるや光明正大、之を天地神明に質して一點の疑だも臣民に懷かしむべきにあらず、帝國の既往は明治天皇の勅語の如く然り、肇國以來三千載一糸紊れざるの國家主義なり、忠孝の訓なり、明治天皇の勅語は之をして更に嚴たり、尊たり、明たり、白たらしめたるものなり、文部大臣たるもの深く此點に注意し、清淨無垢なる國家主義の教育方針に一點だも汚水を混入せしむべからざるなり。

吾人は斯の如く觀察し來れは、山本內閣の宗務局を移設したる所以のもの果して何の意味なるやを知るに苦まざるを得ざるなり、然れとも、意味なくして之を移設せるべき筈なければ山本內閣にありては、又奧田文部大臣にありては、正當の意味を有するものと見るより外なきなり、其意味とは何ぞや、嗚呼余れ之を得たり、奧田文部大臣は宗教の力に依賴して、我臣民の精神上の教育を助成せんと志したるに外ならざるべし、此の如きは宗教家の隨喜の淚を墮して奧田文部大臣の恩惠に感謝する所たるべしと雖、我帝國の教育方針としては果して如何と爲す、今帝國に行はるゝ宗教は佛、耶共に國家主義たる忠孝を本位とするの教にあらざるなり、耶蘇教に於ては愛本位にして全々忠孝を認めざるなり、個人主義にして國家主義にあらざるなり、今この愛本位にして忠孝を認めざる個人主義の教を國家教育の上に應用し、臣民の精神思想を涵養せむとするは、肇國の本義たる祖宗の遺訓を破壞するものにあらざるなきか、是れ少くとも祖宗の遺訓を藐視するものと言はざるべからず、帝國三千載の臣民の精神教育の方針を一變せんとするものたり、忠孝を本義とする國家主義を排斥して愛本位の個人主義を採用せむとするものなり、明治天皇の勅語を沒却し去らむとするもの也。

今上陛下至孝にして三年の喪に服す、之れ孝の本義を守らせ給へるなり、三年父の道を改めざるの孝道を政治の上に適用せらるゝの聖慮なること畏くも推測し奉るに難からざるなり、況んや明治天皇の定められたる教育方針は肇國の本義にして祖宗の遺訓たるに於てをや、山本內閣及び奧田文部大臣は聖慮の程を顧みず、明治天皇の陵土未た乾かざるの諒闇中に在て、早く既に天皇の定めさせ給ひし祖宗以來の教育方針を破壊するものと謂はざるべからず、僅かに一局の移設、頗る末節たり輕易たるに似て其實は帝國臣民、精神思想の消長如何に關す、卽ち肇國以來の、國是を破壊し、國家主義を執り忠孝の本義を守りたる帝國をして、今也個人主義を執り愛本位に向はしめむとするものなり、之を如何ぞ山本内閣の行政改革に於て本末、輕重を謬り、根本問題、重大事件に太だ甚だしき大失態を釀したりと絶叫せざるを得むや。

帝國大學教授に美濃部博士あり、帝國憲法を解釋して諸生に授け、天皇も巡査と同しく行政の機關なりと放言し得々たるの狀ありしと云ふ、余の頗る重大事件なりとする宗務局移設に對しては世論の湧起したるを聞かずと雖、美濃部博士の帝國憲法の解釋に對しては世論に於て問題たりしなり、故に玆に之を論ずるの要なきか如しと雖、現今の博士たる所謂時代の寵兒にして博士の稱號は大に世人に崇敬せられ、其議論の善惡邪正を判斷するに及ばずして之れに盲從する傾向あり、且博士と稱せば農、工、法、理、文、醫科を問はず、其述る所の精神上に於ても思想上に於ても、凡て博士の説なりとして盲從するも、精神上に於ける思想上に於ける帝國臣民の敎育に對して博士豈に悉く博士ならむや、只其學得したる科學上に於てこそ博士なれ、他の學科に於て焉むぞ博士たるの價値之れあらむや、美濃部博士は法科に屬すと聞く憲法の解釋一應聽くの價値なしとせざるなり、是れ世論の問題たりし所以なる歟。

帝國の現代は君主立憲政治なり、立憲君主政治にあらざるなり、世人動もすれば憲法政治を以て法治國なりと思惟するに至る、帝國に於ては憲法の上に君主乃ち萬世一系の天皇あるを忘るべからず、英國を始め其他の國に於ける憲法は民約に基き、人民の君主を抑制して承諾せしめたる憲法にして帝國憲法は天皇の欽定して臣民に附與せられたるの憲法なり、名は則ち均しく憲法なりと雖、頗る其憲法成立の基礎に異る所あるを知らざるべからず、故に憲法發布の詔書に曰く『朕、我が臣民は、卽ち祖宗の忠良なる臣民の子孫なるを回想し、其朕か意を奉體し、朕か事を奬順し、相與に和衷協同し、益々我が帝國の光榮を中外に宣揚し、祖宗の遺業を永久に鞏固ならしむるの希望を同くし、此の負擔を分つに堪ふることを疑はざるなり』と、宣せられたるを知るべきなり、乃ち負擔を憲法に於て分ち與へられたるものにして、天皇に迫て負擔を契約したるにあらざるなり、故に天皇は憲法の上に超然として國家の統治權を掌握せられ、憲法第三條に於て『天皇は神聖にして侵すべからず』と欽定せられたる所以なり、帝國は君主が憲法を造られて臣民に權利を附與せられたるものにして、英國の如く人民が憲法を作りて君主の權利を認定したるにあらず、憲法に據て君主あるにあらず、君主ありて憲法あるものにして君主は憲法の上に超然たり、故に法治國にあらざるなり、立憲君主國にあらざるなり、帝國は則ち君主立憲國也。

帝國憲法を解釋せむとするもの此の見易き簡易なる道理を知らざるべからず、蓋し見易き簡易なる道理なるが故に之を等閑視したりしならむ、元來現代の博士は歐來の學問を以て養成せられたるものなり、歐米の憲法こそ研鑽の間に啓發したることもあれ、帝國の國體、國性の因て來ること三千載、肇國の本義の存在する所に於て頭腦を刺擊したることは少なかるべき筈なり、中小學校時代に於て漫然として國史を暗記したるに過ざるべし、是れ今日の學者界の通弊にして之れが爲めに帝國を謬るに至るべきは吾人の痛歎に堪へざる所なり、美濃部博士も蓋し其一人たるを免れず、博士の言ふが如く天皇も巡査と同しく行政の機關なりとは歐米諸國の憲法を解釋するに於て誠に然らむ、然れども我帝國の憲法にありては免すべかざる不敬不當の解釋なり、博士は心ありてこの不敬不當の解釋を敢てすべき人にあらざるを信ず、是れ歐米學問に頭腦を奪はれたるの結果にして、帝國と歐米諸國と憲法の成立に一大相違あるに氣附ざりしか爲めならむ、豈獨り美濃部博士のみを咎めむや、現代の博士は概して此の類のみ、去りながら法、工、理、文、農、醫科に關せず、苟も博士の稱號を有するものは時代の寵兒なり、其言論に人々盲從するの傾向あり、宜しく其言論に注意せざるべからず、然らざれば博士必ず帝國を亡ほさむ。

本篇初め脫稿するに隨て每章現代諸家の意見を徵せり、是れ皆な余の畏敬する所の士なり、故に其所說は余の說と反對なると否とに拘らす之を敬重して凡て章末に揭載し讀者の參考に供したり、今玆に再版するに當りて不敬を敢てするものにあらずと雖、意見の反對なる所に向ひて聊か之を辯するは讀者に多少の益するあるを信ず、幸に之を恕せよ、諸家の所說に區々たる異說は暫く之を置き、本篇の大主眼とする所に對して、惜むらくは意見を異にしたるは浮田博士の所説是れなり、博士は早稻田大學の敎授として頗る當世に尊崇せらるゝ所の學者にして余も亦最も畏敬する所なり、是を以て其所說に對しては世上謹從するもの、又は盲從するもの極めて多かるべく、世論を聳動せしむるの力あるを信ず、故に余敬意を博士に表すると共に一言を加へざるを得ざるなり。

浮田博士の所說に曰く「支那人は家族制度を貴ふ事世界に冠たり、此故に忠よりも孝を先きにし、國家よりも家族を貴とす、是れ其衰ふる所以なり」と、博士は能く此の如くに支那の衰る所以を知る、余の本篇に述たる所は帝國の家族制度は神代に起因し、臣民は皇室の分派にあらざれば、祖宗を輔けて帝國を肇造したる祖先の子孫なり、故に帝國の家族制度は國家と密接し、忠と合し又孝と合す、忠孝一致にして岐れず、國家主義を保持して帝國の興隆を見るに至れる所以を縷述したるなり、單に家族制度なるが故に帝國の興隆を見たるなりと論じたるにあらず、讀者は本篇に於て之を知るべし、又支那の衰へたるは國家よりも家族を貴しとしたるが爲なりとしたるの說は之を了せり、而して歐米諸國は國家よりも個人の權利を重しとするが故に歐米諸國は興隆すとは抑も何の故なるや、國家を顧みずして、個人を重しとするも、家族を重しとするも、何の區別か之れあらむや、歐米諸國の支那と同じく衰へざるもの抑も他に原因なくむばあらず、要するに歐米諸國は法律により、契約によりて辛して國家を維持し又興隆せしむるものたるを知らざるべからず、歐米諸國に心醉して支那朝鮮の例を引き、以て帝國の家族制度を非難するは太甚しき穩當を缺けりと言はさるを得ず、且博士は帝國の家族制度を封建の遺風なりと說けり、然り封建の時代も家族制度たり、大化革新以後の郡縣政治の時代も家族制度にして、帝國は神代より今日に至りたるを知らざるべからざるなり。

浮田博士は又曰く「佛敎及び耶蘇敎の根本義は慈悲と愛とにあり、故に何れの國體とも矛盾することなし、帝國の道義は忠君愛國にあり、而も慈悲博愛と相容れざるものに非ず、然るに帝國の道義佛敎及耶蘇敎と一致せずといふは帝國の道義を餘り偏狹に解釋するか、然らざれば佛敎及耶蘇敎の本義を誤解するものとひふべし」と、余は忠孝と慈悲博愛と相容れずと言ふものにあらざるなり、佛敎及び耶蘇敎は平等無差別にして貴賤貧富を問はず、所謂人に向て法を說くの個人主義なり、帝國の忠孝は國家主義にして個人主義にあらず、忠孝を淵源とする帝國の道義は慈悲を包容し、又愛を包容し居らるゝは論を俟たざるなり、然れども愛本位の耶蘇教は毫も忠孝を認めざるなり、故に個人主義にして國家主義にあらす、是れ帝國の道義と根本義に於て一致せず、又一致せしむる能はざるものなりと斷言する所以なり、博士は忠孝を知り、慈悲を知り、博愛を知る、而して國家主義と個人主義とを知らざる筈なし、知りて之を喊默して忠孝と慈悲博愛との一致せざる筈なしとのみ云へるは頗る其心事を疑はさるを得さるなり。

浮田博士は又曰く「孟子の民主說は今現に支那に於て實行されつゝあり、支那に於て堯舜の禪讓、桀紂の放伐是れ支那に於ける仁義忠孝なり、日本に於て萬世一系の皇室を奉するは日本に於ける仁義忠孝なり、帝國の道義と何の異る所あらむや」と、是何等の議論ぞ、余は解釋に苦むなり、夫れ人間は美肉烹粱を食す、是れ人間の食物なり、狗猫は糞穢、腐骨を食す、是れ狗猫の食物なり、人間の營養物と何の異る所あらむやと言ふに異ならざるべし、狗猫が糞穢を以て營養物となすも、支那が桀紂の放伐を仁義忠孝と心得居らるゝも、余の關知する所にあらざるなり、然るに第一の開國に於て狗猫の食物を輸入して人間の營養物たらしめむとして食傷を來し、今又第二開國に於て同様ならむとするを憂るものなり、暫く博士の説く桀紂の放伐を仁義忠孝なり、帝國の道義と異る所なしとして假りに之を帝國に適用せむか、帝國の國體、國性は一朝にして破壞し了せむ、博士は誠に危險思想を懷抱するものと言はざるを得ず、且博士は孟子の民主説は今現に支那に於て實行せられつゝありとして共和政治を羨望せらるゝか如き口吻を洩すは帝國の安寧を顧みざるものにあらずや、嗟乎亦何ぞ驚かざるを得むや、又曰く、日本の國體も亦た廣且つ大なり如何なる外來の宗教學說をも包容して之を同化し又之を同化せしむるのみ」と、其の言や頗る妙なり、然とも博士の頭腦は彼を同化するにあらずして早く既に彼に同化せられ、彼に奪取せられたるなり、而して彼を同化せむとするは甚だ難かな。

浮田博士は又曰く「著者は第二章に於て痛快に國體と政體との別あることを述べたり、然れども政治の隆替を論するに至り、唯た國體の動かす可からざるを見て政體の上に變あるべきことを看過せり」と、是れ博士は、第七章、第八章、第九章に於て、上古及び中世より、皇政維新、日露戰役と三章に分ちて政治の隆替を述べたるを知らさりしが故ならむ、而して博士は帝國の政治を公卿政治、武家政治、藩閥政治、官僚政治、政黨政治と列擧して曰く「如何に弊害ありし政體にても、其の當時他に適當なる政體成立することと能はざりしならば、其の政體を以て當時は最も國體に適應せる政體なりしと見るべきに非ずや、是れ之を歷史的觀察法と言ふべきなり」と、果して然らば忠臣もなければ義士もなし、和氣清麿を祀り、楠正成、新田義貞を祀りたるが如きは悉く無意味なり、北條氏の鎌倉に於ける、足利氏の六波羅に於ける皆國體に適應せる政治となり、南北朝の正閏論の起るべき筈なきに至らむ、是れ歷史の觀察法にあらざるなり、歷史を觀察するは其の善を善とし其の惡を惡とするにあり、余は悉く孔子春秋の筆法を以て歷史を觀察せむとするにあらずと雖、善惡正邪を區別し、大義名分を判斷するを以て歴史的觀察法と信ずるものなり、苟も政治學者たり、言論文章を以て世に立むとするものは此心なくむはあらざるなり。

要するに浮田博士の說く所に據て之を考れば、博士の頭腦は悉く是れ現世主義なり、個人主義なり、人間は萬世一系の天皇を奉戴せるも然らざるも、弓削道鏡を天子たらしむるも然らざるも、祖先の如何を問はず、將來の如何を論ぜず、只現世を幸福に過すを得は、則ち人間たるの目的を達したりと云ふにあらむ、是則ち個人主義を大々的に發揮せられたるものにして、全然愛本位なる基督敎より來れるものと謂つべし、國家主義を知るも之を嚴守するの心念なく、忠孝を知るも之を尊重するの精神なし、是れ則ち頭腦既に愛本位なる個人主義に奪取せられたるものなり、此の如き所説にして帝國臣民の間に尊重せられむか、帝國の國體は保全することを能はざるなり、帝國の國性は支持することを能はざるなり、之を如何そ辯明せさるを得むや、然れども博士は其の博士たる名命に自負せられ、獨り自ら得たりと思惟せらるゝに非ざるなきか、余が如何に之に對して辯論を費すも最早や救ふべからざるものに屬せむ、佛者は縁なき衆生は濟度し難しと云へり、博士の如きは則ち之れに屬せむ、只余の之に對して一言を費やすものは世上の衆生か博士てふ名命に盲從して其の說の善惡邪正を辨別せざるあるを惜むか爲めのみ。

以上に陳述したる二三の事柄に於て、帝國現代の臣民が如何に精神上の打擊を受け、如何に思想の混亂を來しつゝあるやを察知するに足らむ、江海横流益す甚たしきを加ふ、是れ余の痛歎せさるを得ざる所にして、祖宗及び祖先の肇國の遺訓及遺風に徵し、又三千載の光輝ある歷史の成績に徵し、明治天皇の勅語に對し、默して止む能はす、是れ曩に微力を顧みず、國體、國性のある所を述へて本扁を世に公にし、世人の考量を切望したる所以にして、爾來益す深く之を感し、愈ゝ切に之を懷ひ、啻に本扁を讀者に頒つのみに止まらず、東西奔走、口舌を費やすこと數百回に及べり、幸に祖宗及祖先の英靈未た消滅せざるものあり、世上豈同感の士無からむや、故に本篇も亦四方有志の勤めにより之を再版するに至れるなり、因て聊か當路有司か施設の舉措に對し、又高等教育の職を掌る博士等の言說に對して一言を辯するもの、是れ其言動は最も世を惑し民を誣るの甚しきものあるを信するが爲めなり。

且夫れ現今世界の大勢を察すれば、各國共に國家主義を尊重し、相競ひて國民をして帝國思想を抱かしめ、國家觀念を起さしめ、海陸軍事に重を置き、雄を世界に稱して國利民福を增進せしめんとするの傾向あり、國家の富强は誠に之れ有りて而して保ち得らるべし、故に歐米の學者も日淸、日露の戰役に徵して我帝國の國家主義の眞價を認め、忠孝の敎を羨望するに至れり、世界の大勢此の如くなるに拘らず、獨り我帝國に於て何者の兇兒か唯たに歐米諸國の殆ど陳腐に屬する糟粕を甞むるに汲々とし、世界の大勢を察せず、只是れ個人主義を以て人問生存の要道なりとのみ認識し、國家の衰乏貧弱にして個人の幸福を得るの目的を達する能はるを知らず、帝國の輸入年々超過して金貨は次第に流失し、兌換紙幣の制度は今や風前の燈火の如くなるを顧みず、昨年末の統計に據れは輸入の輸出に超過すること凡そ一億圓に近し、帝國の危機實に此點に在りと謂つべし而して時代の寵児たる博士等は、一意に斬新なる學說を見出さむとするに汲々たり、學說たりと雖、國家を顧みさるの所論は之を許すべからさるなり、嗚呼是れ彼等は井底の群蛙のみ、焉むぞ國家の經綸を論ずるの大抱負あらむや、帝國の現狀に處するは臣民をして肇國の鴻謨に鑑み、祖先の遺風を尊重し、飽まて國家主義を執り、擧國一致、全力を帝國の興隆に注かしめざるべからざるにあらずや、是れ實に帝國現今の急務にして、又世界の大勢に伴ふものなり、國家興隆して個人の幸福を得る能ざるは、古今東西曾て之れあらざるなり。

大正三年二月

大津淳一郎誌

例言

一　大日本帝國は、忠孝に淵源する道義に由て其基を開きたること、國史の示す所なり。　帝國臣民たる吾人は、宜しく道義の精神を砥礪し、以て帝國に貢獻せざるべからず。　幼時、余、先人の訓を受け、國史を繙き、國典を閲し、國體、國性の由來を考究するに及び、道義は宇宙に磅礴たる眞理にして、肇國の本義、全く茲に存することを認識し、之を信ずる愈、厚く、窃に此精神を體して國家に貢獻せむことを期したりき。　今や君主立憲政治を布き、帝國の興隆を期するの時に方り、帝國臣民としての道義を發揚するに非ずむば、帝國の前途、測る可らざるものあるを思ひ、區々自ら揣らず、一書を著はし、名けて『帝國憲政と道義』

と曰ふ。　微意、惟憲政に貢獻せむとするに在るのみ。

一　帝國の君主立憲政治は、取りも直さず道義政治なり。　文を修め、武を奮ひ、生産を興し、貿易を隆にし、雄を五洲に稱せむと欲せば、主として道義の精神を發揮せざる可らず。　余が、明治十二年、政社を結び、國會の開設を建議せしより以來、今日に至るまで東西到頭、詰朝闌夕、道義を鼓吹し、席暖まるに遑あらざるもの、之が爲のみ。　而して今や吾人の期待せし立憲政治の精神は、社會の腐敗と共に痲痺し、紀綱廢頽、財政紊亂、生産興らず、貿易隆ならず、事志と違ふもの、余の痛嘆、禁ずること能はざる所なり。　是時に當り、道義の精神を鼓舞して社會の腐敗を矯正し憲政の完美を圖り、國利民福の增進を期するに非ずむば、吾人の責任、何を以て逭るゝことを得むや。　是れ余が今日に當り大聲疾呼帝國の道義を唱道せざる能はざる所以なり。

一　一昨年の秋、余は不幸、病を發して演壇に倒れ、爾來口舌、往時の如くならず、竊に其任に勝へざらむことを恐る。感慨の餘、其持論の一斑を略述し、廣く之を同志の士に頒ち、聊か憲政に貢獻する所あらむと欲し、昨年十一月速記によりて稿を起し、後に筆記に由りて漸く脫稿するを得たり。而して稿成るに隨ひ、教を江湖の君子に乞はむとし、朝野諸家の意見を徵せり。其所說各相同じからざるありしと雖も、悉く採りて以て參稽に供せり。今諸家の氏名を列すれば、即ち左の如し。

文科大學教授兼學習院教授　文學博士　市村瓚次郎　　內務省神社局長　法學博士　井上友一
文科大學教授　文學博士　芳賀矢一　　衆議院議員　法學博士　花井卓藏
衆議院書記官長　雲梯　林田龜太郎　　貴族院議員國民新聞社長　蘇峰　德富猪一郞

衆議院議員法學博士　戸水寛人
衆議院議員東京市長　愕堂　尾崎行雄
衆議院議員　大石正已
黑龍會編輯　紫山　川崎三郎
早稲田大學學長法學博士　高田早苗
國學院幹事　高山昇
衆議院議員辯護士　高木益太郎
興業銀行總裁法學博士　添田壽一
陸軍歩兵大佐　宇垣一成
早稲田大學敎授法學博士　浮田和民
衆議院議員日南　福本誠
辯護士法學博士冷灰　江木衷
衆議院議員碧泉　栅瀬軍之佐
衆議院議員報知新聞社長　箕浦勝人
内務省土木局長兼地方局長法學博士　水野錬太郎
衆議院議員東海　柴四朗
衆議院議員沼南　島田三郎

一　本書は口舌に換るに筆記を以てしたるに過ぎざるが故に、專ら達意を主とせりと雖も、文辭未だ熟せざるものあるを慮り、校閲の勞を親友川崎紫山に托したり。而して本書章句の間、傍點を施したるものは、紫山が校閲するに隨て、一篇の主眼とする所、一章の骨子とする所に向て、之を施したるものに屬す。

明治四十五年四月

大津淳一郎述

帝國憲政と道義

目次

第一章　帝國の肇造……一
第二章　國體及國性……一〇
第三章　二大變遷と道義上……五一
一　開國の國是上……五一
一　儒教、佛教の傳播……五七
第四章　二大變遷と道義下……七五
二　開國の國是下……七五
二　耶蘇教の傳播……八二

第五章　國家敎育と道義……………………一〇三
第六章　神宮及神社と道義…………………一三六
第七章　政治の隆替と道義　上……………一五九
一　上古及中世の政治…………………………一五九
第八章　政治の隆替と道義　中……………一七五
二　皇政維新後の政治…………………………一七五
第九章　政治の隆替と道義　下……………一九四
三　日露戰役後の政治…………………………一九四
第十章　言論及文藝と道義…………………二三〇
第十一章　帝國議會と道義　上……………二四八
一　貴族院…………………………………………二四八
第十二章　帝國議會と道義　中……………二七〇

二　衆議院　上……二七〇
第十三章　帝國議會と道義　下……三〇一
一　政黨政社……二七一
三　衆議院　下……三〇一
第十四章　官治及自治行政と道義　上……三三四
二　代議士及選擧人……三〇二
一　國務大臣及官吏……三三四
第十五章　官治及自治行政と道義　下……三五六
二　名譽職及公吏……三五六
第十六章　司法制度と道義……三七一
第十七章　陸海軍と道義……三九一
第十八章　産業及貿易と道義　上……四一三

第十九章　産業及貿易と道義下……………………………………四三五
第二十章　現代の趨勢と道義……………………………………四六五

帝國憲政と道義目次終

帝國憲政と道義

大津淳一郎述

第一章　帝國の肇造

我大日本帝國の道義也者は、至純至粋、至大至剛、昭乎として日月も明と爲すに足らず、崒乎として山嶽も高しと爲すに足らず。天地剖判の始めに淵源し、宇宙の間に磅礴し、萬世に亘りて渝らざるなり。帝國は此の道義に因て肇造せられたり。是を以て宇宙の間、苟も道義の澌滅せざる限りは、其國體と國性とは天壤と共に窮りなく、日月と共に其光輝を放つべきこと、亦疑を容れざるなり。

寰宇の上、國を建つるもの多し、而して國各特殊の國體と國性とを有せざるものなし。英國には自ら英國の國體國性を有し、佛國には佛國の國體國性を有し、獨、露、米の諸國、亦皆特殊の國體國性を有せずむばあらず。是れ獨り歐米列國に於て然るのみならず、亞洲に於ても亦然り。支那には支那特殊の國體國性あり、土耳其の如き、波斯の如き、暹羅の如き、亦各特殊の國體國性を有せり。而して我帝國は、世界列國に對し、優越無比にして極めて尊嚴無類なる國體國性を有す。故に帝國臣民たる吾人は、深く帝國の優越なる、尊嚴なる、萬國無比の國體國性の存する所以に鑑み、之を擁護して以て五洲列國に對峙し、國運の益々隆昌ならむことを期せざるを得ざるなり。

抑、我帝國は肇造の始より、君臣の分定り、皇祖皇宗、極を立て統を垂る。臣民咸な克く忠實にして、鴻謨を翼賛す。是を以て閲載玆に三千、東海の表に獨立して、其尊嚴を保ち、未だ曾て他國の侵略に遇はず、未だ曾て異姓の迫害を被らず。是れ帝國の國體國性にして、至純至粹、至大至剛なる道義の致す所たらすむば非ざるなり。畏くも我聰明叡智なる、今上天皇の、帝國憲法を發布せらるゝに方り、特に優渥なる勅語を降させ給ひ、以て帝國肇造の淵源を表明せられたり。吾人臣民は謹みて肇國の淵源に鑑み、國體國性の存在する所以を念ひ、帝國の道義を嚴守遵奉して、益々之を發揮せざるべからざるなり。

帝國憲法は、萬世不磨の大典にして、從て之を發布せらるゝに方りて、今上天皇の降させ給ひたる所の優渥なる勅語は、千萬世に亘りて、吾人臣民の須臾も忘るべからざるものたること論を俟たざるなり。其勅語に曰く。

惟フニ我祖我宗ハ我カ臣民祖先ノ協力輔翼ニ倚リ我カ帝國ヲ肇造シ以テ無窮ニ垂レタリ此レ我カ神聖ナル祖宗ノ威德ト並ニ臣民ノ忠實勇武ニシテ國ヲ愛シ公ニ殉ヒ以テ此ノ光輝アル國史ノ成跡ヲ貽シタルナリ。

是れ帝國の肇造せられたる淵源を表明して、更に餘す所なきの勅語なり。吾人臣民たるもの、之を捧讀して、安ぞ感激發奮せざるを得んや。

此に由て之を觀れば帝國は、皇祖皇宗と吾人臣民の祖先とが、協心戮力して肇造したるものにして、一國は恰も一家の如く、君主は家長の如く、臣民は家族の如し。子々孫々相傳へ、各々分を守りて之を紊さず、帝國の主權は、儼然として動かず、以て特殊の國體國性を成す。是れ豈に五洲列國に對して、無比無類なる帝國獨特の精華にして、宇宙に磅礴たる道義の、君臣上下の間に流露せるの致す所にあらずして何ぞや。帝國憲法、第一章、第一條に『大日本帝國は、萬世一系の天皇之を統治す』と揭げ、第二條に『皇位は皇室典範の定むる所により、皇男子孫之を繼承す』と揭げられたるものは、最も優越なる、最も尊嚴なる、肇國以來の不文的典型を、更に明記せられたるに過ぎざるなり。

夫れ五洲列國、强を誇り、富を競ふ。然れども英、米、獨、佛、露の諸大國を始とし、其他の列國を見るに、帝國の如く、肇國以來、主權の所在、儼然として確立し、毫も變遷せざるもの、未だ曾て之れ有らざるなり。富强五洲を睥睨する英國の如きも、索遜人の爲に其國を征服せられたる時代ありしなり。又佛國は、英國及び獨國の爲めに、其國を蹂躪せられたる時代ありしなり。英、佛共に旣往の歷史に徵せば、獨立の體面を失ひしことあるは、是れ其國に帝國の如き道義の存在せざればなり。又獨國の如きは、那翁一世の爲に其國を征服せられたる時代ありしに非ずや。又露國の如きも、蒙古人の支配する所となり、其脚下に服從し、其命令を遵奉したる時代もありしなり。米國に至りては、建國日なほ淺くして、元來共和政治を以て成立したる國なるが故に、之を帝國の歷史に比すれば、一時的建設の國と言ふべく、萬世果して能く今日の如き、國體と國性とを保續し得べきや否や、頗る疑なき能はず。是れ其國は帝國の如く、道義を以て肇造せられたるにあらざればなり。

更に眼を轉じて印度を見るに、既に英國の支配に屬するを以て、之を言ふの必要なし。清國に至りては、久しく君主政治を保續し得たるが如きも、主權の所在は、屢屢轉移して未だ曾て一定せざるなり。伏羲、神農、黃帝、堯、舜は姑く措き、其後夏、殷、周となり、又近代に至りては、元となり、明となり、淸となり、或は匈奴の爲に征服せられ、或は蒙古の爲に征服せられ、而して滿族たる愛親覺羅氏の略奪したる清國は、革命軍の爲に亡滅せられ、主權の存續、二百六十餘年に過ぎざりしなり。唯一の威力を恃みて其政府を建設す、故に國民の自由を束縛し、權利を壓服す、是れ歷代革命の屢々起らざるを得ざる所以なり。而して今や革命黨は、共和政府の建設を宣言せり。此の如く五洲列國、主權の一定不動なる能はざるは、是れ皆道義を後にして武力を先にし、兼併呑噬、惟れ事とし、其國體國性共に宇宙に存在せる眞理に適應せざるの致すの所にして、帝國の道義に因て、其國礎を建設せるものと日を同うして語る可らざるなり。

帝國に在ては、肇國以來、主權の所在は確乎不動、未だ曾て他の侵害を受け、異姓の君主を奉戴したることなし。又億萬斯年に亘りて、其侵害を許さゞるなり。世に、盛衰あり、時に汙隆あり、隨て多少の内亂なきにあらずと雖も、未だ曾て主權の轉移せざるもの、道義の澌滅せざるに因れり。之に反して歐米列國に在ては、英國の如きは、チャーンス第一世は死刑に處せられ、共和政治の行はれし時代あり。又佛國の如きはルイ第十六世を斷頭臺に上せて、之を刑したる時代ありしに非ずや。然るに獨り我帝國に至ては、肇造以來、秩序整然として、君主と臣民との分は、儼乎として確定せられ、此間に少しも動搖を來したることなし。是れ實に皇祖皇宗と、臣民祖先と協力一致、宇宙の眞理たる道義に由て、肇造したるの致す所にして、五洲列國と其趣を異にせるに因らずんばあらず。

吾人は謹みて古を稽ひ、帝國の肇造せられたる淵源に溯り、偉大なる鴻謨を立て、悠遠なる宏猷を畵せられたる皇祖天照皇太神の大詔を捧讀して、天地の間に塞がる威德を欽仰せずむばあらざるなり。　其大詔に曰く。

葦原の千五百秋の瑞穗の國は、是れ吾子孫の王たるべき地なり、爾皇孫就て治しめせ、寶祚の隆まさむこと、天壤と共に窮りなかるべし。

嗚呼、帝國の基を開かせられたるは、寔に此の大詔に在り。萬世一系、極を立て、統を垂る、天壤と共に無窮なるは、是れ帝國の國體なり。億兆臣民の齊しく、皇祖太神の英靈威德を欽仰して止まざるもの、豈に偶然ならむや。神武天皇、皇祖の大詔を奉戴して、中國を平定せらるゝや、長髓彥等の皇師に抗したるありと雖も、臣民は咸な之を歡迎し奉りたること知るべし。東征の當時、天皇の御製に曰く。

蝦夷を一人百の人
人は言へとも手向ひもせす

と詠せさせ給ひたるもの、臣民の天皇を迎へ奉ること、大旱の雲霓を望むが如くなりしを想察するに難からず。而して其能く容易に中國を平定し、令を下して都を畝傍山の東南橿原の地に奠め、天位に即かせられたるもの、其行事、光明正大、天地の大經に則り、宇宙の眞理に原きたるに由る者なり。

歷代の天皇、即位の儀式を行はせらるゝや、皇祖太神の大詔に基き、帝國肇造の淵源を彰明し、神祇伯の壽詞を奏するを以て典禮とせり。近衞天皇の即位せらるゝ康治元年、神祇大副大中臣清親の奏したる所の壽詞に曰く。

高天原に神留ります、皇親神漏岐神漏美の命を持て、八百萬の神等を集へ賜て、皇孫尊は、高天原に事始て、豐葦原の瑞穗の國を、安國と平けく食しめして、天都日嗣の天都高御座に御坐して、天都御膳を長御膳の遠御膳と、千秋の五百秋に瑞穗を平けく安けく由庭に食しめせと事依し奉て、天降坐し後に。

亦以て帝國肇造の淵源する所を無窮に傳へ、子孫臣民をして由る所を知らしめらるゝ典禮なることを知るべきなり。明治四十二年、登極令を公布せらるゝに及びて、即位禮は紫宸殿に於て行はせられ、內閣總理大臣、南階を昇り南榮の下に於て、壽詞を奏し、南階を降ると定められたり。是れ帝國貴重の典禮にして、亦以て國體の存する所を知らざるべからざるなり。

帝國肇造の淵源、立極垂統の起元、悠遠にして偉大なり。吾人臣民は咸な克く、鴻謨のある所、宏猷の存する所を、拳々服膺せざるべからず。玉葉集に載する所の、攝政藤原良經の詠める歌に曰く。

我國は天照る神の末なれば

日の本としもいふにぞありける

帝國を稱して日本と云ふもの、亦以て知るべきなり。又續千載集に載する所の、關白藤原家平の詠める歌に曰く。

天地の開けそめぬる神代より

絶えぬ日嗣の末ぞ久しき

此の歌によりて、帝國は不文憲法の存するあり、萬世一系の君主を奉戴すべきこと、古く神代より定まりたる憲典たること明白なり。持統天皇のとき、皇太子草壁薨じ、儲位未だ定らず、天皇百官を會して建儲を議す、衆議紛々、久しくして決せざるや、弘文天皇の皇子葛野、進言して曰く。

開國已來、子孫相承け、以て皇位に登る、若し兄弟相及すときは、亂此に由て與らむ、仰で天心を察すれば、能く測り得む、之を人事に推す、聖嗣自ら定る、誰か敢て間然せむ。

天皇之を嘉して、皇孫珂瑠を立てゝ皇太子となせり。萬世一系の君主は、皇男子孫の繼承せらるゝものにして、昭穆序を失せざること帝國の國體なり。誰か又之を疑ふものあらんや。

皇統相承け、茲に將に三千年ならむとす。五洲列國の間に在て、帝國の獨り其美を擅にする所以のもの、豈偶然ならんや。源光圀の修する大日本史の叙に言へるあり。曰く。

蓋し人皇基を肇めしより二千餘年神裔相承け、列聖統を纘ぎ、姦賊未だ嘗て覬覦の心を生ぜず、神器の在る所、日月と並び照す、猗歟盛なるかな、其原く所を究むるに、寔に祖宗の仁澤、民心を團結し、邦基を磐石ならしむるに由るなり。其明良際會、都兪吁咈の美なる、諸を舊記に考るに、以て概見すべし。

皇祖皇宗、基を肇めしより以來、歷代の天皇は、臣民を愛撫し慈養するに於て、深く聖慮を勞せられ、盈を持し、成を守り、一日も怠らせ給ふことなく、嘉謨徽猷、以て無窮の軌範を垂られたり。臣民亦其分を守りて冒さず、克く忠に、克く孝に、肇國の基を輔翼贊襄して怠ることなく、以て今日に至りたるもの、大日本史の叙に所謂、諸を舊史に概見すること、蓋し難からざるなり。

帝國は三綱正しく、五常具はり、其國政は恰も家庭の平和を保つが爲に、之を組織したるが如き性質を有す。遠く之を神代に考れば、日本紀に『一氏蕃殖爲萬性』と云ひ、大日本史に『天下一姓』と云へるもの、寔に當然にして毫も疑ふべからず。是を以て家族制度を尊重し、子々孫々、父子相傳へて萬世に至るもの、即ち國體國性にして、往昔に在ては系圖法あり、現代に至ては戸籍法あり、其名實を異にするが如くなりと雖も、其要や一なり。皇室に皇室典範ありて、皇位繼承を確定せられたるが如し。往々にして癈疾夭死等の爲に、父子相傳ふる能はざるが如き、變態を來すことなきにあらずと雖も、徒らに異姓を以て之を相續せしめざるは、帝國固有の國風、國俗たるを知るに難からざるなり。

古代の歴史を探究し、國家肇造の根本に及べば、希臘の如き、羅馬の如き、帝國の上古と類似せるものなきにあらず。而して衰亡覆滅、之を萬世に傳ふること能はざりしものは何ぞや。羅馬の如き、其國に宗敎の人心を支配するありしと雖も、其宗敎たるや、帝國の道義の如く忠孝を淵源とするの訓と同じからざるの致す所なりと斷ぜざるを得ざるなり。國家は偏に君主あり、政治ありしのみを以て、健全に發達し得べきものにあらず。必ずや君臣共に嚴守すべき、道義の本源に適合する所の致に由て、其隆昌を期すべきなり。是れ帝國に在ては、肇造と同時に、君臣共に嚴守すべき道義の訓あるを以て、國政は變化を來したること、間々之れなきにあらずと雖も、其大本、確乎不拔、皇統無窮、國運隆昌、五洲列國に卓絶する所以なり。

帝國の道義は、即ち忠孝一致の訓にして、家族制度を維持し來るが爲たらずむばあらず。米人ウイルソン、政治の起原を論じて曰く、

今所謂萬國史上の中央國民に就て、吾人の知る所を以て之を觀るに、元來社會の組織は親族に基き、從て社會組織の外面に現はれたる政治の事も、亦親族に起因せるの事實自から明白なり、蓋し人民結合の元素と、政權服從の元素とは、もと同一物にして、即ち血統の關係は、其實證あると、想像に出づるとを問はず、此の二者の元素なりとす、之を換言せば一家は即ち古の一國に外ならず、一國の元始は一家なれば、歴史的に之を觀れば、今日の國と稱するものは、或意味に於て單に一家の擴大したるものに過ぎずと謂ふも敢て不可なるなし、故に曰く、國とは家族の二字を大書したるものなりと。

帝國肇造の起原は、蓋しウイルソンの論ずる所の如し。氏は之を政治の起原と云

ふ、吾人は之を國體の起原と言はむのみ。而して五洲列國、國體の起原を尊重し、以て現代に繼續せるもの一も之れあらざるなり。獨り帝國に在ては、五洲列國に徵して、政治の起原と肇造の國體とは、儼乎として存續し、未だ曾て破壞損傷することなし。國政は時運の推移する所に隨ひて、常に進歩し、常に革新し、國運內に發達し、國威外に宣揚するを見るもの、是れ豈帝國道義の之をして然らしむる所にあらずして何ぞや。

歐米列國に於ても、家族制度の行はれたること、全く之れなきにあらざる也。然れども未だ曾て帝國の如く、儼乎たる家族制度の、肇國より以て今日に至る迄、存在するが如きあらず。歐米列國に於て、嘗て其行はれたる家族制度は、個人主義發達の結果として、今日に於ては概ね破壞せられたるが如し。人生るれば直に一戶を成し、父子、兄弟、姉妹、皆是れ別々の戶籍を有し、帝國の家族制度の如く、家長を置き、家庭を作り、老幼を扶養し、一家團欒、和氣藹然、以て國家に報ずるが如き國風國俗は絕て無きなり。是れ帝國の如き道義の行はれざる所以にして、列國共に其主權の常に動搖轉移するを免れざる所以なり。

吾人が反覆縷述したるが如く、五洲無比、宇内無類、優越にして尊嚴なる、獨特の國體を有する所の帝國は、五洲無比、宇内無類なる國性を有するは、當然の結果にして、是れ則ち帝國臣民たる吾人の、帝國臣民として道義の、祖先より存在する所以なり。故に帝國臣民たるものは、宜しく此の帝國肇造の淵源に鑑み、臣民たるの道義を嚴守遵奉し、益々此の特殊の國體國性を擁護し、以て國運の隆昌ならむことを勉め、國家に報ゆるの覺悟を忘るべからざるなり。況むや立憲政治たるの現代に於てをや。

帝國の君主立憲政治は、由て來る所遠し。歷代の天皇は、常に臣民の心を以て心とせられ、共に倶に國家の隆昌ならむことを望ませられたる所に鑑み、又臣民の忠良にして道義を嚴守し、共に倶に其進運を扶持せむことを望ませられ、今上天皇の斷じて行せられたる所なり。故に天皇を輔弼し、國政の責に任ずべき國務大臣、及、百官は、國體に遵ひ、國性に則り、皇祖皇宗の鴻謨に率由し、絕對無限に宏猷を翼賛して、聖旨の普及に貢献せずして可ならむや。況むや吾人臣民の代議士は、其祖先の祖宗を輔翼し、帝國を肇造したる所に傚し又た國皇の進運を扶持すべきの負擔を分ち賜ふ所を畏み、忠孝の道義を恪守し、絶對無限に責任を負擔し、聖旨の優恩に報答せずして可ならむや。帝國の道義は、皇祖皇宗の遺訓なり、是を以て將に帝國議會の第一回を開かせられむとするや、特に代議士をして賢所に參拜せしめられたるもの、是れ豈祖宗の威靈に對し、鴻謨を守り、道義に原き、國家の進運に貢獻し、以て其過なからむことを宣誓せしめられたる所以にあらずして何ぞや。代議士たるもの此の如き莊重なる典禮に臨み、果して如何なる感想ありしや否や。吾人は其任務の至重至大なるを自覺せざる能はざりし也。

評説

鈴山子『帝國憲政と道義』を著し、首として帝國の肇造を論ず。其意、國民をして建國の由る所を知らしむるに在り。善い哉鈴山子の心を用ゐたることや。抑我日本國民の皇室に於ける、義は則ち君臣なるも、親は則ち同族なり。故に帝國の肇造は、皇祖の聖旨なると同時に、同族の希望なり。即ち天意と民心との合一に成れり、爾後世々の天皇善く天に繼ぎ極を立て、民を覽そなはすこと子の如く、未だ嘗て族長の誼を失はせられず。是を以て萬姓も亦善く聖旨を感戴し、未だ曾て朝宗の誠を缺かず。國基の磐石と國運の隆昌とは、托して此に在り、是れ子孫國民の永く牢記す可き所。此書を讀む者、宜く此章を三誦すべきなり。

日南學人

著者說く所、宛も予が平生主張したる『皇室中心主義』と符節を合するが如し。著者水府の人、其學問自ら淵源あり。其識見自ら根柢あり。一讀欣然、再讀肅然、三讀人をして豁然たらしむ。

明治壬子春

蘇峰學人

家族制度のみにて國家の隆興せざるは支那の衰微、朝鮮の亡滅を見て知る可し。日本國民は家族制度を重んずと雖も國家の爲には之を犧牲に供することを厭はざるなり。支那人は之に反して家族制度を貴ぶこと世界に冠たり。此故に忠よりも孝を先きにし、國家よりも家族を貴しとす。是れ其の衰ふる所以なり。西洋諸國は之に反して個人を第一と爲すも、國家及び家族の制度は個人の發展に資する方便なりと思考せり。此故に個人の自由及び權利發展し、從て社會及び國家の進運を見るに至れり。日本現今の家族制度は封建の遺風にして西洋と異る所甚だ少からんとす。大に過去遺風の保有すべきものありと雖も、西洋の制度を非難する本文甚だ穩當を缺くの嫌あり。

浮田和民

本章先づ帝國々體の萬國に冠絶せる所以を說く、蓋し全篇の首腦なり。余常に以爲く、我が帝國は實に宇內の最舊邦たりと。何となれば古の埃及、バビロニア、アッシリヤはいふに及ばず、希臘も羅馬も、燦然たる一花を咲かせたる後は皆衰亡を免れず、今日の歐米各國いづれも新興の國にして、支那の如きは實は二十餘朝の興亡を重ねて今や最新共和國を建てんとする革命中にあり。

建國の古き一も我が國に比ぶべきものなければなり。これ實に建國の皇謨の萬世に亘りて渝らざる實例證なり。世人毎に我が國の萬世一系たるを說く、未だ我が邦の世界の最舊邦たるを主張するを聞かず。故に玆に一言す。

やいち

帝國上古の政治は、道義政治也、而して藤原政治、鎌倉政治、足利政治、德川政治は之に反す、是れ其永續すること能はざる所以也。皇上、大統を繼ぎ、武門政治を廢して以て王政維新の大業を奏したるも、憲法を欽定し、議會を開設し、以て立憲政治を建設したるも、一として帝國の道義に基き、祖宗の鴻謨に則りたるに非るは無し。鈴山が反覆丁寧、帝國の道義を論じて餘蘊なき所以のもの、蓋し亦偶然ならざる也。

帝國の立憲政治は、宜しく道義を主とせざる可からず、道義無くんば、則ち、憲政は、是空文のみ。知らず、今日の立憲政治は、果して能く帝國の道義に適する歟否や。今日の帝國議會は、果して能く帝國の道義を重んずる歟否や。今日の代議士は、果して能く帝國の道義を自覺する歟否や。　余は惑なき能はざる也。

余は讀で此章の終に至り、鈴山の余と共に其憂を同うする人物たるを知る。

噫。

紫山山人

第二章　國體及國性

帝國の道義は帝國の國體なり。國體の基礎は忠孝にして忠孝は帝國の精神なり。天の道は陰陽に出でず、地の道は柔剛に出でず、人其中に棲息す。父子ありて而して後に君臣あり、君臣ありて而して後に上下の分定まる。是れを三綱の要、五常の本と謂ふ。君臣父子の道は大倫にして天の經なり、地の義なり。臣として君に忠ならざるあり、子として父に孝ならざるあらば、天地晦瞑、天理茲に沒して、民彝茲に亡びむ。忠孝の繋る所重しと謂ふべし。

人生れて忠孝の性を有せざるはなし、之を禽獸に見るも猶其性を具有するものあるがごとし。然れども其氣質の稟ること或は齊しき能はず、人心惟れ危く、道心惟れ微なり。故に之を訓へて其性を全うせしめざるべからず。是れ五洲列國、各其國に教ある所以にして、帝國は肇造の當時より、皇祖皇宗の鴻謨を建て、皇猷を定め、以て遺訓を無窮に垂るゝ所以なり。世運は常に遷轉して暫も止まらず、人事は隨て複雜にして益々甚だしきは勢の免れざる所にして、此間に異端虛無寂滅の致、蔓延し、權謀術數、一時の功利を貪るの說流行して、世を惑はし、民を誣ひ、以て國家を危うするものなくんばあらず。是を以て歷代の天皇は時に臨んで、祖宗の遺訓を紹述し、忠孝の綱維を提げて、帝國の道義を宣明せられざるはなし。明治二十三年十月三十日の、今上天皇の勅語の如き卽ち是なり。

忠なる者は君に事へて二意あることなく、勤恪身を持し、誠實私を去り、以て君に事ふるを以て其本義となす。又君主の爲に一身を犧牲に供し、進みて危を辭せず、難を避けざる是れ忠なり。故に私心あるものは忠ならず、忠なるものは私心あらず。帝國臣民の忠を以て事ふるは、三綱の要を履み、五常の本を行ふものにして、帝國肇造以來、國體國性と共に、自然に定まりたる天則なり。而して帝國は皇祖皇宗と、吾人臣民の祖先と、共に倶に協力輔翼の上に、肇造せられたる所の帝國にして、君に奉ずるの忠なるは、卽ち祖先に報ゆるの孝なる所以なり。忠君主義の尊重せられ、尊重せられざるべからざるもの之れが爲めなり。紀元三千年、皇統綿々として絕えざるもの、臣民悉く皆忠にして、皇室を尊崇するの致す所にあらざるはなし。國家一旦事あるに方り、忠臣義士、頻々輩出して、天日を回し、頽波を支ふる所以のもの、之が爲なり。

吾人は帝國の歴史を誦讀する毎に、未だ嘗て、光明俊偉の氣象精神、臣民の中に磅礴たるものあるを想見せずむばあらず。帝國の綱常を扶植するもの、誠に此の如き忠臣義士の力に由るのみ。是れ帝國肇造より來れる國體の精華にして、吾人の所謂道義なり。道義の淵源する所遠しと謂ふべし。崇神天皇の群臣に下させ給へる詔に曰く、

惟ふに、我が皇祖諸天皇等、宸極に光臨するもの、豈に一身の爲ならんや。蓋し人神を司牧し、天下を經綸する所以なり。故に能く玄功を闡き、時に至德を流く。今朕天運を奉承し、黎元を愛育し、何か當に皇祖の跡を聿遵し、永く無窮の祚を保つべし。其れ群卿百僚、爾の忠貞を竭し、共に天下を安せよ、亦可ならざらむや。

是れ豈帝國の國體により、臣民たるもの、忠を竭すべきの大本を説示し給へるものにあらずや。孝德天皇始めて年號を定め給ひ、大化改新の大詔を降さるゝや、當時天智天皇は、中大兄皇子と稱せられしが、諸臣を代表して大詔に奉答して曰く、

天に雙日なく、國に二王なし、是故に天下を兼幷し、萬民を使ふべきは、唯天皇のみ。

是れ帝國肇造の本義に則り、臣民の忠を表明せられたるものにして、皇子の他日、藤原鎌足と心を協せ、大奸蘇我父子を誅戮し、天日を既に墜ちんとするに回し、道義を既に滅びんとするに維ぎたるものは、大化改新の奏請に於て、既に其志の存する所を見るべきなり。故に皇子の皇統を繼承せらるゝや、大化革新の政を擧げ、中興の明主として、其盛德大業萬世に傳はるもの、又其故なきにあらざるなり。

孝なる者は何ぞや。孝經に曰く『夫孝は天の經なり、地の義なり、民の行なり』と。吾人臣民は、天地の經義に則り、以て臣民たるの行を履む、是れ忠孝一致、離るべからざる所以なり。孝を盡して以て祖先に奉じ、忠を盡して以て皇祖皇宗に奉ず。忠孝共に全うして皇祖皇宗と、吾人の祖先と、共に肇造したる帝國に報ゆるは、即ち報本反始の道にして、帝國の道義なり。帝國の訓は忠孝の二字に在り。忠ならざれば則ち孝にあらず、孝ならざれば則ち忠にあらずとは、吾人臣民の拳々服膺すべき金科玉條なり。曾子は君に事へて忠ならざれば孝にあらずと說き、一步を進めて朋友に信ならざれば孝にあらず、戰陣勇なきは孝にあらずと說きたるもの、誠に能く帝國の道義に適せる者なり。君に事へて忠なるは、吾人臣民の常經なり。朋友に交はりて信なるは、吾人臣民の篤行なり。戰陣に臨みて勇なるは、吾人臣民の高義なり。是れ皆孝より來らざるはなし。德川光圀が『孝は百行の本なり、孝にあらざれば以て敎を爲すなし、物則民彝、立つこと能はず、禮樂刑政、出ること能はず、孝の道たる大なり』と論じたるもの、千古の至言と謂はざるべからず。

帝國の道義に於ては、肇國の初めより已に孝の訓あり。即ち皇祖天照太神の、皇孫瓊々杵尊に、八咫鏡を授け給ふの詔に於て『汝この鏡を見ること、猶我を見るが如くせよ』とあるは、是れ則ち孝を盡すべきの訓なり。皇祖の遺體を鏡中に拜す、焉んぞ油然として至孝の心を興し給はざらんや。故に神武天皇の皇祖天神を鳥見山に祭る大詔に曰く、

我皇祖の靈や、天より降臨し、光ひに朕の躬を助く。今諸虜已に平ぐ、海內無事、以て天神を郊祀し、大孝を申ぶべき者なり。

是れ孝の訓を垂示せられたるものにして、帝國臣民が萬古不易の典型とする所、之

を以て億兆臣民皆孝ならざるはなし。文武天皇の孝義を表旌し給ふ詔に曰く、

上曾祖より下玄孫に至るまで、歴世孝順なるもの、戸を擧げて役を給し、門閭を表旌し、以て義家となさむ。

また以て帝國の孝の訓の最も深遠なるを知るべし。歴代の詔勅、孝子に關するもの少なからず、傳に曰く『孝は君に事る所以なり』と。是れ孝は帝國道義の根元にして、君臣共に孝義を尊重せざるべからず。又尊重せられざる可からざる所以を知るべきなり。

吾人は更に進みて肇國の本義に則り、謨訓に明徴し、皇猷を恢弘して、維新の大業を奏し、進みて國威を中外に宣揚せられたる、今上天皇が孝の訓を守らせられ、孝を盡させらるゝの、如何に深厚なるかを欽仰せずんばあらず。明治四年九月十四日、皇靈遷座の詔に曰く、

朕恭く惟みるに、神器は天祖威靈の憑る所、歴世聖皇の奉じて以て、天職を治め給ふ所の者なり。今や朕不逮を以て、復古の運に際し、忝く鴻緒を承く、新に神殿を造り、神器と列聖の皇靈とをこゝに奉安し、仰で以て萬機の政を視んとす。

爾群卿百僚、其れ斯旨を體せよ。

王政復古の大業を奏せらるゝや、神器は天祖威靈の憑る所たるを明示し、之を列聖の皇靈と共に新に造らせられたる所の神殿に安じ奉り、以て萬機の政を視んと宣させ給ひたるもの、孝は是れ政の本なることを、群卿百僚に、訓諭せられたるものにして、吾人臣民たるもの、皇猷の全く玆に存するを思はずんばある可からず。

抑も忠孝は、道義の淵源にして、帝國は此道義に因て肇造せられたり。而して道義は、帝國を肇造せられたる所の皇祖皇宗の遺訓となり、皇祖皇宗の遺訓は、今上天皇の明治二十三年十月三十日の大詔に於て煥發せられたり。大詔の此時に於て發布せらるゝもの、吾人は其叡慮の深遠なるを欽仰せざるを得ざるなり。苟も國家に重大事あるの時にあらざれば、焉んぞ容易に詔勅を煥發せらるゝことあらんや。二十三年十月三十日は抑も是れ如何なる時なるか。吾人臣民は宜しく一考せざるべからず。國家不磨の大典たる帝國憲法は、明治二十二年二月十一日の紀元節に於て發布せられたり。發布の際に降させ給ふ所の大詔に曰く、

帝國議會は、明治二十三年を以て之を召集し、議會開會の時を以て、此の憲法を

して有效ならしむるの期とすべし。

第一回の帝國議會は、二十三年十一月を以て召集せられたるなり。帝國憲法の實施は、帝國空前の盛典にして、吾人臣民は、紀元二千五百五十年、未だ曾て國政に參與するを得ざりしもの、此憲法の實施に依り、初て國政に參與し得るに至りしなり。是れ實に帝國肇造以來の一大革新にして、即ち政體の變遷、蓋し是れより重、且、大なるものなしと言はんも過言にあらざるなり。

然り而して帝國憲法は、今上天皇の欽定せらるゝ所の憲法なり。皇謨悠遠、天皇深く帝國の道義を尊重し、臣民を愛すること赤子の如く、臣民の好む所を好ませられ、臣民の惡む所を惡ませられ、中外の大勢を達觀し、帝國の益々興隆に向はんことを、軫念あらせられたるの聖旨に出るにあらずんば、焉んぞ能く君臣協和、和氣藹然の中に於て、此盛典を瞻仰するを得んや。顧みて歐洲列國の立憲政治を見よ、君臣暌離、上下軋轢、腥風血雨の慘狀を呈したるの後にあらざれば、憲法の制定を見ること能はざりしに非ずや。帝國の憲法發布は、則ち然らず、是を以て憲法發布に伴ふ所の勅語中に云へるあり曰く、朕、我が臣民は、即ち祖宗の忠良なる臣民の子孫なるを回想し、其朕が意を奉體し、朕が事を奬勵し、相與に和衷協同し、益々我が帝國の光榮を中外に宣揚し、祖宗の遺業を永久に鞏固ならしむるの希望を同くし、此の負擔を分つも堪ふることを疑はざるなり。

吾人は此勅語を拜誦して、叡旨深遠、如何に臣民を愛撫せらるゝ乎を想ひ、未だ曾て感激せずんばあらざるなり。又同時に發布せられたる、大詔中に曰く、

朕が親愛する所の臣民は、即ち朕が祖宗の惠撫慈養したまひし所の臣民なるを念ひ、其康福を增進し、其懿德良能を發達せしめんことを願ひ、又其の翼賛に依り、與に倶に國家の進運を扶持せむことを望む。

吾人は之を捧讀し、帝國の道義を重ぜられ、祖宗の遺訓を嚴守し來れる今上天皇の懿德に由りて、此の盛事を見るに至りたるを拜察し奉らざるを得ざるなり。

帝國憲法の發布せらるゝや此の如く、立憲政治の行はるゝや此の如し。亦以て歐洲列國に於る、立憲政治の建設と、全く其趣を異にせるを知るべきなり。然れども、測り難きは時勢なり、頼み難きは人心なり、吾人帝國臣民は、道義の訓、深く骨髓に

徹するものありと雖も、國家未曾有の大典を擧げ、國家未曾有の大革新を斷行せらるゝに臨みて、新を競ひ、急を爭ひ、徒らに進むに勇なるは、帝國臣民の通弊なり。不知不識の間に於て、如何なる事變の湧起せんも亦未だ知るべからざるなり。吾人は、今上天皇の軫念、茲に到らせられたるもの、決して其偶然に非ざるを恐察し奉らざるを得ざるなり。輕擧妄動、帝國の大計を誤り、三千年の歷史を汚し、皇祖皇宗の遺訓たる、帝國の道義を破壞せしめんも亦未だ測るべからず。是れ深く、天皇の軫念あらせられたる所にして、吾人臣民の恐懼せざるを得ざる所なり。於是乎、帝國肇造の古に溯り、國體の存する所、謨訓の明なる所を以て、帝國憲法を有効ならしむるの期に先ち、明治二十三年十月三十日を以て、天壤無窮、萬世不易の大詔となりたるものと、恐察し奉るも、吾人必ずしも其大過なかるべきを信せずんばあらざるなり。

世人は此國體に基き、忠孝の道義を闡明せられたる所の大詔を以て、敎育の勅語といふ。抑も敎育なる文字を取て、之を廣義に解釋し、一般帝國臣民を敎育するものとせば、毫も差支なかるべしと雖も、之を狹義に解釋して、單に學校に出入する所の教職、生徒のみの遵奉すべき、學校教育の勅語と見るに至らば、是れ全く廣大悠遠なる、聖旨の存する所を知らざるものなり。　大詔三百十五字、悉く是れ皇祖皇宗の遺訓、國體の精華となす所の道義にして、吾人臣民の畏み畏みて遵奉すべき所のものたり。　三百十五字の大文字中に於て、『此れ我が國體の精華にして、教育の淵源亦實に此に存す』と、宣させ給ひたる文字あるの故を以て學校教育のみの大詔と見るは、極めて狹義の解釋にして、深遠なる聖慮の在る所を察せざるものと言はざるを得ず。

彼の國體の尊嚴なる所以を發揚し、忠孝の道義を闡明せられたる所の大詔を以て、學校教育の爲めに發せられたるものと、解釋するものあるに至りたるは、亦故なきにあらざるなり。　明治二十五年の當時、各地方官は左の奉答をなしたり。　曰く、

明治二十三年德育の勅語を賜はりし以來、學校生徒に孝悌忠愛の道を教へて、家に不遜の子弟なからしめ、忠君愛國の道を説きて、國に不良の民なからしめんことを是れ勉むと雖も、實施の日尙ほ淺く、未だ充分の成績を見ること能はざるを憾む、臣等益々奮勵、以て聖旨に背かざらんことを期す。

是れ何たる謬妄ぞ、彼等は府縣に任する臣民を率ゐて、忠孝の心志を砥礪し、道義の觀念を發揚し、以て聖慮に奉答するの一大責任を竭すことを勉めず。徒に學校生徒に敎ふることを勉むと雖も、實施の日尙ほ淺く、未だ充分の成績を見ること能はざるを憾むとなす。勉むるに其途を以てせず、自己の大責任の存する所を覺らず。優渥なる聖慮を藐視するの謬妄に陷りたるもの、無智無識の甚しきものと言はざるべからず。地方官にして此の如し、遂に世人の之を誤解するに至りたるは、誠に遺憾の極にして、其責任は地方官の不明に歸せざるを得ざるなり。

勿論學校に於ては最も深く此大詔の趣旨を奉戴して、生徒の敎育に努めざるべからざると同時に、學校以外に於ても、苟も帝國臣民たるものは、文官たり、武官たり、農商工たるに拘らず、皆此大詔を拳々服膺して、片時も忘るべからざる敎訓たることは、吾人の喋々を要せずして明なり。是れ即ち帝國の道義にして祖宗の遺訓なり、國體の精華にして敎育の淵源なり、紀元以來茲に三千年に亘れる君臣間の典型なり。夙夜遵奉、以て億萬斯年に傳へざるべからざるなり。是れ豈啻に帝國の道義にして止まらんや、實に宇宙の間に磅礴たる所の天則なり。故に今上天皇は『之を古今に通じて謬らず、之を中外に施して悖らず』と宣させ給ひたるにあらずや。昔も今も、内にも外にも、五洲列國至る所として、帝國の道義をして行はしめんこと亦何の難きか之れあらんや。帝國臣民たる吾人は、感奮激勵、此訓を遵奉して、五洲に臨むの覺悟なかるべからず。亦以て帝國の興隆する所以のもの、全く祖宗の遺訓たる道義に基因せざるなきを知るべきなり。

吾人は、此大詔を以て帝國の道義と云ふ。道とは何ぞや、立天の道、之を陰と陽といふ。立地の道、之を柔と剛といふ。立人の道、之を仁と義といふ。即ち帝國の道義なるもの、陰陽兼ね備はり、柔剛併せ保ち、仁義並び行はんと欲するに外ならざるなり。義とは何ぞや、正道に伏するを義といふ。世に義戰と稱するものあり、是れ衆と之を共にするが故なり。即ち帝國の道義なるもの、衆と共に義を盡すにあるに外ならず、皇祖皇宗の遺訓を奉ずるは、天地の正道に由り、臣民の大義を盡す所以にして、是れ豈に三千年來、五洲無比、最も優越にして最も尊嚴なる國體を保持し、未だかつて外國の侵略を受けず、萬世一系の君主を奉戴し、臣民皆勇武なる所以のものは、帝國獨特の道義、凛々耿々、天地に塞がりて、其光輝を發するの致す所にあらずして何ぞや。

五洲列國、敎なくんばあらざるなり。敎化の行るゝや、國、各特殊の國體國性を有す。而して其國體國性共に帝國に及ばざるもの、其敎化の帝國に及ばざるものあるに由るに非ずや。吾人は五洲列國の敎を取て、一々玆に之を比較研究して、其優劣如何を判ぜんと欲するものにあらず。只帝國の道義をして、今日に於て、益々發揚せざるべからざるの必要を感ずるものなり。故に曰く、帝國の道義は、皇祖皇宗の遺訓なり。皇祖皇宗の遺訓は、天地剖判の始めより、宇宙の間に存在せる所の天則なり。帝國は此天則たる道義に因て肇造せられたるなりと。帝國の道義は之を天啓と謂つべし。孔子、釋迦、基督を待て、而して後に興りたるにあらず。皇祖皇宗は、天地開闢の天神なり、天神子孫の統治せらるゝ所の帝國は、之を神州と云ふ。神州は天神の踐行し給ふ所の遺訓にして、吾人臣民の遵奉嚴守する所の道義を獨有するものなり。弘文天皇の述懷の詩に『道德承天訓』と賦せられたるもの、即ち祖宗天神の遺訓を指されたるを知るべし。歷代の天皇は、咸な祖宗の遺訓たる道義を拳々服膺せざるはなし。而して此道義は之を古今に通じて謬らず、之を中外に施して悖らざるは今上天皇の宣させ給ふ所なり。嗚呼偉なる哉、帝國の道義。

帝國の國體國性は道義なり。帝國の道義は、帝國の國體にして國性なり。肇國茲に三千年、儼乎として確立し、時運或は晦蒙否塞なきにあらずと雖も、國體國性の大本、未だ曾て動揺せざるなり。孔子は、人の性は善なり、之を敎へて惡に趨かざらしむべしと云ひ、荀子は、人の性は惡なり、之を敎へて善に歸せしむと云ふ。ソクラテスは人は苦痛を忍耐して善に歸すべきものなりと云ひ、エピキユラスは、人は快樂を目的として善を行ふものなりと云ひ、ベンザムは、人は道義に因りて立つ、道義を行ふは快樂なりと云ひ、ミルは、人は利を主とするものにして、善を行ひて快樂なりとするも之が爲めなりと云ふ。宗敎若くは宗敎を離れて、人の性を說くもの、古今紛々擾々として止る所なしと雖も、皆其說く所は常理なくむばあらず。然れども人の世にあるや、父母あり子弟ありて一家をなし、家々相連りて一村をなし、村々相連りて郡をなし、縣をなし、遂に國家を成し、隨て君主を戴くものたらざるはなし。此の如くにして人生の義務なるもの多端ならざるを得ず、義務多端なるの人生は、其性の善たり惡たり、苦痛を主義とし、快樂を主義とするに拘らず。嚴守遵奉せざるべからざるは道義にして、道義の人生に合理適切なるは、帝國肇造以來の國體となり、國性となる所の忠孝の道義に若くものなし。是れ此の道義たる、人生の研究發明したるものにあらずして、道義、帝國を肇造したる乎、帝國、道義を肇造したる乎、共に倶に肇國以來、君臣間に實踐躬行し來りたる、宇宙に磅礴たるの眞理なり。嗚呼誰か又之を疑ふの餘地あらむや。

社會の進歩するに隨て、人事の複雜多端なるは必至の勢なり。人事複雜多端なるに隨て、既往の經驗のみを以て之れに處する能はざるは論を俟たざるなり。是を以て世人は動もすれば新知識無かるべからずと言ふ。知識固より新ならざるべからず、理想、觀念も亦新ならざるべからず。苟も日に新にせば、日々に新にして、又日に新ならむこと、人々の自ら警むべき所なり。然れども日に新ならむことを望むは、複雜多端なる時代に處するに於て、知識の應用に在て、精神の上にあらざるなり。人の精神たる之を道義の下に置かざるべからず、而して道義は、世の推移、時の代謝に因て消長盛衰を及ぼすなからむことを期せざるべからず。道義の消長盛衰は、精神上の變化なり、帝國臣民にして、一たび精神上に變化を來し、肇國の道義を破壞するが如きあらば、是れ實に亡國の道のみ。新知識を養ひ、新理想を有し、新觀念を抱くと雖も、亦之を奈何ともする能はざるに至らむ。古往今來、國家興亡の由る所を察すれば、皆是れ國民精神の腐敗に由らざるはなし。若し精神上の變化をして、道義の向上にあらしめば、新知識、新理想、新觀念は、其國家をして益々興隆せしむる所以なるべしと雖も、之に反して精神上の變化をして、道義の向下にあらしめば、新知識、新理想、新觀念は、其國家をして益々衰弱せしむるに過ぎざるなり。今日の支那人民を見るに、知識、理想、觀念は、退歩を來したるものにあらずして、寧ろ日々に新にして又日に新なり、然れども精神上に養成する所は、帝國の如き道義にあらざるなり。是れ革命の騷亂を湧起したる所以なるを知らざるべかず。國家を憂ふるものは、知識、理想、觀念の新ならむとを望むに先ち、帝國の道義をして臣民一般の精神上に、彌々益々光輝を放つに至らむことを勉めざるべからざるなり。

吾人は多年帝國の道義を皷吹する者も、而かも、日清、日露の戰役に於て、道義の偉大なる勢力を實現せしより、漸く一般國民の覺醒を促したるが如しと雖も、今猶ほ歐米列國を以て先進國となし、之を崇拜摸倣せむとする傾向なきにあらず。蓋し彼の我に優る所のものは、物質的、科學、工藝の進歩にあり、是れ即ち知識の我に一日の長ある所以なり。人類に在て最も貴重なるは精神の發動なり。帝國臣民の肇國以來、血液相傳へ、間斷なく培養し來りたるは精神上に在りて、帝國の道義は實に之を支配せり。帝國の道義は、五洲列國に卓越して宇宙に磅礴たるの眞理なり。故に之を古今に通じて謬らず、之を中外に施して悖らざること論を俟たざるなり。故に皇祖皇宗は、之れに由て鴻謨を畫し、之に由て宏猷を垂る、肇國茲に三千載、日月と共に變せざるなり。然らば則ち物質的、知識的の上に於ては、我は彼を先進國なりと稱するの已を得ざるものありと雖も、心靈的精神の上に在ては、我は彼より先進國たること明かなり。知識固より尊重せざるべからず、然れども精神なくむば人其人にあらざるなり、沐猴にして冠するものと言はざるべからず。人類に在ては精神を以て第一とし、知識は之に隨伴せざるべからず、隨伴すべきの智識に於て、一歩彼に後れたるを以て、主腦なる精神に於て、數步彼に先なるものあるを顧みず、自ら我を卑下し彼を尊重し、先進國なりと稱して靦然愧る所を知らざる如きは何ぞや。吾人を以て之を見れば、此輩既に道義の精神缺乏し、廉恥の何物たるを解せざるものなりと言はざるを得ざるなり。

帝國の肇造せられたる淵源に溯り、國體の天壤無窮、萬世不易なるは、既に述たる所の如し。猶ほ茲に吾人は一事の辯じ置かざるべからざるものあり、國體と政體との區別是なり。世人往々政體と國體との區別を誤ることあり、是れ五洲列國、萬世不易の國體を有するものなく、政治の變遷轉化する所に隨て、國體の名稱を附するを以て、帝國も亦然るものたりと思惟するに由ればなり。明治四十年夏、吾人は神道同志大會の招きに應じ、神田錦輝館に開かれたる、神道同志大會の講演會に臨みしことあり。吾人の前に演壇に上りたるは、國體論者を以て名ある文學博士井上哲次郎氏なりき。博士は『神道家に對する企望』と題し、滔々數萬言、其說く所は吾人をして敬服せしめざるにあらざりしと雖も、其國體を說く所に據れば、曰く『帝國の國體も時代に因て變遷せり、封建政治となり、郡縣政治となり、今日は立憲政治となれり、是れ皆國體の變遷なり』と。吾人之を聞きて默過する能はず、尋で演壇に上るに及びて之を辯じたることありき。井上博士は吾人も信ずる所の國體擁護論者なり。然れども、其修むる所は歐米の學問なり。是を以て帝國は政治の封建制度たり、郡縣制度たり、又立憲政治たるに拘らず、天地剖判の始めより、國體既に備はり、一定不易、日月と共に終始すべき萬世一系の天皇之を統治せらるゝに心付かざりしならむ。歐米列國の國體は夫れ或は然らん、然れども帝國は、國體と政體との區別あるを知らざるべからず。井上博士の講演筆記は、同年八月二十日發行の、全國神職會々報、第百六號に掲載せられたれども、前に述たる國體說明の一節は見えざりき。これ後に筆記を檢し、其誤解を覺りて抹殺せられたるならむ。而して吾人の當時神道と國體と題して講演したる筆記は、同じく同年六月二十日發行の、全國神職會々報、第百四號に掲載せられたり。試に井上博士の國體を說明したる所に就て、辯じたる所の一節を左に掲げん。

歷史に據つて見ましたならば、先づ日本の二千五百有餘年、三千年に近づかむとする日本の歷史といふものは、種々なる變化がございました。併ながら日本の國體といふものは、何時も變らぬと云つてよろしい。これから先きも變化はないと云つて宜しからう。萬世一系の天皇之を統治すといふことが、憲法の上に明に載つて居る。是が即ち國體であつて、封建となり立憲となり、時に色々政體の變遷はありましたけれども、國體の、變遷はないと云つて宜からうと思ふ。

是れ肇國以來の國體を述たるまでにして、固より新奇の説にあらずと雖も、當時井上博士の國體變遷説は、頗る耳障りに感じたるを以て之を辯明せしまでに過ぎず。未だ一年ならずして、吾人は國學院に開かれたる講演會に臨み、井上博士の明治二十三年十月三十日の大詔を講演し、國體の一定不易の説を聞き、先きの講演は全く一時の誤りにして、其反省の速かなるを喜びたりき。

帝國に於て、國體と政體との區別せざるべからざるや固より論なく、今深く之を玆に言はむとするものに非ずと雖も、世上動もすれば此區別を混同する者あり、是れ獨り井上博士のみなりとせば止まん。然れども、當今の博士、學士、論客の輩、國學を修むること極めて淺く、其修むる所は歐米の學問のみなるを以て、動もすれば歐米列國の文明に皮相し、彼國の國體を帝國の政治の變化する所に適用せんとするものあり。是れ國體と政體との區別は、明確に認識せざるべからざるを未だ覺らざるの致す所ならむ。而も是れ輕々に看過し去るべからざるなり。若し國體をして政治の變化する所に隨ひて、常に遷轉すること歐米列國の如くならしめば、帝國本來の歷史は破壞し去らんのみ。啻に帝國本來の歷史の破壞せらるゝのみならず、帝國の將來、甚だ危險を感ぜざる能はざるなり。帝國の國體は、宇宙の間に磅礴たる眞理の實現したるものにして、肇國以來、確乎不動、又將來に向て天壤と共に無窮に確乎不動なるを知らば、歐米各國の國體と異なる所を知るに足らむ。

世上の論者、或は帝國獨有の國體國性を辨ぜず、動もすれば冷語を以て帝國の道義を評し、祖先崇拜の祖先敎なりと云ふものあり。然り、祖先崇拜の祖先敎とせむ。祖先を崇拜する何が故に不可なる。祖先の敎は何が故に不可なる。個人主義を墨守し、國家主義を固有せざる外敎の信徒にありては、蓋し之を解釋し能はざるものあらむ。帝國は皇祖皇宗と臣民祖先の肇造したるものなり、帝國の道義は帝國肇造の根源なり、帝國の道義は天眞的に發して皇祖皇宗の遺訓となりしものなり。是を以て君主に忠に、父母に孝に、忠孝以て祖宗の遺訓を奉ず。之を祖先崇拜と云はむか、輙ち可なり。之を祖先敎と云はむか輙ち可なり。是れ天地剖判の始めより、帝國獨有の道義なり。故に帝國の皇統一系、茲に三千歲、五洲列國共に比すべきなきの歷史の成績を顯はしたるもの、素より外敎の力に賴らざるや明なり。帝國の道義は博くして且厚し、高明にして悠久なり、即ち是れ宇宙に磅礴して、坤軸を斡し、乾樞を撼し、萬世に亙りて泯びざるの眞理たればなり。孔子、釋迦、基督の道、豈之に對比するを得んや。

世上の論者又曰く、帝國の道義は、守舊固陋の訓にして、日新月歩の今日に於ては、又行はるべきにあらざるなりと、何ぞ其の思はざるの甚しき。排舊競新は人の性なり、吾人は必ずしも之を咎めず、否寧ろ革新を計り、進歩を希ふものなり。社會凡百の事、革新せずんば進歩せず、進歩せずんば革新せず、是れ自然の理勢なり。然れども、社會凡百の事、革新する所、進歩する所、道義之れが主たらざるべからず、道義を主とせずして、進歩を圖り革新を行はんとす、是れ眞實の革新にあらず、眞正の進歩にあらず、徒らに國粹を破壞し、古例を滅沒するものなり。何の革新か之れあらん、何の進歩か之れあらんや。帝國の道義は、帝國臣民の須臾も離るべからざるの典則なり。凡百人事の革新し進歩する所に向て、常に之が主たらざる事なし、是を以て帝國の發展を來し、今日の隆運を見るに至りしならずや。嗚呼帝國の道義は宇宙間の眞理にして、時代に隨て變遷すべきにあらざるなり。大詔に曰く『之を古今に通じて謬らず、之を中外に施して悖らず』と、何の守舊、何の固陋か之れあらんや。

世上の論者又曰く、帝國の道義は帝國臣民の能く知る所なりと、然り臣民は皆能く之れを知らむ。然れども、知て之を行ふもの稀なるを奈何せむ。論者は知らずや、近時大不敬を冒し、大逆罪を企てたるもの、國典に背き、國法を顧みざるもの、父母兄弟を慘殺するもの、宗敎を過信し臣民たるの義務に服せざるもの、節なく操なく、廉恥の風、禮儀の俗、將に地を拂はむとし、私利之れ逞うし、私慾之れ貪り、個人の幸福を先にして、國家の安寧を妨ぐるを顧みず、人心を墮落せしめ、政治を腐敗せしめ、産業を衰退せしむるもの、頻々續出、日も亦足らざるものあるを。此の如きの現象は、帝國の國體を知悉し、祖宗の遺訓を服膺する臣民に於て、果して爲し得べき所なる歟。然るに此等國家の不祥事、頻々續出して止まざるものは、知て帝國の道義を守らざるか、知らずして此逆行を敢てするか、二者其一に出でざるべきも、要するに是れ皆道義の勵行せられざる可からざるを立證するものにあらずや。物質的文明の進歩に伴ひ、人心主とする所なく、滔々汨々、異端を尊び、邪說を喜ぶは、敎育あるの臣民に於て其多きを加ふるの傾向あるは、是れ豈帝國の爲に最も忌むべき、最も嫌ふべき現象にあらずや。論者の想、茲に至らざるは、夫子も亦其渦中に埋沒しつゝあるを覺知せざるものならむ。是れ吾人が帝國の危殆に陷らざる今日に於て、五千萬臣民に向て、道義の勵行を促して止まざる所以なり。

之を要するに歐米列國の精神修養なるものは、一に耶蘇教に頼れり、故に唯一の愛を以て人類一切を敎育す。愛の精神固より人類に缺くべからず、然れども、帝國の道義たる、愛以外に於て、愛よりも猶は尊重せざるべからざるものあり、忠孝即ち是なり。忠孝を顧みざるの精神修養にして、徒に愛のみを以て原則とする所の歐米列國の敎と、忠孝を本義とする所の帝國の訓と孰れか優、孰れか劣なるかは、吾人茲に之を論ずるを用ゐず。優劣孰れにありとするも、帝國三千歲を閲せんとする祖宗の遺訓にして帝國の國體たる道義、今上天皇の勅語は、臣民たる吾人の暫くも嚴守遵奉せざるべからざるは、當然の本分なり、況むや宇宙に磅礴たるの眞理にして、五洲列國の敎に卓越するに於てをや。三神禮次なる人、日本武士道に云へるあり、言專ら現世的と未來的と、彼我の相違を明かにせんとせしものなりと雖も、是れ

吾人が忠孝の訓と愛の敎との、彼我の相違を知らしむるに足るものあり、今玆に摘載すべし。曰く、
歐米人の一眷族擧て同一の危難に際するや、親を棄てゝ先づ其妻を救はんことを勉む、日本人の一眷族擧て同一の危難に際するや、自己を忘れ妻子を顧みず、先づ親を救はんことを勉む、即ち彼れは自己、及、其偕老の配偶を以て首要となし、我は尊族親を以て首要とす。
是れ吾人の所謂る忠孝の訓と愛の敎との、現實する所太甚しき相違あるを喝破し盡したりと謂ふべし。
帝國の國政、歐米列國を摸範とし、總て彼れに摸倣するや。法律規則、總て彼に行はるゝ所を直譯し、直に之を我れに施行せんとせり、奈何ぞ帝國本來の道義と牴觸する所なきを得むや。吾人は日露戰役に於て、戰死者の遺族に下附する所の年金等に於て、曾て陸軍大臣に警告したることありき。其要は遺族に下附する所の年金及び一時賜金なるもの、父母、及、子弟ありと雖も、之に下附せずして之を遺妻に下附したり。是れ戰死者の孝を顧みず、又一家を愛るの念を案せずして、只是れ愛を

斟酌したるに由るならむ。忠孝の訓なく、愛を以て人類一切を教育する歐米列國に在ては可ならむ。忠孝の道義を嚴守せしめ、家族制度を保てる帝國にありては、甚だしき不當の下附なりと云はざるべからず。然れども、大尉以上の上長官にありては、遺妻も亦相當の年齡に滿ち、忠勇なる軍人の未亡人として、一家經營の責務を擔ひ、父母に孝に、子弟に慈に、政府の恩惠を沒却するが如きなからむ、吾人は之を深く論ずるものにあらざるなり。

若し夫れ下士卒の遺妻にありては、年齡も若く、家計も困難なるものなきを保せず。遺妻たるの少婦にして、果して能く一家を經營し、父母に孝に、子弟に慈に、貞節を空閨に守り得べしとなすか、是れ難きを少婦に求むるものにあらずや。蓋し貞節を守り得べしとするも、一家經營の責務は、他に尊族、近親に委せざるべからず。然るに父母を措き、子弟を措きて、年金、及、一時賜金等を遺妻たる少婦に下附す、少婦能く父母、及、子弟に盡すの心なくんば、去て生家に歸せずむば、必ず他に再嫁せむ、是を以て忠死、勇死の軍人は、父母、及、子弟を悲慘の境遇に呻吟せしめ、一家離散に遭遇せしめざるも、下附せられたる恩金は、忠死者の祭祀を營み、墓碑を建つるの費用たらずして、遺妻再嫁の持參金たり、支度料たるもの往々にして之れあり、是れ豈帝國の道義を作興し、忠勇義烈の軍人を出さむとするの道ならむや。陸軍省が此の如き下附を爲すもの、皆是れ愛一點の致を以て國民を率ゐる、歐米列國の法律規則に摸倣したるの致す所なりと言はざるを得ざるなり。歐化主義を取り、歐米列國を以て先進國なり、文明國なりとして崇拜せる結果、帝國には肇國以來三千年の歷史の成績を遺したる道義あるを知らざるの致す所、豈獨り陸軍省のみならむや。國政萬般の法律規則、往々にして此の如きものなしとせず、憂國の士深く此點に注意せざるべからざるなり。歐化主義の行はれ、社會萬般擧て歐米列國に、摸倣せんとするや、帝國の道義は五洲列國に卓越して、肇國以來、儼然として存在するを覺らず、國體國性の尊重すべきを知らず、法律規則より、諸般の典例に至るまで、擧て歐米列國に摸倣せんとす。勢、此の如くなるや、宮中に於ける大禮に至るまでも亦歐化したるもののなきを保せざるなり。吾人の知友高山昇氏曰く『目下宮內省の慣例を見るに、儀式、其他、父母に及ばずして先づ妻に及ぼすもの多し。觀菊、觀櫻の儀式の如き即ち是れなり。予は拜觀を賜はるに當り其妻を同伴せんよりは、老いたる父母の手を携へて、拜觀の榮を共にせんことを希ふ。妻の同伴素より不可なしと雖も、父母の同伴を許されんか、父母の歡喜知るべく、忠孝を主とする本邦の道義をかゝる場合にも現實になし得て、風化の及ぶ所偉大なるものあらん』と。吾人は高山氏の言、理なきにあらずとなすものなり。宮内省は即ち儀式の淵源を爲す所なり、皇謨の存する所を表示する所なり、典例古格を尊重すべき所なり、摸範を臣民に垂るゝ所なり。須らく帝國の道義に適應するの儀式を選ばざる可からず。毫末も典例古格を改むべきにあらず、是れ吾人の言を俟たざる所なりと雖も、歐化主義の帝國臣民の間に蔓延し、國體國性の存する所を知らず、道義の尊ぶべきを覺らざるに至れるの甚だ危險にして、帝國の衰亡、是より胚胎し來らむを深く慮らざるを得ざるが爲めに、吾人は茲に一言を費すの已むことを得ざればなり。

評説

知らざるにあらず、敎へざる也、敎へざるにあらず、行はしめざる也。吾人は我が敎育の木鐸たる人に向て、多大の遺憾なき能はず。

蘇峰安評

本國なるものは、單だ塊然たる土地をのみこれ謂ふに非ず。祖先を有し、父母を有し、兄弟を有し、姉妹を有し、同一の地上に同民族を以て組織したる國家を有し、國家の上に同民族中より推戴したる首長を有し、同一の言語を有し、同一の法制を有し、過去の歴史を有し、兼ねて未來の歴史を有し、内に於ては、統一を有し、自由を有し、外に對しては、獨立を有し、名譽を有し、常に文明を高め、絶えず繁榮を增し、優化遷善して止まる時なく、其の生命永遠にして無窮なるもの、即ち是なり。國民の幸福は載せて此上に在り、國體といふ、國性といふ。畢竟一民族に附隨せる以上の意義の累積なり。是故に一朝國性を忘却若くは藐視して、其國體を破壞せん乎、國基は忽ち動搖し始め、一國を成せる民族の幸福は此際よりして消滅せんのみ。歴史は古今幾回と無く其實證を示して、後世を警醒するも、淺人覺らず。動もすれば妄議妄動を逞くして、自ら泯滅に就く。

我は單に道義といはず。國民的道義其れ淬厲せざる可けんや。

日南學人

神典に曰く、諾冊兩神先づ國土を生成し、然る後此の國土を治むべき皇祖を生み給ふと。國土と皇室とは始より兄弟におはす。天孫の此の皇土に下らんとし給ふや、太神神鏡を賜ひて、之を視ること我を視るが如くせよと宣ふ。崇祖の大義こゝに明かなり。これ我が國道義の根本にして、著者のいはゆる忠孝は即ちこれなり。

やいち

第三章　二大變遷と道義　上

一　開國の國是　上

帝國の道義は、帝國の頭腦、骨髓にして、帝國の肇造は、此頭腦を具し、此骨髓を備へたるに由る。　道義は帝國と共に終始し、日月と共に光輝を放ち、天壤と共に無窮なるは、吾人の既に述たるが如く、皇祖皇宗の遺訓、粲然として日星の如きものあり。然れども、帝國三千年の歷史は、時に治亂あり、世に盛衰あり、從て道義に隆替消長なき能はざるは、亦數の免れざる所なり。　吾人は帝國の歷史を閱し、治亂の分るゝ所を察し、盛衰の由る所を究め、一として道義の隆替消長、之に原因せざるなきを感せずんばあらず。　因て茲に國家治亂盛衰の跡に就き、道義の隆替消長する所以を察し、之を大別して帝國の二大變遷となす。　其一は帝國の始めて開國の國是を取りたる時代にして、其變遷最も著しきもの即ち是なり。　吾人請ふ試に之を論せむ。

抑も上古時代は、人心淳樸、政綱簡明にして、秩序整然たり。　中央、及、地方に語部なるものあり、以て歴史を傳ふ。　孝德天皇の大化二年、革新の政を行ふに方り、語部なるもの十中の八九を廢せられたるは、當時業に文字の傳來したるありて、是より先き蘇我蝦夷をして國史を修せしむるに至りたればなり。　元明天皇の時、太安麻呂古事記を編し、翌年各國に令して風土記を編せしめ、後七年、元正天皇の四年、舍人親王日本記を編纂せり。　是等の舊史に據れば、崇神天皇の六十五年に、任那初めて入貢すとあり。　是より漸次開國の端を開き、垂仁天皇の三年、新羅の王子天日鉾歸化すとあり、同八十八年には、天日鉾貢物を献ずとありて、此時より帝國と韓國との交通、漸次頻繁と爲りし事は想像するに難からず。　又景行、仲哀兩天皇の時代、熊襲親征の如き、又仲哀崩御の後、神功皇后の三韓征討となり、爾來韓國との交通最も頻繁を極めたるが如き、應神天皇の三十七年、歸化人阿知使主に命じて、呉の織縫の工女を求め、雄略天皇の七年、技工百濟より來り、呉よりは、漢織呉織衣縫等來りしが如き、繼體天皇の七年、百濟より五經博士を召せしが如き事實に依りて當時の外交を推想せば、兩國人の往來頻繁なりしこと推して知るべきなり。　而して此開國の國是に依り、帝國の文教、技藝を始め凡百の事物は、非常なる激變を來したるものにして帝國の開明は蓋し此時より漸次に成就したりと言ふを得べし。故に當時の變革は今より之を考ふれば、千狀萬態、悉く轉化せざるはなく、實に一大變遷にして、安政以後、歐米列國と交通を開きてより、以て今日の現狀に至れるよりも、尙大なるものありしを知るに難からず。是れ實に帝國肇造以來の一大變遷なりと云はざるべからざるなり。

帝國の文明は、開國の爲めに促されたるものにして、開國の國是は帝國萬世の皇猷なり、帝國臣民の幸福なりしこと、言を俟たず。然れども、生存競爭は勢の免れざる所、帝國は韓國と交通せしより以來、韓國、及、支那と競爭せざる可からざる位置に立ち、戰爭は之れが爲に絕えざりき。國帑は之が爲に究迫を告げたりき。神功皇后の新羅征伐以來、未だ數年ならずして大軍を出し、百濟を援けて新羅と戰ひたるを始めとし、頻年戰爭あらざるなく、其後ち天智天皇の朝に至るまで、凡そ六百有餘年の間は、韓國征討の時代なりしなり。帝國當時の國狀より之を考ふれば、韓國征討の役は、生存競爭上、已むを得ざる所なりしと雖も、此等の諸戰役は、現世紀に於ける日清、日露の役よりも猶ほ重且つ大なる戰役たりしなるべきなり。帝國の文明は韓國と交通せしに依て長足の進歩空前の發展を來したりと雖も亦之れと同時に帝國財政上の窮乏は長歳月に亘れる戰役の爲めに非常の慘狀に陷りたること日露戰役に二十餘萬の戰死戰傷者を出し二十億の軍資を消費したるよりも尙一層の甚しきものありしことを推察するに難からず。

傳へて云ふ長門の壇浦に海中巨大なる石壇あり是れ三韓征討の時に方り造る所の船渠なりと。蓋し神功皇后の新羅を征せむとするや諸國に令して戰艦を造り兵甲を練らしめたり。其出師長歳月に亘り而も軍費の尠なからざりしを知るべし。三韓平定して後四十四年にして荒田別鹿我別をして百濟を援けて新羅を討せしめたるが如き後十八年にして襲津彥をして新羅を伐たしめたるが如き後三十八年にして又諸國に令して船艦を造らしめたるが如き外交軍事固より機密に屬するもの多く舊史の記する所未だ詳ならずと雖も當時國家多事なりしことを推して知るべきなり。仁德天皇の高臺に登りて遠望し人煙の起らざるを見て百姓の窮乏を知り課役を除かせられたるものは神功皇后の外征を距る百十五年なりしなり。其間天災地妖ありしことを聞かず而して百姓の窮乏するもの他なし開國の國是により、日韓交通の頻繁を極むると同時に、戰役相踵ぎ、國用多端なりし結果に外ならざる也。

國運の發展、國力の充實を期するは、開國の國是に依らざるを得ざるは、固より論を俟たずと雖も、國際競爭の結果、軍備擴張、戰爭永續の爲に、產業興らず、貿易進まず、最後の捷利を制すること能はず、時として國家の艱難に陷ることあるを知らざるべからず。政治家の最も戒愼せざるべからざるものの實に玆に在り。故に天智天皇は、深く此に察する所あり、帝國の國勢に鑑み、斷然韓國との交通を謝絶し、其在位中に於ては、斷然として出兵を廢止したり。即ち之を歷史に徵するに、曩きに韓國に遣はしたる上野稚子なるもの、新羅を討ちたるの記事あるのみに過ぎざりしなり。然れども、吾人は天智天皇の斯舉を以て、敢て開國の國是を變じ、鎖國の國是を取りたるものと斷定するにあらず。蓋し天皇は外交の弊に堪へざるを以て、一時其交涉を止め、出兵を廢するの舉に出でたるものなるや、蓋し疑を容れざるなり。

天智天皇は英明にして、中興の祖と稱せられたるにも拘らず、事玆に出でたるもの、當時の國情、已むを得ざりしものあるを知るに足る。是より以後、帝國の內政、大に緒に就きたるが如し。天智天皇より數代の間、多少の事變なきにあらざりしと雖も、帝國の富强は、此時に於て其基礎を確立したること疑を容れざるなり。後百七十、五年、仁明天皇に至り、新羅の使者を斥けしより以來、韓國との交通貿易殆むど杜絕したるもの丶如し。

韓國と交通せしより、前後七百餘年は征討の時代なり。帝國の勢力を韓國に扶植せんことを期したるは、生存競爭の勢に於ても、帝國の道義を行ふに於ても、亦已むを得ざる事なりしと雖も、戰爭永續したるが爲めに、帝國の財政窮蹙を告げたるは、掩ふ可からざる事實なり。財政の窮蹙は之を救濟すること難からず、爲政者の必しも憂とせざる所なりとするも、唯臣民思想の變化、觀念の推移に至りては之を救ふこと易からず。前後七百餘年の間、帝國臣民の精神狀態果して奈何、思想の激變、觀念の轉化甚しきものなかりしや否や。帝國道義の消長、果して奈何、帝國道義の消長は、國運の隆替に關するや大なり。是れ豈一大危險の時なりしと謂はざるを得んや。凡そ人の目睹し易きは戰闘の勝敗なり、外面に現出するものは、文學美術工藝の隆替なり、國家は戰闘の勝利を以てのみ保ち得べきにあらず、社會は文學、美術、工藝の隆盛を以てのみ安んじ得べきにあらず。外面に現出せざる、而も目睹すべからざる所に於て、國家安危存亡の繋る所あるを思はざる可らざるなり。戰鬪の勝敗何かあらむ、文學、美術、工藝の隆替何かあらむ、國家の憂ふる所は國民思想の激變なり。社會の憂とする所は、國民觀念の推移なり。前後七百餘年の間に於て、帝國臣民の精神は、如何なる動搖を來したるか、苟も帝國の道義にして一たび其光輝を失せば、國其國にあらざるなり。吾人は顧みて當時の趨勢に想到すれば、盛暑猶且慄然として、粟肌に生ずるを覺えずんばあらざるなり。

一　儒教、佛教の傳播

開國の國是に依り、帝國の文明を導きたるは誠に喜ぶべし。而も之に因りて儒教、佛教は帝國に傳播せり。儒教、佛教は、支那、印度の教なり。韓國と交通を開きたる爲めに、共に韓國より輸入したるものにして、當時佛教の帝國に蔓延せる狀態は、燎原の火の如く、其流行迅速、其勢力甚だ熾なるものありしを想像するに足る。儒教は文字を帝國に媒介したるものにして、儒教、佛教が帝國の文明を助け、開化を導きたるの効能は、決して沒却すべからざるものありと雖も、儒教、佛教が、帝國臣民の思想を攪亂し、帝國の道義と衝突し、帝國を危うしたるものあるを思はざるべからざるなり。

儒教なるものは、即ち孔、孟の教にして、要は仁義を以て人を導くにあり。仁義は帝國の道義と、何等抵觸する所なしと雖も、元來儒教の興りたる支那は、全く帝國と其國體を異にし、其國性を異にせり。孔子は王道を説きたりと雖も、孟子に至ては頗る民主主義を認めたり。而も孟子は仁義を説明して曰く『仁の本は孝なり、義の本は忠なり』と、是、道義の淵源たる忠孝と一致す、故に儒教は或る點に於て帝國の道義と同化し、最も能く帝國に行はれたり。帝國の之に依て以て、帝國の道義を助けたること少なからざるは、吾人の信じて疑はざる所なり。然れども、其根本義に至りては、全く帝國の道義と異るものあるを遺憾とせざるを得ず。

孟子曰く『仁を賊するもの之を賊と謂ふ、義を賊するもの之を殘と謂ふ、殘賊の人之を一夫と謂ふ、一夫紂を誅するを聞く、未だ君を弑するを聞かざるなり』と。斯の如きは、帝國の道義に於ては決して許容すべからざるの言なり。國體國性を異にする彼國に在りて此言あるは、深く怪むに足らずと雖も、君主を指して一夫となし、一夫紂を誅すると云ふが如きは、我帝國に於ては、大逆無道、亂臣賊子の言なり。帝國臣民に在ては、一夫を以て君主を目するが如きは、斷じて許容せざるなり。儒敎の主義斯の如し、この一言を以てするも、採て以て帝國の敎となすべからざるや論を俟たざるなり。

帝國の上古は、歷史の傳ふる所によれば、旣に帝國肇造の時に於て、道義の儼乎として存在するものあり。是れ即ち皇祖皇宗の遺訓にして、君臣共に之を謹奉し、之を嚴守し、以て三千載の隆盛を來したり。帝國の文明は、儒敎主義、即ち孔孟仁義の輸入を待て而して後發揚したるものに非ず。帝國の道義なるものは、五洲列國の知らざる所にして、帝國獨り之を有するを知らざるべからず。吾人が儒敎、佛敎に言及するに方り、特に之を言明せざるを得ざるなり。

佛敎の傳播は、繼體天皇の十六年、梁の人司馬達等が佛匠の祖として渡來し、以て佛法を廣めんとするに胚胎せり。然れども、帝國臣民は、自ら帝國肇造の時に於て確立する道義の訓あり。故に當時帝國臣民は、佛敎を以て韓國の神として信ずるものなかりき。欽明天皇十三年、百濟より佛像、經論を獻ずるあり、大臣蘇我稻目等、主として之を信仰し、向原寺を邸內に營みたるに因り、佛法蔓延の端は開かれたり。要路の大臣にして既に然り、下又之に習ふは勢の免れざる所にして、敏達天皇の時に至り、稻目の子馬子、又佛殿を造りて大に佛法の普及を計れり。厩戶皇子また大に佛法に歸依せり。故に當時佛法は、殆ど帝國の國敎たるの觀を呈せるものゝ如し。抑も、帝國の佛敎なるものは、敎法自身の力にあらずして、帝國政府の權力によりて世上に蔓延したるものなり。此時に當り、獨り帝國本來の道義を守りたる大連物部守屋、中臣勝海は、佛敎は帝國臣民の思想を惑亂し、其勢底止すべからざるものあるを察し、是れ帝國の國體、國性に副はざるもの、今に於て之れを撲滅するにあらざれば、他日不測の禍害を生ずるを憂へ、深く帝國の前途を慨し、之を敏達天皇に奏せしかば、天皇乃ち詔を下して、佛像、經論を難波の堀江に投じ、以て之が絕滅を期したりき。然れども、用明天皇に至り、厩戶皇子の請を容れ、守屋、勝海の極諫を聽かず、僧侶を宮中に延き、皇子、馬子と手を握て之を喜び、守屋、勝海と戰を交へたり。皇子は其父たる天皇の喪、殯に在るに拘らず、髮を額に束ねて、身軍後に隨ふに至る。

勝海は皇子の舍人の爲に殺され、守屋は戰死し、是より後、佛敎、益々蔓延を來したるは、帝國の歴史を讀むものゝ、慨嘆措く能はざる所なり。此の如くして佛敎は漸次其熾盛を極め、國分寺を全國に置き、宮中又佛殿を造りて、之を禮拜するの狀態を生ずるに至りたり。

佛敎なるものは、吾人深く之を研究せず、又研究する所ありと雖も、今深く之を論ずるを欲せず。要するに佛敎は釋迦の敎にして、所謂一切衆生を濟度するを以て主義と爲す者なり。故に佛敎は、世界主義にして、必ずしも國家を認めざるなり。今日帝國に蔓延する所の佛敎宗派が、皇恩を說き、忠君を唱へ、君主主義を鼓吹するもの、帝國の道義に同化せられたるの結果にして、釋迦の敎法中にあるにあらざるなり。本來釋迦の敎義たる、人類平等を主とし、一切衆生濟度にあり、故に諸行無常と云ひ、遷善改過と云ひ、轉迷開悟と云ふ。倫理哲學を說くの大乘あり、地獄極樂を說くの小乘あり、皆是れ人道を說くに止まりて、明確に國家を認めたるの點を見出すこと能はず。好し國家を認めたりとするも、之に對する敎義は明瞭ならざるなり。人類平等は絕對慈悲慰安を說く人類に階級を立つるの筈なく、一切衆生の安心立命を說く、天子何かあらん、大臣何かあらん、均しく三寶の奴なりと云ふ。是れ佛敎自然の推理にして、深く怪むに足らざるなり。斯の如きは帝國の肇造と共に、君臣の遵奉嚴守し來りたる帝國の道義と、抵觸するの大なるものと言はざるべからず。絕對的忠孝の訓、豈此世界主義の敎と根本に於て調和するを得むや。

吾人は佛敎を以て、帝國文明の開發に効力なしとは云はず、帝國の文明は素より佛敎に依て導かれたるもの少なからず、吾人亦其効力の大なる者ありしを認む。然れども、其敎義の根本に至りては、未だ少しも帝國の國體、國性と抵觸する所なく、帝國の道義と衝突する所なしと云ふ能はず。吾人請ふ佛敎渡來に依て帝國に生じたる、事端の一、二を擧げて之を論ぜん。佛敎の信者は蘇我の一族を初めとし、最も有力なりしは、厩戶皇子なり。臣民として一天萬乘の君主を弑し奉りしは何者ぞ。臣民として其居宅を宮殿と稱し、其男女を王子と稱し、出入乘輿に擬し、僭上の行爲を極めし者は何者ぞ。蘇我馬子は崇峻天皇を弑し奉りたり、蘇我入鹿は天位を覬覦したり。此事實は歷史の明記する所にして、吾人の今日に於て細說するを要せざる所にあらずや。斯の如く帝國肇造以來、未曾有の暴虐大罪を敢てしたるものは、吾人、佛教過信の結果なりと斷言するを憚らざるなり。是れ蘇我一族の敢てしたる所の大罪なり。蘇我一族は佛教信者なり、是を以て蘇我一族の精神中、帝國固有の道義なるものあらざりしなり。蘇我一族の頭腦中、帝國本來の忠孝なるものあらざりしなり。若し夫れ然らずすんば、焉むぞ此大逆大罪を敢てするを得むや。

蘇我氏を助け、蘇我氏を使嗾して、佛法の蔓延を計らんとせしは厩戸皇子なり。皇子は聖德太子と稱せられ、賢明の才、温良の姿、時人の聖人として尊崇する人物なり。皇子は用明天皇の子にして、崇峻天皇は用明天皇の弟なり。蘇我馬子弑虐の罪は、人神共に憤る所、天地容れざる所なり。而して皇子は此際に於て如何なる態度を執りし乎。吾人は之を史に徵せざる可からず。大日本史の『太子傳』に曰く、崇峻天皇立つ、馬子の驕暴を惡み、密に太子に謂て曰く『馬子、內に私慾を恣にし外に佛敎を矯飾す、而して實、忠義の情なし、汝以て如何』太子對て曰く『馬子誠に驕臣なり、惟陛下これを忍び給へ』帝剛腸にして惡を嫉む、時に忿言あり、馬子聞て而して懼る、密に不軌を圖る、太子其間に處し、兩ながら其計を知り、而して匡濟する能はず、隱忍累日、帝遂に弑を以て崩ず、太子聞て而して哭して曰く『過去の報也』と、馬子後に、弑を行ふもの東漢駒を捕へ罪を數へて之を殺す、天下益す之れを憎む。 太子亦曰く『此誅ありと雖も、而も君を弑するの名、千載雪ぐ能はず』と。 然れども、復飜て之に卑附し、敢て與に忤ふなし。

皇子は、君父の仇、倶に天を戴かざるの大義を知らざるか、逆臣馬子に卑附し、敢て與に忤ふなしと言ふに至りては、臣として忠ならず、子として孝ならざるなり。 忠孝共に亡べば、天日光を失して、綱常倫理、倶に地に墜むのみ。 而して皇子は、曰く『過去の報なり』と。 此の如きは皇子の頭腦既に、佛敎に化し、精神既に佛敎に奪はれ、帝國の國體、帝國の道義に背反し、君臣の分、父子の義を忘却せるものと言はざるべからず。 此英明の稱ある皇子にして而して此行あり、佛敎過信の結果、亦甚だ恐るべからずとせむや。

外敎の帝國本來の道義を紊し、忠孝の訓を蔑みするもの一にして足らず。 今悉く之れを擧ぐるに遑あらずと雖ども、蘇我氏の佛敎に依りて、帝室を惑亂し、政權を恣にするや、女主を擁立し、以て帝國肇造の本義に背き、皇位を危うするの端を開きたり。 持統、皇極、兩天皇は皇后なり、時勢已むを得ざるものありしと爲すも、孝謙天皇に至りては、又言ふに忍びざるなり。 帝國は當時不文法にして、成文典範の具はるものを見ずと雖も、皇男子孫、之を繼承するものたることは、今日の皇室典範に明かなるが如し。 是れ肇國の時に於て、萬世一系の極を立て、統を垂るゝ所にして、皇男子孫を君主に奉戴すべきは、固有の國體たるを知るべきなり。 孝謙天皇に至り、帝國の危急に瀕したるもの、是れ必竟蘇我一族の國體を蔑視し、帝國の道義に背反し、其女の生む所の女主を擁立して、權成を專にせんとしたるに胚胎したるものと云はざるべからず。 而して弓削道鏡は僧侶にして、佛敎徒たり。 彼れの邪智大奸なる、佛敎に因て宮中に入り、女主を惑はして、法王の稱を私し、百官をして朝拜せしめたるが如きは、僭上も亦甚だしと云ふべし。 其極遂に帝位を覬覦するに至れり。當時、和氣淸麻呂なかりせば、帝國の存亡或は測り知るべからざりしなり。

吾人は爰に於て、當時淸麻呂の進奏せし、宇佐八幡の神託なるものを想起せずんばあらず。 其神託に曰く、

我國は開闢以來、君臣の分定れり、臣を以て君とせしこと未だ之れあらず、天日

嗣は必ず皇緒を立てよ、無道の人、宜しく早く掃除すべし。

是れ帝國の肇造せられたる本義にして、吾人の所謂道義なり。皇祖皇宗の遺訓亦之に過ぎざるなり。故に祖宗の神靈、淸麻呂をして此神託を奏せしめたるものと言はざるへからず。源光圀は『叛臣傳』に論して曰く、

夫四海の廣き、人民の衆き、一統して而して正に居り、敢て搖動する者なし、卑高以て陳るは、君臣の分定れるが故なり。一たび間隔あれば離畔す、小は則ち懲戒し、大は則ち誅戮し、必ず除去して而して之れ合せしむ、然して後天下の治、得て而して成るべきなり。

道鏡は邪智佞辯の大奸なり、彼が精神既に佛敎と化し去り、彼が肝腦、又帝國の道義を認めず。是を以て神人共に許さず、天地共に容れざるの大罪を敢てするに至りしものなり。佛敎の帝國の道義を侵害する、斯の如く甚だしきものあるに至ては、豈寒心せざるべけんや。

佛敎徒に大谷光演なるものあり、我が宗派と忠孝主義なる題を掲げて言へるあり『忠孝は乃ち誠なり、佛敎は誠を以て衆生を濟度するが故に、誠の心が親子の間に

は孝行となり、君臣の間には忠義と爲て現はれて來るのである』と。何ぞ夫れ牽强附會の甚しきや。人に誠なくんば、凡百の行動は虚僞となる。忠孝の行動亦誠ならざるべからず。誠の義、或は然らむ、然れども、唯だ一字の誠を以て、佛敎は孝を奬むるものなり、佛敎は忠を勵ますものなりとなすか、吾人は甚だ佛敎徒の忠孝を奬勵するの微弱なるに驚かざるを得ず。誠は是れ忠にあらざるなり。誠は是れ孝にあらざるなり。人事凡百の行動に於て、信を守りて他を欺かず、所謂る眞實にして妄りなることなきを誠といふ、忠孝の義にあらざるなり。然るに佛敎徒は忠孝を以て一字の誠に歸す、牽强附會なりと言はざるべからず。是れ必竟佛敎の帝國の道義に背反して、布敎の目的を達する能はざるを自覺し、忠孝を以て誠の一字に附會し、因て以て帝國の臣民を敎化せむと企てたるに過ぎざるなり。

元來佛敎の帝國に蔓延したるもの、敎法の自力に非ざるなり。佛敎徒の狡慧なる、巧に皇室に出入し、政權を藉りて布敎の目的を達したるに過ぎざるなり。其初め、大臣蘇我稻目に賴り、尋で厩戸皇子に憑り、寺殿を創建して輪奐莊嚴を極め、以て其信仰力を增大せしめんとしたるもの、皆是れ政權を藉りて然るに非ざるはなきなり。當時帝國をして殆むど政教一致の風を爲さしめたるは、厩戸皇子の佛教を過信したるの致す所に由らざるはなし。此の如くにして佛教は深く宮廷と政權とに侵入したり。孝徳天皇の大化元年に於て、蘇我一族誅に服せりと雖も、佛教猶未だ衰へず、同年八月に至り佛法を崇み、十師を置くの詔を降されたり。當時佛教の政權に侵入したるの甚だしきものあるは、左の詔によりて知るを得べし。曰く、

磯城島宮の御宇天皇の十三年中に於て、百濟聖明王佛法を我が大倭に傳へ奉る、是時群臣倶に傳ふるを欲せず、而して蘇我稻目宿禰獨り其法を信ず、天皇乃ち稻目宿禰に詔して、其法を奉せしむ。譯語田宮の御宇天皇の世に於て、蘇我馬子宿禰考父の風を追遵して、猶能仁の教を重んず、而して餘臣信ぜず、此典幾むど亡ぶ、天皇馬子宿禰に詔して而して其法を奉せしむ。小墾田宮の御宇天皇の世に於て、馬子宿禰、天皇の爲め、丈六繡像、丈六銅像を造り奉り、佛教を顯揚し、僧尼を恭敬し、朕更に復た正教を崇み、光に大猷を啓くを思ふ。故に沙門狛大法師、福亮、慧雲、常安、靈雲、慧至、僧旻、道登、慧隣、慧妙を以て、而して十師となす、別に慧妙法師を以て百濟寺の寺主と爲す。此十師等、宜しく能く衆僧を教導し、

釋敎を修行し、法の如くならしむるを要すべし。凡、天皇より、伴造造る所の寺に至るまで、營まざるものは、朕皆助け作らむ。今寺司等寺主を拜して、諸寺を巡行し、僧尼奴婢田畝の實を驗して、而して盡く顯はし奏せよ。

佛敎は皇室と政權との力によりて蔓延したり。敎法の自力にあらざるなり。是を以て帝國に於ける佛敎徒は、巧に帝國本來の道義に同化せんことを勉めたり。後白河天皇の時に於て、南都の佛敎徒衆が、皇室に向て强請せんとするに方り、其敎祖釋迦を奉せずして、春日神輿を推戴して京都に入りしが如き、亦以て其意の存する所を知るべきなり。

佛敎徒中、政權に憑らずして敎法を流布せしめたるもの、獨り日蓮あるのみ。日蓮は佛敎界の偉人なり、政權の妨害を意とせずと雖も、帝國の道義に背反して布敎法を流布するの困難なるを看破したり。彼れが如き佛門の偉人にして、猶且つ佛敎的國家主義を主張し、安國論一篇を草して、之を鎌倉幕府に提出したるが如き、亦以て帝國の道義に同化せむことを努めたりし一斑を知るべし。帝國の道義は、實に宇宙の眞理なり、絕大なる同化力を有する夫れ此の如き乎。

近來の佛教徒は、國體論を唱へ、皇室を尊崇せざるはなし。是れ皇室の恩惠に浴し、政權の保護を蒙りたるの致す所なるべしと雖も、是、帝國には肇國以來儼乎として存立せる道義あるを以て、之を度外視して布教の目的を達する能はざるを自覺したるの結果なりしを疑はず。佛教は本來世界主義也、平等主義也、博愛主義也。國家主義にあらざるなり。而も日本の佛教徒が、國家主義を說き、帝國の道義を遵奉するに至りたるものは、即ち帝國の道義は、帝國肇造と共に備はりたる天則にして、偉大なる同化力を有するに由るものなり。帝國の道義は既に佛教を同化せり。現時帝國に行はるゝ所の佛教各宗派の說く所を見るに、帝國臣民の教化に害少なくして、益する所多き、是れ佛教の進化にして、帝國の道義に同化せられたるもの、道義の力や偉大なりと謂はざる可からず。亦以て之を古今に通じて謬らず、之を五洲に施して悖らざるを證するに足らむ歟。

古に徵して今に處するは、施政の要義なり。國政の俗を破り、風を移し、國家をして危殆に陷らしむるものあるは、歷史に鑑みて瞭然たるものあらむ。吾人が佛教輸入の當時に照し、現代に於る耶蘇教輸入の狀態に論及せざるを得ざるもの茲にあり。明治維新の大業は帝國憲法の發布となり、君主立憲政治の行はるゝに至りたりと雖も、帝國の立憲政治は帝國本來の道義の上に建設せられたるものなり。其組織方法は歐米列國に由る所多しと雖も、政治の實質に至りては、肇國以來の國體國性に基き、祖宗の鴻謨宏猷に遵はざるべからず。帝國の道義は國家を先きにし、個人を後にし、私を去て公に殉し、國運の興隆を期せんとするにあり。肇國茲に三千年、今日の盛運を見るもの、君臣共に道義の訓を恪守せられたるの結果たらずむはあらず。政體の立憲政治たり、封建政治たるに關せず、政治の要義は帝國の道義を恪守するにあり。吾人は善たり、惡たり、慈悲たり、博愛たるに拘らず、外教の帝國本來の道義を惑亂し、帝國の君主立憲政治をして危殆に陷らしむるを許さゞるなり。

評説

宗教は元來絕體的の物也。之を國體と同化して、相對的のものとなすは、是れ我が大和民族の同化力の世界に比類少き所以也。豈但た佛敎のみならんや、基督敎も亦た然り。

蘇峰學人妄評

儒敎の根本義は仁義五常なり帝國の道義と異なるものあるを見ず、唯だ支那の國體は日本と同じからざるのみ、孔孟は支那人なるが故に支那の國に從つて仁義五常を說きたるのみ。

孟子の民主說は今現に支那に於て實行されつゝあり。支那に於ては堯舜の禪讓桀紂の放伐是れ支那に於ける仁義忠孝なり、日本に於て萬世一系の皇室を奉ずるは日本に於ける仁義忠孝なり、帝國の道義と何の異なる所あらんや。聖人の道廣且つ大なり、時と所に從つて適中せざるはなし、日本の國體も亦た廣且つ大なり、如何なる外來の宗敎學說をも包容して之を同化し、又た之を同化せしむるのみ。

浮田和民

聖德太子銳意佛法を弘め新文明を輸入せしが、しかも尙神祇を敬するを忘れず、憲法發布の翌年には群臣百僚とともに神祇を奉祀せり。故に其後は神儒佛合體を以て敎化を施しゝこと延いて明治維新に及べり。其間儒佛の敎の國民性に同化せられしこと、著者の言へるが如し。一面の觀察よりすれば、儒佛の敎理は壓伏せられしが如くなれども、實は之を利用したりしなり。かの奈良朝の世には崇佛最も盛に、國家に大事あれば、神社に奉幣ありきと同時に佛寺に讀經あり、國民は全く同一樣に尊信せし勢なりしか、尙其中に、神を尊ぶの念は一層强かりしこと所々にほの見ゆ。寶龜三年西大寺西塔に震す。之をトするに、近江國滋賀郡小野社木を採りて塔を構へたる崇たりとあり。此の單一の例を以ても、當時にさる思想のありしこと知らる。これ其の遂に儒佛の爲めに壓伏せられずして、却りて之を利用したりし所以なり。

やいち

儒教は、倫理主義に於て、帝國の道義と一致するものありと雖も、孔孟の徒が湯武の革命主義を是認せしが如き、帝國の國體と相容れざるや言を俟ず。左れど、我國の經世家は、儒教を善用し、之をして帝國の道義と一致せしめたり。佛教は[慈悲主義なり、平等主義なり、斯主義は、人道に貢獻する所、少なからずと雖も、之を濫用するに至りては、國家を破壞せざるもの幾ど希なり。我帝國に於て、古來、佛教の害を蒙りしは、即ち佛教主義を善用せずして之を濫用したるが爲めなりしなり。後來、傳教、空海、親鸞、日蓮の如き佛教界の經世的偉人出でて佛教を日本化し、始めて其弊を救ひ、漸く帝國の道義と一致せしむるに至りしもの、是れ皆帝國道義の力にして、國體國性の同化力、絕大無比なるを證すべきなり。鈴山、儒佛兩教の弊を論ずる、精刻を極む。但た其同化力を論ずる點に於て、未だ悉さゞるものあるを惜しむ。

紫山山人

第四章　二大變遷と道義　下

二　開國の國是　下

帝國二大變遷の其一は、吾人既に之を述べたり。而して第二の變遷は、安政以來開國の國是を定めたる以後の事なりとす。今試に之を論ぜむ。

中古、天智天皇、外交の難を看取し、斷然韓國との交通を杜絶せしより後ち、百七十五年にして、外交は兩國間僅に個人と個人との往來交通に止まり、國と國との交通は殆むど杜絶したりしも、足利氏に至りて、明國との交通貿易を開きたりき。而して紀元二千二百年代、後奈良天皇の時代、葡萄牙人初めて耶蘇教を傳へ、翌年葡萄牙人サビールなる者來り、九州に於て天主教を弘布し、其洗禮を受けたる者、二箇月間に、五百人の多きに達し、葡萄牙人百餘人、九州に來れり。永祿十一年、織田信長、葡萄牙人を召して南蠻寺を造り、耶蘇教を利用し、教會堂を安土城の南方に設けたり。當時信長の勢力天下を風靡せしより、九州の大村、有馬等、使節を羅馬に遣はし、大友宗麟は使節を葡萄牙に遣はし、共に天主教を傳習せしむるに至る。信長晩年天主教の害あるを悟り、之を禁止せんことを期せしも、適ま奇禍に罹りしを以て、未だ果さゞりしなり。

豐臣秀吉の信長に代て天下の政權を掌握するに當り、始めて天主教嚴禁の令を布き、天正十三年南蠻寺を廢せり。當時宣教師三百餘人、寺二百五十、信徒三十萬ありしといふ。天文十七年より天正十三年に至る、僅かに三十七年間にして、耶蘇教の蔓延斯の如くなりしは、固より信長の勢力に賴りたるの致す所なるべしと雖も、耶蘇教の人心を動すの力亦大なるを想像するを得べし。慶長五年、和蘭人堺浦に來りて通商せし前後に於て、安南、及、南洋諸島の船舶屢々九州に往來し、耶蘇教も亦各地に潛み、未だ全く其跡を絶たざりき。其後德川秀忠、將軍と爲り、政權を專にするに方り、大に之を憂へ、耶蘇教を嚴禁せむと欲し、制札を天下に揭げしめたりしが、終に島原の大騷亂を生ずるに至る。亦以て耶蘇教の政治上に及せる潛勢力如何を知るに足るべし。爾來德川氏は長崎に限りて外舶の出入を許し、天文、地理、醫藥、兵學等を限りて之を學ぶことをば許したれども、耶蘇教を嚴禁し、其教徒を擧て悉く之を極刑に處したり。

德川氏は、豐臣秀吉の志を繼ぎ、耶蘇敎に對して嚴禁の政策を執りしと雖も、外國貿易は長崎を經て廣く內地に及ぼし、和蘭最も通商を專らにせしかば、是より蘭學の端緒を開きたり。德川吉宗は青木文藏を擧げて、幕府の蘭學員となし、以て蘭學を講ぜしめたり。青木文藏は甘諸先生と稱し、甘諸を東國に作ることを敎へたる人なることは世人の能く知る所。杉田玄白の解剖術、外科術、平賀源內の電氣學等は、當時世人の尊重したるものなりといふ。天明三年、大槻玄澤の蘭學階梯出で、同五年、萬國圖說、紅毛雜話、海國兵談等の書現はるゝに至る。然れども、鎖國の國是依然として存し、決して開國の國是を認めたるものにあらざるなり。嘉永六年、米國使節陂理、浦賀に來り、國書を呈して通商を求むるに及び、遂に日米條約を締結し、次で日英、日佛、條約の締結となり、安政二年之を天下に布告せり。是に於て家光將軍以來、鎖國の國是を定め、萬國の交通を杜絕したる德川幕府も、茲に至りて開國の國是を執らざる可からざるに至れり。

德川幕府、米、英、佛の三國と條約を締結せしより以來、外國の科學、工藝、技術は盛に輸入し來り、社會の變遷實に著しきものありしは、世人の皆能く知る所。今又吾人の縷述を要せざるなり。爾來新を競ひ、奇を喜ぶの結果、鋭意、外物を輸入し、大は制度法律より、小は飲食、器物、住居等に至るまで、凡百の事物、一として彼に摸倣せざるはなく、一たび歐米を漫遊し來れるものは、直ちに高官高位に昇るを常觀とし、彼を貴びて文明國となし、我を卑みて野蠻半開國となすに至る。亦以て歐化主義の帝國を風靡する、甚だ急激なりしを知るべきなり。

大堤一たび決せば、激流の滾々たるもの、那邊に汎濫するや測るべからず。國體國粹に論なく、美風、良俗に關せず、帝國三千年來の習慣禮格は、殆んど一掃し去らずむば止まらざる勢を呈せり。神社、佛寺、何かあらむ、神職は歸田し、僧侶は還俗す。結構宏麗を盡したる神社佛閣は、到頭鳥雀狐狸の巢窟と化し去りたり。佛寺佛像の往昔に在て、美妙を盡し精巧を究めたるもの、風雨の侵す所となり、莓苔の蝕する所となるは、頗る惜むべき所なりと雖も、是れ必ずしも帝國の國體に關せざるが故に、猶能く忍ぶべし。されど神社に至りては、皇祖皇宗を祭祀、崇敬し奉る所たらずむば、祖宗の遺訓を奉戴して、帝國の爲めに、道義の摸範を垂れたる功臣を祭祀したる所のものなり。是を以て古より國家は之れが祭祀、崇敬を怠らざりしなり。然るに、一朝之をして鳥雀狐狸の巣窟たらしめ、風雨苺苔の侵蝕に一任するに至ては、國家の前途、岌々乎として夫れ危いかな。

開國の國是と共に再び帝國に蔓延したるは耶蘇敎なり。都鄙至る所に敎會堂の設けあらざるなく、歐米二洲四十有餘の傳道會社は、皆宣敎師を派遣し、其數殆んど二千人に達せりといふ。是れ聽て耶蘇敎の基礎、帝國に確立せられたるものと云ふべし。而も帝國固有の風俗、漸く將に歐化し去らんとするの狀勢あるに方り、一方には耶蘇敎の滔々として蔓延するあり、其變化を來すもの豈獨り風俗のみに止まらむや。風俗の變化、一轉して我帝國の精神界に及ぼさば、帝國肇造以來獨有する所の道義も、また衰頽の域に向ふことなしと謂ふ可からざるなり。是れ豈獨り杞人の憂のみとせむや。

宗敎の信仰は、臣民の自由に屬すること、帝國憲法の保證する所なり。吾人は帝國臣民に向て耶蘇敎を信仰すべからずと言ふにあらず、吾人も亦之を歡迎せざるにあらざるなり。然れども、帝國臣民にありては、帝國肇造の本義たる、帝國の道義あり、帝國の道義は、佛教と一致せざるのみならず、亦この耶蘇教とも一致せざるものなり。帝國の道義は、祖宗の遺訓にして、今上天皇の大詔に詳かなるが如く、忠孝を以て其淵源となすもの、誰れか又疑を容れむや。帝國憲法第二十八條に曰く、

日本臣民は、安寧秩序を妨げず、及、臣民たるの義務に背かざる限りに於て、信教の自由を有す。

忠孝は是れ帝國の道義なり、忠孝は是れ祖宗の遺訓なり。耶蘇教は之に反して帝國の道義たり、皇祖皇宗の遺訓たる、忠孝を沒却し、彝倫を閑殺す。之を過信して全然帝國臣民たるの義務に背かずと言ふを得べきか、帝國臣民たるの義務に多少の背く所ありて、全然帝國の安寧秩序を妨げずと言ふを得べきか。吾人之を解するに苦まざるを得ざるなり。

吾人は、耶蘇教を以て、忠孝に背反し彝倫を抹殺したるものなりと斷言するものにあらざるなり。獨り耶蘇教のみに止まらず、佛教に於ても亦然り、然れども、吾人は耶蘇教、佛教を以て、忠孝を本義とし彝倫を原則とするの宗教にあらずと斷言するに躊躇せざるなり。然らば則ち耶蘇教、佛教と、帝國の道義とは、根本に於て一致

せざるものたるは論を俟たざるなり。帝國の道義は、帝國臣民たるもの、造次だも、顛沛だも之を守らざるべからず、是れ帝國臣民たるものゝ義務なり、此義務に背かざるを以て、帝國の安寧秩序は保守せらる。然るに、帝國の道義と根本に於て、一致せざる所の耶蘇敎のみ蔓延し、而も帝國の道義は果して之と共に旺盛なるべしとして安心し得べきか。吾人は啻に帝國の道義旺盛なるべしと安心する能はざるのみならず、寧ろ衰頽を來すことなきを憂慮せざるを得ざるなり。

帝國第二の變遷に方りて、吾人の痛心に堪へざるものは、帝國肇造の本義たる道義の光明を失せむとするに在り。歐米二洲の文物、技藝の輸入せらるゝもの、帝國の文明を進むるものたるを疑はず。彼れの長を取り、我れの短を補ふは、即ち開國の國是にして、舊來の陋習を破り、進歩の良法を取るは、又五洲列國の大勢なればなり。畏くも今上天皇の御製に曰く、

よきをとりあしきをすてて外國に
劣らぬ國となすよしもかな

聖旨のある所、臣民たるもの誰か感佩せざるを得むや。吾人は歐米、文物、技藝の輸

入を企望して止まざるものなり。宗教の之と共に輸入せらるゝ又決して之を妨げず、否な啻に之を妨げざるのみならず、大に之を歡迎して、研究咀嚼、帝國の道義と抵觸せざるの眞理を發見せんと欲するものなり。然れども、吾人臣民は、肇國の本義たる、帝國の道義を遵守するの精神を移して、耶蘇教の信仰力となす能はざるなり。否帝國の道義を、嚴守遵奉するの精神は、毫も轉移するを許さゞるなり。

二 耶蘇教の傳播

耶蘇教は、吾人深く之を研究したるものに非ずと雖も、他愛、自愛を論ぜず、博愛主義個人主義の宗教にして、國家主義を認めざるものたることは、吾人の信じて疑はざる所なり。元來宗教は、佛教に於ても、耶蘇教に於ても、共に一切の人類を平等視し、貴賤、老若、男女を問はざるなり。君主も人類なれば、車夫、馬丁も亦人類なり。貴族、大臣も人類なれば、漁夫、樵夫も亦人類なり。是等一切の人類は、佛教にありては釋迦牟尼佛、耶蘇教にありては神の子たる基督の救濟に依り、現世に於て安穩に生活を保ち得ると同時に、未來も亦福音を得らるゝなりと爲すに外ならず。而して耶蘇敎徒は、一切の人類を目して基督の奴隷なりとなす、彼れ敎徒の眼中、五洲廣しと雖も、而も神の子基督より尊きものはあらじ。故に敎徒は曰く『吾等の生命は、神の子基督に捧げたり、耶蘇基督を信仰せば、未來永劫福音を享くること疑ひなし』と。是れ焉むぞ君主の尊きを知らむや。基督の弟子保羅なるもの、信徒に說くに、君主を目して耶蘇敎の僕なりとして曰く『彼は汝に益せん爲めの神の僕なり、若し惡を行へば畏れよ、彼は徒に刄を操らず。神の僕なれば惡を行ふ者は怒を以て報ゆるものなり』と。是れ人類平等、無差別にして、一切擧て耶蘇神の救濟に依るべきもの、宇宙の間、基督より外に尊きものあらずと爲すなり。人類平等、無差別は、社會主義も亦然り、個人主義も亦然り、故に彼れ敎徒は、人間萬事約束より確實なるはなく、約束にあらざれば、一切、遵守服從の義務なしと云ふ。元來國家は人類同志の約束に依りて成立すべきもの、人類同志の衆合なればなりと。故に共和政體は無上の善良なる政體なりと云ふに歸着すべきは、自然の勢なりと謂はざるを得ず。然れども、此の如きは彼に在ては不可なからむ、帝國に在ては國體、國性全く彼れと相反せり。元來帝國は皇祖皇宗と、吾人の祖先と、宇宙間の眞理たる道義に因て肇造せられたる帝國の國體にして、教徒の無上善良なりと云ふ共和政體とは、氷炭相容れざるもの、其間の懸隔は、佛法に於けるよりも亦甚しきものあり。

耶蘇教も、亦、博愛に基き、遷善避惡を教ふるのみならず、救貧、慈善の事業を起し、有爲の活動をなすの點に於ては、大に人道に益する所あるは、吾人も亦之を認めざるにあらず。故に吾人は餘暇あらば又耶蘇教をも研究せんと欲するものにして、帝國の道義を拳々服膺し、帝國臣民たるの義務を盡すの外に於て、一個人類としては、耶蘇教に依て益する所あらむを希ふものなり。是れ帝國憲法に於て、信教の自由を、臣民に與へたる所以ならむ。而して憲法の上に於て『安寧秩序を妨げず、及、臣民たるの義務に背かざる限りに於て』と、規定せられたるもの、大に深意の存するものあるを思はずんばあらず。吾人は耶蘇教を排斥するものにあらず、基督を凡人なりと言ふものにあらず、其教義の社會人道に有益なるを認むるものなり。然れども、基督を以て神の子なりとし、神の代表者なりとして尊敬し、畏くも之を帝國君主の上に置き、君主を目して基督の僕なりと稱する、不敬を敢てするを忍ぶ能はざるものなり。帝國に於ては、皇祖皇宗の遺訓あり、皇祖皇宗は、君臣共に崇敬する天神なり。天神の遺訓にして、帝國肇造と共に儼乎として存する帝國の道義あり。耶蘇基督の教義を開きしは、神武天皇の紀元より六百五十七年の後なることを知らざるべからず。道義は萬世不易なり、新舊を以て之を論ずべきに非ずと雖も、焉ぞ肇國の本義たる祖宗の遺訓を棄てゝ、基督の脚下に禮拜するを忍ぶべけむや。

苟も帝國の國體に抵觸し、帝國の國性に齟齬するに拘らず、擅に外教を信仰して、道義の存する所を顧みざるに至らば、如何にして帝國の安寧を保ち得べきや、如何にして帝國の秩序を維ぎ得べきや、帝國の安寧秩序は恐くは保維し能はざらむ。果して此の如くむば、帝國臣民たるの義務に背反したるものたること言を俟たざるなり。抑も帝國の道義は、超然として宗教の上に屹立せり。儒教、佛教も之を屈する能はず。耶蘇教も亦之を撓ます能はず。孔子、釋迦、基督も亦之を易ふること能はざるなり。帝國臣民たるものは深く此點に留意し、造次にも之を思ひ、顛沛にも亦之を思はざるべからず。

若夫れ帝國臣民にして、國體のある所を知らず、國性の存する所を覺らず、己の本分たる道義を守らず、漫然として好奇心に驅られ、相率ゐて外教を信ずるが如きあらば、是れ既に帝國臣民たるの義務を忘却したる者なり。此の如く見易き理由は、世人皆能く之を知らむ、然れども、猶且つ外敎を信仰して、帝國の道義を顧みざるに至らば、精神既に外敎化したるものなり。帝國臣民にして斯の如くならば、是れ帝國衰滅の兆なりと謂ふも亦過言に非ざるなり。吾人は今茲に最近に起りたる大逆事件を引き、彼等は耶蘇敎徒たり、佛敎徒たりしを細論せざるべしと雖も、個人主義の觀念、愈々益々增長し、人類無差別、一切平等の外敎、愈々益々蔓延せば、帝國の道義も或は其光輝を滅せむことを慮らざるを得ざるものなり。然れども、吾人は外敎を忌み、外敎を嫌ひ、外敎を信ずべからずと言ふ者にあらず、要は、唯外敎妄信の結果、帝國本來の道義を沒却するに至らむを憂ふる者なり。論じて茲に至れば、帝國第一變遷の當時を想起し、佛敎を妄信したるの結果、馬子の弑虐を行ひ、道鏡の簒奪を企てたるに至り、矍然として寒心せずんばあらざるなり。

耶蘇敎を把て種々の見解を下すものあり、吾人は聖書の、荒唐無稽なること多きは、今茲に之を言はざるべし。帝國神代を說くもの亦悉く正當にして、謬りなしと言ふ能はざればなり。要するに神を愛し、人を愛するの敎なるが如し。神の父たり、神の子たるの一事は、暫く敎徒に一任すべしと雖も、『基督以外に尊きものなし、君主何かあらむ、神の子たり、神の僕たるに過ぎざればなり。國法何かあらむ、敎神の戒めに若かざればなり』と妄信し、信仰の熱度、若し此の如く昇騰するに至らば、今後と雖も島原の亂續發するなきを保たざるなり。愛の一字に至ては、人間社會、皆之を綜合して、愛の一字を以て敎導せむとするは、啻に耶蘇敎のみならず、歐米二洲の敎育に於ける、科學、技術の如き、智識の開發に關するものを除けば、皆愛の一字に歸着せざるものなからむ。愛の意義たる廣し、吾人固より之を不可なりとせず、人と親善なるも愛なり、人に恩惠を與ふるも愛なり、人を憐むも亦愛にして、人を寵するも亦愛なり、樂を好むも愛にして、吝み惜むも亦愛ならむ、人を慕ふも愛にして、人を隱すも亦愛ならむ。愛なるもの仁の發する所なりとせば、孔孟の敎と異なる所なきなり。而して愛なるものは、人類平等、無差別なり、是れ帝國の道義の、忠孝を以て淵源とし、以て天下國家を經營すべき天則なりとする所と逕庭する所、豈啻に天壤の差のみならむや。帝國興隆の理由を研究せんと欲するもの、一意玆に到らば、思ひ半に過ぐるものあらむ。

歐化主義者は曰く『愛は神聖なるものなり』と、然り愛は神聖なるものならむ。然れども、唯愛神聖、愛以外に於て神聖なるものなしと信ずるは妄謬も亦甚だしと言はざるべからず。帝國の道義に於て、神聖なる忠あり、神聖なる孝あり、忠孝以て淵源を爲す所の神聖なる道義あり。忠に妨あるの愛、孝に害あるの愛は、假令神聖なりと雖も、道義に於て之を抑制し、之を排斥せざるを得ず。之を奈何ぞ愛は、神聖なりとして、他に愛に超越せざる忠あり、孝あるを思はず、友あり、和あり、信あるを顧みず、絕對無限に愛の一方にのみ偏倚するを許さむや。人生は然く單純ならざるなり。若し夫れ唯愛、神聖を以て主義とせば、帝國の道義は晦蒙否塞して、君臣の義、父子の親、共に泯びむ、國家の安寧、社會の秩序、得て望むべからざるなり。是れ吾人が博愛主義を排斥するものにあらずと雖も、其濫用を恐れ、之を排斥せざるを得ざる所以にして、亦實に國家は、愛以上に神聖なるものありと爲す所以なり。

耶蘇敎は佛敎に於て、誠の一字を以て、人間社會を說明するが如く、愛の一字を以て人間社會を說明せり。愛と云ひ、誠と云ひ、共に人類平等に及ぼすべし、差別あるべからず。獨り人類のみならず、天地萬物に及ぼすべきなり。故に敎徒は言ふ『宗敎は國體や政治に超越すべきものなり』と。既に人類平等差別なくして、國體や政治の外に超越せりと言ふ、何ぞ君主の尊崇すべきを知らむや。何ぞ父母の尊敬すべきを知らむや。敎徒は君父を侮蔑するの敎にあらずと言ふと雖も、吾人は、君に忠なるの點を見出す能はず。父に孝なるの點を見出す能はざるを遺憾とするものなり。吾人は耶蘇敎を魔法なりとは言はず、又邪敎なりとも言はず、唯だ惜むらくは帝國の道義の忠孝を以て淵源となす所と、根本義に於て背反せることを。故に憲法第二十八條は、信敎の自由を絕對に臣民に與へたるものにあらざるなり。是を以て、吾人は言ふ、帝國肇造の時に樹立せし帝國の道義にして、發して皇祖皇宗の遺訓となり、再び發して今上天皇の大詔となりたる精神を嚴守遵奉するの限外に於て、愛の信仰も專らにすべし、誠の信仰も亦專らにすべきなりと。帝國の道義たり、祖宗の遺訓たる所の國體は、宗敎の上に超然たる者なり。亦實に超然たらざる可からざるなり。

吾人は耶蘇敎を排斥するものにあらず。却て、之をして帝國の國體に同化せしめ、帝國臣民の精神を涵養するの助けたらしむること、彼れ佛敎の今日に於けるが如くなるに至るを得ば幸なりと信ずるものなり。然れども、佛教には高僧、智識ありて、圓頂黑衣の姿に變ぜりと雖も、尙ほ祖宗を念ひ、祖先を知る者多く、彼等は帝國臣民たるの本分を守り、佛教をして國體國性に適合せしめむことを努めたり。而して吾人は耶蘇教も亦帝國臣民にして、之を信仰し、之を傳道するの宣教師の、佛教に於ける高僧、智識の如くならむを望むものなりと雖も、此希望の容易に貫徹せざるべきを遺憾とせざるを得ず。吾人は、曾て愛媛縣下を漫遊し、八幡神社の多數に祭祀せらるゝを怪み、之を里人に問ふ、曰く、『大友宗鱗の耶蘇教を信仰するや、基督の神の外には一切神を崇拜すべからずとし、彼は暴威を逞うし、其勢力の及ぶ所、總ての神社を破壞したり。獨り八幡神社は武門の祭神なりとして破壞せざりしかば、里人は、其祭神の何たるを問はず、悉く八幡神社の名稱を附したり』と。耶蘇教信徒の、帝國の國體たる祖宗の祭祀を顧みざること槪ね此の如し、織田信長の當時に於けるも亦然らざるはなし。彼等は帝國の道義を恪守すと謂ふと雖も、吾人は未だ輙く之を信ずるを得ざるなり。

皇政維新の後に於ける耶蘇教信徒は果して如何、皇祖皇宗を祭祀する所の神宮及神社を破壊するが如きの暴力を有せざるは幸なりと雖も、曾て文部大臣として國家教育を主宰せし森有禮は、如何なる行動を執りたりしや、彼は國家の宗祀たる神宮に對し奉り、言に忍びざるの大不敬を敢行したるにあらずや。彼は耶蘇教の信徒にして、彼の妻は耶蘇教國に生れたる歐人なり、彼の頭腦には、祖宗の遺訓たる帝國の道義を忘却せしなるべし。是を以て彼が如きの大不敬、大犯罪を敢行したるものと推定するも亦過言に非ざるべし。彼は未だ神宮、神社を破壊したるにあらずと雖も、其行動は大友宗麟の徒と敢て異なる所なしと言はざるを得ず。此の如きは佛教輸入の當時に於ける、佛教信徒の國家を危殆に陥らしめたると擇ぶ所あらざるなり。吾人は耶蘇教を排斥せずと雖も、國體國性に適合せざるものあるを遺憾とせざるを得ず。故に帝國臣民たらざる宣教師若くは傳道師は、吾人の論ずる所にあらずと雖も、苟も帝國臣民たるの宣教師、傳道師に在ては、帝國の安寧秩序を妨げざるの範圍に於て、布教の任務を竭さゞる可からず。安ぞ帝國の國體國性たる神社を崇敬せずして、安寧秩序を妨げずと言ふを得むや。

帝國の國體と耶蘇教とは兩立せずとの議論は、教徒の傳道に於て、甚だ苦痛を感ずる所ならむ。　蓋し根本義に於て兩立せざるものあるは論を俟ずと雖も、其他に於て其敎を行ひ、其道を擴張するの餘地なしとせむや。　然るに、傳道師は、牽强附會、我田引水の說を立て、强て、國體と抵觸する所なしと辯明せんとする陋態を演ずるは、笑止の限りと言はざるべからず。　日露戰爭に方り、耶蘇敎靑年會の天幕慰問事業に對し、皇室より御下賜金ありしを以て、國體と耶蘇敎とは抵觸する所なしと吹聽す、皇室は其事業に對して御下賜ありたるものなること、固より言を俟ず。　敎徒の傳道をなすものの之を解せざるあらんや。　而も之を以て國體と耶蘇敎とは抵觸せざるの證となす、亦甚しからずや。　敎徒は又曰く『耶蘇敎は猶太敎より出づ。　猶太敎は、國王は神の立てたるものにて、國王に背くは乃ち神に背くものなれば、信仰と忠君とは一致せり』と。　是れ藤原純友は藤原鎌足より出づ、鎌足は天智天皇を輔けて蘇我氏を誅したる忠臣なれば、純友の行動は鎌足の行動と一致するものなりと言ふと何ぞ異ならむや。　祖先は忠臣なればとて、子孫に叛臣を出さずと言ふ能はざると同じく、猶太敎が國王に忠勤を盡すべしと說きたりとて、耶蘇敎も亦忠勤を國王に盡すものなりとは、如何なる論理法より出でたるや、思はざるも亦甚だしからずや。猶太教は猶太教たり、耶蘇教は耶蘇教たり、教義の同じからざるは彼れ自ら知る所、知りて、而して此言をなす、牽强附會と謂はざるべけむや。

且又信仰と忠君とは一致すとの道理は何の處より來れるや、佛教徒の誠は忠と一致すと言ふより猶甚しきものあり。夫れ信は疑はざるを云ふなり、教徒にありては十字架上に磔殺せらるゝ基督も、一切衆生の贖罰せる救主なりと信ずるならむ、神の子基督を信せば、現世未來必ず福音を享くることを疑はざるならむ。此の如きの信仰即ち可なり、奈何ぞ信仰を以て忠君と一致せりと言ふを得べきや。侮罔も亦甚しからずや。寄語す、牽强附會、我田水引の說法は、布教傳道に害ありて利なきを覺らざるか。

牽强附會、我田水引の說法は、識者の一笑だも價せざる所なりと雖も、苟も言、皇室に關するものは、吾人之を辯せざるを得ず。耶蘇教徒に在て、傳道を以て自ら任ずる小崎弘道なる人あり、其著『基督教と我國體』と題する一書に於て、寬假すべからざるの言をなせり。彼れは、明治二十三年十月卅日に發せられたる、今上天皇の大詔を掲出して曰く『吾人が爰に明かに認めねばならぬことは、我國體の根柢には、神と靈魂不滅の信仰が本據と爲て居る事である』と。又彼れは『あしはらのみづほの國のよろづよも、みたれぬ道は神ぞひらきし』と詠ぜられたる御製を掲出し、神の字あるが爲めに、『無神、無靈魂、無宗教、無主義の人々は、如何に斯の如き詔勅を解せむとするか』と記述せり。嗚呼是れ何等の妄言ぞや、大詔何の所にか彼が認むるが如き趣旨の存在する所あるや。御製の神なるものは、皇祖皇宗なり、言を換て云へば、伊勢神宮、及、橿原神宮等の祭神なり。帝國の神の實質は、神武天皇の四年神籬を建て、皇祖天神を鳥見山に祭祀せられしによりて知ることを得べし。歴代の君主、常に祭祀を怠り給はざるも、彼の所謂、耶蘇基督の神にあらざるなり。皇祖皇宗の神靈在すが如くなるも、彼の信ずる基督の人類一切の靈魂不滅にあらざるなり。帝國の皇祖皇宗は天神なり、而して天神たる皇祖皇宗の遺訓を神道と云ふ、これ吾人の所謂道義にして、彼の所謂宗教にあらざるなり。彼も帝國臣民なり。彼等豈此の如く瞭然、火を見るが如き歴史上の事實を知らざるの理あらむや。知て而して猶且之を曲解し、强て外敎の神に附會せしめむとするは、危害を帝國の國體に與ふるものならずや。吾人は彼の精神は既に外敎に化了したるに非ざるなきかを疑はざるを得ざるなり。

要するに、第二の變遷により、歐米二洲の事物、科學、工藝、技術、物質的の智識を增進すべき輸入は、吾人大に之を歡迎するものなりと雖も、宗敎の如き、精神的の變化を來すべきものに在ては、深く肇國以來の道義に鑑み、國家を危殆に陷らしめざらむことを努めざるべからず。帝國の道義は、吾人之を反覆說述したり、歐米の敎は個人主義にして、唯是れ自己の利益を努め、國家の前途、子孫の將來を慮らず、又祖先の祭祀を顧みず、忠を盡し、孝を盡す、報本反始の訓なるもの絕てこれあらず。此の如きは果して高尙優越なる敎とすべきか。既往を顧みず、將來を慮らず、唯是れ現世の肉慾に耽り、個人の安きを得ば足れりとなすを得ざるなり。人類は是れ萬物の靈長たり、高尙優越なる心性を有し、禽獸と異なる所なくむばあらず。既往を顧みず、將來を慮らず、君主に忠ならず、自己あることを知りて、君主あり、父子兄弟あることを知らず、是を以て私利に熱心にして、公益に冷淡なり、現世の榮華を貪り、豪奢を極めんことに汲々として、操なく、節なく、廉恥の觀念なし、浮薄輕佻、幇間娼婦の如くならざるはなし。是れ歐米列國に於ける社會の現狀なり。帝國の訓なるものは宇宙に磅礴たるの眞理にして、之を道義と云ふ、國體、國性にして祖宗の遺訓なり、歷代の皇猷なり、萬物の靈長たる人類の高尙なる心性なり、歐米列國に優越なる精神の表章なり、物質的、科學、工藝の知識に於て、一日の長を彼れに許すと雖も、焉むぞ無此無類、尊嚴卓絕なる道義を有し、彼れの後に撞着たるを許さむや。

評説

儒敎、支那文明を導きて先づ到り、佛敎、印度文明を伴ひて之に次ぎ、最後に耶蘇敎、歐洲文明を帶びて亦到る。三敎の前後に我精神界に影響せしや甚大なり其善果より之を謂へば、爲に我國及我國民の文明を增進したる、擧げて言ふ可からず。然も其間には亦惡果を生ぜしもの無きにも非ず。中に就き、最も善用して、最も善果を收め、殆ど惡果の斥す可きもの無かりしは、儒敎なり。是れ其敎義が根本より實在を旨とするにも由らん歟。何を以て之を善用せしと謂ふ歟。此敎義に尙ぶ所は、主として倫理に在り。其目五倫を敎へて、君臣の義は第一に居れり。而して、彼固有の臣道は如何、『三たび諫めて聽かざれば、臣たることを致して去る』を得べきなり。趙盾其君を弑すと責めながら『境を踰えなば免れん』を謂ふ。臣なる者が官吏のいひたるや明けし。然るに我國に儒教を採用するや、此五倫の第一位に置かれたる君臣の義に就きて、最初よりして臣の意義を變じ、臣なるものは臣民のいひと爲し『海行かば水漬《みづ》く屍《かばね》、山行かば草蒸《くさむ》す屍《かばね》、大君《おほぎみ》の邊《へ》にこそ死なめ、長閑《のどか》にはあらじ』と公定せり。故に我國民たる者は、其仕ふると仕へざるとを問はず、山に隱るゝと海に入るとを論ぜず、臣は何處までも臣なるなり。是れ何人の然く定めたるにも非ず、上下一致の解釋に由りて、國民的公定を經たりしなり。故に聖賢の語と雖も、此公定に戻るものは、一切斥けて之を取らず。是れ儒教の善果を收めて、惡果を見ざりし所以なり。

佛教に對しては、其初餘りに盲從に過ぎたり。彼教義の主とする所は、慈悲と平等に在り。二者寔に尙ぶ可し。然れども秩叙に由らざるの慈悲なり平等なりは、立國の根本義と相容れず。最初の盲從が國史に疵瑕を留めし所以なり。幸にして佛徒に豪傑の出づるあり。本地垂跡の說を創め、佛法王法の義を明にし、敎義をして秩叙の道途に經由せしむるに至り、復た立國の大本と相戾らず。國民多く其利澤を享けたり。

最后に耶蘇敎は博愛を主とす。而して平等亦其中に在り。故に設ひ安心の歸宿を異にするも、立敎の宗旨は佛敎と伯仲せり。其意や同じく崇ぶ可し。但だ其敎義や風氣丕開の現代に相應し來れるだけ、それだけ博愛及平等の意義にも廣汎を加へて、謂ふ所の世界主義、謂ふ所の絕對的平等主義を帶伴せり即ち亦是れ秩叙に由らざるの博愛及平等なり。而じて今や之を傳ふる者、受くる者と、概ね前の佛敎初入の當時と同一の情態に在り。國域撤去主義の誘引なしとせず。如今是をして我立國の根本義と相戾らざらしめんと欲すれば、耶蘇敎の弘法、傳敎、親鸞、日蓮等出でゝ、新義に解釋する所なかる可からず。顧ふに鈴山子の憂念も亦此に在らん。本章を讀む者は、予と同憂を分たざる可けんや。

日南學人

宗教の利甚大なり其害も亦甚大なり。然れども佛教及び耶蘇教の根本義は慈悲と愛とに在り。故に何れの國體とも矛盾することなし。帝國の道義は忠君愛國にあり。而かも慈悲博愛と相容れざるものに非ず。然るに帝國の道義佛教及び耶蘇教と一致せずと云ふは帝國の道義を餘り偏狹に解釋するか然らざれば佛教及び耶蘇教の本義を誤解するものと云ふべし。佛教及び耶蘇教の平等主義は毫も國體と矛盾するものに非ず。國家も亦た一視同仁、萬民を撫育し、仁義を世界に施さんことを期す。帝國の道義は濶大にして世界及び人類と同化し又た之を同化せんことを期す。

浮田和民

本文耶蘇教徒を以て共和主義者と爲すは謬まれり、歐洲諸國に於て帝王の權は神授にして人は絶對的に君主の命に從はざる可からずと爲すもの亦た耶蘇教徒なりき。耶蘇教徒中共和主義を信じ契約説を唱へたる者あるは事實なれども耶蘇教と共和主義とは同一に非ざるなり。耶蘇教徒が基督を以て無上の理想となすは儒教徒が孔子を以て聖人と爲すと同一なり。宗教若しくは道德の理想として君主以外の本尊に信仰歸依するは人間の自由にして憲法の最も尊重する所なれば之を以て國體又は國性に反すと爲すは謬まれり。仁義は平等なれども五倫の道と衝突するに非ず五倫の道を貫通し又た其根本となるものに外ならず。

浮田和民又誌

國史を讀みて最も寒心するは奈良朝の佛法流行の世聖武天皇が自ら三寶之奴と稱せられし時代と戰國の末耶蘇教の『ジエスイフト』派が我が國に傳播せし時代との二つなり。弘安の役も國難には相違なかりしが之れ程に感ぜず今より見ても實に危かりきとおもふは、此の二時代なり。就中耶蘇教の傳播は實に迅速にして、當時は群雄割據上に天子あることを知らざりし無學無教育の時代たりしかば、豊公の禁制無かりせば殆ど國は危かりしなり。然れども幾度かかゝる危險の境を脱出していよ〳〵國運の發展を見るに至るは即ち國民の元氣の致す所にして自覺心のいつか奮起するに頼れり。此の元氣こそ大和心とも正氣ともいふべきなれ。

やいち

我が國に於ける基督教の將來に就いては、予はむしろ樂觀者なり。第二の本地垂跡說出で、第二の兩部習合論行はれて、必ずや、彼等が、我が國體民性に同化せらるゝの時期あるを信ずればなり。而してそは餘りに遠き將來にはあらざるべく觀察せらる。若しそれ頑固にも、さる事なしとせば、該教は、我が國に行はれざる宗教、我が神州清潔の民をば、彼等の所謂罪過の中より、救ひ出すこと能はざる宗教のみ。歷史は繰返す。たゞ現在及び將來の同胞が、本地を誤認し、彼等に習合せられて、吾人の祖先が、悲しむべき史蹟を、吾人に遺したる如く、吾人が、また吾人の子孫に遺すことあらんを憂慮するのみ。あゝ、我が同胞よ、本書を讀まんかな。本書を熟讀玩味せんかな。

高山昇

耶蘇敎の博愛主義は、佛敎の慈悲主義と一致し、其世界主義は、佛敎の平等主義と矛盾する者にあらず。而も耶蘇敎の初めて我國に入るや、佛敎の如く天下を風靡し、其勢力の及ぶ所、獨り心理的蠶食に止らずして、國土鯨呑の欲を逞うし、殆ど我國家を誤んとしたりき。然れども、是れ其罪は宗敎其者に非ずして、宗敎を利用し、濫用せる葡萄牙諸國若くは當時の政治家、宗敎家の罪なりしことを知らざる可らず、故に耶蘇敎にして、其行動、帝國の國體國性に反し、害を國家に及ぼさゞる限りは、之を包容して可なり。他人の石以て玉を攻くべし。況んや人道主義たる佛敎、耶蘇敎に於てをや。唯克く之を包容し、之をして我帝國の道義と同化せしむるは、顧ふに國體國性の力如何にあるのみ。余は此點に於て、國體國性を自覺せる經世家、及、宗敎家の任務、益、重大なるを認識せざるを得ざる也。鈴山以て如何と爲す耶。

紫山山人

第五章　國家教育と道義

我帝國にして開國の國是に基づき、進みて雄を五洲に爭はむと欲せば、帝國臣民をして、先づ帝國の國體國性の在る所、帝國道義の存する所を詳悉せしめ、由て以て國光を宇内に發揚せざるべからず。是れ吾人が帝國の道義を大聲疾呼し、此道義をして吾人臣民の頭腦精神に注入せしめむことを希望して止まざる所以なり。

吾人の業に已に論ぜしが如く、帝國の道義は忠孝に存せり、忠孝の教は歐米に存せざるなり。忠の教なく、孝の教なきは、歐米の國性なり。而して今日歐米列國が富强を競ひ、雄を世界に稱する所以のものは、亦未た曾て其國特殊の國教に由らずんばあらざるなり。吾人は今日歐洲列國の國體國性を研究し、其國特殊の宗教を取りて、帝國の國體國性と其優劣を論ぜんと欲するものにあらず。唯、帝國に在りては、帝國固有の道義を嚴守遵奉して、國運の興隆を希望するに方り、歐米列國に存する所の宗教に就て、一言を及ぼすに過ぎず。吾人を以て之て見れば、歐米の宗教たる、要するに愛の一字を以て、之を社會萬般に及ぼし、之を綜合して其安寧秩序を保維するものゝ如し。君を愛し、國を愛し、父を愛し、子を愛し、夫婦相愛し、兄弟朋友相愛し、之に依りて秩序を維ぎ、安寧を保ち、以て今日に至れるものなり。

歐米列國の學校教育なるものは、其國の國體國性に基き、國民の精神を陶冶し、其思想精神を涵養するの點に於ては、概して缺如たるものゝ如しと雖も、學校教育として科學、工藝、技術を教へ、智識を増進するの點に至ては、至らざる所なく、盡さゞる所なし。然れども、其國民特殊の觀念あり、特殊の思想あり、之を誘導するに偉大なる宗教力を以てす、是を以て國民の宗教を信仰すること、自己の生命よりも尙重し。彼等は神の救を受けて現世に立つものなりと爲す、此の絶對無限の信仰力を驅て國家に貢献せしむ。是れ即ち歐米列國が今日の文明を來し、其富强を誇る所以にして、帝國の其後に瞠若たらざるを得ざる所以なり。

帝國に在ては、肇國以來の道義あり、臣民の精神は此道義を以て涵養せらる。故に歐米各國に及ばざるは、臣民の精神彼れに及ばざるにあらず、其頭腦亦足らざるにあらず、唯だ、科學、工藝、技術の教育彼れに及ばず、隨て文物智識の程度、彼れに及ばざるに由るのみ。故に帝國は開國以來、汲々として科學、工藝、技術の長所を彼れに學び、專ら智識を增進し、以て文明の域に達せむことを期せり。隨て帝國臣民の進取に勇なる、今日に於ては科學、工藝、技術に於て、往々彼れを凌駕せんとするものあるに至れり。吾人は帝國臣民が、科學、工藝、技術の長足的進步を來し、智識發達力の速かなる、五洲列國に誇るに足るものあるを喜ぶと共に、他の一方に於て大に憂慮に堪へざるものあり。何ぞや、帝國の道義、日に月に衰頽に向ひつゝあること是なり。道を立て義を行ふは忠孝にあり、忠孝の訓なくむば、帝國の存立期すべからざるなり。一方に於て、科學、工藝、技術の智識を增進するの教育に於て、長足の進步發達を來すと共に、一方に於て帝國の骨髓たる道義の衰頽するものありとせば、帝國の興隆得て期すべからざるなり。畏くも今上天皇の御製に曰く、

いかに世は開け行くともいにしへの
國のおきては違へざらなん

歐米列國、文物の進步、羨望に堪へざるものあらむ。智識の發達驚歎に價するものあらむ。彼れ今日の富强、五洲に横行して雄を競ふもの、帝國臣民の猛省せざるを得ざる所なり。上下相率ゐて彼れに倣ひ、彼れに學ばんとするもの、勢亦已むを

得ざるなり。吾人は思ふ、歐米列國の今日の富强を來したるもの、文物の進歩、智識の發達のみの致す所にあらざるを。文物の進歩、智識の發達、蓋し與りて力ありしを疑はず、然れども、他に源由の存する所なくんばあらざるなり。徒らに歐米列國の富强を見て、文物の進歩を羨み、智識の發達に驚き、源由の他に存するものあるべきを究めず。徒に外面を觀察し來り、一意汲々として彼れの爲す所に倣ひ、彼れの行ふ所を學ばむとし、科學、工藝、技術の研究練磨のみを以て、帝國臣民敎育の本體とし、之を練り之を究むるを得ば、富國强兵、彼と比肩し、五洲に雄飛するを得べしと爲すに於ては、吾人其謬見の甚しきを痛歎せざるを得ず。文物の進歩、或は得む、智識の發達、或は得む、然れども、國を富まし兵を強くするの源由は、此れにあらずして、彼れに存するものたるを思はざるべからざるなり。

國各其國體國性を有す。國體のある所に依り、國性のある所に基つき、國民の精神陶冶せられ、國民の頭腦養成せられざるはなきなり。苟も精神薄弱なるの國民、頭腦鞏固ならざるの國民ならむには、假令文物の進歩、五洲を凌ぎ、智識の發達、列國に駕するものあるも、其國の富强得て望むべからざるなり。和蘭、西班牙、葡萄牙も亦科學、工藝、技術の研究練磨至らざるなく、文物の進歩、智識の發達見るべきものなきにあらず、而して雄を五洲に競ひ、覇を中原に爭ふ能はざるもの、其國民の氣象精神、微弱未定なるの致す所たることを思はざるべからざるなり。吾人が反覆して帝國の道義を説くもの茲に在て存せり。開國の國是は宇內自然の大勢なり。帝國が五洲列國と交通するに於ては、帝國第二の變遷は、今日に止まりたるものにあらずして、今後に於て愈々益々變遷を來すものたるを覺悟せざるべからず。然らば則ち帝國が唯一、重要の國策として、臣民の精神を涵養し、其頭腦を陶冶し、道義の觀念をして、帝國に磅礴たらしむるの方法を講ぜざるべからざるなり。吾人は此方法につき、千思萬考、苦心焦慮するもの、一日にあらずと雖も、未だ之れが良法を見出す能はざるを遺憾と爲す。世上の識士、幸に指示する所あれば幸なり。是れ帝國今日以後の最大急務にして、帝國の唯一重要の國策たればなり。

帝國の教育制度は、吾人の苦心焦慮する所の帝國肇造の淵源たる道義を以て、臣民の精神を涵養し、其頭腦を陶冶するに於て完全なりとすべきか、否決して完全なる能はず、又完全ならしむる能はざるなり。

元來帝國今日の敎育制度なるものは、其方法順序、總べて之を歐米の敎育制度に倣ひ、科學、工藝、技術を研究練磨するの敎育にして、其智識を增進するに於ては、又遺憾なきもの丶如し。然れども、吾人の希望する所の、精神を涵養し、頭腦を陶冶し、道義を嚴守遵奉するの觀念を鞏固ならしむるの方法は、現時の敎育制度に於ては、殆んど缺如たりと言はざるべからず、小學より中學に至る普通敎育に在ては、精神涵養の方法、具はらざるにあらず。然れども、是れ唯修身の學科のみ、一週數時、僅々たる時間に過ぎざるなり。中學以上の敎育に於ては、全然精神涵養、頭腦陶冶の學科なるものを設けず、而も中學以下に於て敎授する修身科なるものは、果して如何なる敎授方法を以て、唯一至重の目的を達せんとするか。現今用ゐる所の修身書なるものは、斷篇零節、僅かに忠臣義士、孝子烈婦の行動を知らしむるに止まり、而も帝國肇造の本義に原づき、系統的の敎授方法を取り、帝國臣民として道義の觀念精神を涵養陶冶し、且之をして嚴守遵奉せしむべき點に向て、未だ完全なる方法を具備せりと言ふ能はず。是れ吾人の深く遺憾とする所にして、屢々之を論辯して、世上の識者に質し、當局者に向て其缺點を匡正せんことを陳述したることある所以なり。　近時世の識者漸く此點に留意する者あり、貴族院に於ける有志議員が相率ゐて、當局大臣に注意する所ありしは、吾人の最も意を强うする所なりしなり。

歐米列國の學校敎育たるものは、主として工藝、技術を研究せしむる所にして、智識を增進せしめむとするに在り。故に必しも重きを道德敎育、倫理敎育に置かず、蓋し倫理道德の敎育は、之を學校敎育に求めずして、他に其方法を存するを以てなり。　歐米列國は、其國民の精神を涵養し、頭腦を陶冶し、思想を統一するに於て、國家政策、常に之を主とせざるにあらずと雖も、宗敎政策最も其力あり。是を以て列國各々其國敎あらざるなし。　敎會堂は到る處巍然として雲表に聳てり。人類の棲息する所、敎會堂の設けあらざるなし、宗敎の傳道及ばざる所なし。是れ皆國民の精神を涵養する所にして、其國民は、老若男女、貴賤貧富を問はず、相率ゐて一週一日、敎會堂に於て其神を禮拜し、信仰する所の傳道師につき、精神修養の說法を聽くもの甚だ勉めたりと謂ふべし。　是れ僅々一週の間に於て一日の職務たるに過ぎざるが如しと雖も、幼より老に至るまで、人間一生を通じて敎會堂に出入し、精神の涵養を主とするもの。　是れ豈學校敎育にありて、一週數時の間、形式的修身の敎授を受くるものと日を同ふして語るべけんや。

顧みて帝國今日の狀態を觀察せよ。　帝國肇造の本義にして、三千年來、君臣共に嚴守遵奉し來りたる帝國固有の道義、即ち皇祖皇宗の遺訓なるものあり。　臣民子孫の拳々服膺すべき、至尊至重の訓にして、是れ全く精神を修養し、頭腦を陶冶し、思想の公正、挺立を期すべきものなり。　此の訓を擴張し、之を臣民に授くる所の方法に至りては、啻に其の完全せざるのみならず、時勢の一大變遷に際し、屢々外物の侵害を受け、其存立を危ふするものあるに至るに拘らず世人は冷々淡々之を小中學校の敎育に一任し、一週數時の敎授を以て滿足せりと爲すか。　吾人帝國の前途に對して轉た寒心せざる能はざるなり。

學校敎育に於て、精神修養の方法、小中學校の修身科に一任し、僅かに學校に出入するの間に於て敎授を施すもの。　未だ他に完全なる方法確立せられざる、帝國の今日に於ては、又止むを得ざる事なりと雖とも、今日の學校は智識開發の敎育なり、科學を研究し、工藝、技術を練磨するも亦難しとする所なり。　思ふに人の腦力限りあり、殊に小中學校に出入する間は、腦力の完全せざる者あるは、怪むに足らざるなり。故に專ら智識を增進せむことを期するの外に於て更に此間に在て精神涵養の科目を敎授せんとするは、吾人甚だ難きを强ゆるの嫌なき能はず。然れども、小中學校を終れば、精神を涵養し、思想の健全を保たしむるの必要なしとするか、精神の涵養は人生畢生の事業なり。焉むぞ小中學校に出入するの間に於てのみ精神の修養を了したりと爲すを得むや。

今試に精神涵養の政策として、修身科の設けある小中學校に就て之れを見るに、小學校は尋常科、高等科を合せて八箇年に過ぎざるなり。人生一代の精神を涵養し、帝國臣民たるの本分を全ふせしむるの敎育に於ては、餘りに簡易に失せずとなすか。而して中學校に至りては、敎育の發達する所ありと雖も、四十二年の調査にして、官公私立を合せて二百九十六に過ぎず。其敎員の數は、五千六百七十四人なり、是等の學校、及、敎員の敎授する生徒の年限は補習科を合せて六個年に過ぎず。生徒の在學數は補習科を合して、十萬八百五十五人なりと雖も、卒業數は、一個年僅僅一萬四千九百五十人に過ぎず。之れと同等たるべき高等女學校に至りては、官公私立の技藝學校をも合せて百五十九にして、其敎員二千三百七十二人なり。是等の學校、及、敎員の敎授する生徒の年限は、補習科を合せて六個年にして、生徒の在學數は、四萬六千二百二十九人なりと雖も、卒業數は、一個年、僅々一萬百九十一人なり。男女生徒の卒業數は合して二萬五千四十一人に過ざるなり。去れば中學校及、高等女學校に於て、修身科の敎授を受け、精神涵養の敎育を完全に終れりとなすものは、一個年此二萬五千四十一人の生徒にして、之を以て小學校卒業生徒の五百九十九萬六千百三十九人に比すれば、其二十七分の一强に過ず。況や五千萬の帝國臣民に比するに於てをや、嗚呼何ぞ其精神涵養の敎育薄弱なるや。吾人は修身科は小中學校のみに限らず、他の各種の專門學校にも及ぼし、大學にも及ぼすを適當なりと認むる也。是れ亦現在の學科の外に、更に修身科を加へて、既定の年期内に習得せしめ、精神涵養と智識增進とを計らんとするには、生徒の腦力之に應ずる能はざるの嫌無しとせず。是れ吾人の精神涵養の方法は、學校敎育以外に於て、歐米列國が、宗敎の力に因て、精神涵養を期するが如く、帝國に於ても之れが方法を確立せざるべからずと認むる所以なり。

帝國の道義は、今上天皇の明治二十三年十月三十日に下させ給ふ所の大詔にして、世人は之を敎育の勅語と云ふ。而して之に因て精神涵養の敎育を施すもの微弱なる小中學校の修身科に止め、他に完全なる方法なしとするは、豈帝國の一大缺點ならずとせむや。文部の當局者は、小中學校の修身科に於ては、之が敎授の時間を增し、之が敎授は系統的を保ち、尊嚴を失せざるを期せしめ、更に進みて各種の專門學校、及、大學に至るまで、精神涵養の敎育を施さむことを望む。既定の學科目は之を取捨折衷し、若くは之を延長して、精神涵養の學科を加ふべし。是れ他に完全なる方法を、見出し能はざるの今日に於て、帝國臣民を敎育するの第一義として萬已ことを得ざればなり。

帝國の上古に於て、學校の設けありしや否やは、史傳の徵すべきものなしと雖も、精神涵養を必要とし、之を臣民に施し來りたるものは、實に神武天皇の當時に明かなり。天皇の皇祖天神を鳥見山に祭祀せられたるもの、形の上に於て、孝の訓を臣民に示されたるなり。崇神天皇の天照大神を大和笠縫邑に祭祀したるもの、是も亦形の上に於て肇國の淵源する所を示し、臣民に忠の訓を垂れられたるなり。應神天皇の八十四年、百濟王の子、阿直岐なるもの、來朝せり、皇子菟道稚郎子、之を師として學び、尋て天皇、阿直岐をして王仁を其國より召させ給ふ。翌年王仁來朝し、論語十卷、千字文一卷を献じたり、稚郎子更に王仁を師として學ばせらる、是れ實に帝國に於ける學習の創始にして、其學習する所は儒教たるなり。其後欽明天皇の十三年、百濟王聖明、使を遣して佛像、及、經論を献ずるに及び、佛教始めて帝國に傳はり、是より以後、佛教は儒教と共に至大なる影響を帝國の教育に及ぼし、臣民の精神に動搖を來したりと雖も、肇國以來の忠孝の道義、依然として存在し、外教の爲めに破壞せらるゝ所なきは、皇祖皇宗の鴻謨、宏猷、高遠にして深厚なるを欽仰せざるを得ざるなり。

儒教、佛教の輸入せられ、帝國臣民の間に學習せられし後、天智天皇の時に及び、初めて學校を京師に建設し、百濟の僧詠を以て大學頭と爲し、博士を置き、學生を教授せしめられき、是れ蓋し帝國に於ける學校の嚆矢たらむ。其後文武天皇の大寶元年には、唐朝の制度に倣ひて大寶令の制定あり、又唐の學制に倣ひて學制を定め、一個の大學を京師に、一個の國學を各國に置かれたりき。此の如く官學の行はるゝに及び、私學の隨て行はれたるは其後の事にして、和氣廣世は一族の爲に弘文院を設け、藤原冬嗣は藤原氏の子弟の爲に勸學院を設け、恒貞親王は、淳和天皇の離宮を以て、淳和院を設け、王氏の學校と爲せしが如き、其最も著しきものなり。而して一般人民を敎育せむが爲に、綜藝種智院を設け、主として佛道を敎へ、傍ら儒道を敎へたるものを僧空海となす。帝國の上古より中世に至り、敎育なるものは儒敎、佛敎に因て行はれたるが如しと雖も、此の間に於て肇國の道義、皇祖皇宗の遺訓は、吾人臣民が祖先の遺風として、儒敎の爲めに屈せらるゝことなく、佛敎の爲めに撓ませらるゝことなく、心血相傳へ、以て帝國を擁護したるを知るべきなり。

吾人は今日に當り、帝國の道義を皷吹し、臣民の精神を涵養するを以て、帝國隆昌の第一義なるを確信し、現在の敎育制度に於て精神涵養に關する科程の極めて完全せざるものあるを遺憾とする者也。想ふに今日の學校敎職にあるものは、果して能く肇造以來の國體に鑑み、道義を嚴守し、臣民の模範として耻ぢざる本領を有するや否や。科學、工藝、智識を増進せしむるの點に於ては、則ち可ならむ、智識の研鑚と精神の涵養とに至ては、自ら異なるものあるは論を俟たず。夫れ人の子弟を愛するは、倫理の自然にして、其愛する所の子弟を之に托するは敎職なり。是を以て父兄は、啻に厚禮を以て、教職を遇するのみならず、更に進みて教職の歡心を買はんとするの風あるは、今日一般の常態なり。而して教職たるものは職務の一方に生長して、社會人情に通曉せざるもの多し、故に父兄の厚遇に甘むじ、其慢心を増長し、我意を固執し、品性極めて劣等なるもの多きは、現今の教職にして、高等の位置にあるものの最も甚だしきを見る。

殊に小學校の教職に在る者にありては、品性の何たるを解せざるが如し。今試みに其一例を擧げむ、先年帝國議會に於て、小學校教員の年功加俸案を可決確定せるは、是れ貴衆兩院多數議會の盡力に依れるものにして、固より二三議員の能くする所にあらず。然るに、教員等は教育會なるものを開き、感謝狀を案の提出者たる議員諸子に送れり。議案の兩院を通過確定するは、獨り提出議員のみの力にあらざるなり。好し提出議員の力なりとするも、他に國家重要なる議案を提出して、通過確定せるものあるも措て顧みず、唯其自己の加俸案に對してのみ、隨喜の涙に咽び、直に提出議員の恩惠なりとして、公々然教育會に於て感謝狀を奉呈するが如き、何ぞ其自ら省みざるの甚しきや。何ぞ其品性の陋劣なるや。酒造業者、料理業組會等が、自己の利益に係る議案の通過するあるも、猶ほ且つ之れを爲さゞるなり。然るに敎育の職に當るものにして靦然之を爲して耻づる所なし、亦以て敎職の品性如何をトすべきなり。試に想へ、敎育會に出入し、敎育は大切なりと絶叫せば、其人の品性如何を顧みず、其行動の道義に合するや否やを問はず、彼は敎育家なりとして尊敬に値すべきか、安ぞ此の如き敎職によりて臣民精神修養の目的を達するを望むべけんや。吾人は先づ敎職の精神涵養、品性陶冶を以て、現今帝國の最大急務なりとして、敎育革新の目的を達せむことを望むものなり。

帝國臣民の精神を涵養するの方針は、吾人の言を俟たざるなり。帝國の訓として、臣民を率ゐ其化に向はしむるは、帝國の道義なり。帝國の道義は祖宗の遺訓にして今上天皇の勅語なり。是れ帝國の國體國性にして因りて以て三千載に亘りて光輝ある歷史の成績を貽したるなり。吾人は帝國の道義の勇壯偉大なる力を認めずむばあらず。然るに、歐米列國が宗敎を以て國敎とし、其國民の精神を涵養し、而も今日の富强を來したるを羨望し、宗敎の力に向て帝國臣民の精神涵養を托すべしとなすが如きあらば、是れ大なる謬見なるを知らざるべからず。歐米列國の國體國性は、宗教に適し、宗教に基つきて國體を立て、國性を成したればなり。帝國は自ら帝國の國體國性あり、即ち帝國の道義之れを導き、之を訓へ來りたるものなるを思はざるべからず。若し夫れ宗教を以て帝國の國教とし、之に因て以て臣民の精神を涵養せむとするが如きあらば、是れ實に亡國の道のみ。蓋し國體國性に適合せざればなり。是を以て今上天皇は明治二十三年十月三十日の勅語を以て、教育の淵源も亦茲に存すと宣させられたるなり。帝國臣民の精神を涵養すべきの訓は、此の如く明瞭たるに拘らず、小中學校若くは教育會にありて、動もすれば宗教家を招聘して講演會を聞き、説話を聽問するものあり、吾人は果して其何の心たるを知らざるなり。小中學校の教職、及、教育會の會員は、明治三十二年文部省の發せし訓令を讀まざりしか。讀で而して忘れたるか。嗟乎諸君は健忘性なりと言はざるべからず。吾人は同訓令を更に左に掲げむ。

我國一般教育を宗教の外に特立せしむるは、學制上最も必要のことなりとす、依て官公立學校は勿論、學科課程に關し法令に規定ある學校にては、課程外なりと雖も、宗教、教育又は儀式を行ふことを得ず。

是れ今上天皇の勅語の精神より出でたるものたることを論を俟たざるなり。小中學校、及、敎育會の敎職、及、會員は、宗敎の布敎師、傳導師たるものにあらざれば、宗敎家にあらずとなすならむ、名義は如何なればとて、其人の精神行動は宗敎にありとせば、其說く所、其講ずる所の何たるを問はず、宗敎より出でざるなきは言を俟たざるなり。然るに公々然として之を小中學校に聘し、敎育會に招き、禮遇謹聽するが如きは、帝國の敎育方針を無視するものにあらざるなきか。道義を恪守するものは、危きに近か寄らざること、寧ろ國體を重ずる所以にあらざるなきか。

人生の最大目的は、伉儷に耽り、美服を纏ひ、膏粱に飽き、麗屋に住し、一生を安穩に過するにありとせば、物質的の敎育、科學、工藝、技術を學びて、其知識を研き、以て最大目的を達せむとするは、或は適當の方法たらむが如しと雖とも、人生には既往あり、現在あり、將來あり、父母あり、子孫あり、而して一家族ありて、隨て眷族を有す。一町村あり、一郡市あり、一府縣あり而して國家ありて、隨て君主を戴く。單に知識を研磨するの敎育のみを以て足れりとせむや。一世の安穩、一代の歡樂を目的とせば、品性を養ひ、武勇を練り、向上進取の精神を養ふの必要、或は感せざるに至らむ。儒、佛の敎、沈衰陰欝、向上進取の臣民に適せりと云ふ能はざれども、文明の敎育なりと稱し、文明の宗敎なりと稱する耶蘇敎も亦、概ね人生を懦弱ならしむるの傾向なしとせず。何となれば品性、勇武、氣概をして個人的に之を必要とせざるにあらずと雖ども、國家的に於て殆ど之を必要とし、之を應用せしめむとするものにあらざればなり。國體國性に基きて敎育を施さゞるべからざるは論なし、故に帝國の肇造せられたる當時に鑑み、以て吾人が今日に至る所以を思ひ、又將來に於ける帝國の如何を慮り、以て臣民を敎育せざるべからず。帝國の臣民は、責任を祖先に擔ひ、義務を子孫に負ふ、一世の安穩、一代の歡樂を以て最大目的とせる個人主義者たり、現世主義者たる能はず、其研鑽陶冶する所、豈に智識練磨の一方にのみ偏して、精神涵養を忽にして可ならむや。敎育の任にあるもの國家敎育の本旨、何の所に存するやを、深く考慮せられむことを望まざるを得ざるなり。

吾人は帝國の道義は、祖宗の遺訓にして、明治二十三年の勅語なりと云ふ。現代の學校、咸な此勅語を捧讀して、敎育の方針とせざるなきは、吾人の喜ぶ所なりと雖も、現代の學校に於て、其敎育の方針を垂るゝ所の、皇祖皇宗を奉祭する式の行はれたるを聞かざるを遺憾とせざるを得ず。往昔儒敎の行はるゝや、孔子を奉祭して聖廟と云ふ、是れ其の敎の基く所に對して、崇敬の意を表せしなり。世或は祖宗の遺訓は、今上天皇の勅語なるを以て、天皇の眞影を奉安すと言ものあらむ、眞影を奉安し、其禮拜を怠らざるは最も可なりと雖も、祖宗を奉祭するの道亦怠るべからざるなり。帝國の道義たる祖宗の遺訓は、現世主義にあらず、報本反始は、即ち忠孝の起る所にして、祖宗の遺訓は全く玆に存すればなり。歐化主義の行はるゝや、現世に對する禮拜のみ勃興し、天長節、地久節に倣ひ、臣民も亦其生日を祝し、且、金婚、銀婚の式を擧げらるゝ如きは、至らざるなしと雖も、之れに倍して行はざるべからざるは、祖宗の祭祀なり、祖先の追祭なり。三大節は、帝國の大祭なりと雖も、而も學校に在りて、一に重きを天長節にのみ置かるゝの傾きあるは、吾人の解する能はざる所なり。吾人は天皇の眞影を奉安すると共に、祖宗の神靈を奉祭し、敎育の淵源する所を明かにし、以て臣民をして道義の精神を發揮せしめられむことを、希望して息まざるなり。

吾人が此の如く敎育制度に向て、精神涵養を重要なる方針とせざるべからずと、唱道するものは、他無し、帝國の立憲政治は、臣民の道義の上に建設せられたる道義政治なればなり。故に今上天皇は、立憲政治の實施と共に、帝國の道義たる、帝國の國體たる、皇祖皇宗の遺訓を發揚せられたるにあらずや。而して此國體發揚の勅語は、敎育家が敎育に關する勅語として嚴守遵奉せらるるもの、立憲政治の臣民たる道義を恪守すべきの精神涵養を期するが爲めに外ならざらむ。國體を知り、國體たる道義を知り、之を恪守すべきの精神なきは、帝國臣民にあらざるなり。故に此精神の涵養は、獨り立憲政治に於てのみ重要たるにあらずと雖も、殊に帝國の立憲政治は此の精神を必要とせざるを得ざるなり。是を以て、吾人は今上天皇か立憲政治の實施と共に、勅語を煥發せられたる、宏遠なる聖慮を欽仰せざるを得ざるなり。敎育家は深く此點に留意し、勅語を捧讀する每に、聖慮の存する所を嚴守し、國體たる、祖宗の遺訓たる、帝國の道義は、個人主義、平等無差別なる宗敎とは、根本義に於て相違する所以たることを覺知し、以て精神涵養の敎育を施さざれば、帝國の立憲政治は、測るべからざるの大害を釀成するに至るべきを思ひ、其任務を竭さざるべからず。是れ特に立憲政治の實施に方り、此の勅語を煥發せられたる所以にして、此の勅語に於て教育の淵源たる所以を說示せられ、教育家をして、特に之を以て精神涵養に勵精せしめらるゝ所以なり。教育家たるもの、帝國臣民の精神涵養は、五洲列國に特殊なる肇國の本義にして、宇宙に磅礴たる眞理たる、道義なることを確信し、彼の宗教の遷善改過、安心立命、未來福音と異なるものたるを知らざるべからず。而して此道義を以て、臣民の精神を涵養するは、帝國の立憲政治を行はせらるゝに於て、高遠深奥なる今上天皇の聖慮の存する所たるを知らざるべからざるなり。

評説

我國開國以來年を閲する尙僅に五六十年に過ぎず、而も此短日月の間を以てして工藝科學の進步實に驚くべきもののあるは中外の齊しく認むる所にして亦實に我國民の誇りとする所なり。然れども之と同時に最も注意を要すべきは國民道義上の問題即ち是なり。蓋し泰西文物の輸入せられて形而下の智識進歩するに從ひ、國民の思想上に變化を來すは數の免かれざる所、職に敎育の任にあるものは最も意を玆に致さゞるべからず。夫れ國民の智識は世界的たるべく、而も國家的觀念と離るべからず、而して此の兩者を調和し、併行して相悖らざることと是れ實に敎育の要旨たり。此の要旨は之を實業、政治、宗敎の何れにも應用し得らるべく、而して之を完全に應用したる國家にして始めて健全なる發達を爲し得べきなり。是れ余の持說なり、著者の『國家敎育と道義』とを讀み一層此の感を深ふす、依て此の一言を辯じ著者の說に同感を表す。

水野錬太郎

今日の敎育界に人物なきは何人も慨歎する所。然れども其人物無きと云ふは大規模、大精神の人物無きの謂なり。かの加俸案提出者に感謝狀を送りしが如き、誠に一噱に値するに足る。然れども薄給に甘じ職業を執り些の休暇を空費することなく、研究に從事せるは今の小學敎員に比すべきもの一も他にあることなし。日清、日露の二大戰捷も結局は敎育の力にあらずや、維新後の二大成功は普通敎育と兵制となり。論者の敎育者を責むる、餘りに苛酷なるに非るか。

や い ち

第六章　神宮及神社と道義

帝國の道義をして、益々興隆せしめんとせば、現時の教育制度を革新し、精神涵養の學科を增進せしめざるべからず。然れども、教育制度の外に於ても亦適宜の方法を講じ、精神涵養の目的を遂し、帝國の道義をして、帝國臣民の腦裡に注入せしめざるべからず。是れ吾人臣民たるものが、祖先の遺志を繼ぎ、今上天皇の大詔に奉答する所以にして、片時も懈るべからざるの義務なり。而して教育制度の外に於て、精神涵養の目的を達せんとするは頗る至難の問題なり。

然れども、帝國の道義を以て、帝國臣民の精神を涵養するの方法は、古來より業に既に最も尊嚴に、最も完全に備はりたるものあり。即ち皇祖皇宗の悠遠なる鴻謨にして、後世子孫をして、帝國を無窮に、擁護せしめむことを期せられたる道、即ち是なり。其道とは何ぞや、神社是れなり。神社に奉仕する所の神道家、是れなり。故に吾人は常に神道家に向て滿腔の同情を表し、神道の隆盛ならむことを希望したりき。帝國の神道は、皇祖皇宗の遺訓にして、皇祖皇宗は天神なり。故に之れを神道と云ふ。神道なるものは吾人の所謂る道義なり。神道家は曰く『明治二十三年十月三十日に下させ給ふ所の、今上天皇の大詔は、神道の勅語なり』と。蓋し亦た其故なきにあらざるなり。帝國は元來皇祖皇宗たる天神に於て肇造せられたるもの、故に帝國を神州と云ふ。神州たる帝國は、神孫の皇位を繼承せらるゝ所なり。故に祖宗の遺訓たる帝國の道義を神道と云ふに於て、神道家なるものあるは當然なりと謂ふべし。

神武天皇の皇祖大神を鳥見山に祭り、天種子命、天富命をして、祭祀を司りて朝政を輔けしめたるものは、皇祖の遺訓を奉戴し、之を萬世無窮に傳へんとするの叡慮に外ならざるを知る。崇神天皇の天照皇太神を、大和の笠縫邑に祭り、神器を奉安したるもの、又皇祖皇宗の遺訓を奉戴して、之れを萬世無窮に傳へんとするの叡慮に外ならざるを知る。帝國の政治を施すや、先づ祭事に始まる、毎年一月四日、宮中に於て政事始の式を行ふ。畏くも、今上天皇正殿に臨御するや、總理大臣進て神宮の事を奏す。是、帝國古來の典例にして、今日に於ても猶之を變更せらるゝことなし。故に帝國は、祭政一致なり。亦以て國體の宏遠なる、鴻謨の悠久なるを知るべし。

し。帝國の奉祭する所の神は、皇祖皇宗を起原とし、府縣に散在する官幣社たり國幣社たるもの、皆是れ歷代天皇の中に置かせられ、祖宗の遺訓を紹述し、威德赫々たる天皇を奉祭せられたるにあらずむば、遺訓を嚴守遵奉して遺憾なく、道義の模範を無窮に垂るゝ所の功臣を奉祭せしにあらざるはなきなり。特に官國幣社のみに止まらず、府縣社、鄕社、町村社に至るまで、又此の趣旨に則り奉祭せられたるものなり。是を以て神宮の祭主を始めとし、官國幣社の宮司、禰宜、主典に至るまで、官制を定め、職を立て、大權に於て任命せられざるはなし。神宮は申すに及ばず、官國幣社の一切の經費は、國庫之を支辨せり。且つ其祭祀に方りては、畏くも勅使又は奉幣使を遣はされ、神饌を供へ、幣帛を捧げらる。亦以て、皇室、及國家が之に對する崇敬の如何に厚き乎を知るべきなり。府縣社、鄕社、村社を奉祭する時は、府縣、郡市、町村の行政に於て、之れが祭事に關する、又官國幣社に異ならざるなり。是れ皆皇祖皇宗の遺訓に基くものにして、國體の宏遠なる、鴻謨の悠久なる、道義を表彰するの尊嚴なるを知るべきなり。

帝國の神宮、神社なるものは、由來する所は帝國肇造の時にあり、帝國の國體は神宮、神社より起れり、神宮、神社は國體と共に終始すべきは論を俟たず。故に歷代の天皇、皆神宮、神社を崇敬せられざるはなく、天下大事變あるや必ず先づ神宮、神社に奉幣し、以て神祐を祈るを典例とす。推古天皇の神祇を祭祀するの詔に曰く、

朕之を聞く、曩者我皇祖天神等世に宰するや、跼天蹐地、敦く神祇を禮し、周く山川に祠り、乾坤に幽通す、是を以て陰陽開け和らぎ、造化共に調ふ。今朕の世に當り、神祇を祭祀す、豈怠りあらんや。故に群臣爲めに力を竭し、宜しく神祇を拜すべし。

中世佛敎の輸入し、檀家信徒の國中に蔓延して熾盛を極めしより、帝國の國體たる道義は、日月の如く光明を無窮に放つべきものたるに拘らず、妖雲毒霧の侵す所となり、暫らく暗中に沒せられしが如き狀を呈し、國體爲に危殆に瀕することあるに至れり。政權も亦國體の擁護を怠り、德川氏の政權を掌握するの時代に至りては、益々其甚しきを加へ、絕對的尊嚴を保つべき、神宮神社に關する政務を擧げて、佛敎に關する政務と混同し、寺社奉行をして、之を取扱はしむるに至れり。今上天皇維新の業を興させ給ふに方り、神祇の官省を復興し、絕えたるを繼ぎ、廢れたるを興し、

明治三年正月三日神靈鎭祭の詔を發せられたり。其詔に曰く、

朕恭しく惟みれば、大祖業を創め、神明を崇敬し、蒼生を愛撫す。祭政一致、由來する所遠し。朕寡弱を以て、夙に聖緒を承く、日夜怵惕、天職の或は虧けんを懼る。乃ち天神地祇八神暨び列皇神靈を神祇官に鎭祭し、以て孝敬を申す。庶くは億兆をして矜式する所あるに幾からん。

帝國臣民たるもの、誰か聖旨の優渥なるに感泣せざらむや。然れども、歐米の文物宗敎と共に輸入し、歐化主義なるもの、稍や、學問を有し、狡智捷才ある臣民の間に流行し、官海に衣食するもの、概ね彼を尊び、我を卑み、國體の繋る所、國粹の存する所を顧みざるの勢を現出し、爲めに神祇の官省は廢止せられ、德川幕府の當時に逆行して、社寺局を內務省中に設け、再び神宮、神社に關する政務を、宗敎に關する政務と、一括混同して、社寺局の管掌に一任するに至れり。吾人は政府の神宮、神社と宗敎各派との事務を合せて、一小官衙の社寺局に取扱はしむるの不當なるを慨し帝國議會、開設以來、政府に向て屢々之が反省を促し、時に上奏案を提出したることありき、是れ世人の皆克く知る所ならむ。

世上の有識者も、亦絶對的尊嚴を保たしむべき神宮、神社の崇敬に關する事務をして、政府の監督を要すべき、宗教各派の取扱に關する事務に混同せしめて、社寺局の管掌に放任するは、薫蕕器を同じうするものたるを悟り、吾人の提議に贊同するに及び、政府は漸《や》く社寺局を廢して其事務を分ち、神社局と宗教局とを設け、神社の制度、漸く備はらむとするを見る。是れ吾人の大に喜ぶ所たりと雖も、なほ國體の元始に溯り、神武天皇の皇祖天神を鳥見山に奉祭し、功臣天種子命、天富命をして祭祀を司りて、朝政を輔けしめられたる古例の如くならざるに遺憾なき能はず。神宮神社の奉祭せらるゝは、國體の尊嚴なるを無窮に垂れ給はむとする皇猷と、國策との存する所たるは、今更に論ずるを俟たず。然るに、政府が神宮神社に關する事務をして、一小官衙の神社局に管掌せしむるは、臣民をして崇敬の實を表彰せしむる所以にあらざるやを疑はしむ。尊嚴なる國體、貴重なる道義、將た又之れを奈何せむ。

吾人が神祇官を復興せんと欲したるもの、帝國の臣民を率ゐて、國家に貢獻せしめむとするには、帝國の道義を旺盛ならしむるにありて、之を爲すの方法として、皇祖皇宗の祭祀を司るべき官衙の、尊重を保たしむるにありと思惟したるが爲めなり。時勢の變遷する所を顧みず、帝國の國政をして神祇官の當時の如くならしめむとするの頑陋を學ばざるなり。國政は世運の進歩に伴はざるべからざるは論を俟たず、然れども敎化は世運の如何に拘らず、帝國本來の主義をして一貫せしめざるべからざればなり。今日國政の上に於て神社局なるものありて、祖宗崇敬の政務と宗敎取締の政務との混同を免れたるは、吾人の喜ぶ所なりと雖も、未だ以て官衙の尊重を保ちたりと云ふべからず、隨て崇敬の政務も統一せざるなり。例せば靖國神社の陸海軍省に屬し、臺灣神社の臺灣總督府に、樺太神社の樺太民政廳に屬するが如き、又朝鮮に祭祀する所の神社は同じく朝鮮總督府に屬するが如き、是なり。是れ吾人が今日國政の上に於て此等神社の總てを統一して崇敬の實を明かにすべき最も尊嚴なる最も貴重なる官衙を設けざるべからずと爲す所以なり。神祇官復興の希望なるもの玆にあり、帝國の立憲政治は、帝國臣民の道義の上に建設せられたるの政治なり、而して道義を鼓舞作興するの希望として神祇官の復興亦實に已を得ざるなり。豈に必しも神祇官の復興と言はむや、帝國臣民の敎化に關する神宮、及神社の祭祀を司るの官衙を、尊嚴至重なる制度の上に特設せられむことを希望するものなり。

帝國の神宮、及神社の祭祀せらるゝもの、更に逃ぶるの要なきが如しと雖も、抑も神宮、及神社は、道義を主宰せらるゝ所なり。帝國臣民は造次にも、顚沛にも、祖宗の遺訓たる道義を恪守嚴奉せざるべからざるは、論を俟たずと雖も、天下未だ必ずしも亂臣賊子なくむばあらず、臣として君に忠ならず、子として父母に孝ならず、放肆暴行、惡を積み逆を行ふ者あれば、法律之を處刑すべし、假令僥倖に法律の所刑を免るゝことあるも、災害の必ず其身に及ばざるはなく、又世人の之を惡み之を斥けざるはなし。是れ道義の結果にして、世人は之を社會の制裁と言ふ、然れども是れ則ち神罰なることを知らざるべからず。道義を恪守嚴奉するもの、必ず幸を得ざるはなく、道義を蹂躪するもの、必ず禍を受けざるはなし。是れ天理の自然にして、佛者は之を因果應報と言ふ、然れども是れ則ち神譴なることを知らざるべからず。此故に神宮、及神社は道義を主宰せらるゝ所にして、帝國臣民たるものは、道義を嚴守遵奉して、其主宰たる神宮、及神社を崇敬せざるべからざるや、論なきなり。

吾人は、政府の神宮、神社に對する事務の管掌に於て、崇敬を表彰し、臣民をして、之れに依らしむるの誠意足らざるなきかを疑ひ、窃に遺憾なき能はずと雖も、神宮、神社の奉祭は、皇室、及、政府が、崇敬を表彰するに於て遺憾なきを認むるものなり。知らず、神道家は、皇室、及、政府が、神宮、並に神社の奉祭に於て、深厚なる崇敬を表彰するに對して、如何なる態度を表せんとするか。

吾人の爰に神道家と稱するものは、神宮を始めとし、官國幣社、府縣社、郷社、町村社に奉仕する所の神職を稱するなり。夫れ神職なるものゝ職責、至高至大なるは言ふを俟たず。唯是れ神前に跪づき、祭文を朗誦するを以て職責を盡したりと爲すか。祭文を朗誦し、謹愼怠る所なきは固より職責の一端たりと雖も、更に之より重且大なるもののあるを知らざるべからず。抑も皇室の神社を崇敬し、國家の神社を尊重するものは、是れ神社は國體の繋る所にして、皇祖、皇宗の遺訓たる帝國の道義を、中外に宣揚せんとするに外ならざればなり。祭神は皆是れ遺訓を垂るゝ所の、皇祖、皇宗、及、遺訓たる帝國の道義を紹述し、嚴守遵奉して、模範を無窮に垂れ給ふ所の天皇、及、功臣にあらざるはなきなり。然らば則ち神職たる神道家は、己れの奉仕する所の祭神の心を以て心とし、祭神の偉績を紹述して、道義を中外に宣揚するに於て、最も勤勞せざるべからざるや論を俟たざるなり。而して現今の神道家たるもの、祭神の心を心とし、祭神の偉績を紹述して、道義の宣揚に勤勞し、以て其職責を全うせむと欲するもの、果して幾人かある。是れ吾人が滿腔の同情を神道家に寄すると共に、神道家の任務を遂行するに於て、其足らざる所あるを常に遺憾とする所なり。

五洲列國、各、其國敎なくんばあらざるなり。而して帝國の訓なるものは、廣大悠遠、祖宗の肇國と同時に、臣民に下し賜ふ所の訓なり。孔子、釋迦、基督の敎と日を同うして語るべきにあらざるなり。帝國の訓を垂るゝ所の皇祖、皇宗は、帝國の天神なり、皇祖、皇宗の訓を紹述表彰したるものは、帝國の神社なり、宗敎の神にあらざるなり。帝國の神社を奉祭するもの、國體に繫る所の道義を中外に宣揚せむが爲めに外ならざるは、神道家の最も深く服膺せざるべからざる所なり。其宣揚に勤勞するに於て、儒敎、佛敎、耶蘇敎の傳道師に及ばざるが如き有りて可ならむや。吾人は是に於て新葉集に載せられたる所の後村上天皇の御製を思ひ起さずむばあらず。其歌に曰く。

行くするゑを思ふも久し天津社
國津社のあらん限りは

亦以て帝國特殊の設けたる神社制度の深意の存する所を知るべし。神道家たるもの、焉むぞ祭神の心を以て心とし、滿腔の熱血を道義の宣揚に灑ぎ、臣民をして神社の崇敬心を厚うし、忠孝の觀念を興さしめ、國運の隆昌を祈らざるを得むや。是れ神道家當然の職責ならむのみ。

亂極まれば則ち正に還るは、自然の理なり。近時世人が漸く國體の尊嚴なることを悟るや、重きを神社崇敬に置くの傾向を生じ、政府當局者も、神社中心論を唱道し、神社を崇敬して國體の尊嚴なるを想はしめ、道義の帝國と終始するの訓なるを知らしめむとするに至りたるは、大に吾人の意を强うする所なり。元來帝國は臣民の棲息する所、神社の祭祀せられざる地なきは、臣民をして神社を崇敬して國體の尊嚴なる所以を知らしめ、道義の訓を遵奉せざるべからざるを知らしむる所以ならずや。歐米各國に於ては都會より山間僻地に至るまで、敎會堂の設けあらざるなきが如くなりしと雖も、神社に奉仕する所の神道家なるものは、彼の教會堂に盡瘁する所の傳道師の如くなるものありや否や。神社の祭祀せらるゝもの、誠に克く國體の本義に適するも、祭祀を司る所の神道家にして、己れの職責を解せず、徒に神前に跪づき、祭文を朗誦するを以て能事終れりと心得居るが如きあらば、政府當局者の希望せらるゝが如く、帝國の道義を宣揚し、臣民相率ゐて忠孝の志操を涵養せしむることを得べきや否や、吾人疑なきを得ざるなり。元來神道家なるものは、國體のある所を臣民に覺知せしむる所の教官たり、祖宗の遺訓を中外に宣揚する所の教官たり、帝國の道義を臣民の腦裡に注入する所の教官なり。其職責の重大なる宗教界に於ける布教師、傳道師の得て比すべき所に非ざるなり。然るに今日の神道家たるもの、果して能く此職責のある所を自覺するや否や。彼等は之を自覺するとするも、果して其職責を盡しつゝあるや否や。神道家にして其國體の何物たるを解せざるものあり、今日に於ても神道家中に、彼の習宜阿蘇麻呂の如きなきを保せざるなり。神社制度は國家に依て立てり。政府當局者は、之が戒飾を怠るべからざるなり、帝國臣民たるもの之れが監視を怠るべからざるなり。

政府當局者も亦深く此點に見る所あり、曩きに神職養成の今日に急務なるを認め、國庫の經費を以て之が養成に從ひたるは、吾人甚だ之を喜ぶ。蓋し神道家の資格に於て最も大切なるは品性の高尙なるにあり。品性にして高尙ならざれば、焉ぞ尊嚴なる國體の宣揚、貴重なる道義の弘布を期すべけむや。當局者の神職養成の趣旨、亦之に外ならざるを知ると雖も、其規模狹小にして未だ吾人の希望を滿足せしむる能はざるを遺憾とするのみ。然れども其本業に立つ、漸次之れを擴張して其完成を期せざるべからず。神社に奉仕する所の神道家にして、果して能く悉く其職責を盡すに至らば、學校敎育に於て必ずしも精神修養の學科不完全なるを歎ずるを要せざる也。吾人が敎育當局者に向て、帝國肇造の當初より、帝國に特有する道義の訓を以て、學生の精神修養の學科とし、且之に相當する時間を與へて、臣民たるの本義に悖らざるの敎育を施さむことを警告し來れるもの、學校敎育以外に於て、精神涵養の方法備はらざるを以てなり。神道家なるものありと雖も、未だ以て精神涵養を信頼するに足らざるを以てなり。

帝國の神社制度は、由て來る所國體にあり。至大至重、尊嚴なること論を俟たざるなり。因て以て帝國臣民の道義を涵養すべく、因て以て帝國主義を保守し國威を宣揚すべきなり。神宮、及、臺灣神社、靖國神社の外に、府縣に散在する所の官國幣社は、百七十三の多きに上り、其職員五百九十一人を有せり。而して府縣社は五百八十三にして、鄉社は三千四百五十あり、村社は四萬六千七百四十五にして、是れ皆帝國擁護の爲に奉祀せられたるにあらざるはなし。而して無格社に至りては、八萬二千四百二十八の多きに上る、皆是れ國體に淵源して奉祀したるものにあらざるはなし。而て官國幣社以外の神職たるもの一萬三千八百六十三人を有せり。秩序の整はざるにあらざるなり。又其數の足らざるにあらざるなり。要は神職たるの神道家が、其職務の國體國性と、至大至重の關係を有し、責任の輕易ならざるを自覺し、帝國擁護の本分を忘れず、日夜汲々祭神の志を以て志とし、道義の皷吹に努力せられむことを望むにあるのみ。

吾人は政治家の所謂權謀、佛敎家の所謂法便を、神道家たる神職に用ゐよと云ふにあらずと雖も、神道即ち帝國の道義をして、一般臣民の頭腦に注入し、和魂を陶冶せむとするに於ては、宜しく時代に鑑みて、適應の行動を執ざるべからざるを信ずるものなり。帝國の上古、及、中世は、不言實行を主とせられたるが如し。故に神道家の行動として、敬神思想を發揮せしめむとするに於て、淸肅なる祭祀を執り、尊嚴なる典禮を行ひ、神社の神籬を始め、總ての點に於て森寂高潔ならしめ、參拜者をして無限の感想を惹き、崇敬の念、自ら油然として起らしめたるが如し。是れ最も緊要缺くべからざることにして、彼の西行法師の神宮參拜の歌なりとして傳らるゝ所の『何事のおはしますかは知らねども有難さにぞ涙こぼるゝ』と讀れたるもの、即ち玆に在り。然れども、現代に在りては、人智漸く開け、思想も亦單純ならず、百事研究的に傾くもの多し、啻に外形上の感化をのみ待つべきにあらず。故に宗敎家の彼が如く、講話說述の方法、手段を執らざるべからざるは最も必要なりとす。吾人は皇祖、皇宗の遺訓に遵ひ、祭神の心を以て心とし、氏子たり信者たるものは固より論なし、一般臣民に向て隨時に之が感化を與へざるべからずとなすものなり。焉むぞ祭祀を峻肅にし、典禮を尊敬にするのみを以て足りとせむや。祭文を朗誦し、敬拜、拍子を純潔にするのみを以て足りとせむや。

不言實行の時代は過ぎ去りたり、現代は言論を主とせざるべからざるなり。神道家たる神職諸氏が祖宗の遺訓たる神道を普及せしめ、國體國性を擁護し、帝國臣民の精神を涵養するの方法手段として、講話説述を執らざるべからざるは固より論なしとするも、其講話する所、其説述する所は、必ずしも神代に溯り、古事記を反覆すること、彼の耶蘇敎徒の聖書に於けるが如くならしめむとするものにあらず。聖書は荒唐無稽なることなしとせず、敎徒の聖書を反覆して、一句を拾ひ、一字を摘み、耶蘇敎も亦君主を尊ぶものなりと言ふ。君主を尊ぶ頗る可なり、然れども忠を主とする神道の如きにあらざるなり。敎徒の十戒なるもの、父母を敬ふべしとあり、父母を敬ふは則ち愛なり、博愛主義を守れるもの、父母を敬ふ頗る可なり、然れども孝を主とする神道の如きにあらざるなり。故に吾人が神職に望む所のものは、神代に溯り、古事記を反覆して、一言、一句の説明を望むにあらざるなり。神代は邈たり、徒に之を推斷すべきにあらず、肇國以來、三千載の歴史は、祖宗の鴻謨たり、宏猷たる遺訓を履行し來れるものにして、帝國の國體、國性の存する所、諸氏の神道とし、吾人の道義とする所を詳悉して餘りあるにあらずや、亦何ぞ古事記をのみ反覆するを要せむや。而して諸氏の講演説述する所は現世的ならざるべからず、五洲共通的ならざるべからず。故に今上天皇は之を古今に通じて謬らず、之を中外に施して悖らずと宣させ給ふにあらずや。是れ吾人が神道家たる神職諸氏の猛省を希ふ所以なり。

自尊、自信の精神に乏しきは、帝國臣民一般の通弊なり。加ふるに歐化主義の流行猶未だ衰へざるものあり、故に動もすれば皇祖、皇宗の遺訓にして、天地の間に磅礴たる眞理を有する神道たる帝國の道義は、宗敎の彼に及ばずと爲すものあるが如し。帝國の道義は即ち帝國の國體にして、帝國は斯道義に因て肇造せられたるなり。宗敎の彼に及ぶや、及ばざるやは論ずべきものにあらざるなり。祖先の遺風を守り、帝國の億萬斯年に益々隆昌ならむことを希ふは、吾人臣民の當に務むべき最も重大なる責任にして、君主に報じ、祖先を追ふ所以のもの茲に存せり、忠の道、孝の道たる之れに過ざるなり。是を以て明治二十三年十月三十日の勅語は『朕、爾臣民と倶に拳々服膺して咸其德を一にせむことを庶幾ふ』と宣させられたるなり。唯及ぶと及ばざるとの論は、神道家たる神職諸氏が、斯道を執て一般臣民を敎化するに於て、彼れ僧侶の如く、彼れ傳道師の如く、風雨寒暑を厭はず山村海遊を問はず、凡そ人類の棲息する所に向て、演說、說法を試みざるなきが如き、堅忍不拔の氣魄を有するや否やにあり。神職諸氏にして、自尊、自信の精神、堅固にして、帝國の安危を雙肩に擔て起つの概あらしめば、以て中外に及すべし、何ぞ及ばざること之あらむや。要は唯諸君の奮勵と否とにありて、斯道の宗教に及ぶや、及ばざるやに關すとせば、其責任亦重大なるを覺悟せざるべからず。

於是、吾人は神道家に望む所あり、帝國の道義を神道といふ、素より妨げなしと雖も、世に神道を以て宗教なりとなすものあり、是れ甚しき謬見なりと言はざるべからず。神道家の所謂る神道なるものは、帝國の國體にして祖宗の遺訓なり、吾人の所謂る道義なり、君臣共に拳々服膺して、之を中外に施し、帝國の興隆を無窮に期せざるべからず。世人の稱する興國的の訓なり。彼の佛教の如く、耶蘇教の如く、諸行無常を說き、地獄極樂を說き、人生を罪惡の集團なりといひ、社會を汚穢の乾坤なりと言ひ、未來を話し、前世を語る、陰鬱的、消極的なる教法とは、月鼈の差あるを知らざるべからざるなり。帝國の道義は誠に興國的の訓なり、故に此の訓を恪守して其進取發展を期せざるべからず。是れ進取的、發展的の訓なり、生成的、光明的の教なり。而して此訓、此教は人間社會の上に於て、常に指導者たり、奬勵者たらざるべからず。帝國の政治即ち是れなり、是れ今上天皇の神靈鎭祭の詔に於て、祭政一致を宣明せられたるにあらずや。何ぞ其宗教たるにあらむや。

吾人が天祐を祈り、祖宗在天の靈、照鑑すと言ふものは、宗教の彼れが如く、靈魂不滅を信ずるものにあらざるなり。吾人の祖宗在天の神靈に向て、神祐を祈ること、實に祖宗の在すが如くなるもの、忠孝の誠を致すこと、祖宗の志に悖らず、道義の訓を守ること、祖宗の行に恥ぢざるを誓ふにあり。世事萬般、忠孝の道義を恪守して、赤心を國家に效さんとするに方り、天神なる祖宗の遺訓に悖らず、國體の本義に合し、帝國臣民として俯仰天地に愧ぢざるに至るあらば、吾人は天祐を得たるものと信ずるなり。是れ實に吾人臣民が、帝國の道義を發揮して、祖宗、祖先の肇國の、高大悠遠なる偉業、洪謨に奉答するにあり。天祐を祈り、祖宗在天の靈、照鑑すと言ふもの之れが爲めなり、靈魂の滅、不滅、吾人の關する所にあらざるなり。人生死去せば、靈魂何ぞ存せん、然れども吾人は其存在せざる所の、祖宗の神靈を存在せりとし、而して世事萬般の行動を把て、祖宗の遺訓たる道義に背戾せざらむことを誓ふ、これ赤心を表白するものなり、何の妨けか之れあらむや。否啻に其妨けざるのみならず、帝國の道義は祖宗崇敬にありて、靈魂の不滅を認むるものにあらざるなり。然るに、吾人の主張する道義、天神即ち皇祖皇宗の遺訓たる、神道を說く所の、神道家にして、猶ほ彼れ宗敎の傳道師が唱ふるが如く、靈魂不滅を說くものあり。吾人は未だ其說に服從するの理由を發見する能はざるなり。否理由は絕對的に之れなきを信ずるものなり。神道家たるもの、何ぞ其れ今日に反省して神道は宗敎の上に超然たる道義なることを確信し、之を發揮するに滿腔の熱血を以てせざる歟。

神道と宗敎とは、根本義に於て衝突し、神道を以て宗敎の一派とし、之を唱道するは、寧ろ國體を蔑視するものにあらざるなきか、否寧ろ肇國以來の道義の眞理を解せざるものなり。政府が神道を以て宗敎、宗派として之を許可し、之を取締らむとするは、國體の尊嚴を保たしむる所以にあらざるは論を俟たざる所にして、神道をして宗敎化せしむるものなり。而して今や吾人をして宗敎化したる神道の形跡を認めしむるに至れり。

吾人は尙一事の神道家に望むところの者あり。帝國の二大變遷に方り、第一變遷は開國の國是と共に佛敎を輸入し、皇室先づ之れを信じ、大臣繼で之れを信じ、政府之を認て殆むど政敎一致の觀を呈せり。佛敎に反對したる物部氏は亡滅し、佛敎の勢天下を風靡するに至り、蘇我氏の大逆無道となり、弓削氏の僣上暴戾となり、帝國の國體は危殆に陷りたり。此の時に方り中大兄皇子、藤原鎌足の匡濟となり、和氣淸麻呂の復奏となり、天日を將に墜ちんとするに回したるもの、是れ道義の光明を放ちたるものに非ずや。此の如くにして帝國の道義は凛々として、秋霜の如く、烈日の如く、以て帝國の國體を擁護し、光輝ある國史の成績を貽したり。第二變遷の今日に方り、耶蘇敎は都鄙至る所に蔓延せり。吾人は佛敎を排斥せざると同時に、耶蘇敎を排斥するものにあらず、然れども、其敎義を絕對無限に及ぼすときは、帝國肇造以來、特殊の訓たる、帝國の道義と衝突するを免れず、是れ根本義に於て反對背馳する所あればなり。耶蘇敎を妄信する、未だ蘇我氏の如き、弓削氏の如きもの輩出せざるは幸なりと雖も、耶蘇敎傳道師中の耆宿たる小崎弘道の如きは、畏くも神道の大詔と、御製の和歌とを以て、耶蘇敎の有神論なり、靈魂不滅論なりと曲解して顧みざるあり。又神奈川縣平塚町に耶蘇傳道師今田强の如きは、自己の信ずる宗教を尊拜するが故に、皇祖、皇宗を奉祭するの神社なりと雖も、自己は勿論、家族信者にも禮拜せしめず、否禮拜するを得ずと主張せし不敬漢あり。尊嚴にして峻烈なる帝國の道義を遵守せざるもの、耶蘇教徒の本義なりと主張するものあり、神道家は耶蘇教に對して、如何なる行動を取らんと欲するか。

佛教本來の教義は、人類平等無差別にして、耶蘇教と相違あるを見ず。然れども、尊嚴にして、峻烈なる帝國の道義は、偉大なる同化力を有し、佛教徒の今日布教する所を見れば、皇家を尊び、國體を崇め、國法を重じ、忠孝を說く、帝國の道義と甚しき逕庭あるを見ず。是其佛教が、帝國の道義に同化せられたるを證明するものに非ずや。故に今日帝國に於て布教する所の佛教を以て釋迦發祥の印度に至り、之れを布教せんとせば、其教義の果して釋迦に出でたるや否やを疑はしむるものあらん。神道家の今日、耶蘇教に對する、絕對的に之を排斥せむとするか、將又之を同化せしめむとするか、二者何れを選ぶとするも、耶蘇教徒は佛教徒の如く、從順なるものにあらず、尋常一樣の方法手段を以て、其目的を達せむとする、吾人其甚だ困難なるを思はずむば非ざる也。然れども、之を今日の儘に放任し去らむ乎、假令蘇我氏の彼の如く、弓削氏の彼れの如くならずとするも、帝國臣民の精神、思想、觀念に、大動搖を來すとせば、是れ即ち帝國道義の消長に關する時にして、帝國の安危存亡の決する所たり。是れ豈に由々敷大事なりと言はざるを得んや。知らず神道家の決心覺悟果して奈何。

又更に吾人が神道家に向て其奮起を促さゞるを得ざるものあり。帝國の神道は國體にして、吾人の所謂道義なり。既に神道をして國體なりとせば、諸君は進みて神武天皇の當時に於ける、天種子命、天富命の如く、自ら奮て神道を標榜して政局に立ち、道義を發揮して國力を増大せしめ、國運を隆昌ならしむるの覺悟なかるべからざるなり。是れ國體の然らしむる所、理勢の當然にして、今上天皇の宣せらるる所の祭政一致なり。神宮祭主兼内閣總理大臣、靖國神社宮司兼陸軍大臣、亦可ならざるなきか。然るに諸君は之を敢行するの勇氣なく、信念なく、甚しきは彼の宗敎と同一視せられ、神官、僧侶、傳道師の對語たるに甘むじ、帝國臣民として當然所有せざるべからざるの權利すら、所有し居らざるを顧みざるは何ぞや。帝國の議院法を見よ、諸君は神官、僧侶と同一視の下に代議士たるの、被選權を褫奪し居らるゝにあらずや。是れ宗教跋扈の當時に於て、神道は彼れの包括する所となり、彼れが藥籠中に埋沒せられたるより、遂に寺社奉行に支配せられ、社寺局に管理せらるゝの餘弊を繼續せらるゝものたり。明治三十一年、神社局を設置せらるに及び、神道は宗教と同一視すべからざる、帝國の國體たることを明かにせられたるに拘らず、今日に至るまで、此國體宣揚の神道家をして、宗教の僧侶、傳道師と同一視せられ、當然有すべき權利にして、又諸君をして此權利を政治上に應用して、道義を發揚すべきの職責を盡さしむるは、帝國の國是政策に適するものたるに拘らず、政府も諸君も之を棄てゝ顧みざるが如くなるは何ぞや。帝國の立憲政治は帝國道義の上に建設せられたるものなり。而して今や立憲政治は腐敗し去らむとす、諸君は奮勵以て臣民の道義を鼓舞作興するの點に於て、猶更に進みて不條理に褫奪し居らるる權利を回復して、之を選擧界に、之を帝國議會に、之を立憲政治に應用すること、上古の國政に於けるが如くならしめ、以て神道たる、國體たる、道義を發揮し、立憲政治の腐敗を一掃し、國運の隆昌を策せむとはせられざるか。吾人は總ての方面に向て、道義の旺盛ならむことを切望すと雖も、殊に神道家に向ては、諸君が當然の權利、當然の職責として、其自屈の不可なる所以を勸告し、猛然として起ち、誤て褫奪せられたる所の權利を回復して、代議士となり、更に國務大臣となり、大に神道たる國體たるの道義を發揚して、立憲政治の腐敗を一掃せられんことを切望して止まざるものなり。是れ實に國運を隆昌ならしむるの最大急務なればなり。

神道家たる神職の代議士たる權利を褫奪せられたるは、啻に衆議院に於けるのみならず、更に貴族院に於ても亦然り。吾人は神職の貴衆兩院に於て代議士たるの資格を有せざるもの、其何の故たるを解するに苦むなり。帝國は宗教に於て、何れの宗派も之を公認して國教と定めたるものなし、是、宗教は各派を通じて帝國の國體、國性に適合せざるものあるが爲なり。又帝國は宗教以上の教たる帝國本來の道義、肇國の當時より儼乎として存在し、必ずしも宗教を要せざるが爲めなり。歐米列國は其國民の精神修養を宗教に依頼せり、是を以て國教なるものあり、國教は其國家を擁護するものたるを以て、習慣上典例上、上下兩院を通じて僧侶の議員たるべきを重大要件となしたるに由るものなり。英國の上院に於てはカンターベリー大僧正及びイヨーク大僧正は上院議員たり。又『ロンドン』及『トユーラム』及

『ウェストミニスター』の僧正は上院議員たり。其他に於て僧侶の議員たるもの少なからざるなり。是れ國教は國政に於て重要なるが爲たらずむはあらず。帝國は未だ宗教を公認して國教となしたるものなしと雖も、神道は肇國の當時より、國政の認めて重要なりとなす所、而して祭政一致は帝國の國體なり。故に皇祖皇宗の遺訓たる神道を以て、一般臣民の精神を涵養するの點に於て、歐米列國の宗教を以て國教となす所と毫も異なる所あらざるなり。然るに彼にありては國教たる所の僧侶は議員として、上院組織の重大要件たるに係らず、祭政一致の帝國に於て、一般臣民の精神涵養を以て職責となす所の神職にして、代議士たるの權利を褫奪せらるゝもの、吾人は其何の故たるを解するに苦まずむばあらざるなり。吾人は歐米列國の事例を惹きて、帝國をして之れに倣はしめむと欲するものにあらずと雖も、國政は臣民の道義に因て治平を保維せらるゝものにして、帝國の君主立憲政治は、即ち臣民の道義の上に建設せられたるものなり。臣民の道義一たび廢頽せば、立憲政治は國家を蠹毒するに至るべきは論を俟たず。苟も道義の隆替、憲政の休戚に對し、最も其責任ある帝國議會に向て、道義の普及を職責とする神職をして代議士たるを得ざらしむるは矛盾の法律なりと言はざるを得ず。然るに神職諸君の平然として之を顧みざるは何ぞや是れ其自己の職責を藐視するものにあらざるなきか帝國に在て神職たる諸君は宗教各派の僧侶と同一視せらるべきものにあらざるなり。諸君が進で不條理に褫奪せらるゝ所の權利を回復して代議士となり以て國政に參與し益々道義を鼓吹し政界の腐敗を一掃し議會の正氣を挽回し忠孝の大義を發揚し由て以て國家の益々興隆せむことを期するは是れ其職責を盡す所以の道にあらずとせむや。

評説

世界に二種の敎義あり。一は革命的進歩の敎義にして他は秩序的進歩の敎義なり。前者は西洋の敎義にして耶蘇敎の如き即ち是なり。後者は東洋の敎義にして就中我國敎は正しく是なり。

耶蘇敎は以爲らく『始祖原罪を干犯せり。務めて其罪に打克つに非ざれば、以て天道に進む可からず』と。

國教は以爲へらく『祖先天意に承遵せり。敬みて其意を推擴すれば、以て人道を完くす可し』と。

之を譬ふれば、西教は荀子の性惡說の如く、國教は孟子の性善說に似たり。荀子性惡說を說くも、性惡に從ひて惡を行へといふには非ず。其惡に打克ちて、以て善に進めと勸む。耶蘇教の原罪說と其旨を同くせり。即ち是れ革命的進步の教義に非ずや。

孟子は則ち性善說を教ふ。是れ讀みて字の如し。人性は善なるが故に、其善を推擴して、益々善に出でよといふなり。國教の天意說と自ら其歸を一にせり。即ち是れ秩序的進步の教義に非ずや。

吾人は孟說を採ると同時に、亦必しも荀說を斥けず。國教を崇ぶと同時に亦必しも耶蘇教を卑まず。別け登る麓の道は遠けれど、同じ雲居の月を看る可ければなり。

然れども秩叙的進步は生物就中生民發達の通則なり。生民の組成せる社會發達の通則なり。故にオーギュスト・コントの徒は東洋の敎義就中日本の國敎を以て自然に合すと爲せり。即ち是れ我國に謂ふ所の惟神の道なればなり。神社なるもの、是に於て乎、則ちこれあり。造化の神を祭り、建國の皇祖を祭り、佐命の勳臣を祭り、一族の祖先を祭るは、祭りて而して已むに非ず。既に其恩賴に由りて、以て今日の社會を成し、以て今日の幸福を享けたれば、其の神、及、神人を祭るは、報本反始を思ふなり。既に報本反始を思ふ。何にか報じ、何にか反る可き。天意及之を繼承せし祖意に反りて、之を社會國家に報ずるなり。進步は托して、箇中に在り。

我國の神社制、我國民の神社崇敬の本旨は實に斯くの如し。一たび此旨に覺到せば、生を此國に享けたる者、誰か神社を藐視するを得んや。鈴山子『神宮、及、神社と道義』を說く。其意至切。我深く其人の忠厚に感じ、爲に聊か補論を發すと云爾。

日南學人

神社の制たる我國特殊の美制にして絶えて外國に其比を見ざる所、而して其の我國體と歴史とに關係を有するの深き、敬神なる觀念は直に愛國尊皇の志想と牽聯して夙に我國民性の一特色を成せり。敬神の志想を發揮するは輙ち愛國尊皇の精神を涵養する所以にして其の我國民の精神上に至大の影響を有するや言を俟たず。此故に國民崇敬の中心として道義の基礎を此に置き以て益々我國民性の特色を發揮するに勉むるは、特に今日の時勢に觀て其必要の切なるを感ぜずんばあらず。

敬神の志想を鼓吹するを以て夙に其任とせる、本書の著者が神宮、及神社と道義との關係を叙述し『帝國の神道は皇祖皇宗の遺訓にして皇祖皇宗は天神なり、故に之を神道と云ふ、神道なるものは吾人の所謂道義なり』と論定せられたるは是れ實に余の意を得たるものなり。本書に就ては尙ほ卑見の述ぶべきものなきにあらざるも、其の根本に於て旣に著者と意見を同うす、何ぞその枝葉に渉りて之て論ずるを要せん、玆に一言を述べて本書の批評に代ふと云爾。

水野鍊太郎

本章、神社本來の性質を說き得て餘蘊なし。予は、全然同意を表す。而して所謂神道家、即ち神官神職に、訓誡警告せられたる數節に至りては、頗る痛快を覺ゆるなり。然れども、今日の神道家、果して君の誡告を容るゝの資格ありや、否やを疑ふ。予はこゝに於いてか、神職養成事業に對して、政府が、更に一段の注意を拂はんことを希望せざるを得ず。如何となれば、本事業の如きは、國體上、國家の負擔すべき義務あるものと信ずればなり。

神道家が、靈魂不滅を信ずるの不可を說かれたる一節に至つては、一考を煩したし。尤もこは宗教及哲學上の大問題にして、一朝一夕に解決すべからざる事なりと雖も、予は我が國の神社が、記念の殿堂にあらず、其の祭祀が、告朔の餼羊にあらざる事を思ひ、又神社と記念の銅像とは、其の性質自ら異にして、而も兩立相犯す所なきを見ればなり。妄評、多罪々々。

高山昇

神社の崇敬すべきはいふまでも無し。本居宣長の考に今の神社の質素なるを見て神事を儉約にするをよしとおもふは大なる誤なり。古の崇敬の程度よりいはゞ、必ず民家よりも幾層倍立派なりしものならんといへるは聽くべき言なり。高天原に千木高ちり、底つ岩根に宮柱太敷き立つるといふ宮殿は尋常一樣の民家と同じかるべきものに非ず。皇居と同じ程度のものたりしなるべし。神も上も『カミ』なり。カミのみあらかはすべてミヤなり。

やいち

僧侶の代議士たるを得ざるは、帝國の國體に於て、余其命を聽く。然れども神職を奉ずるものは、宗敎家に非ず。神職を奉ずるものにして代議士たること能はざるは、國體上、草々看過すること能はず。經世に志あるもの、之が研究を遂げ、神職制度の改善を圖りて可なり。鈴山此論、獨り神職家其人の爲に發するに非ざるなり。

江藤南白嘗て曰く『神祇は祖先敎にして、宗敎に非ず、神祇と宗敎とを混同するは不可なり』と。維新の際、神祇省を宮內省に合したることありしは、彼の建議に由れりと云ふ。蓋し敬神、尊王、愛國の三者は、三にして一なり。敬神無んには尊王なく、尊王なくんば愛國なし。而して敬神を以て尊王愛國の根本と爲す。帝國の國體、萬國に冠絕する所以のもの、玆に在り。鈴山は水戸學の系統を受け、最とも敬神の道を信ず。故に其說く所、根柢あり、識見あり、宜なり、議論鑿々として善く時弊に中るや。

紫山山人

第七章　政治の隆替と道義　上

一　上古及中世の政治

立憲政治は端を英國に發し、尋て歐米列國の採用する所となり、善良なる政體として世界の認識する所となれり。然れども其發端たる英國當時の形勢に鑑み、之れを採用したる列國の歷史に照せば、君民暌離、上下軋轢の極、劍光閃き、砲聲轟き、血痕地に印し、腥風天を掃ふの慘劇を演じたるの結果にして。列國皆不祥の光景を呈したるの餘に出でたるにあらざるはなきなり。然り而して帝國の立憲政體を創設したるは、全く之と相反せり。今上天皇開國進取の國是に由り、廣く五洲列國と交通し、封建の制度を廢し、郡縣の制度を布き、皇祖皇宗以來、億兆の心を以て心とせられ、治績を萬世に垂れさせられたる皇猷に基づき、進みて言路を洞開し、臣民と共に其慶に賴らむことを期せさせ給ひ、國體に遵ひ、國性に則とり、玆に憲法を欽定せられたるものにして、彼の歐米各國の如き、腥風血雨の中に成りし憲法と、日を同うして語るべからず。苟も帝國肇造の當時より、君臣の間に、尊嚴なる道義の存在するものあるにあらずむば、焉むぞ此の如くなるを得んや。

顧みて帝國の政體を觀察するに、上古は、半は郡縣の制にして、半は封建の制なるが如し。其後、大化革新の國政を行はせらるゝに及びて、總て郡縣の制度を立て、未だ嘗て臣民の代表者を召集して、會議を開かせられたることあらずと雖も、其國政を行はせらるゝや、君主獨裁を主とせられたるにあらずして、臣民と共に行はせられたるは、歷史の證する所たり。故に民言を重じ、民情を察せられ、愛撫薰化至らざるなく、一國を見ること恰も一家の如く、其協睦一致、恰も父母の赤子に於けるが如し。是を以て政令圓滿に行はれ、恩威中外に布き、臣民の天皇を仰ぐこと父母の如きものありしなり。崇神天皇の人民を校し、調役を科するの詔に曰く、

朕初め天位を承け、宗廟を保つを得たり、明蔽ふ所あり、德綏する能はず。是以て、陰陽謬錯、寒暑序を失し、疫病多く起り、百姓災を蒙る。然れども、今罪を解き、過を改め敦く神祇を禮す、亦敎を垂れて、而して荒俗を綏むず、兵を擧て以て服せざるを討つ。是以て官事を廢するなく、下民を逸するなく、敎化流行、衆庶業

を築む、異俗譯を重て來つ、海外既に化に歸す。宜しく當に此時にあたり、更に人民を校し、長幼の次第、及、課役の先後を知らしめむ。

是れ疫病の災害を以て、明徳の足らざる所となし。罪禍を聖躬に待つものにして、亦以て如何に、其天職を重むじ、臣民の禍福に注意せられたる乎を知るべきなり。推古天皇のとき、定められたる憲法十七條の末條に曰く。

夫れ事は獨斷すべからず、必ず衆と論ずべし、小事は之れ輕じ、必ず衆とすべからず。唯大事を論ずるに逮びて、若し失あるを疑ふ、故に與に相辨辭すれば則ち理を得む。

是れ國政は衆と共に議し、輿論に從ひて萬機を處理せらるゝ精神なることを見るべし。又孝徳天皇の諫言を求むるの詔に曰く。

明哲の民を御するもの、鐘を闕に懸け、而して百姓の憂を觀る。屋を衢に依りて、而して路行の謗を聽く。芻蕘の說と雖も、親しく問ひて師となす。是れに由て、朕前に詔を下して曰く、古の天下を治むる、朝に進善の旌、誹謗の木あり、治道を通じて、而して諫者を求むる所以なり。

是れ國政は獨斷すべからず、衆に詢りて執行し、執行の後に至りて復た衆庶の言を聽き、過あれば之を改むるの精神たるを知るべし。又天皇の東國、國守等に下せる詔に、『夫れ天地の間に、君として萬民に宰たるものは、獨制すべからず、要するに臣翼を須つべし』とありたるが如き。清和天皇の言を求むる詔に、『蓋し萬機の盛なる、廣詢にあらざれば、以て功を興し難く、四海の尊き、下問にあらざれば、以て化す無きを以てなり』とあるが如き。華山天皇の言を求むるの詔に、『一人の耳は、盡く天下を聽く能はず、一人の目は廣く域中を覩るを得ず。是を以て古の王者、或は謗譽を途に問ひ、邪あれば必ず正ふす、或は曠言を市に採る、善あれば則ち行ふ』とあるが如き。未だ臣民の代表者を召集して、會議を開きたるにあらずと雖も、言路を洞開し、輿論を尊重するの精神は、今日の立憲政治と其揆を一にするものあり。是れ帝國の道義は、帝國肇造以來の國體國性にして、臣民悉く純忠至孝の志を抱くにあらずむば、焉むぞ能く此の如くなるを得むや。故に德川光圀修する所の大日本史の叙に曰く。

蓋し人皇基を肇めしより、二千餘年、神裔相承け、列聖統を纘き、姦賊未嘗て覬覦の心を生せず、神器在る所、日月と並び照す、猗歟盛かな。其原く所を究むるに、寔に祖宗の仁澤、民心を固結し、邦基を磐石ならしむるに由るなり。其明良際會、都兪吁咈の美なる、諸を舊記に考るに、以て概見すべし。中葉に迨びて、英主迭に與り、盈を持し、成を守り、嘉謨徽猷、古に愧るなし。而して文獻備らず、明辟賢輔の迹、多く堙晦章かならざるもの、豈重く惜まざるべからずや。

文獻の後世に備らざるもの、修史の業に於ては、深く惜むべく、且つ歎ぜざるを得ざる所たるべしと雖も、聖子神孫相繼ぎ、嘉謨を貽し、徽猷を垂られたるもの、古今異る所なし。而して皇祖皇宗の遺訓實に諸を舊記に概見すべきなり。今日の盛世を見る所以のもの、豈偶然ならむや。

帝國上古は、文字備らずと雖とも、語部なるものあり、其誦記し來りたる、皇祖皇宗の遺訓、帝國の道義は、國政の骨髓となり、主腦となり、習慣法の行はれたるものにして、中食國政大夫あり、四道將軍あり、大臣、大連等あり。以て天皇を輔翼し、民言を重むじ、民情を察し、以て大に治績を擧げられたるや知るべし。推古天皇に及びて、厩戸皇子の憲法十七條の制定あり、孝德天皇の大化革新に至り、戸籍法を定められ、土地兼併の弊を矯正せられ、族制と官職との分離を行ひ（八省百官を置き、行政區畫を定めたる等、大に制度の完備せられたを見る。　尋で近江令二十二卷、大寶律令十一卷の頒布せらるゝあり、近江令は今日に傳はるものなしと雖も、大寶令は其主とする所、土地の私有を禁じて國有となし、世襲官職を廢して人才の登庸とし、其他百般の制度、及、個人の權利を確定せられ、大に國家の組織を鞏固ならしめたる者なり。醍醐天皇に至りて延喜式五十卷の制定せられたるものありと雖も、繁文縟禮に失し、其實行せられたる跡なく、徒法空文に過ぎざりしが如し。　然れども是等の法制は、今日に於て立憲政體の建設を見るに至りし濫觴にして、是れ皆帝國の肇造に鑑み、祖宗の遺訓たる道義を尊重し、民情を察し、民意を容れらたるの結果に外ならざるなり。

帝國の君主立憲政治たる、由來する所悠遠なり。　然れども、佛教の傳播せしより以來、前に蘇我一族の悖逆、後に弓削道鏡の謀反、共に國家の基礎をして危殆に瀕せしめたるあり。　中世藤原氏、外戚を以て政權を擅まゝにせしより、平將門、藤原純友の亂ありて、皇化陵夷、武臣跋扈を來し、戰亂相踵ぎ、天下を擧げて道義の何物たるを解せず、國體の尊嚴なるを覺らず。郡縣の制度漸く廢れ、封建政治彌よ形成し、專橫擅恣至らざるなく、輿論を尊重し、言路を洞開するの舊典古例、終に其跡を留めざるに至れり。是に於て、後鳥羽上皇深く之を憂ひ、位を讓りて、武門不臣の罪を責め、征討の軍を發せられたるあるも、天運未だ循環せず、却て北條義時の爲めに、上皇は、土御門、順德の二上皇と共に流竄せらるゝに至れり。三宅緝明嘗て中興鑑言を著し、之を論じて曰く。

中興の事其れ已むべけんや。源氏時亂に乘じ姦計を創め、竊に我祖宗の土地を有ち、威强を挾みて、沮抑を肆にせしより、其名は天子となりて、手を拱き爲すあらしめ給ふことあたはざらしむ、贅旒のごとく然り。後鳥羽帝之が憤に勝へ給はず、倉卒擧ぐることあり、陪隷の徒、則ち益々猖獗旌を抗げ闕を指し、取りて而して、之を窮海に出し、終天歸り給はず。當時衣纓橫に流投屠戮の慘にかかる者、亦其幾くなるを知らず。辱已に甚だし。

天地湮晦して、日月光を失ひ、道義の衰頽せること此の如く、吾人は歷史を閱する每に未だ嘗て痛歎大息せずんばあらざるなり。龜山天皇亦武臣の悖虐を慨し、帝國の道義に鑑み、忠孝の志を砥礪し、日夜祖宗の皇謨を振興せんと期せられたり。天皇の人言を求むる詔に曰く。

我朝の聖代を言ふもの、延喜の治を謌ひ、天暦の事を稱せざるなし。然れども猶ほ明を屈し化を問ふ、思を淳素の風に焦し、心を虚ふして規を求む、耳を守文の日に側つ。朕不敏を以て、謬りて洪緒を受く、德義疎たること十四年、唯萬機を諮詢に任す、默過を一兩日に信す、慭に二柄を、眇末に親らす、譬ば猶淵水を渉むと欲するが如し、未だ濟る所を知らず。爰に慧星春見る、奇合の徵を示す、坤儀夏震ふ、厚德の應を催す、是れ朕の政の闕る有るか、若くは民心未だ嗛ならざるか。況んや頃者陽節を失し、水旱時ならず、祭滅の名ありと雖も、更に貢賦の實なし、庶民常に榮辱の主に乏く、兆民併せて遊惰の輩となれり。但、帝道を行ふ時は則ち帝たり、王道を行ふ時は則ち王たり、澆訛の時と謂ふ莫れ、聚居之を議せむ、瘦弊の國と謂ふ莫れ、力を戮して之を救はむ。古に曰はずや、天時は地利に如かず、地利は人和に如かずと。宜しく公卿、大夫、重官、外國五位以上、職官長に居り、秀才明經、課試及第、名けて儒士と爲すものに令して、各封事を上り、得失を極諫せしむべし。凡、號令の時に便ならざるは、言ふて而して諱むことなし、政代の國に益あるは、犯して而して隱すことなかれ、庶くは忠諫を得て、以て政術を匡さむ、主者施し行ひ。

此の如く、天皇の輿論を尊重せられ、衆議に依て治績を擧げんとするに鋭意なる、欽仰に堪へざるものありと雖も、當時國政は武臣の專らにする所と爲れるを以て、皇猷伸ひ給はず、尋で後醍醐天皇其志を繼ぎ、北條氏を討滅し、國政を恢復させ給ひしと雖とも、足利尊氏の叛するや、中興の業遂に終へず、吉野の行宮に於て劍を按じて崩御させ給ふに至る。當時北畠、楠、新田、菊地、名和、兒島の諸氏は、帝國の道義を嚴守して、王事に勤し、足利氏を討滅して、皇謨を中外に宣揚せんとするに盡瘁したると雖とゝ、南風競はず、擧族肝腦地に塗れ、政權再び武臣に歸するもの、數百年の久しきに達したり。豈痛歎大息せざるを得んや。

後醍醐天皇、中興の偉業は、中途に蹟き、武臣權を專らにしてより、憲章、法典、棄てゝ顧みず。相擊ち、相爭ひ、互に暴威を擅にし、互に殺戮を逞ふす、帝國の主權は其名ありて其實なく、三綱五常、殆ど衰滅せるが如くなるもの五百餘年なり。偏に施政の善惡に就て之を見るときは、鎌倉幕政の如き、江戸幕政の如き、時に民望を繋ぎ、泰平を來し、其治績は賞するに足るものなきにあらずと雖とも、元來幕府の施政なるもの、朝權を僭したるものにして、肇國の道義に背反するもの。其治績の有益を以て、之を許否する能はざるや論を俟ざるなり。況や四方の豪族、恣まゝに土地人民を私有して施したる所の政治に於てをや。然れども前に北條時宗あり、蒙古の不禮を憤り、其使節を鎌倉、及、博多に斬りて、國威を示し、彼の大兵を邀擊して、大捷を奏したるもの、即ち帝國の道義は、國家の元氣にして、國步艱難に際會せば、燦然として光輝を放つを知るべきなり。後に豐臣秀吉あり、國內の禍亂を鎮定して、皇室を尊崇し、外征の大軍を興し、前後七年、國威を明韓に發耀したるもの、是れ亦道義の然らむしる所たるを知るべきなり。三綱張らず、五常衰へ、帝國の主權は名ありて實なきの時に於て猶且此の如し、帝國にして至大至高なる祖宗の遺訓、即ち道義の存するありて、臣民を喚起し、國家に貢獻せしむるにあらずむば、時宗あり、秀吉ありと雖も、安ぞ此の如く旋乾轉坤の偉功を奏するを得むや。

徳川幕府なるものは、戰國の後を承け臣民皆な塗炭の中に陷ゐりたるときに際會し、德川家康英雄の姿を以て禍亂を戡定し、始めて之を創建せしものにして、殆ど其施政の國體國性に合し帝國の道義に戻らざるや否を顧みるの遑なかりしなり。加ふるに三代將軍家光の如き英明の主あり、其幕下人才に富めるを以て、封建の基を開き二百餘年の間、政權を掌握するを得たりと雖、其末造に及び、五洲列國の大勢は、帝國をして開國の國是を執らざるを得ざるに至らしめ、外交の紛糾を來すに方り、閣老阿部正弘、堀田正睦に繼で、大老と爲りし井伊直弼は、恣に日米條約を締結し、是より尊王攘夷の論、海內を動し、維新の基を開くに至れり。元來幕政なるものは、武力を以て朝廷の大權を僭有したるものなるが故に、帝國の道義に背戾するは勿論にして、國體國性は之を公式に承認したるものにあらず。故に其形式たる將軍なるものは、天皇の御委任に由て政治を施行せるに過ぎざりしなり。然れども、外交は帝國の大事なり、內政と同一視すべからず、對外條約は天皇の名に於て之を締結せざるべからず。井伊大老が內に對して峻酷なる手段を執りしに係らず、外に對して軟柔怯懦、米使の威嚇に戰慄し、朝廷の裁可を得ず、其條約を締結せしが如き。帝國の道義を恪守する臣民の憤激せざるを得ざる所。爾來大義を正し、名分を重する列藩諸侯、及草莽の志士仁人、奮然蹶起、幕政の道義に背戻し、大義を忘れ、名分を誤るを抗撃したるもの、固より其所なり。而も井伊大老の對外軟なるに似ず、對內硬を主とし、盲斷を以て輿論を壓服せむとするに努め、大義名分に由て王事に勤勞する諸藩を抑制し、戊午の大獄を興し、忠臣義士を斬殺したるもの、是れ其幕府の衰滅を招くに至りたる所以なることを知らざる可からず。

天地大經あり、帝國の道義、時に汚隆ありと雖も、未だ嘗て泯びざるなり。武臣專治の政、肇國の本義に抵觸し、祖宗の遺訓に背反す、帝國臣民久しく之に服從するを肯ぜざるもの、自然の勢なり。孝明天皇深く皇道の陵夷を慨し、祖宗の皇猷に則り、大に鴻謨を振興せんことを期せらるゝや、天下翕然として帝國の道義を唱道し、身を君國に貢獻せんとする、志士仁人前後輩出し、玆に大政復古の曙光を認むるに至りたるは、所謂天定りて人に勝つの時機到來したるものと謂はざる可からず。今上天皇、維新の大業を奏し、公議輿論に察する所あり、帝國憲法を欽定し、君主立憲政治の基を開くに至れるもの、蓋し此時に胚胎したるを知るべし。何となれば開國の國是を定め、祖宗の鴻謨を擴張し、國威を五洲に宣揚せむとするに於て、君臣一致、肇國の道義を恪守し、國家に貢獻する所無かる可からず。而して帝國の君主立憲政治は、帝國の道義の上に建設せらるゝもの、一朝外國と釁端を生ずるに方りては、君臣一致、國家に殉せむとするの外、又他を顧みるに遑あらざるは、帝國本來の主義たればなり。

評説

古來我列聖が、深く臣民の慶福を思量し玉へることを序するは善し、然れども武門專横の日に在て、人民尙ほ之に屈從し、權利自由の何者たるを解せざるに至ては、余唯だ其頑瞑卑屈なるを見るのみ、著者將た何の道義論を以て、之を說明せんとする乎。

愕堂

我が國の皇室は初より此の皇土に君臨すべきものにして、萬世一系の皇謨は動かすべからず。然るに儒學の入り來りてより、往々天の命、天地の心等を以て自ら責め給ひ、政事の得失を以て天譴あるが如く宣はすこと、漢文の詔敕にも假名文の宣名にも散見せり。是れ甚だ恐多きことにして、申すも畏けれども實に皇室としては御遠慮に過ぎたる言といふべし。然れども常に之を以て自ら責めて道德の中心となり、本源となり、模範となりて黎民を導かせ給ひしこと、漢思想を利用し給ひし御美德に外ならず。

やいち

著者は本章に於て全く大日本史の見地より觀察を下せるもの〻如し。然れども今日以後立憲時代の見解としては大に修正を要するものありと信ず。著者は第二章に於て痛快に國體と政體との別あることを述べたり。然れども政治の隆替を論ずるに至り、唯だ國體の動かす可からざるを見て政體の上に變あるべきことを看過せり。藤原氏の專橫、武家の跋扈固より道德上恕すべからざる事實多しと雖も、大體より論じ、大化以前は族制政治、王朝時代は公卿政治、鎌倉以來は武家政治が最も時勢に適合せる政體なりしことを認識せざるべからず。若し武家政治は國體に合ぜずと爲さば明治以前の政體は殆んど皆國體に合せざるものとならん。明治以後と雖も、實際は藩閥政治又は官僚政治又は政黨政治にして、眞に理想の政體にあらざるは、何ぞ公卿政治又は武家政治と擇む所あらんや。如何に弊害ありし政體にても其の當時他に適當なる政體成立することと能はざりしならば其の政體を以て當時は最も國體に適應せる政體なりしと見るべきに非ずや。是れ之を歷史的觀察法と言ふ可きなり。

浮田和民氏

帝國の歷史を按ずるに、君主政治、衰へて公卿政治之に代り、公卿政治衰へて武家政治之に代り、以て今日に至りしもの、一として道義の消長如何に關せざるはなし。後鳥羽上皇の恢復に失敗したるも、後醍醐天皇の中興の業に蹉跌したるも、時勢不可なる所あるに由ると雖も、要するに、帝國道義の明ならざるに由るのみ。然れども皇室の權を失ひしもの、其源因一にして、足らず、獨り武人の跋扈のみを咎むべからず。此點に於て源親房の論最も平允なり。鈴山の丁寧反覆、政治と道義の干繫を論ずる、蓋し亦偶然ならざるなり。

紫　山　山　人

第八章　政治の隆替と道義　中

二　皇政維新後の政治

今上天皇、皇緒を繼ぐに及び、武臣の政權を收められ、大政復古の大業を奏するを得たるは、是れ實に天地の大經に則り、忠孝の大義を正し、帝國肇造以來の國體を明かにせられたるものなり。而して我帝國が今日の如き維新の隆運を啓きたるは、固より天皇の懿德に外ならずと雖も、大日本史を修し、天下に率先して大義名分を顯彰せしより以來、尊王攘夷の論大に興り、志士仁人、身を殺し生を捨て、頽波を挽き天日を回したるの致す所にあらずと謂ふ可らず。嗚呼帝國の道義は、萬世に亘りて泯びず、光圀の史を修したるもの、道義之を然らしめたるなり、志士仁人の身を殺したるもの、亦道義之を然らしめたるなり。今上天皇、維新の初め、皇祖皇宗の偉業を擴充するに方り、天地の神祇を祭り、五條の誓文を發せられたり。誓文に曰く、

一　廣く會議を興し、萬機公論に決すべし、

一　上下心を一にして、盛に經綸を行ふべし。
一　官武一途庶民に至るまで各其志を遂げ、人心をして倦まざらしめんことを要す。
一　舊來の陋習を破り、天地の公道に基くべし。
一　智識を世界に求め、大に皇基を振起すべし。
我國未曾有の變革を爲さんとし、朕躬を以て衆に先んじ、天地神明に誓ひ、大に斯國是を定め、萬民保全の道を立てんとす、衆亦此旨趣に基き、協心努力せよ。
五條の誓文と共に發せられたる御宸翰に曰く、
朕幼弱を以て猝に大統を繼ぎ、爾來何を以て萬國に對立し、列祖に事へ奉らんやと朝夕恐懼に堪へざる也。竊に考ふるに、中葉朝廷衰へてより、武家權を專にし、表は朝廷を推尊して、實は敬して是を遠ざけ、億兆の父母として、絕えて赤子の情を知る事能はざるやう計りなし。遂に億兆の君たるも唯名のみになり果て、其爲に今日朝廷の尊重は古に倍せしが如くにて、朝威は倍衰へ、上下相離るゝ事霄壤の如し、かゝる形勢にて何を以て天下に君臨せんや。今般朝政一新の時に膺り、天下億兆、一人も其處を得ざる時は、皆朕が罪なれば、今日の事朕自身骨を勞し、心志を苦め、艱難の先に立ち、古列祖の盡させ給ひし蹤を履み、治績を勤めてこそ始めて天職を奉じて億兆の君たる所に背かざるべし。往昔列祖、萬機を親らし、不臣の者あれば自ら將として之を征し給ひ、朝廷の政總べて簡易にして、如此尊重ならざる故、君臣相親みて上下相愛し、德澤天下に洽く、國威海外に輝きしなり。然るに近來宇内大に開け、各國四方に相雄飛するの時に當り、獨我國のみ世界の形勢に疎く、舊習を固守し、一新の効を計らず、朕徒に九重に安居し、一日の安きを偷み、百年の憂を忘るときは、遂に各國の凌侮を受け、上は列聖を辱しめ奉り、下は億兆を苦めん事を恐る。故に朕茲に百官諸侯と廣く相誓ひ、列祖の御偉業を繼述し、一身の艱難辛苦を問はず、親ら四方を經營し、汝億兆を安撫し、遂には萬里の波濤を開拓し、國威を四方に宣布し、天下を富岳の安きに置かんことを欲す。汝億兆、舊來の陋習に慣れ、尊重のみを朝廷の事となし、神州の危急を知らず、朕一度足を擧ぐれば非常に驚き、種々の疑惑を生じ、萬口紛紜として朕が志をなさゞらしむる時は、是朕をして君たる道を失はしむるのみならず、從て列祖の天下を失はしむなり。汝億兆能々朕が志を體認し、相率て私見を去り、公議を採り、朕が業を助けて神州を保全し、列聖の神靈を慰め奉らしめば、生前の幸甚ならん。

元來帝國は肇造以來、君臣一致、祖宗の遺訓たる道義を守り、上情下達、下情上達、立憲政治の名あるにあらざるも、立憲政治の實を具へたる國なり。然るに、中世以降皇道紐を解き、武臣國政を專にせしより、禍亂相踵ぎ、文物典章、干戈の際に湮滅し、臣民塗炭の中に苦みたるもの、是れ皆道義の明ならざるに由らざるはなし。天運循環、茲に及びて漸く道義の曙光を認むるに至りたるもの、固より偶然ならざるなり。

維新以來、百政緒に就き、綱張り目擧がり、明治八年立憲準備の詔書となり。『元老院を設けて以て立法の源を廣め、大審院を置きて以て審判の權を鞏くし、又地方官を召集して以て民情を通じ、公益を圖り、漸次に國家立憲の政體を立て、汝衆庶と倶に其慶に頼らんと欲す』との旨を宣させ給ひ。十四年には『顧みるに立國の體、國各宜きを殊にす、非常の事業、實に輕擧に便ならず、我祖我宗照臨して上にあり、遺烈を揚げ、洪謨を弘め、古今を變通し、斷じて之を行ふ責朕が身にあり、將に明治二十三年を期し、議員を召し、國會を開き、以て朕が初志を成さんとす』との勅諭を煥發せられ二十二年二月十一日の紀元節を以て、帝國憲法を發布せられたり。

帝國の立憲政治は、此の如くにして創立したるもの。要するに、今上天皇、祖宗の皇猷を紹述し、臣民と共に帝國の興隆を期せられたるに由ると雖も、亦未だ嘗て憲法發布以前、吾人臣民の立憲政治に熱中し、國會の開設を願望したるの結果に由らずんばあらざるなり。然れども、吾人が國會開設を願望したるの精神は、歐洲列國の人民が、其政府に對すると全く其趣きを異にせり。彼は只自己の權利を伸暢し、自己の自由を獲得せむとしたるに外ならざるべしと雖も、帝國臣民の國會を願望したるは、一身の利害を輕むじ、國家の利害を重むじ、私を去て公に奉じ、開國の國是に基き、帝國の前途に鑑み、永く亞洲の一方に偏安すべからざるものあるを察し、擧國一致、上下戮力、君臣共に立憲の政治により、皇祖皇宗の洪謨を恢擴して、國運の興隆を期したるに由るものなり。故に各府縣、幾多有志の士が闕下に捧呈したる建白書、願望書は、精忠大義の凝結したるものにして、彼等は國家民人の爲め産を破り、家を傾け、妻子離散の悲境に陷りたるもの少なからず、私慾あり、私心あるものにして、安ぞ能く此の如くなるを得むや。當時政權を擁する藩閥者流は、是等草莽の志士を目して、政權爭奪に熱中せるものなりと看做せりと雖ども、彼れ豈私心を懷きて、政權を爭奪せむとするものならむや。是れ皆國を憂ひ民を愛し、自ら代りて國政を料理し、精忠以て皇室に奉じ、至孝以て國家に報ぜんとする道義の觀念に出でたるにあらざるはなきなり。

吾人は立憲政治の歷史を叙するに方り、更に今上天皇の威德を欽仰せざるを得ざるものあり、即ち天皇の天性至孝なること是なり。謹みて按ずるに、我天皇は、立憲政治に關する幾多の詔勅に於て、皇祖皇宗を追想せざるものなし。明治八年、立憲政體の詔勅に於ては『幸に祖宗の靈と群臣の力とに賴り、以て今日の小康を得たり』と宣へさせられ。十四年、國會開設の勅諭に於ては『我祖我宗照臨して上に在り遺訓を揚げ、洪謨を弘め』と宣へさせ給ひ。二十二年、憲法發布の勅語に於ては『我神聖なる祖宗の威德と、竝に臣民の忠實勇武にして、國を愛し、公に殉ひ、以て此の光輝ある國史の成跡を貽したるなり』と宣べさせ給ひ。之と同時に發せられたる大詔に於ては『朕が親愛する處の臣民は、即ち朕が祖宗の惠撫慈養したまひし處の臣民なるを念ひ』と宣へさせ給はられ。又『國家統治の大權は、朕か之を祖宗に承けて、之を子孫に傳ふる所なり』と宣べさせ給ひたり。此の如く皇祖皇宗を追想せらるゝもの、天性至孝の致す所にして、道義の存する所を明示せられたるにあらざるはなし、吾人は其懿德を欽仰せさらんとするも得ざるなり。故に憲法を發布せらるゝに方り、天皇は、嚴かに之を祖宗の神靈に奉告せられたり。其告文に曰く。

皇朕れ謹み畏み

皇祖

皇宗の神靈に誥け白さく、皇朕れ天壤無窮の宏謨に循ひ、惟神の寶祚を承繼し、舊圖を保持して敢て失墜すること無し。顧みるに世局の進運に膺り、人文の發達に隨ひ、宜く

皇祖

皇家の遺訓を明徵にし、典憲を成立し、條章を照示し、內は以て子孫の率由する所と爲し、外は以て臣民翼贊の道を廣め、永遠に遵行せしめ、益々國家の丕基を鞏固にし、八洲民生の慶福を增進すべし、玆に皇室典範及憲法を制定す。惟ふ

に此れ皆
皇祖
皇宗の後裔に貽したまへる統治の洪範を紹述するに外ならず。而して朕か躬に逮て、時と倶に擧行することを得るは、洵に
皇祖
皇宗及我か
皇考の威靈に倚藉するに由らざるるは無し。皇朕れ仰て
皇祖
皇宗及
皇考の神祐を祈り、併せて朕か現在及將來に臣民に率先し、此憲章を履行して愆らさらむことを誓ふ。庶幾くは
神靈此れを鑒みたまへ。

嗚呼此の告文を捧誦して、誰れか復天皇の天性至孝にして、道義を尊重せらるゝに感動せざるものあらむや。上既に此の如し、下臣民たるもの之を如何ぞ純孝ならざるを得むや。帝國の臣民夫れ克く孝なり、是を以て忠ならざるを得ず。忠孝二つなし、共に倶に是れ臣子の大節なり。天皇天性至孝、故に祖宗の恵撫慈養し賜ひし所の臣民と共に、立憲政治を創設し、以て帝國の興隆を期せらる。臣民焉むぞ純孝以て聖旨に奉答し、純孝以て吾人祖先の、皇祖皇宗を補翼し奉りたる洪恩に報せざるを得むや。是れ帝國に於ける立憲政治の創設せられたる所以にして、歐洲列國の立憲政治の成立と、其趣きを異にする所以のもの、亦茲に在り。

帝國臣民の代議士を選出するは、私人の爲めにあらずして、公衆に報する所以なり。代議士の職責を盡すは、選擧人の爲めにあらずして、國家に報ずる所以なり。國家に報ずる道を履むものにして、公衆に報ずるは義に趨くものなり。帝國臣民の國政に對して、道義を行ふもの、純忠至孝の致す所たらざるはなし。故に帝國議會開設以來、衆議院が豫算に於て政府と抗爭したる所以のものは、國費を節して、租税を減じ、産業の勃興を希望したるに外ならず。外交に於て政府と抗爭したるものは、自主的外交を主として、條約を改正し、貿易の發展を希望したるに外ならず。其抗爭する所以のもの、公明正大、道義に則り、純忠至孝の致す所たらずむばあらず。是を以て停會、解散、續出すと雖も、治績內に擧り、國威外に伸ふ、亦以て立憲政治の効果著しきものあるを見るべきに非ずや。

第七帝國議會を召集せらるゝや、時恰も淸國と交戰中に際す、議會は第一回の當時より豫算問題に於て痛く經費を減削せむとし、政府と激烈なる衝突を繼續し、之が爲めに解散を重ねたりと雖も、代議士は之が爲めに軍國の急務に應ずるの責任あるを忘れず、臨時議會の開會期日は七日間なりしに拘らす、期日に先ちて協賛の實を盡したるもの、歐米列國人の驚嘆して止まざる所なりと聞く。請ふ當時衆議院の上奏文、幷に內閣に戒告したる建議書を左に掲げ、以て讀者の參考に供せむ。

上奏文に曰く。

衆議院議長

本院の決議を具し、誠惶誠恐

謹みて奏す。伏て惟に

天皇陛下、神聖英武、清國の兇暴を赫怒して、征討の師を興し、
皇祖
皇宗の遺烈を紹き、親しく大纛を進め親しく戎事を裁し、肝食宵衣の勞を執らせ給ふ。是に於て民心益々奮ひ、兵氣倍々張り、我帝國の光輝を宇內に發揚す、中外孰れか
皇威を仰かざるものあらんや。臣等景仰感激の至りに堪えず、謹んて奏す。

又衆議院の政府に戒告したる建議書に曰く。

衆議院は憲法の規定に準據し、爰に內閣に向て左の建議を爲す。
謹んで按するに征清の詔勅は、宏遠にして正大なり、森嚴にして公明なり、曠世の雄圖、百年の長計、寔に此に外ならず。苟も帝國の臣民たるもの、孰れか、聖旨を奉戴し、鞠躬盡瘁、以て報國の誠を効さゞるあらんや。衆議院か帝國臣民の代表者として、敢て輔弼の重責ある內閣に望む所は、征清の聖旨に遵ひ、全局の大捷を奏し、東洋の平和を回復し、以て國光を宣揚するに在り。乃清國を膺懲し、之をして改悛悔悟、自ら禍心を杜絕せしめ、而して我國は他の干涉の爲に、終

局の大目的を沮廢すること莫く、以て我帝國の威信と利益を全うし、以て國家千載の鴻圖を定め、以て東洋の平和を永遠に扶持するの擔保を掌握するに在り、是れ實に叡聖文武なる、天皇陛下の帝國議會に賜りたる聖勅の洪旨にして、帝國臣民の大希望なり。故に衆議院は敢て之を言明し、敢て內閣大臣に向て、其奉行實踐を促し、此の大希望を達せんが爲め、上下一致和協以て事に斯に從はんと欲す。故に凡そ軍備を充實する事項は、緩急宜に從ひ、其施設を爲さんことを期す。

恭く惟るに天皇陛下は、列聖の遺烈を紹き、中興の偉業を擴め、淸國の暴慢を赫怒し、爰に六師を發し、大纛を進め戎事を宸裁し給ふ。是に於て擧國の臣民皆な心を一にして力を戮せ、同仇敵愾、聖旨に奬順し、遄かに大捷を遂け、目的を達せんと欲せざるは莫し。是れ衆議院の丹誠を表し、赤心を披き、從來趨向の異同ありしを問はず、敢て內閣大臣に向て此建議をなす所以なり。

今や帝國旭旗の向ふ處、攻めて取らざるなく、戰ふて勝たざるなく、水陸風靡し、敵國震慴す。然ども前途を思量すれば、局面愈々大に、事端愈々滋からんとす。

若し或は意外の障礙に觸著し、中道にして交戰の目的を阻滞するが如きことあらば、實に國家の大事を誤るものなり。故に衆議院は輔弼の重責ある内閣大臣に向て、能く外政の機務を操縦し、漸を防ぎ微を杜き、誓て上は征清の聖旨を對揚し、下は國民の輿論を貫徹せしめんことを望む。爰に之を建議す。

是れ實に帝國臣民の純忠にして、國を愛するの赤誠を表白したるものなり。故に天皇か閉院式の勅語に於て、軍國急要の議案を、敏速に議了したるを嘉奬せられたるもの、亦偶然に非ざるなり。

更に一歩を進めて日露交戰當時に於ける、帝國議會の狀勢を觀察すれば、第二十回、第二十一回の議會にして、衆議院は第十九回の議會に於て、解散を受けたる後に屬せり。其解散したる政府の依然たるに拘らず、第二十回議會開院式の勅語に對して左の奉答文を上りたり。

恭く惟に

叡聖文武天皇陛下、茲に臨時帝國議會を召集し、車駕親臨、開院の盛式を擧げ、優渥なる聖詔を賜ふ、臣等恐懼の至りに堪えず。顧ふに帝國か東洋の平和を保持するに切なるは一日にあらず、然るに露國は平和を尊重するの誠意なく、清國との盟約及列國に對する累次の宣言を破れり。陛下の戰を宣し給ひたるは、臣等の感激に堪えざる處なり。今や外征の師は、連戰連勝、益忠勇を致す、是れ陛下の稜威に頼らずんばあらず、臣等謹て聖旨を奉體し、協賛の任を竭さむことを期す。

衆議院議長、誠惶誠恐謹で奏す。

日露の交戰は、國家に忠實なる、帝國臣民が一齊に、萬其巳むべからざるの擧を認め、たるものなり。故に衆議院は奉答文に於て『陛下の戰を宣したるは、臣等の感激に堪えざる所なり』と述べ、而して『聖旨を奉體して協賛の任を竭さむことを期す』と誓ひたるもの、擧國一致、公に奉ずるの丹心を表白して餘りありと謂ふべし。吾人請ふ茲に第二十一回に於ける開院式の勅語に對する、衆議院の奉答文を左に掲げむ、其文に曰く。

恭く惟に

陛下茲に第二十一回帝國議會を召集し、車駕親臨、開院の盛式を擧げ。優渥なる
聖詔を賜ふ、臣等感激恐懼の至に堪えず。今や皇師連捷、戰局歩を進め、兵氣外に張り、民心内に振ふ、是れ
陛下の稜威に頼るにあらずんば、焉そ能く此に至るを得んや。然れども前途尚遼遠にして。軍費を要する愈々多く、内外の施設又多端に際す、方に擧國一致堅忍持久、以て報効を圖るべきの秋なり。
益々心力を竭して協賛の任を完ふし、上陛下の信任に對へ、下國民の委託に酬むことを期す。衆議院議長、誠恐誠惶謹て奏す。

亦以て純忠脳に溢れ、至誠骨に徹するの概あるを見るべし。又當時衆議院は、我戰捷に對し、賀表を上りたり、其上表文に曰く。

衆議院議長、誠恐誠惶謹て奏す。伏して惟るに宣戰の大詔煥發せられてより、未だ一載ならず、皇師の向ふ所、戰へは必ず勝ち、攻むれば必ず取る。既に遼陽を破りて兵氣遠く滿洲の野に振ひ、今や旅順を陷れて敵艦全く遼東の海に滅び、更に戰局の一大發展を見る。

陛下の稜威に賴るに非ざれば曷ぞ能く此の振古未曾有の偉功を奏するを得んや。

陛下宵衣肝食、軍國の事に軫念あらせ給ふ、臣等感激の至りに堪えず、顧ふに洗兵振旅の期、前途尙遼遠なり、臣等豈鞠躬努力以て、聖明に奉答するを期せざらんや。玆に賀表を上りて赤誠を披く、衆議院議長、誠恐誠惶謹み奏す。

日淸、日露の兩役に於て、我帝國の大捷を奏し、戰局を收めたるものは、兵員彼より多きが故にあらず、體力智力彼より優りたるの故にあらず、軍資糧食彼より富めるの故にあらず、船艦兵器彼より精なるの故にあらず、而も其能く容易に大捷を制し、國光を宇內に宣揚することを得たるものは何ぞや。唯是、君臣一心、上下一體、忠孝を以て鍛錬したる、肇國以來の道義を嚴守遵奉したるの結果に因らずむばあらざるなり。嗚呼帝國の道義は、天地に塞り、中外に振ふ、帝國議會の常に抗爭論難、停會解散の紛擾を來すとあるに拘らず、外國と事あるに方り、一朝にして擧國一致の實を擧げ、憂患相耐え、艱難共に忍び、君臣一心、上下一體、其効果を收むるを得たるもの、帝國特殊の道義にして、祖宗の遺訓玆に存するを證すべきなり。故に戰亂終結、外交舊に復するに及びてや、天皇の天下に示させ給ふ所の大詔に曰く。

朕東洋の治平を維持し、帝國の安全を保障するを以て、國交の要義と爲し、夙夜懈らず、以て皇猷を光顯する所以を念ふ。不幸客歲露國と釁端を啓くに至る亦寔に國家自衞の必要已むを得ざるに出でたり。開戰以來朕か陸海の將士は、內籌畫防備に勤め、外進攻出戰に勞し、萬艱を冒して殊功を奏す。在廷の有司帝國議會と亦善く其職を盡し、以て朕か事を奬め、軍國の經營、內外の施設、其緩急を愆らず。億兆克く儉に、克く勤め、以て國費の負荷に任じ、以て貲用の供給を豐にし、擧國一致、大業を贊襄して帝國の武威と光榮とを四表に發揚したり。是固より我が皇祖皇宗の威靈に賴ると雖も、抑も亦文武臣僚の職務に忠に、億兆民庶の奉公に勇なるの致す所ならずむばあらず。

此大詔に於て、殊に『帝國議會と宣させられたるもの、忠孝の道義を以て、贊襄の重任を全うしたるが故たらずむばあらず。帝國の道義は、帝國臣民の精神にして、社會萬般の事、此道義の精神を以て之に處せざるべからずと雖も、國政に於ては、至大至剛なる道義の精神を發揮するにあらずむば、安ぞ治績を奏することを得むや。況むや臣民の輿論を尊重せらるゝの立憲政治に於てをや。之を奈何ぞ道義の精神缺くる所ありて可ならむや。又安ぞ前古未曾有の戰役に際會し、道義の精神を發揮せずして其大捷を奏するを得んや。

評說

徳川氏の天下を定むるや、其權力を永續せしむるの方法に於て、幾と盡さゞる所なし、其紀、水、尾、三家を置けるが如き、亦權力維持法に外ならず、何ぞ圖らん水藩一たび勤王の大義を明かにして、幕府の傾覆之に從て來らんとは、幕府維持策、却て之か傾覆の原因となる、人事の豫知す可らざる凡そ此の如し、今日著者が大聲疾呼する所の水戸系の道義論、若し所期以外の結果を生せずんば幸甚。幕末の帝國は、羸弱を極めたり然るに今や則ち宇内の强國に列するに至れり、是れ他なし井蛙の陋見を棄て、廣く智德を世界に求めたるが爲めのみ、然るに今若し小成に安んじ、夜郎自大、以て傲然他を蔑視するに至らば、帝國の前途、甚だ憂慮に堪へたるものあらん、著者以て如何と爲す。

愕堂

五條の誓文は、維新の大精神也。憲政の大精神也。帝國議會の大精神也。而して此精神は、祖宗の遺訓、帝國固有の道義に存するや、固より論を俟たざるなり。帝國議會の初期に於て、公議輿論の聲、議會の聲と爲り、帝國の道義を發揮し、天下の士氣を鼓舞したるもの是れ豈維新改革の精神、未だ衰へざるに由るに非ずや。而して今の帝國議會は、果して何等の現狀ぞや。憂國の士、浩歎せざらんと欲するも能はざるなり。今日は第二の維新を開くの時也。此時に當り、鈴山が、大聲疾呼、帝國の道義を鼓吹し、政界の廓淸を促すもの、洵に故ある哉。

紫山山人

第九章　政治の隆替と道義　下

三　日露戰役後の政治

帝國の君主立憲政治は、其名頗る善美なるのみならず、其實も亦曾て顯著ならざるにあらず、國家有事の日、擧國一致の態度を示したるが如き、五洲列國の學びて得べきにあらざるなり。是れ皇祖皇宗の基を開き、極を立て、統を垂れ、鴻謨を畫し、宏猷を定められ、遺訓萬世に亘りて泯びず。億兆臣民、咸な克く斯道を恪守し、遵奉して怠る所なく、赤誠以て立憲政治に貢獻したるの致す所たらずむばあらず。故に日淸、日露の戰役を經て、國威の五洲に宣揚せるもの、道義の能く帝國議會を支配し、帝國議會又能く道義に因て政府を督勵し、擧國一致、精神を道義に傾注したるの結果に外ならざるなり。肇國の道義を發揚するは、固より帝國臣民の本分なりと雖も、國家の艱難に遭遇し、苟も議會の輿論を喚起するなくむば、焉むぞ克く、擧國一致、精神を道義に傾注するを望むべけむや。故に道義の克く帝國議會を支配するは、立憲政治の効果を奏し、國運の興隆を期する所以にして、道義、帝國議會に行はれざるに於ては、立憲政治腐敗して其實なきに至るや必せり。

肇國の本義は忠孝の道義なり。宇宙に磅礴たる眞理なり。帝國の臣民たるものの之を奈何ぞ、道義を嚴守遵奉するの精神なくしく可ならむや。今や日清、日露の戰役は、既往の歴史に屬せり。帝國臣民は道義に依頼して、戰捷の國威を善用し、進みて富强を策することを勉めざる可からざるに拘らず、只是れ偸安、只是れ苟且、道義の何たるを顧みざるに至るもの、豈浩歎すべきの至りならずや。帝國の道義は、特に戰役に於てのみ其光輝を放つべきものにあらず。平和の今日に在て、社會百般に向て其光輝を放たざるべからざるや固より論を俟たず。然れども道義は帝國の元氣なり。之を鼓舞作興せざれば、遂に其衰退消耗を免れざるは自然の勢なり。道義の觀念、衰退消耗するに於て、外敎は益々其間に蔓延し、異端邪説の帝國臣民を惑亂する、所謂物先づ腐て虫生するが如く、頽波横流、終に回すべからざるに至らむ。豈懼れざるべけむや。

飜て立憲政治の現狀を觀察せよ。選擧人は果して能く道義を嚴守する歟。代議士は果して克く道義を遵奉する歟。個人を先にして國家を後にし、公利を後にして、私慾を先にするものは、是れ皆帝國の道義に背反する、異端邪説の結果に非ざるなき歟。此の如くして立憲政治は、安ぞ腐敗せざるを得んや。立憲政治腐敗せば帝國の隆昌、臣民の康福得て期すべからざるなり。帝國議會は唯是れ傀儡の陳列場たらむのみ、何の效果かこれあらんや。

日露の戰役は、肇國以來未曾有の大事にして帝國の存亡、唯此の一擧に繋れるは、帝國臣民の皆覺悟したる所なり。天地晦瞑、乾坤時に變化を呈するなきにあらずと雖も、邪の正に勝つ能はざるは、古今に通ずる眞理なり。帝國出征の目的は、道義を確守して東洋の平和を保全するにありしなり。是を以て臣民皆、道義を恪守して生命を顧みず、擧國一致、遂に空前の大捷を博したり。此の戰役に對し、萬事を抛ち、生命を國家の犧牲に供したる帝國臣民は、戡定偃武の後に於ける經營に對しても亦擧國一致、戰捷を有効ならしむるか、將た之を沒却するか、又帝國空前の大事なることを自覺したり。是を以て臣民は、皆一齊に戰後の經營に向て苦心焦慮、少しも遺算なからむことを切望したり。而して此の大業たる戰後の經營の任に當りたるものは、西園寺内閣なり。西園寺内閣が二年有半、施設經營したる跡を觀察すれば、吾人は實に痛歎大息に堪えざるなり。

顧ふに西園寺内閣なるものは、吾人臣民の輿望に反し、君に報し、父に酬ゆるの道義を保持して、死生國家に許すの精神なく、惟是れ漫然として政權の上に坐したるに過ぎざるの觀ありき。戰後の財政を整理して、產業、貿易の發展を畫策せず、内外國債の償却方法を確實にせず、徒らに豫算を膨脹して經濟界を惑亂し、臣民をして破產の苦境に陷落せしめ、其歲入の歲出を償ふと能はざるに至るや、增稅を敢行して產業を衰退せしめ、貿易を萎縮せしむるを顧みず、財政は益々紊亂し、經濟は彌々恐慌を來したり。道義を重むじ、國家を憂ふる所の帝國臣民の、一齊に苦心焦慮する、戰後の經營に對しては、毫末も成蹟の認むべきものなし。彼れは、臣民を率ゐて國家の進運に向はしむるにあらずして、反て之を驅て紛擾の域に墮落せしめ、國運の發展を阻害したり。是れ西園寺内閣なるものは、肇國以來の國體に鑑み、祖宗以來の道義を嚴守し、死生國家に許すの赤心なく、唯是れ一味黨與の私心に乘せられ、漫然として政權の上に坐したるに過ぎざるを以て、帝國議會は其黨與たる個人主義の代議士多數を占め、道義のある所を覺らざるに由るものに非ずや。焉ぞ克く臣民の精神を鼓舞作興して、戰捷の國威に乘じて、富國の大策を全うするを望むべけむや。

戰後の經營に任ずべき西園寺內閣は、啻に財政を紊亂して、經濟界の恐慌を來さしめ、產業の發展、貿易の增進を策し得ざりしのみならず、更に外交の方面に於ても、戰捷の國威を全からしむる能はず。對淸政策は彼れをして滿洲を回復したる、正義の恩惠に浴せしめたるに拘らず、商船辰丸事件に於て、彼の輕侮を受け、日貨排斥の勢焰を惹起せしめ、通商條約に於ては、着々失敗を來し、帝國の發展すべき利權を沒却せしめたり。對米政策は頗る自屈的態度に出で、失體に失體を重ね、啻に移民の排斥を受けたるのみならず、既に彼地に勤勞して熱誠を富國に貢獻する臣民をして業務に安ずる能はざらしむるに至れり。元來帝國が發展的、興國的の昌運を有するは、肇國以來の道義にして、皇祖皇宗の遺訓なり。帝國臣民の道義を嚴守するもの、進みて海外に發展し、興國の基礎を開かむとするは、國策の存ずる所にして、政府は之を保護奬勵して遺算なきを期する重大なる責任あり、畢竟海陸の軍備も亦之れが爲めならずや。況むや帝國人口の增殖、年を逐ふて滋きを見るに於てをや、況むや征露の戰捷を制し、國威頓に揚るの時に於てをや。此の如く國策の第一義にして、戰後經營の最も急務たるの外交に於て、全然失敗を重ね、戰捷の國威を殆んど沒却するに至れるもの、是れ西園寺內閣の道義を嚴守するの觀念なく、赤心なきに乘じて、彼れ眼中國家なく、國民なく、利已主義に因て、夤緣附和する所の沒道義の黨人多數にして、眞正國論の精神に反したるの致す所なり。西園寺內閣の政局に當る二年有半は、肇國の洪謨に則り、列聖の皇猷を遂行すべき、極めて大切なる時機にして、千歲一遇の場合たりしに拘らず、內閣に道義の閣員なく、議會に道義の代議士なく、黨與の私利私慾に源する主張に附和し、雷同し、漫然として徒らに積極主義を唱道し、國家の經綸を誤りたるもの、吾人の深く遺憾とする所にして、道義の消耗したる立憲政治の恐るべき害毒を流したるに悚然たらざるを得ざるなり。

道義の缺乏したる立憲政治の恐るべき害毒を流し、國家の發展を阻止する、實に甚だしきものあるは、前に述べたるが如し。蓋し戰爭なるものは、慘狀を眼前に呈出するものにして、國家存亡の岐るる處は、其勝敗に於て決する所たるを以て、帝國の臣民をして道義の觀念を喚起せしむること速かなりと雖も、國家は戰爭以外に於て存亡の決することあるを知らざる可からず。又存亡を決する階梯を造ることあるを思はざるべからず。彼の道義の精神欠乏し、紀綱廢頽し、行政各部、統一せず、財政は徒らに、尨大に陷ゐり、産業興らず、貿易振はず、經濟界は恐慌を來し、國庫は益々窮乏するに及びて、重税を誅求し、紙幣を増發し、國債を濫興す、物價は彌々昂騰して、細民の生活は益々慘狀を顯はし、富商は奸計猾策を其間に運らして巨利を獨占し、社會の秩序は壞滅して、危險思想を誘起せしむるに至る。是れ所謂戰爭以外に於て、國家の存亡を決するもの。西園寺內閣の二年有半、政局に立てる當時の實狀即ち是れ也。國家存亡の岐るゝ所、又岐れむとするに至る所の階梯此の如し。而して之を救濟するは敏捷機智の政治家の克く爲し得べき處にあらず。之を救濟するも亦何ぞ戰爭と異ならんや。唯是れ帝國臣民の道義の觀念を喚起し、擧國一致、以て之を救濟するの外に、大策良計之れあらざるなり。苟も臣民をして道義の觀念、旺盛ならしめば、帝國議會は腐敗せざるなり。帝國議會にして腐敗せず、道義を嚴守して議會に臨み、內閣を督勵して國策を遂行せしむること戰爭の當時と異なる所なくむば、紀綱を張り、統一を保ち、富國の大本を定め、國運の隆昌を期する、決して難きにあらざるなり。西園寺内閣なるもの、肇國の道義を蔑視し、政友會亦個人主義に走りて、道義の何物たるを解せず、漫然積極的方針を放言して、遂に積極的政策の見るべきものなし。唯是れ苛税誅求、民財を奪ふの積極的方針を認めたるのみに止まりて、帝國の宏謨を五洲に恢擴すべき、千歳一遇の時機を失し、戰爭の效果を收めず、啻に收めざるのみならず、却て之を滅却して、其害毒を遺したるは、吾人が道義の爲めに、帝國本來の國體の爲めに、天を仰ぎ長大息せざるを得ざる所以なりしなり。

國家の盛衰は、道義の消長と伴はざるはなし。帝國の立憲政治は、今上天皇が、國民の道義に信賴して之を創設せられたる所なり。帝國固有の道義に由て、征淸、討露、兩戰役の效果を收めたりと雖も、西園寺内閣の失政に由て、道義の廢頽は其極點に達し、その害毒を中外に流したり。而も道義を實踐躬行して、一般臣民の道義を皷舞作興し、政府當局者をして道義を嚴守遵奉せしめむとするは、帝國議會の責任なり。道義の精神、帝國議會に盛なる時は、立憲政治は完全なる政體となり、國運の隆昌を期する、決して難きに非ざるなり。而して帝國議會に道義の精神廢頽し來りたるは、山縣内閣の時に淵源せり、山縣内閣の增租案を提出して、議會の通過覺束なきの形勢に陷るや、政友會の前身たる自由黨に星亨なるものあり。彼は米國に公使として個人主義、利己主義の米國に學び、彼と山縣内閣との間に於て、言に忍びざるの交涉を成立せしめたるは、世人の齊しく識る所にして、星亨は其黨與を率ゐて增租案に賛成したり。是れ道義の精神を廢頽せしめたるの淵源にして、漸次に議會は墮落し來りて、西園寺内閣に及び、幾多の害毒を流したり。西園寺内閣は之れが爲に遂に自滅せりと雖も、其黨與たる政友會は依然として、多數を議會に占め、忠孝の道義に由らずして、個人主義の慾望を遂行せんことを勉めたり。

此の時に當りて組織せられたるものは桂内閣是なり。捷才慧智の閣員を有し、財政の整理に、國債の處分に、汲々として勉めさるはあらざるなり。蓋し財政を整理せざれば產業興らず、國債を處分せざれば、貿易進まざればなり。財政の整理、國債の處分は、桂内閣の成立せらるゝ唯一の政策にして、當時之を決行せざれば、國家の前途、寒心に堪えざるものあればなり。是を以て今上天皇は、四十二年十月十三日に於て、左の詔書を下させ給ひたり、曰く。

朕惟ふに方今人文日に就り月に將み、東西相倚り彼此相濟し、以て其福利を共にす。朕は爰に益々國交を修め、友義を惇し、列國と共に永く其の慶に賴らむことを期す。顧みるに日進の大勢に伴ひ、文明の惠澤を共にせむとする、固より國運の發展に須つ。戰後日尙淺く、庶政益々更張を要す、宜しく上下心を一にし、忠實業に服し、勤儉產を治め、惟れ信、惟れ義、醇厚俗を成し、華を去り實に就き、荒怠相誡め、自彊息まざるべし。抑も我神聖なる祖宗の遺訓と、我が光輝ある國史の成跡とは、炳として日星の如し。寔に克く恪守し、淬礪の誠を輸さは、國運發展の本、近く斯に在り。朕は方今の世局に處し、我が忠良なる臣民の協翼に倚藉して、維新の皇猷を恢弘し、祖宗の威德を對揚せむことを庶幾ふ。爾臣民其れ克く朕が旨を體せよ。

勅書中に『上下心を一にし、忠實業に服し、勤儉產を治め、惟れ信、惟れ義、醇厚俗を成し、華を去り實に就き、荒怠相誡め、自彊息まざるべし』と宣させ給ひたるは、肇國の道義を煥發し、臣民を戒飭せられたるものにして。此の大詔を煥發せらるゝに至れるものは、是れ全然、西園寺内閣の道義を輕視し、財政膨脹して、臣民の虚榮心を煽動し、勤儉醇厚の風俗を破壞し、信なく、實なく、荒怠是れ事として、國家を危殆に瀕せしめたるの致す所にして、之れを匡濟せしめむとする所の聖慮に外ならざるの觀を呈したり。是れ豈臣民たるものゝ恐懼に堪へざる所ならずや。桂内閣は成立の當初に於て、此の詔書を奉戴し、以て施設經營する所果して如何。

桂内閣は三年に近き生命を保ちたり。其間の施設經營する所は、主として西園寺内閣の紊亂したる財政を緊肅して、歳出入の均衡を保たしめ、國債を整理して、經濟界の恐慌を鎮定せむことを務めたり。是れ當然の施設にして、此の目的を達せずむば、産業の發展、貿易の增大、得て期すべからざればなり。然れども此の如きは聖慮の一端を安し奉るを得べきも、更に是れより大なる祖宗の遺訓、國史の成跡たる帝國の道義を恪守し、淬礪して、皇猷を恢弘するの一大聖慮に奉答し奉ること能はざりしを奈何せむ。肇國の本義に則り、洪謨を輔翼するの赤心を傾注して、施設經營、百揆萬端、皆是れ道義に因て臣民に對することを勉めずして、其の施す所姑息に流れ、其の營む所苟且に陷ゐり、國體の尊嚴なる所、道義の貴重なる所を顧みず。

私慾の前には國家なく、私利の前には國民なく、囂々然、擾々乎として個人主義、利己主義に狂奔する所の前内閣の黨與たる政友會の歡心を買ふに迎合して、小施設、小經營を全うせむとするに勉め、詔書の大綱を奉戴して、道義を恪守し、赤心を披瀝し、以て臣民に訴ふるの快擧に出でざりしは、捷才慧智に伴ふ所の通弊也。而て其將に三年ならむとするの政局は、前内閣の遺物たる病根に向ひて消毒を施したるに止まり、國運をして發展の氣勢に向はしむる能はざりしもの、吾人の遺憾なき能はざる所なり。 道義に因て臣民を統率し、道義に因て輿論を振興せざるの政治は、決して善良なる效果を收むる能はざるを知らざるべからず。 道義は帝國々政の基礎たること、祖宗の遺訓にして、國史の成跡なり、政體の如何に拘らず、道義を輕視して可ならむや。 況んや立憲政治に於てをや。

猶一事の桂内閣の施設に於て記せざるべからざるものあり。 韓國併合の實行是れなり。 帝國の韓國に於ける關係は、肇國の當時にあり、爾來韓國の爲めに帝國の蒙りたる損害、小少にあらざるなり。 帝國の韓國に向て、一大英斷を下さざるべからざるは論を俟たず。 故に吾人は明治三十一年、第二十六回、帝國議會に於て、實に左の如くに質問したり。

私は今の内閣の政策の大部分は贊成するものである、政策の大部分は誠に宜しきを得て居ると思ふ併しながら對韓政策に至つては現内閣が如何なる處置に出づるかといふことは、一もまだ見ることが出來ないと思ふ、誠に現内閣のために遺憾と思ふて居る。併し現内閣は、成立以來僅かに二箇年の月日と仰しやるかも存じませぬけれども、決して私はさうでないと思ふ。現内閣は日露戰役當時の内閣である、日露戰役當時の内閣であつて、僅かに二箇年御休息をなさつたに過ぎない。然らば御休憩後は殊更帝國策の上に御計畫のあらるゝ事と思ふに、未だ韓國に對する問題に對しては、何等の施設も見ない。政治萬般意の如くは往きませぬから、深い御計畫もあることゝ思ひますが、兎に角何等の施設のないのは誠に遺憾とする。政治は誠に間違ふこともございませう、政治萬般の中には決して決して善い策ばかり出來ないのは勿論のことでございますから、先きに『ポーツマス』條約の如きは遺憾であつたけれども、吾々は之に對しては終つた後に責任を問ふと云ふ議論は控へたのである。

萬事政治は意の如くに往かぬ、併しながら韓國に對しては最早日露戰役を終つてから六箇年の年月を經るのでありますあのなりにはどうしても致して置かれないことゝ思つておる。一體韓國と云ふものゝ日本との關係は一日のことではありませぬ、で日清戰役と云ふものは、無論韓國の爲めと云つて宜しいのである。日露の戰役も亦是れ韓國に對する爲めと云つても强ち差支ないと思ふ。此二度の戰役は我國家未曾有の大事件なるが爲めに、我國の資力を費し身命を費やすも亦未曾有の事柄である。斯樣な事柄を經た韓國政策を、現內閣は如何に御處置なされたのであるのか、現在の狀態で置くのならば、甚だ國家の爲めには害があつて利益はないと思ふのである。現在の通りの韓國に對する施設は、我國に害あろうとも決して利益はないものと私は深く考へるものである。此の韓國に付ては天智天皇中興の政より考へて見ても、應神天皇以來數代の間、韓國に關係して國家の疲弊は實に極點に達して居る、然るに天智天皇が中興の明主と云はれたのも、韓國の保護を捨てたるがためである。斷然韓國を抛棄してから日本總ての文明、總ての文物總ての政策といふものが立つたのである。天智天皇以前國家が疲弊極つたと云ふのは即ち韓國に關係して居つたからである。今や一般に韓國の爲めとは申しませぬけれども、確かに國家が二度の戰役を經て疲弊したに相違ありませぬ、明治中興の政が、此疲弊を來しても、外に向つて國威を損せずにやつて參りましたのは天祐であります。併しながら此の二大戰役を經た程の效果が韓國政策に對して現はれない、又三千萬圓が二千萬圓の金を支出して效果が現はるるといふ、朝鮮に向つての經費の支出であるならば、是は喜んで國民も承知をするのであるが。現在今やつて居る對韓政策といふものは、前途の光明を收め得るとは現在のまゝでは決して思ふことは出來ないのである。で斯樣な狀態に今韓國を棄てゝ置くといふことは、實に現內閣には如何なる御考へを有して居らるゝ、決して御心附のないことはあるまいが、甚だ吾々解し難いところである。我帝國將來施設の方針は、內治外交の上に於ても、此の對韓策といふものを決定してから先きに進まなければ差支を生ずるのである、今や既に決しておる、斯う云ふ御說もあろうかと思へますが、決しておらぬのである。

現在の儘に於て決して前途の總ての政策の方針を立つるに苦しまぬと仰つしやるか知らぬが、如何に資力を投じても、現在の儘では其効驗は現はれない。統監政治があるのではございませうが、其統監政治は何でございませう。統監府を置いて韓國を敎導する、保護すると云ふ統監政治は、名は如何にも美名である、此統監政治といふ美名を作爲して、事實は浮浪の人とは云はれますまいが、餘り人材でもない人々を大變彼處に集めるといふ一の集合場を開いたに過ぎない。此の如くにして置て帝國の利益が何れにあるや否や、統監政治と云ふ立派の名の下に內地の浮浪の徒を集めて、彼處に徒食場を開いた、遊樂場を開いたのである。そんなことで日清、日露、兩役に對する日本の苦心慘憺たる効果を收めらるゝでありませうが、甚だどうも殘念に堪えない。實は是は今日に始まつたことでなく、統監政治の起つた時代から、どうも此統監政治でやり得ると云ふことは吾々甚だ憂慮に思ひましたが。伊藤公といふ大政治家が計畫を立てた統監政治であつた、吾々常に意見が違つております、謂はば政敵といつて宜しいが、併しながら効を奏するものならば、又陛下の御信任の厚き伊藤公の爲さるゝ事であるから拜見をしやうと云ふので、論議をせずに其儘看過したるが吾々の誤りである。然るに之を今や六箇年の今日になつても其儘に置くといふことは、決して出來ないと思ふ。統監府の人々は、司法、軍事、交通の三大權を收めたと云ふが此の三大權何の効があろうか、三大權を收めるも四大權を收むるも五大權を收むるも、何の効能があらう。韓國は韓國なり、唯その三大事務を行つて御手傳仕ると云ふのにすぎない。韓國は韓國である、韓國の人から申しますれば、日本といふ國は如何にも物好きの國である、自分給料、自分辨當を持て韓國の仕事を手傳に雇はるゝ、天下廣しと雖も日本位の國があらうかと云つて居る。韓國の韓國であつて、その韓國の仕事を自分辨當で我國の人が行つて働いて居つたならばとて、何の効果が收めらるゝのでありませうか。で現在の有様といふものはそういふ狀態に私は陷つて居るものであると思ふのである。對韓策といふものは、最早こゝろが御決定の時期である。只今の處此對韓策といふ方針の御決定を未だ見ることが出來ないと云ふのは私共遺憾に堪えない。現內閣は即ち之を決定する御責任を有して居らるゝのである。顧みれば日露戰役の當時、韓國は我の領有する所なり、滿洲は世界に向つて開放するといふ事を天下に宣言したらば、當時世界各國の狀勢は如何であつたか知らぬが、私は蓋し爲し得たらうと思ふのである。而しながら事去つた後では如何とも仕方がないが、今日になつては四圍の事情が如何やうにあつても、日露戰役に引續きたる現內閣は斷乎たる決定の責任を持つて居らるゝと思ふ。吾々の希望するところは對韓策と云ふものは此際斷乎として捨てるか取るか、此二つに決する。さりとて今天智天皇を學んで捨てると云ふ譯に行かぬのは、滿洲の鐵道を世界の共有にすると云ふ米國の提議の出る位の世界の狀勢なれば、米國の提議に對しても、直ちに不同意の御回答があつたと云ふのは是は勿論のことであります。是より一層韓國に對しては決して捨てるなどゝ云ふ議論を出さるものではありません。然らば外にどうしたら宜からうかと云ふと、今一歩進んで對韓策の解決を見てしまをうと云ふより外に途はない。現在の儘にして一年置き、二年置き、三年置きましたらば、應神天皇以後天智天皇以前の如き國家疲弊の狀態に陷ると云ふことはございますまいが、さりながら國家に利益する所は毫末もないと云ふことは斷言が出來るのでございます。で吾々の希望する所は、現内閣は對韓策に於ては如何なる前途の御希望を以て居らるゝか、どうなさるお積りであるか、是は二箇年の現内閣ではない、日露戰役當時よりの現内閣である。又必ずや何かの御考案のあらるゝことゝ私共は信用を致して居るが故に、此際國民に安心を與へらるゝだけの對韓策の御説明を承りたいと思ふ。

吾人の此の質問に對し、桂首相が秘密會を要求して答辯したるの要旨は、對韓政策は伊藤統監辭任の時に決定せり、唯是れ之を斷行するは時の臻るを俟つのみなりといふに在りき。

果せるかな四十三年八月に於て朝鮮併合は斷行せられたり。是れ啻に帝國の禍根を將來に除きたるのみならず、肇國の洪謨を履踐し、國運の隆昌を補ひたるものにして、一大快擧と謂はざるべからず。桂内閣の當時に於て、立憲政治は全く腐廢を來し、官民共に道義を嚴守するの精神に乏しくして、而かも此の一大快擧を斷行したるもの、頗る怪訝に堪へざるが如くなりと雖ども、是れ皆既往、日清、日露の戰役に發揚したる道義の結果にして、伊藤統監の道義に由て韓國に施設したるもの多少の効果なきにあらずと雖も、只此の一事は桂内閣の斷行したるものにして、吾人は桂内閣の功績を認めざるを得ざるなり。而して桂内閣の施設經營は前段既に述べたるが如くにして、將に三年ならむとするの歲月を經過したり。其施設經營の爲めに、產業發達せしか、貿易增進せしか、國威伸暢せしか、國運隆昌なるを致ししか、皆共に未たしと謂はざるべからず。是れ道義の益々沈淪するを見るも旺盛ならざるが爲めなり。帝國臣民は捷才慧智、一時を彌縫するの政策に安ずるを得ざるなり。宜なり彼は更に新機軸に依るにあらずむば、前途の爲すべからざるを看取し、再び政權を政友會の一味徒黨に投與したり。其行爲は道義に由らずと雖も、又已むを得ざるの勢ならむ。

西園寺内閣は、戰後經營を誤りて戰捷の効果を沒却せしのみならず、國運の進行を遮斷し害毒を内外に流したり。桂内閣は西園寺内閣の殘留したる害毒の消滅に手術を施したるに止まりて、爲すべきの國策を遂行せず、惴々として一の韓國併合を斷行したるに止まれり。戰後七年間は、實に千歲一遇の時機たりしに拘らず此の如く偷安姑息、徒に歲月を空過したるもの、是れ皆帝國肇造の本義にして、祖宗の遺訓たる、帝國の道義を等閑に附し、私利に汲々として公益を顧みざるの徒黨に使嗾せられ、又使嗾し、捷才慧智に信賴したるの致す所なり。五洲列國、彼此相對持し、東西相睥睨す、修交益々頻繁を加ふるの今日に方り、飜然悔悟、明目張膽、肇國の道義に率由し、祖宗の遺訓を恪守し、廣大深遠なる洪謨を遵奉し、赤心を披瀝して、政治の革新を斷行せざる可からず。政府の當局者たる閣員にして果してよく此の如くむば、帝國臣民をして道義の觀念を旺盛ならしめ、上下一致、以て國運の隆昌を期する、亦決して難きにあらざるなり。然らずむば帝國の將來、料り知る可からざるものあらむ。吾人の微衷、道義を唱道するもの、誠に止を得ざるなり。

今や西園寺內閣は、桂內閣の後を承け、果して如何の政策を抱持せらるゝや。吾人の唱導する道義を恪守し、肇國の洪謨に則り、國運の隆昌を期するにあらずむば、決して帝國の大計を確立すること能はざるなり。成立未だ數月ならざるに、財政問題に於て、世人をして其確信の有無如何を疑はしめ、從來其徒黨と俱に大聲疾呼したるの積極方針なるものを一朝に拋擲して、緊縮退嬰の財政方針を立てられたり。是れ政治家の最も重むずべき、最も愼むべき、將又生命とすべき所の言責を棄てゝ顧みざるものなり。言責を全うするは帝國の道義なり、是を以て車夫、馬丁も猶且つ言責を輕むぜず、況むや一天萬乘の天皇を輔弼し奉るべき國務大臣に於てをや。況むや五千萬人民の代表者たる代議士に於てをや。信なく、義なく、操なく、節なきこと、馬丁車夫にだも劣れる行動を敢てし、而して漫然國政に臨まむとするか、是れ破廉恥漢たらずむば瘋癲白痴たらむのみ。憶ふに帝國々政の今日に處する、積極方針なるものゝ遂行する能はざるに因るならむ、既往に於て大言豪語したるもの、一時臣民を瞞着して、私朋徒黨を糾合するの便宜を計りたるものならむ。是れ道義の罪人なり、不忠不義の徒なり、今や帝國は此の如く道義の衰退するを見る。之を奈何ぞ、産業の振興、貿易の増進を期すべけんや。忠君愛國の大義を持するの帝國の臣民たるもの鼓を鳴らして、之を責めて可なり。若し夫れ之を寛假して顧みざる如きあらば、立憲政治は善良なる政體にあらずして、遂に害毒を國家に與ふる政體たらむのみ。

帝國の道義は、帝國肇造の淵源にして、帝國の國政は此の道義に因つて行はれ來りたるものなり。道義衰ふる時は國政擧らず、國權伸びず、國威振はず、教育紊亂して、産業衰頽せむ。獨り立憲政治に於けるのみにあらざるなり。然り而して道義の最も尊重せられざるべからざることは立憲政治なり。是を以て日露戰役以前に於ける立憲政治は、道義の主として之を導き來れるを見る。日露戰役以後に於ける立憲政治に對して、道義常に之を主宰し得たりや否や、吾人は道義の衰滅せむとするを深く憂へざるを得ざるなり。道義の主宰せられざる立憲政治は、國家の害毒是より甚だしきはなし、道義一たび立憲政治を去らば國家又危殆を感せざるを得ざればなり。

評説

忠孝を以て、我帝國臣子の特有物の如く考ふるは、昧者の僻見のみ、凡そ臣子の在る所、忠孝あらざるはなし、唯だ之を囂說すると、之を默行するとの差あるのみ。凡そ口に忠孝を說くの盛んなる、天下恐くは支那人の右に出るものなかるべし、而して其實行果して如何。水藩の忠孝を敎ゆること至らざるに非ず、配下の臣民能く忠孝を以て、他藩に傑出せるや否や。老叟云はずや『言者は知らず、知者は言はず』と。

日淸日露の兩役以降、我が同胞、意滿ち氣傲り、動もすれば則ち『天地正大氣、粹然鍾神州』を以て、詩人の幻想とは思はず、却て眞事實と爲すものあるに至る。支那人最も此類の思想に富み、傲然他邦人を夷狄禽獸視す。是れ其列國の進運に後れ、萎靡振はざる所以に非ずや、吾人鑑みて戒むべきなり。

愕　堂

國際競爭の武器、愈よ出でゝ愈よ新に、東亞大陸と太平洋上とは、將に世界的競爭の中心點たらんとするは、是れ豈日露戰後に於ける東邦の現勢に非ずや。想へ、巴奈馬運河開通の結果、帝國の經濟上に及ぼすべき影響、果して如何と爲す歟。西比利亞鐵道線完成の結果、帝國の軍事上に及ぼすべき影響、果して如何と爲す歟。支那革命の結果、帝國の政治上に及ぼすべき影響、果して如何と爲す歟。東邦に於ける列國の一擧一動、支那動亂の一波一瀾、一として帝國の利害に關せざるは無し。

此時に當り、我帝國の急務とする所は、內は國力の充實、國富の增進を圖り、外は世界的經綸の大方針を確定し、由て以て國際競爭の大勢に應ずるに在り。然るに、帝國の現狀を察すれば、財政紊亂、外交退縮、航海、殖民、貿易の事業、萎靡振はず、國際上に於ける帝國の位置は、賭博壇上に於ける孤注の如く、危機將に測る可からざらんとす。帝國の前途を思ふもの、安ぞ悚然として寒心せざるを得んや。

友人大津君、帝國の現狀に慨する所あり。『帝國の憲政と道義』一篇を著はし、本章に於て、之を古今の歷史に徵し、以て時弊を指摘し、當局者の反省を促がす。其筆鋒犀利、或は矯激に流るゝ所なきに非ずと雖とも、道義を以て政治隆替の規準と爲し、現代政治の腐敗を以て、政治家が道義を恪守せざるの責に歸したるに至ては、余、其正鵠を誤らざるの論たるを信せずんばあらず。

三月下院　大石正巳

桂内閣と西園寺内閣とは兄弟也。魯衛の政也。内政外交、目前の苟安を主とし、世界的大經綸なきに至ては、則ち均しく是れ一なり。尙何ぞ復帝國の道義を世界に發揚するを望むべけんや。然りと雖も、鈴山の道義論を以て、桂内閣を責め、西園寺内閣を罵る、要するに政界の腐敗を矯正せんとするの熱誠に出づるもの。必ずしも其論の極端に走るを咎めずして可なり。

紫山山人

第十章　言論及文藝と道義

凡そ社會に於て、人の思想を支配し、精神を刺激し、智識を啓發し、偉大なる感化を與ふるものは、言論、文藝に若くはなし。言論、文藝の感化力は偉大なるを以て、之を善用すれば、利益を國家、社會に與ふる隨て至大なると同時に、之を惡用すれば、其害毒も亦至大ならざるを得ざるなり。帝國の二大變遷に方り、文明を進めたるも、言論、文藝なれば、帝國道義の外敎に壓迫せられ、思想の動搖を來し、殆と國體、國性を危うせむとしたるも亦、言論、文藝なり。而して言論の演説となり、講話となりて、大勢力を帝國に有するに至りたるは、開國の國是に由り、第二變遷を來したる以後に在り。帝國の皇政維新の大業を成就し、新聞、雜誌の勃興となり、君主立憲政治を創設し、政黨、政社の創立せらるゝや、其盛衰、消長、一として言論に由らざるはなし。蓋し立憲政治は、言論の政治なればなり。吾人が政黨、政社の章に於て、言論の偉大なる感化力を有する所以を論せむとするは即ち其將に廢頽せむとする帝國の道義を振作せむとするに在りて、吾人は茲に重て言論に對して、道義の恪守すべき、遵奉すべき所以を述るの要なきが如しと雖も、言論の思想界に及ぼす感化力の偉大にして、且、迅速なるものあるを察すれば、吾人は一言せざらむとするも得ざるなり。

蓋し言論の行はれたるもの、獨り現代に限れるにあらず、帝國の上古より行はれたる所。葛野王子の進言に由て、皇儲の皇男子孫たるべきの範を明にし、和氣清磨の伏奏に由りて、皇統の一系たるべきの典を明にし、群議を排し奸僧の膽を奪ひたるもの、皆是れ言論の力たらすむばあらず。帝國の歴史を閲し、言論の國家安危に關するものを掲ぐれば、枚擧に遑あらずと雖も、帝國の道義は常に言論の骨髓となり、强大なる勢力を顯彰せざるはなし。蓋し道義に由らざるの言論は是れ詭辯なり、妄舌なり、國家の安危存亡に關係せざるなり。是を以て君子は其言を愼む、言論豈苟もすべきものならむや。言行は君子の樞機、言論は實行を期せざるべからず、實行する能はざるの言論は君子の爲さざる所なり。然りと雖も、人の思想、觀念、及其見聞する所、經歴する所は、言論文藝に依らざれば之を現はし、之を傳ふること能はざるなり。帝國の上古、文字の未だ備はらざるや、猶語部なるものありて歴史を傳へ、天武天皇の太安麻呂をして古事記を編せしむるや、博覧强記、一代に卓越せる稗田阿禮をして、遠く神代に溯りて歴史を演べしめたるか如き、帝國に在ては、言論に由て肇國の事情を詳かにするを得たるものにして、言論の貴重なるを知るべきなり。中世以後、儒教、佛教の傳播するや、講義あり、説法あり、而して又軍談、講釋なるもの起れり、以て文藝を解せざるの臣民に向て、忠臣、義士、孝子烈婦の事蹟を語り、善を勸め、惡を懲すの教訓を施したるもの、或る意味に於て、帝國の道義を發揮したるものたらざるはなし。其講する所、談する所、必しも風教を益するもののみにあらずと雖も、文藝を解せざるの臣民に向て、教化を施さんとするもの、形に由らざれば、言論に由るは、自然の勢なり。言論の至貴至重なること、猶人に舌あり、耳あるが如き歟。

帝國に於て、君主立憲政治の行はるゝや、臣民の輿論をトせざるを得ず。臣民の輿論をト知するに於て、政黨、政社の勃興し、言論の都鄙至る處に旺盛なるに至れるもの偶然ならざるを知るべし、然れども、帝國に於て、演説、討論の濫觴は、明治七年の交にして、慶應義塾の塾長福澤諭吉、及其一派の首唱に由らずむば非ざる也。福澤の集會を催すの當時、會するもの、小幡篤次郎、中上川彥次郎、等十四人なりしと云ふ。

而して福澤、小幡等の演說、討論に反對するもの、日本の言論は、不規則にして演說に適せず、之を實行せむとするには、先づ言語法を改革せざるべからずと云ものありしと雖も、福澤、小幡等は、勇往邁進、異論を排して、每週必ず集會し、漸次に改善を加へて、漸く慣習を成し、其不都合を覺えざるに至りしと云ふ。

帝國に在て、言論の旺盛なること今日の如きは未だ曾て之れあらざるなり。是れ畢竟君主立憲政治の致す所なりと雖も、其言論たる、果して能く帝國の道義を恪守、遵奉し、之を發揮するに足るか。　而も福澤等の始めて演說會を開き、討論會を催うせしより以來、沼間守一等の嚶鳴社を起し、矢野文雄等の議政會を設けたるの當時に在ては、歐米の思潮、帝國臣民の精神を動かしたるものなきにあらずと雖も、肇國以來の道義、祖宗の遺訓、深く帝國臣民の精神に徹底するものあり。　故を以て其演說する所、其討論する所は、歐米を摸倣し、民權を說き、自由を唱へたりと雖も、帝國の國體を危殆ならしめ、國性を破壞するが如きに至らざりしなり。　明治十三年の交に至り、準備政黨の組織せらるゝに及び、政治上に於ける言論益す其旺盛を極むるに至れり。　蓋し其思想の趨く所を察するに、三大潮流ありて當時の政界を左右したり。即ち其一は、英國流の實利主義にして、即ち最大多數の幸福を目的とするものなり。彼の福澤を首とし、慶應義塾一派、及び、小野梓等の、ミル、ベンザム、アダムスミス諸儒の説に私淑するもの皆之れを唱ふ。改進黨は概ね此主義に基き、英國流の立憲政治を主張したり。其二は、佛國流の自由主義にして、即ち民約を目的とするものなり。彼の民約論の譯解者たる中江篤介を首とし、大井憲太郎、河津祐之等あり、土佐立志社派の、ルーソー、ヴォルテール、モンテスキュー諸儒の説を祖述するもの之を唱ふ。自由黨は概ね此主義に基き、佛國流の自由、平等主義を主張したり。其三は、獨逸流の國家主義なり。彼の加藤弘之を首とし、山脇玄、平田東助、海江田信義等の、スタイン、ビーデルマン、ブルンチュリー諸儒の説を尊重するもの之を唱ふ。帝政黨、及、保守主義、藩閥派は、概ね此主義に基き獨逸流の立憲政治を主張したり。

政黨の組織せられたるもの、帝國の道義を尊重し、專ら國體國性を基礎となしたるものと謂ふ能はずと雖とも、帝政黨、及、保守主義、藩閥派は、自ら國體國性に合するの説にして、改進黨も亦、國體、國性を考量したるは、立黨の綱領、及、黨の領袖たりし、小野梓の國憲汎論に於て之を知るを得べし。獨り自由黨の主張する所は、民約論に起因したる佛國流の自由主義にして、帝國の國體、國性と相容れざるものありしなり。歐化主義の帝國に襲來するや、社會の事物を擧て歐米に心醉摸倣せざるはなし。滔々たる潮流、彼等の眼中何ぞ帝國の國體、國性あらむや。舊慣古例を尊重せんとするものあれは、頑迷なり。固陋なり、野蠻なりとして、之を破壞し、之を排斥せむとせり。是れ民約主義の主張せらるゝ所以にして深く怪むに足らざるなり。帝國の道義は國家主義にして、個人主義、民約主義と其根本を異にせり、個人主義、民約主義の行はるゝ時は、是れ其帝國の道義、滅亡に歸するの時たらざるを得ず。帝國臣民の言論に於て、再び是等民約主義の主張を許すべからざるなり。

言論は立憲政治に伴はざるべからざるものたるのみならず、言論は實に文明の利器なり。言論に由らざれば文明を導く能はざるなり。帝國の文明に向ふや、政治社會は勿論、商事會社、產業組合の如きに至る迄亦言論を必要とするに至れり。組合員、會社員の多數を集合し、商業、產業の方針を定め、業務を議し、其損益計算を定むるに至るも、亦言論に由らざるべからず。而して獨り商事會社、產業組合に於ける、集合のみならず、社會萬般に於ける言論は、帝國の道義を恪守せざるべからざるや論なきなり。帝國臣民として忠孝を主とせず、道義を恪守せずむば、信なく、誠なきなり、和なく、友なきなり。人に信なく、誠なく、和なく、友なくむば、社會に於て安ぞ其業務に竭すを得むや。帝國の道義は忠孝に淵源し、信、誠、和、友を主とするのみならず、節操を貴び、廉恥を重むじ、向上的の氣概を有するものなり。是れ帝國の鴻謨祖宗の遺訓にして、其家族制度を繼續し、子々孫々、血液相傳へ、三千載の國體を擁護し、國性を維持したる所以のもの亦茲に在り。豈獨り政治上のみならむや、商事會社と産業組合とに論なく、社會萬般、文明に趨くに隨て、言論の必要を感せざるはなし。而も其言論上に於ては、最も道義を恪守せざる可からず。道義を恪守せざるの言論は、是れ文明の利器にあらず、是れ文明を導くものにあらず、却て害毒を社會に流すに過ぎざるなり。

言論は道義に由らざる可らず、道義に由らざるの言論は、取るに足らざるなり。

帝國は、帝國肇造以來の道義あり。而して獨り政黨、政社の言論に於けるのみならず、商業會社、産業組合等、凡そ多數人士の集合して、言論を要する所は、必ず帝國の道義を恪守せざるべからざるなり。言論は實に文明の利器にして、其感化力の迅速なる、政治界先づ之を尊重して、而して敎育に及ぼし、大學の講座なるもの、亦言論を使用する所となれり。而して商事、産業の會社、組合に及ぼし、凡そ社會萬般の集會なるもの悉く言論を使用せざるはなし。然れども是等一般に使用するの言論は、皆な帝國の道義を恪守遵奉する言論なりとなすを得べきや。初め我臣民の籍を政黨政社に有するもの、動もすれば、帝國の、國體國性を顧みず、安寧秩序に妨げある詭激の言論をなすものありしを以て、當時の政府に於て、前に集會條例を發布し、後に集會政社法を施行せざるを得ざるに至れり。是れ豈獨り政黨政社のみならむや、其他諸般の集會に於ける言論も、亦道義の軌範を逸失するものなしと言ふを得ざるなり。

帝國の現代は、言論盛ならざるにあらずと雖も、言論の骨髓たらざるを得ざるの帝國の道義は、帝國の言論を支配する能はずして、歐米の物質的主義は、帝國の言論を支配するの傾向あり。是れ其帝國の現狀は、徒に智識の研磨に汲々として、精神の涵養を忘却したるの致す所にあらざるなきか。言論は總て人の精神上より發

いいいいいいいいいいいいいいいいいいいいいいいいいいいいいいいいいいい
せざるべからず、人の智識上より發するの言論は其眞價を有するものにあらざるなり。如何なる雄辯と雖も、偏に智識の上より發するの言論は、人を感動せしむるに足らず。如何なる訥辯と雖も、精神の上より發するの言論は、自ら人を感動せしむるに足るものありとせば、言論は精神に基かざるべからざるや知るべきなり。而して現代に於ける帝國臣民の精神たる、歐米物質的主義の蠶食する所となり、帝國本來の道義なるもの、其精神の上に旺盛ならずとせば、帝國の國體、國性は、如何にして之を擁護するを得むや、帝國の君主立憲政治は、如何にして之を保續するを得むや、國運の隆昌、國權の伸暢、如何にして之を期待するを得むや。吾人の痛歎大息せざるを得ざるもの之が爲なり。

易に曰く『天文に觀て以て時變を察し、人文に觀て以て天下を化成す、聖人用賁の道至れり』と文藝の關する所大なりと謂つべし。帝國の肇造は、武力に由るもの〻如しと雖も、文藝の以て經綸を助くるなくむば焉むぞ遺訓を無窮に垂る〻を得むや。神武天皇の絶えず、歌詠を好せられたるもの、因て知るべきなり。文武は帝國の基礎にして、猶陰陽寒暑の偏廢す可らざるが如し、而して帝國の道義は、常に文武を指導せざるはなし。道義を恪守せざるの文武は、天下を經緯するに足らず、道義を遵奉せざるの武力は、國家を裨益するに足らざるなり。文は以て野となり、武は以て暴となる、道義之を指導して、而して後、文武の効力を天下國家に顯彰すべし。而して帝國の文藝なるものは、上古より已に濫觴せりと雖も、天智天皇の時、周公、孔子の道を學ばしめしより以來、風化大に行はれ、庠序、學校、州縣に興り、奬學、勸學、學館の設、英才を敎育し、德業を薰陶し、弘仁、天長を經て、延喜、天曆に至りて大に蔚興せり。然れども其流弊も亦此時より胚胎せり、源光圀、文學傳に於て之を論じて曰く。

紘誦、弘仁天長に盛むに、奎璧、延喜天曆に聯なり、郅隆の治、前古に卓越し、薦紳髦彥、勃焉として蔚興せり。然れども其流弊に至りては、徒に記誦詞章の習に騖せ、而も窮理盡性の原に反ること能はず。故を以て文藝世に名あるもの頗る多くして、而も儒學を以て道を弘むる者幾ど希なり。文の體格の如きも、亦偶儷聲律に拘はりて、而も爾雅古に近づくこと能はず、蓋し隋末、唐初、綺靡彫琢の風に沿襲するに由るなり。

蓋し現代の文藝に於ける、吾人は必ずしも爾雅、古に近からむことを欲するものにあらずと雖も、徒らに詞章を粉飾し、記誦に朗美ならんことに孳々として、道義の精神を發露し、風化を裨益するに足るもののなきは、古今同一の流弊に陷りたるにあらざるなきや。文藝を以て任ずるもの鑑みざるべけむや。

言論と同時に、文藝の偉大なる感化力を有し、帝國道義の盛衰消長に至大なる干繫を有するものは、開國の國是により、第一變遷を來したるの當時に於て著明なるものありしなり。儒敎、佛敎の輸入せらるゝや。書籍に由りて文字を傳ふ、而して文藝始めて帝國に盛なり。『古事記』、『日本紀』の編述を始めとし、中世に至り、儒者の先達者としては清村晉卿あり、菅原道眞あり、文藝の盛なる、歷史に依りて想見するに難からず。而して此等儒者の鼓吹したる文藝の政事、人事、百般社會に亘りて、帝國の開明を導きたること知るべきなり。是れ未だ嘗て帝國臣民の精神を刺激し、智識、思想、觀念に偉大なる感化力を及ぼしたるに由らずむはあらず。然れども、之と同時に儒敎、佛敎の、文藝に附隨して其旺盛を極め、帝國肇造以來の道義たる、皇祖皇宗の遺訓に因て涵養したる、臣民の精神を刺激し、思想を動搖せしめたるもの亦甚大にして、帝國の國體を破壞せむとし、一時國家を危殆に陷らしめたるものありしは、言論文藝を惡用したるの結果なるを知らざる可からず。然れども帝國の道義は宇宙の眞理にして、外教の攪亂、壓迫に因て消滅すべきにあらず。志士仁人、起て道義を發揚し、天日を旣墜に回し、帝國の基礎、益々鞏固なるを致し、終に克く、儒教、佛教を同化せしを以て、三千載の光輝ある國史の成蹟を貽したるなり。

道義の精神より出づるの言論に非ざれば、人を感動せしむるに足らざると同じく、文藝も亦道義に基かざるものは、不朽に傳ふるに足らざるなり。蓋し言論と文藝とは、之を口に發すると、之を筆に發するとの差違こそあれ、其歸する所一なればなり。而も口碑は忘れ易く誤り易きを以て、言論は、文藝に由らざれば、之を萬世に傳ふる能はず、是れ文藝の尊重せらるゝ所以なり。一枝の筆、百萬の甲兵に優ることなきにあらず、『春秋』の筆は、萬世の典型を示す。帝國の國體、國性は、一枝の筆に由て擁護し維持し來れるもの、少なしと爲さゞるなり。『神皇正統記』の北畠親房に由て編述せられ、『大日本史』の源光圀に由て編述せられたるもの、豈國體、國性の擁護、維持に關係なしと言ふを得むや。亂臣賊子、跋扈を極むる時に方り帝國道義の湮滅せざりしもの、親房に由り、光圀に由り光輝を文藝の上に、發揚し、萬世の下、帝國臣民をして由る所を知らしめたるの結果に非ずや。嗚呼親房は中興の事業に於て、前には勤王回復の志を懐き、干戈の間に奮闘し、後に其文藝を以て世道人心を萬世の下に維持したるものなり。是れ道義は獨り戰鬪に於て其光輝を放つのみならず、文藝にも亦其光輝を放つものたるを知るべきなり。文藝の力も亦大ならずとせむや。

文藝の國家、興亡盛衰に關するもの、豈獨り歷史に於けるのみならむや。一首の歌詠、一篇の詩文、又天地を動かし、鬼神を泣かしむるものあるは是れ咸な道義の精神より發するの結果にあらざるはなし、道義の精神を有せずして、之を如何ぞ、幽鬼神を泣かしめ、明、天地を動かすを得むや。人、道義の精神ありて、而して後ち、其言論、文章、共に國家の興亡盛衰を左右するを得べきなり。而して道義の精神を發揚するものは、時代の風雲兒、當世の寵兒にして、焉むぞ能く之を能くするを得むや。唯其れ威武も屈する能はず、富貴も淫する能はず、秋霜の如く、烈日の如く、節操を守り、氣慨を有する人士にして、始て克く道義の精神を發揚し得べきなり。老子、用られずして『道德經』を著はし、司馬遷、刑せられて『史記』を修め、孔子、志を得ずして『詩經』を削成し、『春秋』を述べたるもの、皆な是れ落托不遇、逆境に陷りたるのときにして、功名富貴、得意揚々のときにあらざるなり。而して其文藝に現れたるもの、共に萬古に亘りて凜々正氣ある所以のもの、決して偶然にあらざるなり。左れど文藝の天下國家に影響するもの爾く大なりと雖も、是れ其文藝は道義に由らずむば、世道人心を維持するに足らざるを知らざるべからず。顧ふに文藝の盛なること現代の如くなるはなし。而して現代に於ける文藝なるもの、果して能く道義の精神と伴ふる所ある歟。帝國の文藝は、帝國の道義と伴はざるべからず、帝國の道義を恪守し、遵奉するの人士にあらずむば、帝國の興隆を助け、帝國の文明を進め、帝國の君主立憲政治を完全に、永續せしむるの功果を收むる能はざるなり。否啻に其功果を收むる能はざるのみならず、飜て害毒を社會に流すに至らむなり。

蓋し帝國の現代に於ける、文藝なるもの、安政以降、開國の國是を定めたる後に勃興せり。是れ固より幕府三百年、泰平の結果、産出したる文藝の要素に由るや、論なしと雖も、他の一面より觀察すれば、歐米列國の文物に促がされたるもの、多きに居ることを認めざる可らず。歐米列國の文物に促がされたる文藝は、又隨て歐米列國の敎化に感染せざるを得ざるは自然なり。歐米列國の敎化なるものは、科學なり、文藝なり、哲學なり、耶蘇敎なり、而して耶蘇敎に在ては、個人主義となり、哲學に在ては、社會主義となり、政學に在ては、革命主義となり、文藝に在りては、戀愛主義となる。皆我帝國の所謂忠孝の訓に非ざるなり、國家主義の訓に非ざるなり。帝國の道義を恪守し、克く忠に、克く孝に、皇祖皇宗の遺訓を遵奉し、萬世一系の君主を戴き、帝國を天壤無窮に傳へむとする、帝國臣民の言論、文章は、個人主義、社會主義、革命主義、戀愛主義の敎化に感染するを許さざるなり。然るに現代の文藝なるもの、吾人の主張と反對の傾向を示し、帝國の國體、國性を顧みず、帝國の道義を恪守せず、祖宗の遺訓を蔑視し、滔々として水の卑きに就くが如く、個人主義、社會主義を說き、平等を說き、戀愛を說きて顧みる所なし。此の如くにして底止する所なくむば、帝國の前途を奈何せむ、文藝の旺盛を極むるもの、豈必ずしも喜ぶべき現象なりと言ふを得むや。吾人は文藝の旺盛を極むるを喜ぶものなり、但其文藝は、帝國の道義骨髓と爲り、精神と爲る文藝の旺盛ならむことを喜ぶものなり。

歐米の文物、帝國に傳播するもの、端を耶蘇敎の傳播に開きたり。耶蘇敎の豐臣秀吉により、徳川秀忠により、嚴禁せらるゝに及び、歐米文物の傳播、亦一時中止せられたるのみならず、其傳播の書籍をも禁止せられたり。貞享、元祿、寛永の時代、禁書の目にありしものは、方程論、天經或問後集、帝京景物略等を始として二十六種あるを見る。然れども、長崎一港は貿易品目を限りて通商を許されたるを以て、蘭學は先づ醫術に依て傳へられ、之に亞ぐを佛學とし、英學、獨學、亦之に亞で傳播せり。元祿八年より正德三年に亘り、『萬國地誌』なるもの行はれたり、是れ飜譯書の嚆矢なりと云ふ。寛永五年、伊太利の僧アペー、シドテイの日本に來るや、徳川家宣之を江戸に招き、新井君美をして之を問はしめ、通事の傳説に由て、粗ぼ海外の風俗、地理等を詳かにし、『西洋記聞』『采覽異言』『東音譜』を著はし、寛永十二年、長崎の人林某なるものの『乾坤辨説』を飜譯して世に傳へたりと云ふ。是より後、青木昆陽、杉田玄白等の蘭學を講ずるものありて、各種の譯書、漸次傳播するに至りたりと雖も、歐米列國の事情を解得して、帝國の開國國是を立て、世界的に富國强兵の方針を指示したるものは高野長英、渡邊華山を以て、首唱者の一人と爲す。

現代に於ける文藝の旺盛なるは、歐米文物の傳播し來るに起因し、福澤諭吉實に是れが指導者の一人たり。福澤の果して能く帝國の道義を恪守せられたるや否やは、世論の紛々たる所にして、吾人は之を斷ずるを欲せずと雖も、彼は文明の先覺者として、當時の形勢、强て歐化主義を主張するの已むを得ざりしものあらむ。而して彼が著譯の重なるもの二十餘種あり、其書皆な通俗的にして、一般多數の帝國臣民に、薰化を與へたるもの、古今未だ曾て福澤の如きものあらずと謂はむも、亦過言にあらざるなり。之に亞ぐものは津田眞道、西周、中村正直、箕作麟祥、西村茂樹、森有禮、福地源一郎、神田孝平、尺振八、村上英俊、加藤弘之、何禮之等の徒なり。是等の徒は、歐米の文物を皷吹したる點に於て先進者と言ふべしと雖も、其著譯の感化力は福澤に比すべきにあらず、而して是等の徒は、自ら歐米文明の先覺者を以て任じ、眞に能く泰西文物の精神を咀嚼し、取舍折衷、果して其說の帝國の國體、國性に適するや否や、之を帝國に行ひて害あるや否やを硏究したるものにあらざるが如し。而して彼等の中には、徒に歐米の文物に心醉し、目眩し、其論述、其飜譯は、一利あると同時に又一害あるを免れざるものあり。當時彼の森有禮が恐多くも、天皇御辭位論を公にして顧みざるが如きは、言語同斷なりと謂はざるを得ず。加藤弘之の『眞政大意』『國體新論』『立憲政體略』の如きも、全く帝國の國體、國性を基礎としたるものにあらずして、帝國の道義に背戻するを免れざるなり。彼は後に『眞政大意』『國體新論』を絶版したりと雖も『立憲政體略』は未だ絶版せざりき。

文藝の發して歌となり、詩となり、文となり、史、經、書、記、傳となり、書册を以て現在に行はれ、後世に傳ふるもの。帝國臣民の精神に及ぼす感化力の大なるは勿論なりと雖も、近世に至り、文藝の感化力をして、益々偉大ならしめたるものは、新聞なり、雜誌なり。帝國に於ける新聞雜誌は、文久年間より早く既に萠芽を發したり。書肆萬屋四郎なるもの、蘭人某の瓜哇『バタビヤ』より齎し來れる外字新聞を飜譯し、之を半紙數枚の木版に附し『バタビヤ』新聞と號したるより濫觴したるものにして、中外新聞、六合叢談、など云へる新聞雜誌ありしも、外字新聞、又は支那飜譯の新報に過ぎず。米人ウエン、リード社主となり、岸田吟香、本間潜藏、及、漂流人ジョン彥造等の橫濱に於て、毎月二回、期を定て刊行したる『新聞紙』と題せしものは、元治元年三月の交にして、新聞紙として稍、其體裁を具したるものなりき。而して明治元年以來、二三年の交に於て發刊しつゝありし新聞雜誌の名稱を擧れば、二十餘種なりしなり。

此の如くにして政府の法律、勅令、省令等に至るまで、官報を以て發布するに至れり。

新聞、雜誌の立憲政治に於ける、其勢力と影響とは偉大なるものにして、政黨政社と均しく輿論の指導者たり、輿論の實行者たり。新聞、雜誌は一般人民に對して、啻に其思想を動かし、風致を補ひ、知識を與ふるの偉大なる感化力を有するのみならず、善政に贊成し、秕政を抗撃して、世論を喚起し、政府を監督し、矯正し、改革するの武器にして、其信用を博する大新聞は、實に政治上に於て宰相たるの權力を有する者なり。新聞、雜誌の政治に於ける、獨り此の如き大權力を有するのみならず、又一般人民に向ては、善行を奬勵し、非違を排斥し、風俗を改善し、社會を監督し矯正し、改革する武器にして、其信用を博する大新聞は、實に宗敎上に於て大僧正たるの權力を有するものなり。而して新聞雜誌の政治上に向ても、社會上に向ても、大權力を有するものは、未だ嘗て道義を恪守し、正々の論、堂々の筆を揮ふが爲たらずむばあらず、若し夫れ道義の精神を有する人物にして其新聞、雜誌を主宰せず、道義の精神に富める記者にして其編輯に從事せずむば、其新聞雜誌は啻に大權力を有する能はざるのみならず、却て其害毒を政治及社會に及ぼすに至るべし。而して帝國の君主立憲政治の下にある所の新聞雜誌なるもの、果して能く帝國の道義を恪守し遵奉する人物の主宰する所なるが。今や帝國に於ける新聞雜誌の種類は、幾百千を以て數ふべしと雖も、未だ一も政治上の大宰相たり、宗敎上の大僧正たるが如き權力を有する新聞雜誌なきを遺憾とせざるを得ず、是れ豈に其社長たり、社員たるもの道義の精神に缺乏するの致す所にあらざるなきか。

　新聞雜誌の政治、經濟、外交、法律、軍事を論じ、一般社會の人事を記するもの、帝國の道義に照し或は論難、抗擊、或は推奬、賞讃せざるべからざるは勿論なりと雖も其之を記し、之を報ずる者、亦道義に照して之を取捨折衷せざるべからず。新聞雜誌は啻に之を論評し、之を記述し、之を迅速に傳ふるのみを以て其職責を竭せりと云ふべからず、道義に由て取捨折衷せざるの記事、論說は、惡感化を一般社會に與るなきを保たざるなり。近來新聞雜誌に於て特に宮廷錄事の欄を設け、宮中に關する記事は、特別に之を報道して、一般臣民をして、皇室を尊崇の觀念を起さしむるは洵に可ならざるに非ずと雖も、吾人は、神宮、及、神社、錄事の欄を設け、祭事、其の他の事項を報道して、一般臣民をして、其原く所を知らしめ、國體、國性を擁護するに努めざるを遺憾とせざるを得ず。　皇祖、皇宗は、吾人臣民の祖先と共に、肇國の鴻謨を畫し、皇猷を策し、以て遺訓を垂れ、歷代、盛德の天皇、及、功臣にして、祖宗の遺訓を紹述して、偉績を貽したるもの、亦倶に神社として祭祀せらるゝなり。　帝國の道義は、祖宗の遺訓にして、功臣の紹述せられたる所なり。　因て以て帝國三千載の國體、國性を成し、帝國臣民、克く忠に、克く孝に、國家に貢獻するの精神を涵養し來れるなり。　若し夫れ、帝國の將來は、君主政治たり、共和政治たるに關せず、唯一身の安穩、逸樂を求むるを得ば足れりと爲すものならば、吾人何をか言はむ。　帝國は皇祖、皇宗と、吾人の祖先と、協力輔翼の下に肇造し、三千載の國史の成蹟を貽したり、吾人臣民は祖宗に報ゆるの忠、祖先に酬ゆるの孝、忠孝共に存するものにして、帝國の國體、國性を無窮に傳へざるを得ざるの大責任を有するものなりとせば、神宮、及、神社を崇敬して、報本反始の赤誠を盡さざるべからず。　是れ吾人が新聞社の宮廷錄事欄を設けたるを喜ぶと共に、神宮、及、神社の錄事も亦一欄を設けて、約大共に之を報道し、一般臣民をして原く所を知らしめられむことを望まざるを得ざる所以なり。

更に翻て之を著作、出版界に見るに、其出版物は年一年に續出するの多きを見ると雖も、倫理、化學、工藝より、政治、經濟、法律の著書に於て、果して克く一世を動かし不朽に垂るゝものある歟。其出版物なるものは、片々たる文藝を記述し、戀愛を說き、迷想を記するに止まり、其能く國家風敎の上に裨補するもの殆むど之れあらず。出版法の勵行せられざるが爲に、幸に、發賣禁止を免るると雖も、害毒を社會に流すもの尠なしと爲ざるなり。現代の文藝なるものは、天下國家を經緯し、世道人心を矯正せんと欲するものにあらずして、一時の著作、一時の出版、僅に汚俗、陋風に迎合して、發賣の增加せむことを望み、目前の私利を計らむとするに過ぎざるなり、私利を目的とするの文藝に向て、焉むぞ道義の精神より流出するの著作あるを望むべけむや。試に現代の文士と稱するものを看るに輕佻浮薄、放逸淫蕩ならざるもの幾と希なり。抑も著作、出版物の此の如く惡影響を社會に及ぼすものは個人主義瀰蔓し、利己主義、我慾主義增長して、帝國道義の何物たるを解せず、著作、出版を職業なりとし、新聞、雜誌を營業なりとし、毫も君國を扶植する大責任を負ふものたるを解せざるの致す所たらずんばあらず。吾人は現代の文藝に對して痛嘆長大息せざるを得ざるなり。

現代の論者動もすれば言ふ、學說としては、共和政治を說くも可なり、造化の微妙を論ずるも可なり、社會主義を記するも、個人主義を述ぶるも可なりと。然り之を說き、之を論じ、之を記し、之を述ぶるは、可ならむ。此の如きは是れ道義の精神旺盛なるの時代たらざる可らず、現代の帝國は、道義の精神、果して一般臣民の間に旺盛なりとなすべきか。今日は國體、國性の何物たるを辨せざる者あり、祖宗の遺訓を顧みざるものあり、忠あり、孝あるを知らざるものあり、和あり、信あり、友あるを知らざるものあり、帝國の道義は個人主義、利己主義の爲めに蠶食せられ、擾々たる臣民は、知識の進步せざるなきにあらずと雖も、其精神鞏固なるものなく、其思想、觀念、飄々乎として一秒時間に、幾變轉を見るや計るべからざるのときに於て、獨り學說のみ流行して、共和政治を說き、造化の微妙を論じ、社會主義、個人主義を記述して、果して、危險なしと言ふを得べきか、吾人は危險なしと斷言するに躊躇せざるを得ず。是れ吾人が帝國の道義を以て、帝國臣民の精神を涵養するを以て今日の急務なりと言ふ所以なり。

吾人は杞人を學で、天の墜落を憂ふるものにあらざるなり。然れども、現代の帝國が、汚風に流れ、薄俗に陷り、殆むど帝國臣民たるの本分を忘れ、帝國道義の何物たるを知らず、肇國の鴻謨を解せず、國體、國性を顧みざるの時に方り、言論のみ、文藝のみ、熾盛を極むるに至るは、恰も是れ羅針盤を設置せざるの艦船に向て、火力を増し、蒸氣を熾盛ならしむるが如くならざるなきや、國家の事、是より危險なるはあらざるべし。 吾人は儒敎、佛敎、耶蘇敎を包容する能はず、個人主義を默認する能はざる程の偏狹者流にあらずと雖も、帝國は、君主立憲政治にして、帝國には萬世一系の君主あり、因て以て國體、國性をなし、因て以て帝國の道義あるに非ずや。 帝國の道義は發展的にして、又向上的なること、肇國の鴻謨、歷代の皇猷に因て明かなり。 帝國の道義は三千載の國體、國性を擁護して、光輝ある歷史の成蹟を貽したり、帝國の道義は古今に通じて謬らず、內外に施して悖らざるの祖宗の遺訓なり、是を以て宇宙に磅礴として日月と共に光輝を放ち、天地と共に悠久なり。 帝國の道義を恪守遵奉して、而て後に儒敎、佛敎、耶蘇敎に及び、個人主義に及ぶべし。 言論、文藝は最も克く帝國の道義を恪守遵奉せざるべからず、否らざれば帝國の發展、帝國の興隆、得て望むべからざるなり。

評說

物質的の主義の潮流、驀然として日本の思想界に侵入し、政治界先づ其影響を蒙りて腐敗し、社會の墮落之に伴へり。　而して言論の木鐸たる新聞雜誌も亦此襲擊に敵する能はずして之に降り、言論の機關たる新聞雜誌を以て、唯一の商品と看做すに至るもの、今日の現狀也。　新聞雜誌は言論の機關たりと雖も、經濟を離れて獨立する能はず、故に新聞雜誌の經營者が孜々汲々、銷路の發展を圖るは固より可なり。　然れども、記者其人が、言論に對する天職を忘れ、社會の矯正者たり、輿論の唱道者たり、道義の指導者たること能はず、物質的主義の奴隷たるに至りては、文運の爲めに之を悲まざるを得ず。　嗚呼社會主義の起る、豈偶然ならむや。

若し夫れ現代の文藝に至りては、博士、學士、及、文士の彬々輩出、其著作、汗牛充棟も啻ならざるに係らす。一卷の以て千古の眞理を發見し、輿國の氣運に參し、世由の天地を蹂躙せんとするものに非ず、要は歐洲文明の物質的勢力膨湃として國家的道義の基礎、動もすれば蕩搖せんとするの時、文藝の天職を高調して世道人心を感發警醒せんとするに外ならず。　著者一身を以て憲政に委ね、言論に雄に、文詞に巧なり、然も其發するや常に烈々たる道義的觀念に基く、鈴山君此著ある眞に偶然に非ず、妄批多罪。

青洲　箕浦勝人

多數により、此間毫も公々明々の理義を認む可からず。然して是れ實に政治社會、道義の頽廢に歸せざる可からず、又何ぞ一人の能く舌端火を吐いて惡政に抗し血誠を披瀝して義を天下に攄ぶる底の熱烈なる雄辨を聽く能はざるを異まんや。

著者の文藝に關する識見、理想に至りては、或は固陋偏僻、漫に舊式的勸懲主義を以て、二十世紀の文藝を律せんと欲するもの、文藝の天地は必しも道德倫理と同一視す可きに非ずとの非難を免れざるものあらん。想ふに彼自然主義寫實主義、戀愛主義の如き、純文藝の見地よりすれば、著者の言往々にして酷に失するもの無きに非ず。蓋し是れ著者其人の時代的修養を異にするが爲めにして、現代的思想感情に對する不滿は、余輩亦著者と同一なるを自白す。固陋偏狹の譏りは余等の甘んじて受くるを辭せざる所然も實際文藝其ものの目的よりして、方今我國の文藝作品の如き、放縱無賴、只管肉的生活を描寫して浮淺なる感情の滿足を主とするもの、果して人生社會に對する文藝の責任を全ふするものなりや否。著者の現代文藝を攻擊する所以は必しも文藝の自道人心に關するものを求めむとするも得べからず。小說其他の純文藝に就て之を云ふも、一卷の以て天地の美妙を發揮し、東西作家の壘を磨し、之を不朽に傳ふるに足るものある乎。彼の千篇一律、好みて人生を說き、戀愛を描くもの、大抵、風を敗り俗を壞るものに非ざるは無し。余は、近時文藝の作品論に關し、文部省俗吏の態度と世の文士なるものゝ態度に視て啞然として自失するもの之を久ふしたり。噫、鈴山の言論、及、文藝に對して、道義論を唱ふるもの、誰か之を陳言なりと爲さむ耶。

紫山山人

立憲政治は言論の政治にして、言論は其根底を道義的觀念に發するによりて始めて勢力あり、言論の勢力以て民心を指導し、以て政局を左右す、立憲政治の眞髓此に在りとせば、立憲政治は即ち一面に於て道義の政治と謂ふ可し。近時我國の政治壇上、言論の振はざること甚し。く國家の重事生民の利害、其決せらるゝや、往々陰暗の間二三子者の情意投合により或は無意味なる頭顱の

第十一章　帝國議會と道義　上

一　貴族院

立憲政治は、言を換て云へば輿論政治にして、列國の憲法政治皆然らざるはなし。而して帝國の君主立憲政治は、明治二十二年、帝國憲法を發布し、翌年帝國議會を開きたるの時に成立せりと雖ども、帝國の政治は、肇國の當時より宇宙の眞理に基きたる道義にして、皇祖皇宗、之に由て鴻謨を畫し、宏猷を垂る。歷代の天皇、之を履踐し、歷世の臣民、之れに服從し、國を愛し、公に殉ひ、以て光輝ある國史の成蹟を貽したり。遠く神代の歷史に溯れば、議會を開き、衆議に由て、國政を施行せしの迹、彷彿として概見するに難からずと雖ども、神武天皇、紀元以後に於て、未だ曾て庶民の議會を開きしことあらざるなり。然れども、帝國の政治は不文憲法として、二千有餘年來、臣民の輿論を尊重し、上古より殆んど立憲政治の實を具備したるの觀あり。即ち明治二十二年、帝國憲法を發布せられたるものは、上古以來、輿論を尊重し來れる所の不文法に對して、成文法となしたるに過ぎざるなり。是を以て憲法發布の勅語に『朕我か臣民は即ち祖宗の忠良なる臣民の子孫なるを回想し、其の朕か意を奉體し、朕か事を奬順し、相與に和衷協同し、益々我か帝國の光榮を中外に宣揚し、祖宗の遺業を永久に鞏固ならしむるの希望を同くし、此の負擔を分つに堪ふることを疑はさるなり』と宣せられたるの偶然ならざるを知るべきなり。是れ豈肇國の當時より存在せる道義の然らしむる所にあらずして何ぞや。

帝國の君主立憲政治は、歐米列國の憲法政治を摸倣したるものゝ如しと雖も、臣民の輿論を尊重し、以て政治を施行したりし實體は彼れに所有せずして我れに存在せしことを知らざるべからず。歐米列國が立憲政治の創始となす所の英國ジヨン王、人民の逼る所となり。『マグナカルタ』を發布したるは、實に我が順德天皇の建保三年なりしなり。而して帝國の憲法を發布し、議會を開きたるは、祖宗以來、遵守し來りし不文憲法を、成文憲法と爲し、臣民の輿論を有形的に卜知するの機關を設置したるに過ぎざりしなり。故を以て、我帝國憲法を發布するに方り、何等の騷擾を釀さず、何等の不祥を見ずして、立憲政治を建設したるは、當然の事にして、歐米列國と其軌を一にせざる所以なり。是れ國體、國性は、帝國の道義にして、肇國の當時より、君臣共に嚴守遵奉し來りたる結果にして、帝國の君主立憲政治は、即ち道義政治たり。帝國議會は、臣民の嚴守遵奉する道義の上に、開設せられたることを知らざるべからず。是れ豈國家主義を後にし、個人主義を先にし、忠孝の大義を忘却し、徒に博愛主義を偏信する歐米列國の立憲政治と年を同うして語るべけむや。帝國の道義なるものは、歐米列國の國敎と其立脚點を異にせり、隨て帝國の君主立憲政治は、歐米列國の立憲政治と、其骨髓を同うせざるものたることを知らざるべからず。

　帝國の君主立憲政治は、其骨髓とする所、歐米列國の立憲政治と同じからずと雖も、其組織の大體に於ては、之を採用し、彼に學びたる所少なからず。即ち帝國議會を分ちて、貴族院、及、衆議院の兩院となしたるが如き是なり。議會を分ちて貴衆兩院と爲したるもの、一二の邦國を除くの外、列國概ね然らざるはなし。然れども、貴族院議員の成立に就ては、列國各相異なる所なきに非ず。即ち帝國の貴族院議員の成立は貴族院令の定むる所に由て、皇族、華族、及、敕任議員を以て成立せるものにして、英國の上院に似たるものあり。英國の上院議員は、勅任せられたる皇族、及、貴族にして、只其異なる所は、彼れには僧侶の議員あり、我れには國家に勳勞あり、又は學識あるものより勅任せられたるもの、及、多額の直接國稅を納むる者の內より互選して勅任せられたるものあるのみ。其他歐米列國の上院議員なるもの、皇族、貴族、及、僧侶に就て君主の任命したるものあり、又は國民の一般國民中より選擧したる者ありて一樣ならざるなり。帝國の貴族院令に定められたる議員の、皇族に對しては、吾人の道義を以て之を論ずるを欲せずと雖も、華族たる公、侯、爵議員、及、伯、子男、爵より選出せられたる議員と、勳勞學識により又は多額の納稅により勅任せられたる議員に向ては、吾人は帝國の道義を以て、滿腔の希望を述べざるを得ざるものあるを如何せむ。

抑も、帝國の華族なるものに向ては、吾人は其成立する所を顧みざるを得ず。華族の帝國に於けるもの大別して三種となす。曰く公家華族、曰く武家華族、曰く新華族、是なり。此の三種の華族中、公家華族なるものは、中世に於ける政權を掌握したる藤原氏の子孫たらずむば、其當時に於ける源平二氏の末流ならざるはなし。

是等の華族は、國家に貢献したるの結果として、子孫永く榮爵を辱ふするものたらざるべからず。然るに之を歴史に徴證するに、果して其事實を遺憾なく具備するものとなすを得べきか、彼等の祖先は必ずしも國家に貢献したるもののなきにあらず、之と同時に國家を蠹毒したるもののなきにもあらざるなり。而して皇室、及、國家は彼等に對して一般臣民に異なる所の榮爵を與へ、其保護を受けしむるに至る。彼等は此榮爵、此保護を以て當然の結果なりとして恬然たるを得べきか。彼等にして道義の觀念、内に旺盛なるものあらば、恐らくは皇室、及、國家の優渥なる恩遇に慚愧せざるを得ざるべし。然るに皇室、及、國家は、彼等に對して優渥なる恩遇を以て、榮爵を賜ひ、保護を加ふるのみならず、貴族院議員たるの權利を附與したるもの、是れ豈彼等をして肇國の鴻謨を尊重し、宏猷を翼賛し、常に國體、國性に鑑み、帝國の道義を恪守遵奉して、國家の昌運を扶植するの大責任を有せしめ、彼等をして一般臣民の模範たり、師表たらしめむとするものにあらずや。彼等が貴族院議員として、受くる所の榮爵に酬ひ、蒙る所の保護に酬ゐるの正道たる、只此道義を恪守遵奉して國家の昌運を扶植するを以て其念とせざるべからざるや論を俟たざるなり。

武家華族なるものは、封建制度時代の遺物なり。其成立の國家に貢献したる勳績に因るや否やを問はず、歴史の上より考うれば、武家華族なるもの、公家華族に繼げる舊家たらずむばあらず。蓋し中世以降、藤原氏、攝政となり、關白となり、政權を掌握し、其專横を逞うするや、皇化陵夷、紀綱紊亂の極に達せり。此時に方り、源頼朝父祖の武威に藉り、幕府を鎌倉に開き、征夷將軍の職を以て、朝廷の政權を收め、始めて封建制度の萠芽を發せるなり。而も鎌倉幕府の政權は、未だ幾ならずして家臣北條氏の專制する所となり、帝國の道義を蹂躪するに至れり。後醍醐天皇の鎌倉幕府を討滅するありと雖も、皇道振はず。尋て足利尊氏の崛起して、室町幕府を開くに及び、戰亂相繼ぎ、土豪舊家、四方に割據し、各州郡を領有し、其末造、天下麻の如く亂れ、室町幕府終に自ら衰滅し、織田、豐臣二氏之に代りて、天下に號令せり。此時に當り、天下未だ封建の形あらざるなり。徳川家康の群雄を鎭壓し、幕府を江戸に開くに及び、其子孫、及、諸功臣を諸國に分封し、始めて封建制度を大成したり。然れども帝國の道義は決して澌滅せず。皇祖、皇宗の遺訓は永く國政を武門に委任するを許さず、幕府の末造、尊王論勃然として興り、固有の道義其光輝を放ち、終に今上天皇に及び、皇政維新の大業を奏し、封建制度を廢し、郡縣の制度に復するを得たり。於是乎、武家華族なるもの始めて成立したるなり。

　武家華族の成立此の如し。武門政治建設以來、七百年、其政治は、利益を國家に與ふるものなしとせずと雖も、肇國の本義、帝國の道義に照らせば、國體に反し、國性に背かずとなすを得ず。顧ふに武家華族の祖先は、帝國に貢献し、皇室を補翼して、臣民に幸福を與ふるに於て、幾何の功績有りと爲すか、吾人は、歴史を探究して、其功績の固より顯著なるものあるを認む。然れども、其子孫安坐して公、侯、伯、子、男の榮爵を受け、豚犬兒と雖も、猶且つ一般臣民の上に位し、優渥なる恩遇を、皇室、及、國家に受け、貴族院議員を世々にし、又は議員を選擧し、選擧せらるゝに至る、何ぞ其れ皇室、及國家が、彼等を優遇するの厚きや。彼等は其家譜、系圖を繙き、祖先の歴史を念へば、皇室に對し、臣民に對し、蓋し慚愧に堪へざるものあるべし。然るに帝國の憲法に於て、彼等に與うるに貴族院議員を世々にし、又議員の選被選の權を與うるもの、一に將來に向て國家に貢献せしめむとするに外ならざるなり。故に彼は父祖の國家に貢献するの足らざる所に顧み、自ら父祖の足らざる所を補ふの覺悟なかるべからず。孝を父祖に盡すは、是れ君主に忠を盡すの道なり、忠孝一致は帝國の道義なり。焉むぞ道義を恪守遵奉して、國運の隆昌を希ひ、皇室、及、國家の恩遇に奉答せずして可ならむや。

新華族なるものは、是れ今上天皇を輔翼し、明治維新の大業に翼賛して功績ある人士の公、侯、伯、子、男の榮爵を拜受したるものなり。維新以後、日清、日露の戰役を重ね、内外の政治に對して、多少の功績を有するもの、亦此の榮爵を拜受したるなきにあらずと雖も、概ね維新の大業と其關係を有せざるはなし。彼等は匹夫より起り、此光榮に浴す、宜しく赤誠を竭して身命を國家に捧げ、國運の興隆を期せざる可らざるは論を俟たずと雖ども、彼等は其子孫なくむばあらず、維新以來既に四十五年を閲したり、天皇を輔翼し維新の大業に翼賛したる人士は、凋落相踵ぎ、黃泉の客となり鬼籍に屬するもの少なからず。今日、貴族院議員に列し、立憲政治に獻替する所のもの、彼等の子孫たるもの亦少なからざるなり。假令彼等の父祖の國家に貢獻したるの功績は、優に榮爵の恩遇を辱ふするを得るの資格を有せりとなすも、其子孫たる華族は果して父祖の餘澤に賴り、皇室、及、國家の恩遇を貪るを以て當然なりと爲すを得べきや。公家、及、武家の華族に比すれば幾分の怨すべき所なきにあらずと雖も、子孫は自ら子孫たるの義務なくむばあらざるなり。況むや帝國の君主立憲政治は、彼等父祖の天皇を輔弼して創設したるの政治にして、彼等の立憲政治を完成し、善良なる効果を收めしむるは、未だ嘗て父祖を追ふの孝にして、又君主に盡すの忠たらずむばあらず。孝を追ひ、忠を盡すは、帝國の道義にして、其光輝を發揚するなくむば、帝國の興隆、得て期すべからざればなり。

貴族院議員の皇族は吾人敢て言はず、公、侯、伯、子、男を有する華族の議員たるものは、其華族たる所の成立如何を問はず、即ち是れ帝國の國體として現代に存在するものなり。華族なるものは即ち國體の然らしむる所たることを知らば、彼等が帝國の國體を擁護し、帝國の道義を唱道すべきは、彼等自ら其地位を守る所以にして、皇室、及、國家が彼等を優遇して貴族院議員たらしむるもの、亦其國體を擁護せしむるにあるや論を俟たざるなり。然るに、貴族院議員としての華族なるもの、果して能く國體擁護の任を全うせむが爲めに、帝國の道義を恪守し、國家の安危に任ずるの精神を有せりとなすべきか。從來貴族院の行動なるもの、常に時の內閣に屈從し其願使する所となり、自己の任務の重且大なるものあるを自覺せざるの傾向なしと斷言する能はざるものあるを奈何せむ。衆議院の提出したる議案の、全く國家の大計に適せざるものあるに對して、之を否決し、之を矯正するの效能は或は之れあらむ、然れども、一般臣民に向て、國體、國性のある所を知らしめ、肇國以來の道義を發揚し、以て之に由らしむるの行動の實際に顯れざるもの、彼等華族議員に對して吾人の遺憾なき能はざる所なり。貴族院令に於て勅任せらるべき議員は、有爵議員の數に超過するを得ずと規定せられたるもの、全く國體の擁護を以て、貴族院組織の第一義とせられたるを知るべきなり。故に吾人は有爵議員に向ては、祖先を追想して、國家の將來を懷ひ、益々道義の精神を發揚し、帝國の隆昌を期するを以て、天賦の任務なりと自覺し、兼て道義の模範を一般臣民に表白せむことを切望して止まざるものなり。

華族は皇室の藩屏なりとは、彼等の自ら主張する所なり。皇室の藩屏として之を擁護せむとするは、主として國體を保ち、國性を存するに努めざるべからず。國體、國性を保存するは卽ち帝國の道義たる忠孝の訓を發揮せしむるにあり。忠孝の訓衰頽し、道義の勢力微弱なるに至らば、國體國性は爲に破壞せられざる能はず。歐米の文物、輸入せられてより以來、人心を支配する所の敎育は、總て物質的に偏し、徒に重きを科學、工藝、技術に置き、智育の一面に僻して、精神涵養の至要なる所以を顧みざるに至りたるは今日の趨勢なり。而して此間、耶蘇敎は益〻蔓延し來りて國家主義を蠶食し、個人主義の潮流、滔々として回すべからざるに至れり。顧ふに帝國臣民の精神涵養の方針は、明治二十三年十月三十日の勅語ありと雖も、一般臣民は之を以て其精神を涵養するの根本となすことを知らず。中小學校職員は、徒らに之を捧讀することを知りて、之を實踐躬行することを怠り、彼の個人主義の宗敎、信徒を聘して、貯蓄の講演を聽き、反て忠孝の道義を顧みず。精神涵養の敎育主義は、事實に於て一般臣民の間に存在せずして、臣民の方針、殆ど其歸着する所を知らず。帝國の國體、國性は、將に遠からずして破壞せられむとするの危殆に瀕しつつあるに拘らず。皇室の藩塀なりと稱する華族は、過半數の議員を貴族院に有し、國體擁護の責任を有し、而も道義の精神を發揮するの形跡見るに足るものなきは、吾人の怪訝に堪へざる所なり。

國家に勳勞あり、學識あるの人士にして、貴族院令により勅任せられて貴族院議員の榮譽を荷ひつゝあるものは、是れ貴族院議員の指導者なり。吾人は勅任議員に對して多大の希望を有せざるを得ず。彼等は貴族院を組織せらるゝ所の本義に鑑み、國體の擁護、國性の保存を以て貴族院の方針とし、祖宗の鴻謨に則り、宏猷に基き、皇室、及び、國家に貢献せざるべからざるは、論を俟たざるなり。帝國議會は貴族、及、衆議の兩院を以て成立し、其權限同一にして區別あることなしと雖も、深く其性質如何を考れば、自ら其間に二樣あることを知らざる可からず。帝國の貴族院議員は、一般臣民より特殊の方法を以て選擧せらるゝ米國の元老院の如き、佛國の如き上院とは全く議員の性質を異にせり。故に衆議院は國性を主とし、臣民の康福を增進するを以て國政協賛の第一義なりとせば、貴族院は國體を主とし、皇室の尊嚴を保持するを以て國政協賛の第一義となさゞるべからず。貴、衆兩院共に俱に國家の進運を扶植すべきは當然の本分なりと雖も、國家の進運を扶植するに於て、自ら二樣の觀なくむばあらざるなり。況むや貴族院なるものは、其院令の第八條に於て『天皇の諮詢に應し、華族の特權に關する條規を議決す』との規定あるに於てをや。勳勞、學識を以て勅任せられたる議員の、國體擁護の責任を荷はざる可からざること推して知るべきなり。但、其多額納稅を以て勅任せらるゝの議員にありては、吾人は其成立の何の意義なるを解するに苦むなり。彼等は一般臣民と異るなく、衆議院議員に選擧せられ、又選擧するの選、被選の權利を有するのみならず、更に貴族院議員を互選するの資格を有し。選ばれて貴族院議員の榮譽を荷ふに至れるもの、皇室、及、國家の彼等に對する恩遇の過大なるを疑はざるを得ずと雖も、彼等議員にありては此の過大なる恩遇を荷ふの上に於ても。益々帝國の道義を恪守遵奉して、國家に貢献せざるべからざるは當然の任務たるを自覺せざるべからざるなり。

吾人は、貴族院を以て國體の擁護者たり、國性の發揮者たらむことを切望するものなり。又貴族院は吾人の希望する所の性質を所有するものなりと信ずるものなり。而して其組織せらるゝ華族、議員に論及し、公家華族、武家華族、新華族の成立に至りたるものは、國體の在る所、國性の存する所に於て、華族議員の職責重、且、大なる所に鑑み、益々邁往猛進して帝國の道義を發揚し、國運の隆昌ならむことを期せむが爲めなり。國家に勳勞あり、又は學識ありて勅任せられたる議員の任務を論じたるは、貴族院の指導者となり、師表者となり、以て吾人の切望する所を貫徹せられむことを期するに過ぎざるなり。又吾人が一言を多額納税議員の職責如何に費す所以のものは、彼等をして衆議院議員として國家に貢献するよりも、貴族院議員として一層の赤誠を國家に盡さゞるべからざるものなりと信ずるが爲めなり。衆議院の道義を尊重せざる現代の趨勢に鑑み、吾人の貴族院に屬望する所のもの一層痛切ならざるを得ざるもの是れ豈已むを得むや。

吾人が更に貴族院に望む所は、現代の社會趨勢に對し、如何なる感想を懷かるゝや否やにあり。富力の一方のみに偏依して、其平均を失するの太甚だしきものあるは、現代の社會趨勢に非ずや。少數の富者は愈々富有に傾き、多數の細民は益々貧困に陷り、而して社會の平和、國家の安寧は、永く保持し得らるゝと爲すか、現代歐米列國の憂ふる所のものは、社會共産主義の蔓衍にあらずや。窮すれば則ち濫す社會共産主義者の蔓衍するものは、小數の富者、政治上、經濟上に跋扈し、政治問題、經濟問題を、自己利益的に、自己便宜的に解決して、細民の貧困、窮苦を顧みざるの然らしむる所にあらずや。富者の子弟必らずしも智識あるにあらず、窮者の子弟必ずしも愚昧なるにあらざるなり。身體强健にして智識あれども、貧困にして生活に堪へざるもの彌々多數に向ひ、身體虚弱にして又愚昧なれども、富有にして驕奢を極むるもの彌々少數となり、社會の平和を保ち、國家の安寧なるを期せむとするも蓋し得べからざるなり。

顧ふに現代社會の趨勢を察すれば、社會共產主義者の現出するなきを欲するも得べからざるなり。此の如きの趨勢に對し、國體の擁護を以て任せざるべからざるの貴族院なるもの、將た如何の政策を以て之れに處せむとするか。帝國の道義は國家主義なり、國家の安寧富强を主義とする、帝國の道義を恪守するの貴族院は、帝國現代の趨勢を顧みずして可ならむや。貴族院議員の公、侯、伯、子、男、は概して富者に屬するもの、而も多額納稅議員は、富有を以て其資格を有する者なり。彼等にして現代の趨勢に對し、自ら顧みる所なくむば、是れ貴族院は、國體擁護を以て任とするの本義に背戾するものなり。是れ帝國の道義を恪守するものにあらざるなり。吾人は貧富彌々懸隔して、共產主義を誘發し、國體を破壞せむとする危險に陷りつゝある社會の趨勢を見て痛嘆に堪へざるものなり。而して吾人は社會改善策を衆議院に望まざるにあらずと雖も、國體擁護を任とせらるゝ貴族院に望むや、一層切ならざるを得ざるなり。貴族院議員たるもの、自ら顧みて、其任とする國體擁護と矛盾せざるの職責を全うし、私を去て公に奉じ、個人を後にして國家を先にする、帝國の道義を恪守するの模範を表白せざるべからず、是れ貴族院議員が現代に處する最大急務にあらずや。

國體擁護は、貴族院の任務なり、職責なり。其職責、其任務を全うせむとせば、私を去て公に奉じ、國家主義を發揚して、個人主義を排斥せざるべからず。個人主義の最も尊重すべきは自己の性命なり。人誰か自己の性命を愛せざらむや。俚諺に曰く『命あつての物語り』と、自己の性命を愛するは、個人主義の奥義を發揮したるものと言ふべし。然れども帝國の道義は則ち然らず、死は泰山よりも重しと雖も、亦鴻毛よりも輕からざるべからず。身を殺して而して忠孝を全うするは、個人主義を懷けるものゝ知らざる所なり。忠孝は帝國の道義にして、帝國の道義は國家主義なり。外敎の個人主義を傳へ、物質的、歐化主義の蔓延するや、敎育者なり、博士なりとして尊重せらるゝ人士にして、忠の何ものなるやを知らず、孝の何ものなるやを覺らず、帝國の國體、國性を破壞せむとするの言語を敢てして顧みざるものあり。國體擁護を任務として國性を尊重せざるべからざるの貴族院は、此の如きの現代趨勢に對して、是れ之を匡救せずして可ならむや。

客歲、陸軍大演習を九州の野に行ふ。今上天皇は、大元帥として之に臨ませらる。門司驛に着せらるゝや、鐵道驛員の不注意より、天皇は豫定の時刻に乘車進行する能はずして、棧橋に滯留あらせらるゝもの數刻なり。時に驛員某其職責を重んじ自殺を遂げたり。軍事は寸刻の遲速を以て勝敗を決するもの、大元帥たる天皇の行幸は、進むも退くも、豫定の時刻を違ふべからず。然るに發車時刻の豫定に後れたるは、天皇に對して敬禮を失するのみならず、國防の軍事を誤らしむるなり。此の場合に處する、一死、固より鴻毛の輕きが如くならざるべからず、驛員の自殺は、克く國家主義を尊重し、克く帝國の道義を恪守したるものなりと謂ふべし。然るに職、大學總長にあり、學、博士にありて、教育會、及、學校に臨みて、驛員の自殺は、徒らに身を殺すものなりと放言して憚らざる者あり。是れ畢竟個人主義蔓延の結果にして、殆ど國體國性の破壞を顧みざるものにあらずして何ぞや。貴族院議員は、此等の問題に對し、如何にして國體擁護の任務を全うせむとするか。

之を要するに帝國の道義は、帝國の國體、國性にして、皇祖、皇宗の遺訓を垂るゝ所今上天皇の明治二十三年十月三十日に發せられたる勅語なり。帝國に此の道義ありて、此國體、國性を成す、此道義、此國體、國性は、宇宙に磅礴たるの眞理にして、光輝ある國史の成蹟を三千載に貽したり。五洲列國に比類なき所にして、最も尊嚴なる、最も優越なる所以なり。而して帝國の君主立憲政治に於て、貴族院の常に過半數を占むべき有爵議員は、其祖先に於て此道義を恪守發揚し、國體を扶植し、國性を保持したるものなり。是を以て一般臣民に特殊なる權利を有す、故に貴族院議員の孝を祖先に追ひ、忠を君主に盡す、報本反始は、益々帝國の道義を恪守遵奉して、光輝を發揚するにあり、此くの如くにして如何ぞ其職責たる國體國性の擁護を全うし得ざることこれ有らむや。

評説

均く是れ國會なれど或は一院の制度あり、或は兩院の制度あり、蓋其國情によりて相異なる所あるは已むを得ざることとなるべし。近來一院制度を是とする論者なきにあらず」と雖も、余は我が國情によつて兩院制度の最可なるを信じ、從ひて貴族院の必要を認むるものなり。而して貴族院は、皇族華族及び勅選議員を以て組織すと雖も、華族がその主要の位地を占むること言ふまでもなし。故に華族議員の人物如何は、直に貴族院の輕重に關す、若しその人を得ざれば貴族院の効果を完くする能はざるのみならず、或は貴族院廢止の議論を惹き起すが如きことなしといふ可からず。是れ兩院制度の動搖を來すものにて、從ひて帝國憲法の危機なり、豈豫め警戒せざるべけむや。本章華族議員を責むるに道義を以てする所、筆端風霜を挾み、言々肺腑より出づ、余その卑見と相合する所あるを喜ぶ。然れども如何にして道義を保持せしむべきやに至りては論ずる所なし、故に一片遺憾の念なき能はず。余は貴族院の必要を確信すと雖も、華族制度に至りて猶革新の餘地あるを認むるものなり。蓋華族制度を革新し、然る後に責むるに道義を以てするを得可し、現今の制度のまゝにしては著者の希望も或は空想に歸せざるかと疑はざるを得ず。余の華族制度に對する卑見は、他日機會を見て發表することあるべし、今本章を讀みて感ずる所あり姑く一言を誌す。

壬子三月十四日夜

市村瓚次郎

帝國の君主政治を以て宇宙の眞理に基きたる道義に出てたるものとし、國體國史に依りて之を證明す、卓越の見と云はさるへからす。而して帝國議會と道義との關係を論して貴族院に及ふもの即ち此篇なり。華族の沿革、待遇、責任を明にして其過去、現在、將來に就て、或は慨き或は憂ふ、字に血あり句に涙あり。讀んて貴族院議員としての華族なるもの、果して能く國體擁護の任を全うせんか爲めに、帝國の道義を恪守し、國家の安危に任するの精神を有せりとなすへきかに至り、痛哭流涕、長大息者久之。嗚呼今の華族、果して能く道義を知る乎、道義と政治との關係を知る乎、而して又著者君國を思ふの赤誠凝つて此書をなせるを知る乎。暫く著者の言を藉りて小評に代ふ。

花井卓藏

衆議院は衆民に媚び、多數專制に陷いる弊あり。政府は政權を私して、有司專制に傾くの患なきに非らず。其中間に立て、偏せず黨せず、大中至公の地步を占め、不羈獨立の論を主張し、以て官民の矯正者と爲り、國家の砥柱と爲るべきものは、貴族院に非ずや。然るに、今の貴族院なるものは能く此任務を自覺せず、往往、藩閥的官僚派の走狗と爲りて、國民の敵たるを辭せざるの趨勢あるは、余が貴族院の爲めに深く惜まざるを得ざる所にして、余は此點より立憲的思想を貴族院に注入するの必要を認むる者なり。

貴族院は政治上に對する任務以外に於て、社會の改善者たり貧富の調和者たらざる可らず。道義の支持者たり風敎の指導者たらざる可からず。敎育勅語の宣傳者たらざる可からず。他無し、貴族院議員、就中華族議員の如きは、其歷史に於て、其品望に於て、其位置に於て、其信用に於て、嘗に皇室の藩屏たるのみならず、亦實に社會の模範者たり、木鐸者たり、先達たるを以てなり。然るに今の華族議員なるものは、能く此天職を自覺せず、徒に自家の尊榮、自家の富貴を保つに汲汲として、社會問題を研究し社會事業に貢獻し、以て社會改善の實行者たるものあるを聞かず。彼等は、又道義の支持者として、風敎の指導者として、國體國性の大義を闡明し、帝國の道義に基きて、日本國民を敎育するものあるを聞かず。何ぞ況や身を挺して敎育勅語の宣傳者たる熱誠あるを望むべけむや。是れ余が華族議員の爲め、貴族院の將來の爲め、痛嘆せざるを得ざる所にして、余は又此點より、社會的智識を貴族院に注入するの必要を認むるものなり。

鈴山、本章に於て、社會問題に對する華族議員の注意を促すや、極めて今日の時弊に中るものあり。華族議員にして茲に猛醒せずむば、余は、華族諸君が、平民の怨府と爲るの日あらむことを恐れざるを得ざるなり。

三月廿一日春季皇靈祭　　紫山山人拜讀

第十二章　帝國議會と道義　中

二　衆議院　上

帝國議會は、貴族院、衆議院の兩院を以て成立すとは、帝國憲法第三十三條の規定する所なり。吾人は帝國の君主立憲政治は、帝國臣民の道義の上に建設せられたるものなりと信じて疑はざるものなり。是を以て、帝國議會は、道義の源泉にして代議士の行動は道義に基き一般臣民をして道義の恪守遵奉せざるべからざる所以を知らしめ、以て君主立憲政の完美を期せざる可からず。帝國の道義は皇祖皇宗の遺訓にして、國體たり、國性たる所なり。故に吾人は國體國性に關係最も密切なる所の貴族院に對して、反覆之を說述したり。而して衆議院は、帝國臣民を代表する機關たり、帝國臣民の道義を恪守遵奉せざるべからざるに於て、其代表者たる代議士に向ては、一層の希望を痛切に說述せざるべからざるもの、亦已を得ざる所なり。代議士の臣民の道義を代表し、臣民の輿論を明白ならしむるは、政黨政社に因り、又代議士と選擧人とに由らざるべからず。故に吾人は、之を政黨政社と代議士及選擧人との二節に分ちて順次に之を説述せむと欲す。

一　政黨政社

帝國の道義は、帝國臣民の齊しく嚴守遵奉せざるべからざるや固より其所、特に政黨政社に向て之を論ずるの必要なきが如しと雖も、政黨政社は臣民多數の輿論をトするの機關にして、立憲政治を運用するに於て、必要欠くべからざるを以てなり。然らば則ち政黨政社は立憲政治の基礎たり。其基礎たる政黨政社にして、不完不全たるに於ては、隨て立憲政治も亦其完全を期すべからざるなり。帝國の現代は君主立憲政治にして、君主立憲政治は、今上天皇の臣民の道義の上に向て英斷敢行あらせられたる政治なり。臣民の道義は政黨政社に由て帝國議會に集中し、立憲政治の運用施行に表白せられざるはなし。而して立憲政治の運用施行は、政黨政社にありて、臣民の道義を帝國議會に集中せしむるも亦政黨政社にありとせば、政黨政社は立憲政治の基礎にして、兼て道義の要素たらざる可からず。政黨政社にして其道義を欠くあらば、立憲政治は國家を亡滅せしむる政治たるに至らむ。蓋し敎化を臣民に布くは政治の力より大なる者なければなり。是を以て帝國の國政は、皇祖皇宗の遺訓、吾人の所謂道義を以て實行せざる可からず。皇祖皇宗は國家に於て祭祀し、國家は祭政一致なり。此の國體國性を固有する帝國立憲政治の基礎たるべき、政黨政社にして、道義の旺盛ならざるべからざるは、當然のことたらざるを得ずと雖も、現代の政黨政社は、果して能く帝國固有の道義に由て進退するや否や。⊕是れ吾人の疑はざるを得ざる所なり。

抑も立憲政治は國民の輿論に因て行ふ所の政治たるは論を俟たざるなり。而して國民の輿論を造成すべきは政黨政社にして、政黨政社の盛衰消長は政治隆替の岐るゝ所たらざるを得ず。故に立憲政治を行ふ所の列國は政黨政社の設立あらざるはなし。而して政黨政社の盛衰消長をトするは代議士の選擧に於て賢良なる多數の代議士を選出せると否とにあり。現代の英國に於ける政黨は之を大別して自由、勞働、國民、統一の四黨となす、統一黨は保守主義にして、他の自由、勞働、國民の三黨は進歩主義を執れるものなり。保守主義の統一黨は英國の政權を掌握することと久しく明治三十三年には、進歩主義を執れる三黨の選出せる代議士の數に比して、百三十四人の多數を占め、國民多數の輿論を代表し、政府黨たるの位置を占めたりと雖ども、其の政策は漸く國民多數の意思に反せしを以て、隨て黨勢漸次に衰退し、明治三十九年の改選期に於ては一大激變を來し、彼の進歩主義を執れる三黨の選出せる代議士の數に比して三百五十六人の少數を見るに至り、國民多數の輿論は、進歩主義を執れる聯合黨たる自由、勞働、國民、三黨の代表する所となれり。故に政權は此改選期前に於て、統一黨の掌中を去て、聯合黨の掌中に歸するに至りたりき。是れ立憲政治は、國民の輿論政治にして、輿論の岐るゝ所は政黨政社の盛衰消長に因れるを以てなり。

英國の立憲政治は模範を五洲列國に垂るゝ所たるは世人の均しく認むる所たり。故に國民多數の輿論を代表する政黨は、必ず政權の上に立たざるなく、內閣の更迭は常に圓滿に行はれ、政策は國民、多數の意思に出でざるなきを以て、絕て紛擾を醸成することなく、國家益々富强に趨くこと、既住の成績之を證して餘りあり。其他の列國の如きは英國の如くなる能はずと雖も、亦皆國民の輿論を造成するの政黨政社の設立せられざるものなし。獨國の如きは凡そ之を十餘種に分つを得べし。曰く、保守黨、曰く帝國黨、曰く農民黨、曰く中央黨、曰く社會主義民黨、曰く國家自由黨、曰く自由聯合黨、曰く自由國民黨、曰く南獨國民黨、曰く波蘭黨、曰く非猶太人黨是なり。現代の獨國政府は、是等の諸黨を操縱して政權を維持するものにして、完全なる政府黨なるもの之れあらざるなり。佛國の如きは又七種に分る曰く、國民黨、曰く進歩黨、曰く左席共和黨、曰く急進黨、曰く急進社會黨、曰く合同社會黨、曰く獨立社會黨なり。現代の佛國政府は、是等政黨の大部分を大同團結せしめて、以て少數の王黨に對抗せしめつゝあるが如し。立憲政治を採用せる國に於て國民の輿論をトするの機關として、政黨政社の設立せられざるはなく、之れに因て以て代議士は選出せられ、代議士の多數を有する政黨政社は、即ち國民多數の輿論を代表するものとなし、政權は隨て其の政黨の左右する所となること列國其軌を一にせざるはなし。

歐米列國の立憲政治は、政黨政社に由て圓滿に運用せらる。而して政黨政社は皆其國の國教に因て精神を涵養せられたる、國民の團結するものにして、其敎義は帝國の道義の如くなる能はずと雖も、齊しく精神涵養の教たることを論を俟たざるなり。故に政黨政社の黨員たり、社員たるものは、品位を守り、廉耻を重むじ、其選れて代議士となり、國民を代表するものに至りては、私慾を去りて、公益を主とし、燃ゆるが如き國家的観念横溢するもの、往々議會の言論の上に見るべきものなしとせず。是れ立憲政治の腐敗せずして、列國の間に最善政治として尊重せらるゝ所以たらずむばあらず。顧みて我帝國の政黨政社に見るに果して私を去りて公に奉じ、個人を後にして國家を先にし、品位を守り、廉耻を重むじ、節義に殉するの精神を以て君國に貢献せむとするものありや、吾人は疑なき能はざるなり。是れ帝國肇造の淵源を明かにせず、特殊の國體國性を辯せず、皇祖皇宗の遺訓たる、忠孝の道義の存する所を知らず、帝國臣民として國家に貢献せむとするの要素を備へざるの致す所たらずむばあらず。

帝國の君主立憲政治は、明治二十三年、帝國議會を開かれ、帝國憲法の實施と共に成立したりと雖とも、其由て來る所は歴代の天皇、肇國の鴻謨に徴し、皇猷に鑑み、臣民の心を心とせられ、臣民の精神意思を尊重せられ、萬機の政務を料理せられたるに淵源せざるはなし。今上天皇、王政維新の大業を開かせらるゝに方り、天神地祇を祭り、五個條の誓文を發布せられたるを始めとし、漸次に聖旨を擴張せられ、明治八年に立憲政體の詔書となり、十四年に國會開設の勅諭となり、以て二十三年二月十一日を以て二個の勅語を以て帝國憲法を發布せられたり。故に帝國の政黨政社は、王政維新の後に漸次形成せられ、明治十三年、自由黨の組織となり、十五年立憲改進黨の組織となり、同年立憲帝政黨の組織を見るに至りたり。是れ立憲政治を行はせらるゝに方り、臣民多數の輿論をトする機關として立憲政治を運用するの準備として、政黨政社の組織せらるべきは當然の事にして、帝國臣民の進みて之に着手せられたるは、賞揚すべきのことなりと言はざるを得ざるなり。

立憲政治を運用すべき輿論をト知するの機關として、帝國に組織せられたる自由黨たり、改進黨たり、將た帝政黨たるに論なく、其組織當時は、憂國慨時の人士を以て充たさゞるはなく、國家の禍福を念とし、個人の利害を顧みず、國運の隆昌に努めざるはなく、帝國の道義の政黨人士の間に旺盛なるを證するに足る者あり。憲法の實施せらるゝに至る迄、殆ど十年の間に於て、幾多の國家問題に於て、輿論を喚起し、政府を警戒したるもの、少小にあらざるなり。集會條例の施行となり、保安條例の發布となるも、國家、及、臣民の利益の爲めには、個人の災害を顧みず、一身を犧牲に供せむとするの赤心を抱けるもの、蓋し日清、日露の戰役に於ける、義勇奉公の海陸軍人よりも、一層の氣慨を有したるを見る。是れ肇國以來の帝國の道義、光輝を發揮したるものにあらずして何ぞや。政黨政社にして道義的精神に富まば、以て國家を托するに足るも、之に反して、道義的精神衰頽せは、假令其黨員社員は多數なりと雖も、未だ政黨たり、政社たるの本領を具備せざるなり、安ぞ能、國家の安危を之に托するを得むや。

堅守不拔の精神なく、耐久不動の意思なきは、帝國臣民に對して、吾人の常に遺憾なき能はざる所なり。集會條例を意とせず、保安條例を念とせざるの政黨政社の人士も、久しきに涉りて幾分の變態を來すなきを免れず。自由黨、改進黨、帝政黨の組織せられてより、憲法の實施、議會の開會を見るに至る、十年の日月を閲せる間に於て、自由黨は解散し、帝政黨は消滅し、改進黨は衰弱僅に其餘喘を保つに過ぎずして、以て第一回議會の開設を見るに至れり。當時選出せられたる代議士を黨派的に分別すれば左の如し。

中立	六九	大同	五五	改進	四六	愛國	三五
保守	二二	九州進歩	二一	自由	一六	自治	一七
官吏	一八	不明	二				

第一期の代議士選出に於ては、小黨分立なりしと雖も、議會を開くに臨み、九州進歩黨の主唱する所となり、小黨派を合同して立憲自由黨を成立せしめ、而して改進黨と聯合して民黨と稱し、政府に反對したる代議士は、其數百七十名にして、之れに對する政府黨の代議士は、大成會と國民自由黨にして、之れに無所屬とを合せて百五名なり。兩々相對峙して、激論痛議し、第一回の議會は、民黨中、立憲自由黨に軟化變節の代議士ありしが爲め、充分の效果を收めずして終了を告げたりしと雖も、第二回の議會に於て、豫算案大削減を加へたるを第一要件とし、遂に解散せらるゝに至りたるもの、是れ其所論の當不當は之を措き、肇國の道義は政黨の間に儼存し、未だ其光輝の滅せざるが爲めならずむばあらず。吾人臣民の當時帝國議會を尊重したるものの之れが爲めなりしなり。

衆議院第一回の解散の後、第二期の選擧に於ては政府は非立憲的の大干渉を行ひ、民黨代議士の當選を妨害したりと雖とも、選擧の結果、其甚だしき變動を見るに至らざりしは、道義の精神、政黨政社の間に充滿し、國家を憂ふるの赤誠、暴吏も之を奈何ともする能はざりしを知るべし。次て第三回、議會の開くるに方り、當時政府が政權を濫用して、代議士の選擧に干渉し、憲法を無視するの非行に對し、民黨議員より提出したる上奏案は左の如し。

衆議院議長茲に衆議院の決議を具し、謹み奏す、伏して惟るに、叡聖文武天皇陛下、龍飛の德を以て大に乾綱を張り、憲法を布き議會を設け、代議政體の基を開き給へり。其の盛德大業は臣民の瞻仰する所なり。臣等第三期帝國議會に於て、內閣に對し、選擧干渉の非を論じ、官吏其の職權を濫用し、選擧權を侵犯したる事實を認め、國務大臣は宜しく反省して、其の責に任じ、自ら處決する所あるべきことを決議せり。然るに內閣は改悛に鋭意せず、治務猶舊に依り、民政の紊亂未だ理せず、府縣會の紛擾荐りに起り、官民反目の跡を存し、地方自治の制を消り、其の餘毒流れて今日に至り、物論沸騰人心恟々たり。抑も立憲の昭代に在り、輔弼の任に當る國務大臣は、決して其責を免がるゝ能はざるべし。既に內閣は本期議會の初に於て施政の方針を公示し、乃ち憲法の條章に遵由し、行政百般の機關をして憲法的動作を爲さしめ、以て益々其の改善を圖り、上は宏謨を遵奉して、國家の基礎を鞏固にし、下は人民の權利を保全し、其の慶福を增加せしめむことを誓言せり。陛下辱なくも大詔を降し、弊政を釐革し、紀綱を振肅せむことを命ぜらる。臣等謹て案ずるに選擧干涉の事たるや、立憲の大綱を紊り、國家の慶福を妨ぐるものなり。乃ち政務の改善を圖り、詔旨に率由せむと欲せば、最も先づ此等の處分を爲さゞるべからず。今敢て內閣に向て、夫の干涉を事前に妨遏せざるを追咎するに在らず。其の善後の責任を正言するなり。然るに內閣は、口を既往に籍て其の責を逃れむとす。是れ陛下の鈞命を遵奉し、皇猷を恢弘する所以の道に非ざるなり。臣等國民を代表するの職に居り、義默止するに忍びず茲に民意を條陳し、謹みて聖裁を仰ぎ奉るもの、萬止むを得ざればなり。仰ぎ願くは陛下叡斷を垂れ、國務大臣をして其の職を盡さしめ、而して非行の官吏を戒飭し、大に民政を更張せられむことを、誠惶誠恐謹み奏す。

此の上奏案は、民黨百四十三名に對し、吏黨百四十六名を以て否決したり。民黨は頗る之を遺憾とし、更に政府の憲法無視の非行に對し、左の決議案を提出したり。

本年二月衆議院議員選擧に於て官吏が其の職權を濫用し、選擧權を侵犯したるは、證迹明確にして、全國人民の倶瞻する所、區々の辯疏を以て之を掩ふべきに非ず。本院は認めて以て事實と爲す。内閣大臣は宜しく反省して其の責に任し、自ら處決する所なかるべからず。否らざれば立憲制度の大綱を失墜せむ。茲に之れを決議す。

此の決議案は、政府黨百十一名に對し、民黨百五十四名の多數を以て可決せるを以て、政府は直に七日間の停會を命じたり。第三回の議會は解散を見ずして閉會せしも、當時猶ほ衆議院に道義的精神の旺盛なりし一斑を知るべきなり。

第四回の議會は豫算案に向て大削減を加へ、政府の同意を求めたるに、政府之れに同意せざるを以て、議會は更に百四十六名より上奏案を提出したり。是を以て、政府は十五日間の停會を命じ、大詔の煥發となり、因て以て無事に閉會を告げたり。

而して第五回の議會に於て、世人の注目を惹きたる事件は、議長星亨の除名問題なり。彼が議長の重任に在て、取引所問題に關し、暮夜屢々商賈と密會したるは、議會の廓清を保つ所以にあらずと云ふに起因せり。星亨除名の後、更に進みて農商務大臣以下、官吏が商人と酒席に密會し、賄賂の贈遺を受けたりとの醜聲あるに對し、官紀振粛の上奏案を可決し、之を闕下に上奏したり。當時政黨間に道義的精神の旺盛なりしは、此一事を以て證するを得べし。次て議會は條約勵行の建議案を提出し、外交の不振を以て政府を督勵せむとせり。其建議案に曰く、

衆議院は、政府が現行條約の實施上、我帝國の權利を汚損する所ありと認む。故に衆議院は切に政府に望む、政府が條約の權義を明確にし、以て之れを勵行せられんことを、敢て建議す。

然るに政府は之を議するの前に於て、奏請して停會を命じ、停會滿ちて議事に及ばむとするや、再び奏請して停會となり、遂に解散せられたり。當時政黨の間、道義の精神旺盛にして、代議士が個人の利害を後にし、國家の利害を先にし、外交の不振を慨し、一意君國に報せむとしたる赤誠ありしは、吾人の信して疑はざる所なり。

第三期の選擧の後にして、代議士の黨派を分別すれば、自由黨百二十名にして國民派は三十五名なり、改進黨は六十名にして同盟派は十八名、同志派は二十四名なりき。是より先き民黨として聯合したる自由黨と改進黨とは相反目するに至り、而して改進黨は同盟倶樂部、國民協會と聯合して議會の多數を制し、政府反對の旗色を繼續して動かす、自由黨は漸くにして政府黨たるの狀勢を呈したり。第五回の議會に於ける、解散問題たる條約勵行の建議案は、改進黨、同盟倶樂部、國民協會の聯合より提出したるものなり。而して此形勢は第三期選擧後の第六回の議會に及び、同盟、同志の二派は合して革新派となり、改進、國民の兩派と聯合して、强硬的對外政策と、責任內閣の完成とを以て大綱としたり。自由黨は之れに反對して政府黨たるの行動に出でたり。聯合派は第五回の議會の所論を繼續して、政府彈劾の上奏案を提出し、終に否決せられたりと雖も、民黨は更に政府黨たる自由黨より提出したる、政費節減に對し公約履行の上奏案を修正して、彈劾案となし、政府黨百三十九に對する、民黨百五十三の多數を以て可決上奏したるも、終に解散を命せられたり。亦以て道義の精神の衰頽せざりしを知るべきなり。

第四期の選擧は、明治二十七年九月一日にして、日清戰爭を開かれたるときたり各府縣とも國家の大事に熱中し、復た他を顧みるの遑あらざるを以て、選擧は平穩に執行せられ、著しき弊害を見ず、其結果は各黨派の消長に及ぼさず、殆ど解散前と異なる所なかりき。其代議士の各黨派に分屬するもの左の如し。

自由黨	一一五	改進黨	四七	革新黨	四〇	國民派	三五
財政革新會	四	中國進歩黨	四	無所屬	五五		

選擧を了するや、直に廣島に召集せられ、第七回の議會は開かれたり。此議會は平常に異なるものあり、是を以て開會期日前に於て軍費を協贊し了して閉會するに至れり。國家の大事に際しては、前回に至るまで絶へず激烈に政府と對抗したる各政黨が、一朝にして之を抛擲して知らざるものゝ如く、擧國一致、以て軍國の機務に不便なからしめたるは、肇國以來の道義を嚴守遵奉したるものにして、毫も間然する所なきを見る。嗚呼道義の遺憾なく恪守せらるゝもの、豈に獨り戰爭に從ふ所の海陸軍人のみに限らむや、是れ帝國の大捷を奏したる所以たらずむばあらざるなり。此の如くにして第八回の議會も亦之を了し、第九回の議會に至り、媾和條

約に於て帝國の領土に屬したる遼東半島を、露、獨、佛、三國の干渉抗議に會して、容易に之を清國に還附したるの國辱たるを憤慨し、改進黨及び之れと行動を同する所の革新黨より、政府彈劾の上奏案を提出したるも、政府黨百七十名に對する、政府反對黨百三名の少數を以て否決せられたり。遼東還附は當時已を得ざるものたりしや否は、吾人の玆に論ずべき所にあらず、唯だ帝國の肇造せられたる皇祖皇宗の鴻謨に則り、國家に貢献せむとするの道義の精神、未だ政黨間に絶滅せざるを知るべきなり。

第十回の議會を開かむとするの當時は、星亨を中心とする所の自由黨は全く軟化變節し了し、曾て帝國の國政を誤らしむるものなりとして、敵對し來りたる藩閥の棟梁たる、伊藤博文の組織する閥族內閣に降服し、其總理板垣退助は、肝膽相照すの名目を掲げて內務大臣たるに至れり。然れども、戰後の財政を料理するの困難なるに際會して、伊藤內閣は倒れたり。尋て松方正義の內閣を組織するに方り、民黨の中堅を以て自ら任し、世人も亦之を許したる改進黨の後身たる進歩黨は、之れと妥協し、主領大隈重信は入て外務大臣たりしも、僅々一個年にして政見の一致せざる所あるを以て辭職したり。　然れども此の妥協入閣は世人の遺憾とする所なきにあらざりしなり。　而して日清戰役後の政黨政派、互に變態を來し、道義の光明亦往日の如くならざるに至りたるは、吾人の遺憾なき能はざる所なりき。　進步黨と提携を絕ち、大隈重信の辭職したるの松方內閣は、議會に有力なる政黨の助けなく、第十一回の議會に於て、『本院は現內閣を信任せず、依て玆に之を決議す』との決議案を提出したれば、政府直に解散を命し、之と同時に松方內閣も亦倒れたり。　政黨の此の間に於ける行動たる、吾人は道義の然らしむる所なりと斷言するに躊躇せざるを得ざるを悲むのみ。

第十二回議會の開かるゝ時は、伊藤內閣の組織せられたるの時たり。　然れども、自由黨、進步黨、國民派、共に政府反對を宣言し、開會の劈頭、外交に關して、自由黨よりも進步黨よりも質問書を提出したるのみならず、進步黨よりは更に上奏案を提出し、又た更に政府の提出したる增租案は、二十七名の贊成に對し、二百四十七名の反對を以て否決したれば、直に解散を命せられたり。　此時に方り自由黨は旣に板垣退助を內務大臣として、閥族の伊藤內閣と提携して失敗し、進步黨は旣に大隈重信を外務大臣として閥族の松方伯と提携して內閣を組織して失敗し、互に大勢に觀する所あり。伊藤內閣の增租案を一致して否決したるの緣故より、兩黨の反目嫉視は立憲政治の完成を期する所以に非らざるを覺醒し、兩黨を合同して憲政黨を成立せしめたり。伊藤內閣は、自由、進步の兩黨合して一大政黨を成立したるを見て、政府も亦之れに對する政府黨を成立せしめむ事を思ひ、之れを閥族元老に圖りたるも、山縣有朋の反對する所となり、激論數回に及びて決せず、伊藤內閣は爲めに總辭職をなしたり。吾人は政海の此の如く紛亂を呈したる當時に於て、道義の爲めに一線の光明を認めたるは、伊藤博文の內閣を去るに臨みて、立憲政治の爲めに後繼內閣の組織者として、政敵として抗爭し來りたる憲政黨の首領、大隈、板垣を奏請したるの一事是なり。是れ帝國の道義を發揚したるものと言はざるを得ざればなり。

大隈、板垣の組織したる憲政黨內閣は、帝國に於て初めて見る所の政黨內閣と稱すべき、閥族に反對したる所の在野政黨員の組織したるの內閣なり。此內閣にして道義を重むじ、肇國の鴻謨に則り、宏猷に徵し、肅然として國家に殉するの精神を有せしめば、帝國の立憲政治は、軌範を後世に垂るゝこと、英國の彼れが如く、內閣の更迭は極めて圓滿に、國政の進路は毫も退步せざるを見るを得べかりきも、當時の政黨人士は、道義の觀念、悉く廢頽せりと言ふにあらずと雖も、憲政黨なるもの、自由、進步、兩黨の合同後未だ日あらず、加ふるに兩黨人士の間、意思の融和せざるものあり、互に古壘を維持しつゝ、獵官の運動に營々として、立憲政治の軌範を後世に垂れむとする道義の精神なく、紛々擾々たるの時に會し、舊自由黨の事實的首領たりし星亭は、曩きに全く閥族に歸し、伊藤內閣の當時に在て、米國公使として彼國に在りしが、彼れは個人主義、金錢萬能力を共和國に學びて歸國し、板垣を擁して舊自由黨を煽動し、遂に憲政黨の內閣を破壞したり。之に由りて憲政黨は二分せられ、舊自由黨は憲政黨と稱し、舊進步黨は憲政本黨と稱するに至れり。是れ帝國の立憲政治史に於て、千古の恨事たるのみならず、此の如くして政黨人士の道義は、國家の公に奉するの精神を薄弱にし、政黨は個人の私を營むの機關たるの觀念を增長せしむるに至れり。而も憲政黨たる舊自由黨は、個人主義の黨員のみにして能く多數黨たるを保ち得たるやを疑ふものあらむ。然り個人主義にして多數黨たるを得たるは頗る怪むべきの現象なりと雖も、是れ金錢萬能力の致す所にして、多數の黨員は、皆な個人の利慾を國政の上に貪らむと欲するものにして、同氣相求め、同性相寄り、以て多數の黨員を有するに至りたるものなれば、國家の公黨にあらずして、其實は私黨たり、徒黨たるに過ぎず。故に是より後ち、汚行醜跡、政黨人士の間に續出し、道義殆むと地を拂ふの狀態に陷ゐりたるもの、吾人の痛歎長大息に堪えざる所なり。

憲政黨の內閣は、第十三回の議會を開かむとするに臨みて瓦解したり、其後繼たりし內閣は、政黨主義に全然反對する所の閥族たる、山縣有朋に依て組織せられたり。山縣內閣は、政黨主義を有するものに非ずと雖も、政黨を離れて立憲政治を運用する能はざるを以て、舊自由黨たる憲政黨と提携の條件を締約するに至れり。此時に際し、其曩きに憲政黨內閣を破壞し、憲政黨を兩分したる星亨は、分離せる所の憲政黨、即ち舊自由黨の事實上の首領たるを以て、彼れは遺憾なく金錢萬能力を應用し、個人主義を發揮し、山縣內閣と提携し、前に反對し來りたる所の增租案を賛成するに於て、巨額の金員を其政黨の運動費として領收したること、天下の齊しく認むる所となれり。是れ政黨の腐敗墮落したる淵源にして、肇國の道義たる國家を先にして、個人を後にし、至誠君國に殉するの精神、思想、觀念は消亡し盡きむとせり。國體國性共に同じからざる、帝國の君主立憲政治に向て、米國の共和政治に行はるる所の、個人主義たる、金錢萬能力を實行す、之れを如何ぞ肇國の道義をして晦瞑否塞に陷らしむるなきを得むや。其災害延て現代に至り、立憲政治をして官僚、及、私黨の玩弄物たらしめ、私利私慾を充すの器械たらしむるに至れり。憂世慨時の人士は、深く皇祖皇宗と吾人臣民の祖先と、帝國を肇造し、以て無窮に垂れたる所に鑑み、孝を追ひ、忠を守り、道義をして再び光輝を君主立憲政治の上に發揚せしめずして可ならむや。

帝國の政黨は、舊自由黨たる憲政黨は、個人主義、利慾の爲めに閥族内閣に降服し、名は提携にありと雖も、其實は奴隸たるを免れざりしなり。此の如くにして第十三回、第十四回の議會は經過したり。伊藤博文は、閥族たりと雖も、彼れは立憲政治の創立者を以て自ら任せる者、政府の非立憲なる、政黨の墮落したるを以て、立憲政治の前途を憂ひ、進みて政黨刷新の目的を以て、政友會を組織するに至り、閥族内閣に虐待せられたる憲政黨は、茲に一道の活路を得たるを喜び、全黨を擧て之に投じたり。今日の政友會は、即ち往日の憲政黨にして、往日の憲政黨は、即ち往日の自由黨なり。伊藤は此の如くにして政友會を組織し、山縣內閣に代りて政權の上に立てりと雖も、其政友會の精神は伊藤の素志に反し、依然として舊自由黨の精神なり何の政黨刷新かこれあらむや。伊藤內閣の政策は、成立の本意と齟齬する所多く第十五回の議會を經過したるのみにして倒れたり。第十六回の議會を開くときは、桂太郎の組織する內閣の成立するを見たり。是れ亦閥族內閣にして、政府と政友會の間に於て、一時的姑息的妥協を重ね、第十六回より第十九回に及び、日露宣戰の大詔を發せらるゝに至りたり。

日露の戰役は、帝國未曾有の困難に際會したるものにして、又未曾有の快擧に遭遇したるものなり。是を以て政黨政社は、主として擧國一致、君國に貢獻すべきを唱道し、多額の軍費を供給するに吝ならずして、愼重の誠意を表白したるは、肇國の道義の事變に臨みて、勃然として光輝を發揚したるものなること知るべきなり。前後二年に亘るの間は、政黨政社の行動は、唯是れ軍國の機務に遺算なきを期したるのみ、而して戰役の終局に及びて媾和條約の成立するや、帝國の戰勝に對する效果の顯れざるものあり。忠孝の道義に熱心なる帝國臣民は、少なからざる遺憾を懷き、政府の外交に於ける無能を難詰して、不穩の形勢を呈出したるも、政黨政社が愼重なる態度を執りて動く所なく、專ら戰後の經營に對して苦心焦慮したるもの、時勢の已を得ざるものあるか爲たらずむばあらず。戰役の局に立ちたる桂內閣が、媾和條約の完全ならざりしが爲め、戰捷の大功に誇りつゝ辭職破滅に歸したるは、又當然の結果なりと言はざるを得ざるなり。

戰後經營の大責任を帶び、桂內閣の後繼として組織せられたるは、西園寺內閣なり、西園寺公望は、政友會の總裁なり、然れども此の內閣たる閣員中、僅に二人の政友會員を列せるのみにして、他は閥族を以て閣員に列したり。故に政友會內閣なりと言ふも、其實は、政黨內閣にあらざりしなり。此の時に方りて、政黨政社は、道義の精神、既に痲痺し、國家の公益を主張しながら、個人の利慾に汲々たるの狀況にして、政友會は星亨の敎化、一般人士に及ぼし、徒に國家の經營を膨脹し、積極主義を唱道して、諸種の官營事業を濫設し、其間に於て個人の利慾を充さむとするに營々たり。

是を以て財政は其國力に伴ふ能はず、苛税誅求を策して、民力を枯渇し、産業の奬勵を標榜して、産業發展の資本を奪ひ、戰捷の國威に由て增大せしむべきの貿易は、生産の萎微せるが爲に目的を達する能はず。列國に對する交涉事務は、退嬰萎縮して、國權を損傷するなきかを嘆息せしむるに至れり。財政の紊亂は、經濟の不振を來し、國家岌々乎たるに至るも、之を慨歎し、之を廓淸せむとするものは、憲政本黨たる舊進步黨あるのみにて、滔々たる政黨社會は、個人の利慾を逞するの外、何等の觀念を有せす、故に少數政黨たる憲政本黨は、唯之を警戒し、之を抗擊せしに止まりしなり。西園寺內閣は此の如くにして、增稅を重ね、猶ほ財政を維持する能はずして瓦解したり。

西園寺內閣の後繼者として組織せられたるは再次の桂內閣にして、力を財政の整理に注ぎ、國債の償還を確實にしたるは、稍々見るべきものありと雖とも、個人主義を執り、國家主義を顧ふざるの傾向に走りつゝある政友會を操縱して、政府を維持するに勉めたるを以て常に政友會の强請し、脅迫する所となり、其政策は姑息に流れ、糊塗に陷ゐり、肇國の國體に鑑み、祖宗の鴻謨に則り、臣民統率の赤誠を表明するの擧に出ず。政黨をして飜然として省る所あらしめざりしは、吾人の遺憾なき能はざる所にして、危險思想の此間に於て臣民の腦裡に胚胎し來りたるが如きあるもの、又必至の勢なり。此の如くして桂内閣倒れ、再び西園寺内閣は組織せられたり。西園寺内閣は、政友會内閣と稱するに足る。然れども現内閣が帝國の道義を恪守せず、在野政黨として、多年唱道したる積極方針なるものを、一朝拋擲して、退嬰緊縮の方針を財政の上に執り、言責の何たるを顧みず、靦然として政權を私して自黨の衰運を挽回せむことにのみ心力を注ぐの狀態は、吾人が政治の隆替を叙する所に於て既に述たるが如し。

政黨政社は立憲政治を運用し、臣民多數の輿論を卜知するの機關にして、立憲政治は之れに因て行はれ、國家の安寧、臣民の幸福は之れに由て保維增進せしめらるるものたるに拘らず、帝國の政黨たる政友會は彼れが如く墮落し、國家民人に對する大責任を覺らず、國民黨たり、中央俱樂部たるもの、亦個人主義の黨内人士の間に橫溢するものなきにあらず。帝國の政黨にして、國家主義を拋棄して、個人主義を執り、國體、國性の確立して動かざる所を顧みず。一意國體國性の相違せる、歐米列國の個人主義を學ばゝ、帝國の君主立憲政治は、前途甚だ危險に陷るなきを保たざるなり。而して政黨政社の人士、議會に立てるの代議士、現代の行動たる果して吾人の述る所の如くなることなきや、吾人は好みて政黨政社を誹謗し、抗擊せむとするものにあらざるなり。唯是れ一片の孤衷、國家の前途に杞憂を抱くなきにあらざるを以て、獨り政黨政社に於けるのみならず、帝國の現代に向て、道義の旺盛ならむことを切望して已まざるが爲めに、其弊害の伏する所、其醜行の行はるゝ所を忌憚なく記述するの已を得ざるに至れるなり。

吾人は、茲に慨世憂國の人士に向て、進みて議會に於ける狀況と、政黨內部に於ける狀況とを、觀察し探查せんことを勸むるものなり。其陋態汚行は必ずや嘔吐を催さざるを得ざるものあらむ。君を愛し、國を憂ふるの赤誠なるもの、片影隻痕だも止めざるなきかを疑はざるを得ざるなり。唯是れ個人の利慾にのみ走り、小名譽を得むことに汲々として、廉耻なく、節義なく、禮讓なく、厚顏、鐵面、自己の才能經歷を顧みず、些々たる委員を自薦し、强請すること、恰も餓犬の腐肉を爭ふに異ならざるものあり。是等の徒は、類を以て集り、朋黨を結び、私黨を造り、國家あり、人民あることを忘れ、日夜個人の小名譽、個人の小私慾を充さむとするに營々たるの、卑劣心を衣紋に包みて靦然耻る所を知らず、揚々得色あるもの、尋常凡庸の人士と雖も、之を唾棄せざるを得ざるなり。孔子曰く『其耻を耻とせざるは遂に耻なし』と。現今の政治界なるもの殆んと耻なしと謂ふべきか。焉むぞ克く斯民を率ゐて、國運を恢弘し、國家の隆昌を期するを得むや。吾人之を発因に聽く、『集治檻内に在ては、強盜、殺人、罪科の最も重きもの、大手を揮て、得々濶歩し、詐僞、竊盜、罪科の最も輕きもの、肩身狹く、孳々營々彼に使役せらるゝの狀態なり』と。嗟乎何ぞ今日の政治界に酷似せるの甚しきや。鐵面厚顏の徒傲然として遠慮なく暴威を揮ふもの、衆も亦之を敏腕家なりとして賞揚す。而して恭謙辭讓の士は、彼と伍するを愧て退く、人之を馬鹿正直なり、因循姑息なりとして之を排斥す。其狀態殆むと集治檻内の狀況と相似たるものあり、嘆ずべき哉。而して彼徒の集合するや、猖々囂々、爲さゞる所なし。如何ぞ此間に一點の道義なるものあらむや。憂世の士慨時の人遂に山林丘壑を戀はざるを得ざるに至るも亦宜ならずや。

評説

我が憲政史を論ずるものは他の文明諸邦の未だ嘗て經驗せざる變態異例あるを看過すべからず常道を以て之を評し去るべからざるものあり。治外法權是れ也。治外法權撤去は擧國一致の輿論なりしは著者は尙ほ之を記憶せん其實行の任に當れる政府は之が爲めに對外軟柔政策を立つると同時に對內强硬政策の必要を認め排外熱を壓迫し外交を妨害せんとする幾多の志士を拘束するの已むを得ざりし事實も亦著者の知る所ならん。陽に憲法政治を標榜し乍ら陰に專制獨斷の實を行はんとする名實轉倒の政治は公々然國民と共に之を行ふこと能はざるは自ら明白なり。所謂秘密政治所謂官僚政治は爰に胚胎す。詭計瞞着虛飾は當然之に伴ふべき手段なるも亦自ら明白なり。著者の所謂憲政の道義なるものは是時に於て已に其根本觀念を失へり。帝國議會は政府の政策に對する操縱の目的物のみ何等獨立の活動力を具へしむべきものにあらず。選擧干涉の如きは偶々以て此の內容の一端を曝露せるものに外ならず。幾多の上奏案幾多の決議案亦何の用をか爲すべきぞ。議會は其本然の職責たる立法事業は官僚一派の手中に付し人道擁護の基本たる司法權も亦之を獨斷制度に委し甚しきは財政策に至つても唯た政府に向つて其最良方案を發見せんことを要求するに止まれり。試に現行の法律制度を見よ空論空理を以て假裝したる非立憲獨斷主義は其の間を一貫し一として人民の攻道具ならざるなく、一として人民狩の消間具ならざるはなきにあらずや。而かも議會は盲目的に之に承諾を與へたり。學風も亦之を謳歌し我國法學は國家を以て絶對無限の暴力者となし人民を以て單に之に屈從すべき牛馬となす。人道は全く泯びたり、道義は果して何の所にか其存在を保ち得ん。著者は敢て牛馬に向て忠君愛國の精神を鼓吹せんとする歟。今日人心の腐敗墮落は當然の結果のみ。日清日露二大戰爭は治外法權を撤去し日本をして對等國の實を得せしめたれば對外軟柔政策も對內强硬政策も共に其必要なきに至り立憲政治の實を行ひ國民と共に此帝國の經營をなすを得べき時態に至りたるも、上下共に戰捷の餘熱に萬事を忘却し人心の歸向に顧みる所なかりし結果は遂に有史以來未曾有の危險思想を暴露し、我立憲史上に一大革新時期を劃し來り桂西二大政治家の情意投合は現內閣を產出したるものなるか、此危險思想の原因は前內閣の政策上深く秘密の雲霧に閉鎖せられ、國民は未だ其眞相を解し得ず、甚しきは之を以て貧富の懸隔に歸するに至り、官民上下尙ほ治外法權時代の迷夢に彷徨し數十年來の陋習を因襲して依然牛馬狀態に甘んずるものゝ如し。予は著者の憂世慨時の歎聲に同ずるも、進んで人道德義の大本を回復し以て人心革新の大計を立つるの言なきを悲しむ。近作一絕あり曰く。蚍龍盤ㇾ地鶴翔ㇾ雲、汗喘誰憐牛馬群、理入ㇾ窩來常道沒、笑他章句說二忠君一。

壬子三月念八　冷灰江木衷識

帝國議會は、正議讜論の府たらざるべからず、而して今や曲辯阿世の場たり。帝國議會は、道義の砥柱たらざるべからず、而して今や罪惡の淵藪たり。帝國議會は、行政監督の位置を占めざるべからず、而して今や行政府の驅使する所と爲る。 帝國議會は、國家の安危、國民の休戚に任せざるべからず、而して今や個人の利益を本位とし、選擧人の歡心を買ふに汲汲たり。 念て此に至れば、憲政の前途、轉た寒心に堪へざるものあり。 鈴山は議政場中の一人。 善く其裏面の事情に通ずるもの。 斯人にして、賈生の痛哭を學び、激語、苦語、冷語以て其腐敗を指すや此の如し。 亦以て議會腐敗の極に達せるを知るべし。 余は志士仁人の蹶起を望む、切ならざらんと欲するも得ざるなり。

紫山山人

第十三章　帝國議會と道義　下

三　衆議院　下

衆議院は帝國臣民を代表する所の代議士を以て組織せらる、代議士は選擧法の設定せる選擧權を有する臣民の選出する所なり。代議士の一言一行は、即ち是れ選擧人の意志、及、行動の反射なりと爲さゞるべからず、個人の利慾に趨り、國家の康福を顧みず、廉恥を輕むじ節操を守らざるの意思行動なりとせば、取りも直さず是れ選擧人の意思行動なりと推定せざるを得ず。是を以て吾人は玆に代議士、及、選擧人に對して說述せむと欲するもの、衆議院の淸淨を保ち之をして其權威を維がしめんとするに外ならず。豈好みて代議士の醜行を訐き、選擧人の非違を指摘せむと欲するものならむや。然れども、現今の代議士たり、選擧人たるもの、其行動果して完全なりと爲すべきか。今や個人主義の帝國を襲ひ、現世主義の臣民を惑すもの、滔々たる濁浪の澎湃として空に漲るが如きものあり。隨て代議士及選擧人にして、國體の何たるを解せず、道義の何たるを辯せずむば立憲政治は殆ど亡國政治たるに至むとす。是、吾人の直言痛論、之を世に問ふの已むべからざる所以也。

二　代議士及選擧人

吾人は政黨政社に對し、道義の旺盛ならむことを希望したりき。政黨政社は代議士を帝國議會に出し、立憲政治の運用を敏活ならしむる機關なり。吾人が政黨政社に對し肇國の道義を嚴守遵奉して、國家に貢獻せむことを以てしたるものは、直に之を代議士に希望したるものとなすも不可なきを以て、敢て茲に重ねて代議士に希望せざるものあり。然れども、政黨政社の道義の觀念消亡し、腐敗墮落するもの甚だしく、之を二十餘年前に於ける、立憲政治創始の時に比すれば、霄壤の差あるを見る。當時政黨政社より出でたる代議士の歩武整齊、數回の解散を受くるも意とする所なく、一意君國の爲めに殉せむとするが如き、旺盛なる道義の精神は、之を今日に見る能はず。念て、當年に至れば、吾人は轉だ隔世の感なくむばあらず。

此の如く代議士の腐敗墮落したるは、個人の利慾を先にし、國家の幸福を後にするの致す所にして、肇國の道義の否塞し、晦蒙に陷りたるが爲めなりと言はざるを得ず。嗚呼此の如くにして安ぞ能く立憲政治の効果を收め、國運の隆昌を期せむことを得むや。吾人が代議士たり選擧人たる諸君に向て、造次にも顚沛にも拳々服膺せられむことを要求せざるを得ざるものは、憲法發布の時に於ける、今上天皇の勅語是なり。其勅語に曰く、

朕我か臣民は即ち祖宗の忠良なる臣民の子孫なるを回想し、其朕か意を奉體し、朕か事を奬順し、相與に和衷協同し、益々我か帝國の光榮を中外に宣揚し、祖宗の遺業を永久に鞏固ならしむるの希望を同くし、此の負擔を分つに堪ふることを疑はさるなり。

天皇の臣民に信頼せらるゝもの此の如く其れ厚し。而して現代の代議士は咸な能く天皇の信頼し賜ふ所の冀望を全ふし得べしとするか。吾人は甚だ惑なき能はざるなり。

選擧人の選擧を行ふに方り、又克く今上天皇の分ち賜ふ所の負擔に堪るの覺悟

を有すべきや。滔々たる各府縣の選擧人は、選擧の權利を以て、天皇の信賴して附與し給ふ所たるを解せざるか如きなきか。選擧權は即ち參政の權利なり、選擧權は即ち立憲政治の基礎なり。選擧人にして此權利を尊重し、之を行使するに於て、個人の私慾を去り、國家の公益を念ひ、一票の投票だも是れ立憲政治の隆替に關するものたることを觀念しつゝあるや否や。第一期の選擧より第二三期に至るの間は、候補者の政治意見を聽取し、候補者の氣品性行を調査するなきにあらざりしを以て、其選擧運動なるものは、文書若くは演説にあり。集會して酒宴を張る如きなきにあらざりしと雖も、此集會酒宴は候補者の政治意見を聽取し、性行氣品を調査するの集會酒宴なりしなり。此間に於て弊害の認むべきもののなきにあらざりしと雖も、今日の如く甚だしきに至らざるなり。是れ其選出せられたる所の代議士は、大抵政治上の經歷と抱負とを存せざるものなく、品性高尚にして、國政協贊の任務を自覺するに足るもの少なからず、數回の解散を意とせず、臣民の利益を增進し、國家の隆昌を期して已まざりし所以にあらずや。

第四五期の選擧は第二三期の選擧と甚だ異なる所なきも、集會酒宴は漸く弊害を醸成し來れるものあるを以て、選擧取締の法律を改正し之を禁止したり。而して此間に壯士運動なるもの起り、暴力强迫を以て選擧人をして自己の信認する候補者に投票せしめむとしたり。暴力强迫は最も惡むべしと雖も、當時選擧人の選擧權を行使するは、極めて正當なりしを證すべきなり。何となれば金錢物品の贈賄を以て、其志を枉げしむべからざるものあるが故に、已を得ざるの手段として、暴力强迫を敢行するに至りたるものなりと推定するを得べき理由あるを以てなり吾人は壯士的運動を惡むものなりと雖も、當時其運動の行はれたるは、選擧人の帝國の道義を恪守して動かざるの精神ありて、國家に貢献したるを喜ぶなり。而して第七八期以下の選擧に至りては、集會もなく、酒宴もなく、壯士運動も其跡を絶てり、文書、若くは演說に於て、候補者の政治意見を發表することも亦甚だ稀なるに至りたり。然らば則ち選擧の狀況は、果して能く肅然として其清潔を保たれたりやと言はゞ、否、決して然らざるなり、否大に然らざるなり。此時に至りては、選擧の方法手段たるものは、總て投票の買收となり、一票幾干の相場を定め、候補者互に買收の競爭を專らにしたるのみ。金錢萬能力の發揮せられ、選擧の勝敗、只是れ費用の多寡に於て分明なるに至れり。而して其選出せられたるの代議士は果して奈何帝國議會は、威信なく權力なく、腐敗墮落し來り、閥族官僚の操縦する所となり、議會の決定する所は、常に帝國臣民の輿論に反するに至れり。選擧人は則ち立憲政治の基礎なり、其基礎鞏固ならずして、議會の健全なるを望むべからざるは當然の結果のみならず議會の狀態に憤慨せるもの、更に選擧の狀態に鑑みざるべからず、是れ個人主義の選擧人の間に蔓延して、國家の前途を憂へざるの致す所たらずむばあらざるなり。

肇國の道義、衰頽して、個人主義の蔓延し來るに於ては、帝國の君主立憲政治は、危殆に瀕せざるを得ざるなり。試みに帝國現代の選擧狀態を看破せば、選擧人は回一回毎に個人主義の蔓延して、國家主義を蠶食し來れるを見るべきなり。故に選擧人の選出せる代議士を見ること自己の雇人に於けると一般、之を使役して毫も怪まず、寧ろ當然の事なりと思惟するもの丶如し。是れ國家主義を執るの選擧人なく、代議士は國家に貢献するを以て、其職責となすものなりとの觀念消滅するの致す所たらずむばあらず。此の如きは獨り帝國のみには止まらざるなり、佛國立憲政治の腐敗を來し、代議士の墮落したるもの、亦未だ嘗て茲に起因せずむばあらざるなり。吾人は米國人ロウエルの記述に係る佛國に於ける代議士と選擧人との關係を左に掲ぐべし。

蓋し代議士は常に有志者のみならず、他の人民も念頭に置かざるべからず、其選擧區を通じて務めて一般の人望を固ふせざる可からず。代議士は實に其選擧區民の政務を監督す可き義務ありて、且つ苦情提出恩惠分配の由て通ずる溝渠なりとす。代議士は國民的利益よりも寧ろ一地方一個人の利益を代表するとは、通常佛國に於て聞く苦情の一なり。然れども代議士の責任は此に止まらず、佛蘭西全國をして巴里の嚮導を仰がしむる所謂集中の遺傳と、人民をも助を國家に仰がしむる所謂保護的政治の慣習とは、幾多の人民をして代議士を見ること恰も首都に於ける其地方の悉皆番頭の如く、其公務の重きを加ふるに種々雜多の私用の重荷を以てせしめたり。時としては其甚だしき、實に失笑す可きものあり、數年前公開宴會の席に於て、一兩名の代議士は其選擧區より來りし書状を列擧したることありき。選擧區民の或者は、代議士に買物を託し、或者は己に代りて醫師に談合せんことを望み、而して田舍よりも巴里は便利と聞きて、代議士に產婆の雇入を請ひたるものも一人に止まらざりき。佛國代議士が其責任の重きに堪へざるも豈に怪しむに足らむや。此の如きは極端なる狀況を述べたるものならむと雖も、代議士をして氣品を高尚ならしめ、國家の安危體面を擔ふを以て其任とし、道義を恪守して職責を盡さしむるを欲せず、個人の利便を目的として選出するに至るの弊害は、現代の選擧界を通じて往々然らざるなし。之を奈何ぞ議會をして品位を保ち、權力を握りて、國政を監督せしむるを望むべけむや。

選擧人と代議士との關係は、最も條理分明ならしめざるべからず。若し此選擧人、對代議士との關係にして、條理分明ならざるが如きあらば、代議士は唯是れ個人主義に走り、自己の再び選擧に漏れざらむことにのみ勉め、媚を選擧人に呈するを以て能事とし、汲々として其歡心を買はむとに痛心するに至らむ。此の如きの代議士にして、安ぞ高尚なる氣品を有し、國家の重責に任ずるを得むや。米國人ウェルソン代議士の權能を論じて曰く。

代議士の權能に關する理論の全く確定せるは實に最近代の事なり。蓋し總て強大なる自治制度を有せる自治の國民の中には、其代議士をして自己の判斷に隨て其職權を行はしめず、只選擧區民の敎示に隨て其職を行ふ代理人の位置及職掌を有するものとなさむとするの傾向尤も甚だしかりしが、近代に及びては代議士の職掌に關する理論大に進步して、代議士は國家の事務に關し自己の判斷に從ひて行動するの特權を有し、單に選擧人の通辨者にあらずして、充分の權力を有する代表者なりとの說に確定したり。

代議士と選擧人との關係に對する、米人ロウエル、及、ウエルソンの論ずる所は極端なりと雖も、現今、帝國の立憲政治に於ける通弊に適切なるものあり。然れども代議士は、帝國の國體、國性を守り、民性風俗を詳かにし、舊慣古例を尊重し、道義を體して其職責を盡さゞるを得ざるものたるを以て、選擧人と密接なる關係を保たざるべからざるは論なきなり。是を以て地方の利害休戚の關する所にして、國政に於て處理せざるべからざるものありとせば、國家の大局より之を打算し、正當なる問題に對しては、固より選擧人と共に與に之を處理するに努めざる可らざるなり。

唯其問題の國家の大局より打算して、處理し得べきものたるや否やを判斷せざるべからず。國家の大局より打算して、處理し能はざる、全く單一の地方問題たり、又は國家的問題たりと雖も、財政の權衡上、國力の及ぶ能はざるものたるに拘らず、選擧人の歡心を買はむが爲に、汲々として之を處理せむと裝ふが如きは、國家主義を顧みざるものなり、帝國の道義は、此の如きの個人主義を容るゝ能はざるなり。

又ウェルソンは更に一歩を進めて代議士と立法事務の範圍に論及し。代議士なるものは、最高なる立法機關の一員として、政治の原動力たることを論じて、曰く。

代議士の權能に關する問題は頗る肝要の問題なり。其理他なし。近代の立法事務の範圍は非常に廣大にして、且つ立法の問題に關する事項は極めて複雜に至れるを以てなり。抑も在昔代議々會の未だ幼稚なるや、代議士は單に國王若くは貴族等の豫かじめ製造したる法律に諾否を與ふる爲めに參集したるものなりしが、是れ遠く古代の事に屬し、近代の代議士は重大なる國政を判斷し、且つ政治政略の發案者として判斷すべきものにして、其職掌は總て國家の重大なる計畫を審理し、及び總て重要なる改革を監督し、且つ時々の必要問題を議定するの事、及び總て政治の原動力は尙手中に存するものなり。故に代議士の職掌は國家の政務の複雜なると共に複雜にして、又國家の政務は社會上及び經濟上の事務の繁多なると共に繁多なり。此の如くなるを以て現今に於ては立法の事は尤も自由の運動を要し、古代の立法の殆むど夢想せざる範圍を有す。則ち立法事務の範圍は、古への如く狹少なる市的國家の單純なる必要に應ずるの事をなすに止まるものにあらずして、大國民の無限の必要に應ずる事を要す。蓋し代議士にして單に選擧人の代理人に止まらしめば、各代議士の代表する地方的利益は、單に立法事務に於て衝突を起し、競爭をなし爲に政略上の一致統一は全く破壞せらるゝに至るべし。之に反して代議士にして單に代理者に止まらず、中央政府の充分權力を有する一員たらしめば、總て國家の自治の運動は强固にして且つ實を擧ぐるを得べきなり。代議士たるの職責は、此の如く廣く且つ重し。國家主義を持し、身命を國家に貢獻せんとするの精神を有するものにあらざれば不可なり。帝國の國家主義なるものは、吾人の所謂る道義なり、道義は國體、國性に適應する所の祖宗の鴻謨なり。然るに此鴻謨たる道義を遵守嚴奉せず、國體、國性共に同じからざる、歐米列國に行はるゝ所の個人主義を持し、孜々汲々、選擧人の歡心を買ひ、唯其選擧に漏れざらむことをのみ勉むるかの如き、卑劣の行動を敢てする、人士を代議士たらしめ、焉ぞ國家の興隆を期するを得むや。

代議士たるもの其本分の職責を全せむとせば、選擧人の歡心を得るや否に關せず、一意帝國の道義を恪守し、國家の進歩發達に努めざるべからざること論なしと雖ども、選擧人たるもの、亦代議士をして地方的利害に顧慮する所なく、進みて國家の安危民人の禍福に對し、其本分を全うせしめむことに注意せざるべからざるなり。然るに現今の状況は全く之に反するものあり、國家の安危民人の禍福を度外視し、只是れ地方的事業に奔走するの代議士を以て、能く其本分を守るものなりとなし、其の地方的事業の國家大計の上より行ふ能はざるものたるに拘らず、強て之に努力せしめむとし、其努力せざるの代議士は、再び選擧すべからずとなすが如し。是れ地方をのみ利せば、國家は禍害を蒙るも顧みずとなすものにして、國家の上より論ずれば、即ち個人主義に外ならず、帝國の道義は、此の如きの行動を是認せざるなり。

帝國の君主立憲政治は、今上天皇の聖慮に出たることは、既に述たるが如く、帝國憲法を欽定あらせられたるに於て之を知り得べきのみならず、其發布の大詔に於ても已に明かなる所なり。是れ帝國の臣民たる吾人が、祖宗の遺訓たる忠孝の道義を嚴守したるの結果に依らずむばあらず。故に吾人臣民は立憲政治の完全を期し、以て聖慮に奉答せざる可からず、立憲政治の完全を期するは忠孝の道義を發揮するに在り、選擧人の代議士を選出するは、是れ臣民の道義を履行するなり、代議士の議會に列席するは、是れ臣民の道義を行はんが爲めなり。道義を發揮せむとするの觀念を有せずして、焉ぞ適當の代議士を選出するを得むや。道義を發揮するの觀念を有せずして、焉ぞ完全に法律、豫算を議定し得むや。選擧人は一票も是れ道義に因らざるべからず、代議士の一言も亦是れ道義に因らざる可らず。吾人は立憲政治の下に於て吾人臣民の政權に參與するを得たるを喜ぶと共に、責任の重且つ大なるを念はざるべからず。選擧人の輕忽なる選擧を行ひ、代議士の輕忽なる言動を執るは、是れ尊嚴なる道義を顧みざるものにして、立憲政治を墮落せしめ、又腐敗せしむるものたらざるはなし。焉ぞ國家の進運を扶植し、優渥なる聖恩に奉答することを得むや。又焉ぞ吾人臣民の康福を増進するを得むや。此の如くむば立憲政治は、是れ亡國政治たるに臻らむのみ。

◎代議士の選出は道義に依て行はれず、投票の多寡は黄金の厚薄に依て決せられ、所謂買収運動なるもの、選擧の方法たり、手段たるに至り、選擧人たるもの、私を去りて公に奉じ、國家の利害を先きにして、一身の利害を後にする道義の觀念消亡し、私慾是れ事とし、私利是れ營まむことを勉め、選擧すべき人格如何、主義節操如何を顧みず、自己の私慾を滿たすに使用すべき便利なる奴隷を求むるが如きに至らば、立憲政治の基礎破壞せざらむとするも得ざるなり。其の基礎已に鞏固ならずして、焉ぞ完全なる代議士の選出せらるゝことを望むべけむや、代議士にして完全なる人物たらざるときは、立憲政治は其効果を收むる能はざるや論を俟たず。現在に於ける選擧の狀況を觀察するに於て、吾人は殆ど之を言ふに忍びざるなり。

立憲政治に於て最も主要とすべきは、完全なる代議士の人格を有する人物を得るに在り。而して選擧は、帝國臣民の道義の精神を發揮すべきの機會なり。然るに、選擧の狀勢彼れが如くにして、焉ぞ能く完全なる人物を代議士に選出するを望むことを得むや。代議士にして完全なる人物を得ず、平々凡々、相連りて議場に列し、其の代議士なるものは、只是れ金錢を投じて購得したるものとなし、金錢萬能主義を主持し、帝國の國體、帝國の道義を顧みず、皇祖皇宗の遺訓を蔑視し、利己の前には大義なく、利己の前には名分なく、一身の利慾を先きにして、國家の休戚を後にし、私を去りて公に奉せず、操を售り、節を賣り、信なく、義なく、己れの職責を藐視するに至らば、立憲政治は名あるのみにして、其の實なきなり。立憲政治は、國家の機關にあらずして、個人の罪惡を逞する機關なり。之を奈何ぞ擧國一致、國運に貢獻するを望むべけむや。之を如何ぞ國利民福を增進することを望むべけむや。立憲政治にして果して此の如くなるに至らば、今上天皇の憲法發布の勅語に所謂『益々我が帝國の光榮を中外に宣揚し、祖宗の遺業を永久に鞏固ならしめむ』と宣べさせ給ひたる所の大目的は、啻に達するを得ざるのみならず、立憲政治は終に帝國の前途を誤まるに至るべし。豈に寒心せざるべけむや。

立憲政治は、帝國臣民の道義政治なり。吾人は臣民にして、道義を恪守せず、選擧人、は唯是れ私益を計り、代議士は唯是れ私利を營まば、立憲政治は亡國政治と化し去らむとするを慨歎するものなり。故に立憲政治を行ふ所の帝國は、道義の精神をして旺盛ならしめざるべからざるなり。是れ啻に選擧人に於て然るのみならず、代議士に於て然るのみならず、一般臣民に於ても亦然り。然らざれば選擧人を督勵し、代議士を監視する能はざればなり。選擧人をして道義の精神なく、私慾の爲めに不適當なる人物を選擧せざらしめ、代議士をして私利の爲めに不條理なる言論に賛成せざらしむるは、一般臣民の責任なり義務なり。此責任義務を懈るときは、選擧は帝國議會を健全有效ならしむるの選擧にあらずして、議會を腐敗墮落せしむる選擧たらむのみ。帝國議會は立憲政治を完全無欠ならしむるの機關に非ずして、政治を利用して、私益私慾を逞ふするの機關たらむのみ。道義の精神旺盛なるの臣民ありて、而して選擧を督勵し、議會を監視す。是を以て立憲政治は完全無欠に行はれ、而して皇猷の恢弘、國運の隆昌得て期すべきなり。苟も帝國臣民にして現今に於ける選擧の狀勢と議會の行動とを觀察し、雲烟過眼に付し去るが如きあらば、是れ實に道義の精神欠乏するの致す所たらざるべからず。嗚呼誰か帝國臣民長夜の眠を攪破して肇國の本義たる道義を發揮するものぞ。

評説

治外法權時代の政策を因襲し來れる法律制度が、人道を沒却し國民をして牛馬たらしめたる所以は已に之を說けり。現に天皇の御名に於て通常人さへ嫌忌する所の獨斷裁判制度を相續するが如きは、臣子の分を忘却したる著明の一例ならずや。敎育、宗敎、文學が如何に人民に向つて忠孝節義を皷吹するとも、諸般の法律制度は國家の權力を以て之を破壞し去るなり。五千餘萬の牛馬が選出したる代議士が、果して人道を解し得るの資格ありや否は疑問の外なるべし。唯々々々陛下が朕の臣民と宣し玉ひ、國民の選良と仰せ玉ふ事の畏れ多きを恐るゝのみ。

冷灰衷又識

謹啓益御清穆奉恭賀候。陳ば尊稿『帝國憲政と道義』一篇通讀候所、時節柄世道人心に關繋ある著作にして、就中『政黨政社と道義』『代議士及選擧人と道義』の二章の如きは、頗る今日の時弊に切中致候處不少と存候。顧ふに憲政の完美を圖るは、議院の清淨を期するに在り。議院の清淨を期するは、主として政黨の改善に待たざる可らず。而して政黨の改善を望まんと欲せば、完全なる資格を有する議員即ち品格、節操、學識の三者を具備せる人材を出さゞる可らず明治卅一年、政府が選擧法改正案を提出したる所以のものは、蓋し此に在ることゝ信じ候。されど法律制度は如何に完全なればとて、社會の狀態、國民の程度にして、進歩せざる限りは、憲政の完美は期すべからず。故に憲政最後の目的を達せんと欲せば、國民敎育の改善に賴らざるべからずと愚考致候。小生嘗て東京專門學校講師として『如何にして議院を淸淨にすべきや』てふ題目を藉りて、議院法學上の見地より聊か此に論及したる處あり候。此論旨の歸著點は大體に於て尊稿の論旨精神と闇合する所少からざるを以て、此一篇を以て、其批評に代へ度。玆に奉得尊意候也。草々不一。

雲梯生

明治四十五年三月六日
大津賢臺几下

如何にして議院を清淨にすべきや

（議院法學より之を論ず）

憲法實施以來既に十二三年の星霜を經たが、成蹟如何を考へると實に寒心に堪へないものがある、併しながら、立憲政體が我邦に不適當なりとの評を下すは、大早計なるのみならず、却て國憲を紛更するの議を免れない、故に今日の場合、奈何にして其好結果を收むべきかを講究するが、即ち吾人の本分にして、又吾人の責任であります、外國にても、立憲政治を危虞するものが大分に起つて參りましたが、小生は他の政體よりは、比較的に優つて居るが、其實施機關の奈何に依て、好成蹟にも又不成蹟にもなるのであると考へます、而して實施機關と云へば、政府と議會である、政府のことは小生の地位として今日之を論ずることが出來ない、又議會のことも、上院は論外として、茲に下院に就て聊か思ふ所を述べようと考へる、併しそれも政論は避けて、單に議院法學の上より御話致します。

議院あれば政黨がある、政黨の中には無論國家に對する立派な主義目的を有する者もあれども、又其中には私利私益を目的とするものもある、私利私益を目的とするものは、眞正の政黨でなくして、私黨である、併し憲政の充分に發達しない時代には、立派な主義目的を有するものでない、時としては私黨の所業に陷ることがある、今日我邦に存立するものが、果して私黨であるか、政黨であるにした所が、其果して眞正の政黨を以て目すべきものであるか、甚だ疑はしい、故に議院の淸淨を望まんとすれば、どうして善良なる議員の出る樣にしなければならぬ、善良なる議員を出さんとせば、選擧の初めに溯らなくてはならぬ、それで、選擧法改正の必要が起つて來た、是れが明治三十一年に政府が選擧法改正案を提出した所以であります。

如何なる選擧法が一番宜いかと云つて見ると、先づ民意を十分に議會に反射することの出來るのが最良である、故に三十一年の改正案に於ては、內外學者の説抔にては隨分進歩したるものでありますが、先づ我邦に行はれ易き方法に依りて、充分に輿論を代表することの出來るものを採用した、即ち第一には小選擧區主義を改めて大選擧區單記法とし、第二には民度の進歩に從つて、選擧權を擴張した、就中商工業者の選擧權を擴張鞏固にするの法を定めた、第三には記名投票であつたのを無記名式に改めた、第四には從來取締の方法も隨分付いて居たのを、今度は更に嚴重にした。

今述べた第一第二の改正は比例代表を得んが爲めである、第三第四は選擧の自由と公平とを保つ爲めにしたのである。

小選擧區法は少數却て多數を壓するの制度で、大選擧區聯記法は多數必ず少數者を壓するの制度である、而して大選擧區單記法は比例代表を得るの方法でありますが、或人は多數者が少數者を壓するは議院制に免るべからずと云ひますが、之に發言の機會を得せしむべからずと云ふは、實に不法の壓制を助長するのであります、選擧權を擴張し、就中商工業者の選擧權を擴張鞏固にしたるは、從來の選擧權は地主に偏重なりしが故である、是れ亦比例代表の實を得くが爲めである。

無記名式に改めたのは、何故に自由公平を保つ所以であるかと云へば、選擧には種々な情實がある、又種々な干渉が來る、それで衷心此人に國事を託しやうと思つて居りながらも、其人を投票することが出來ないと言ふやうな場合が大分ある、無記名投票にすれば、斯の如き牽束が一切なくなつてしまう、又取締を嚴重にするは賄賂脅迫の如き奸惡の手段の行はれるのを防ぐ爲めである。併しながら、是等奸惡の手段は最も隱微の間に行はるゝものであつて法律が緻密になればなる程巧に之を避くるの方法が發明せらるゝ、奈何にして、之を投票すべきかは、歐米の政治は勿論、學者が常に頭腦を痛めた問題であります。抑、議員が不正なことゝ知りつゝも或は賄賂を贈る樣なことを爲し、否らずとするも、其品位を隕す樣な所業をしなくてはならぬと云ふことが起る所以は、候補者の運動費が澤山要るからである、運動費が即ち病根である、故に英國にては法律を以て候補者の運動費を制限することにした、即ち西暦一千八百八十三年(明治十六年)に選擧人二千人までは、市の候補者は三千五百圓、郡部の候補者は、六千五百圓(法律に認定したるもの若干圓を除き)を超ゆるにとを得ず、選擧人二千人を超ゆるのは千人毎に、市に於ては三百圓、郡部に於ては六百圓を加ふることを許すこととした、此額は隨分多額でありますが、彼國の富の程度より比較するときは、我邦にては其十分の一にも當らぬものであります、それで候補者は事務所を設けて、代理者を置き(自ら代理者を兼ぬるも差支なし)若干の金員を供託し、運動に使つた費用は、悉く其手を經ざるべからざることにし、其收支の帳面は何時にても當該官吏の檢査を受けても、差支がない樣にして置かなければならぬ、而して其運動費の支出にして曖昧なことか或は其金額法定の額に超過するやうなことがあれば、奈何に選擧が公平に行はれたにしても、其當選を無効にせらるゝことになつて居る、此法律が出來てから、候補者が法外の運動費を使ふことがなくなつたのである。

候補者の運動費は、此の如く制限したけれども、是ればかりでは効能が充分でない、何となれば選擧人の方で不正なことをやつても、皆恬として恥ぢないと云ふ樣な有樣がある、是に於てか最後の斷案を要する、最後の斷案とは、即ち選擧權の取上である、賄賂、暴行其他の不正行爲が選擧の際に公けに又廣く行はれたと云ふ證跡が上つたときは、其選擧區の選擧權の全部若くは一部を取上げるのである、即ち一千八百五十二年(嘉永五年)選擧調査委員條例の制定以來一千八百八十年(明治十三年)に至るまで、選擧區の選擧權を剝奪せられたるもの、少くとも二十六あります、而して其執行の嚴重なる實に驚くべき程である、現に一千八百六十七年(慶應三年)五月三十日庶民院に於て發表したる報告に依れば、選擧人中三割八分の不正投票ありしが爲めに、此至大なる權利を喪ふたるものもあります、斯の如く嚴重に之を實行したるが故に選擧人は皆非常に戒心したのであります、實に僅かな一部分の不正行爲の爲めに、全選擧區の選擧權を無期に或は有期に取上げられてしまうのであるからたまらない、恰も『ペスト』、虎列刺の流行する時に其流行地と認められた所の部落は、如何に衞生に注意して清潔法を行つて居るものがあつても、燒拂の如きの難を免れないと同じとで、此選擧區に不正行爲があると云ふことを認定された以上は、其選擧區に奈何に善良な選擧人があつても、卷添を喰つて、一同に選擧權を取上げられてしまうのである、それであるから、善良な選擧人は不正行爲を憎み懼るゝことと『ペスト』、虎列剌の樣で、一致共同して之が豫防撲滅に從事するやうになつて來た、英國に於ては、選擧取締に關して制定せられたる法律千を以て數ふる程でありますが、以上二個の法律が出來て、一方に於ては候補者の運動費を制限し、一方に於ては選擧區民に對して嚴重の制裁を加ふることになりて以來、選擧が始めて清淨になつて來たのである、是れが英國の議會が、歐米各國に比して、潔白である大原因だろうと考へます。

英國の如き敎育が進歩し、又六七百年も選擧に慣れて居る國でさへも終には斯くの如き法律を採用して、因て以て選擧の清淨を保つ必要があるならば、我邦の如くまだ經驗淺く、敎育も幼稚なる邦に於ては、尙ほ一層此必要があると考へます、故に選擧改正案には、之に類する條例もありましたが、議會にも現はるゝことが出來ずして流產となりました、實は我邦には、私法學者が多くて公法學者がありません、公法學者がありましても、議院法選擧法に通じたるものがありませんのは歎かはしいことであります。

願ふに諸君中には既に候補者に推薦せられたる御方もありませう、又多くは選擧權を有せらるゝ御方でありませう、法律には以上の二點に就て何等の規定なきも願くは此規定あると同樣の心得で、選擧場裏に立たれんことを望みます。

以上の如くすれば、選擧は廉價に且清淨に行はるゝ事になりますが、選擧さへ清淨に行はるゝときは、議員は自ら清淨になるかと云ふに、決してそうでない、議員は立法に參與し、行政の監督權を行ふ所の重大なる權力を有するものである、故に議員をしてどうか國家の代表者たるの任務を滿足に行はせたいと云ふのが眼目である、前言ふた通り、選擧に際し人民をして自由公平に選擧を遣らせる爲めに法律規則の必要があると同じく、議院に於ても議員をして自由公平に其職務を行はせらる爲に法律の必要がある、今議員の自由を妨害するものは何であるかと言ふに、第一が獵官、第二が漁利、第三が選擧區との關係である、此三つに對し、奈何にして之を防ぐかと云ふと、我邦では獵官を防ぐ爲めに歲費を增加したのである、即ち八百圓より一躍して二千圓に上ぼした、成程局長抔を遣つて三千圓の俸給を貰ふよりも三箇月勤めて二千圓の歳費を得る方が、餘程割の好い話であるが、是に依て獵官を防ぐことが出來たかと云ふと、なか〳〵さうでない、現に某黨が在野黨になつた場合を見るに、政府に對し一番强硬の態度を執たのは、いつでも所謂官吏流である、之を視ても歳費の增加は何の役にも立たなかつたと云ふことを證します、抑獵官者の多いのは決して賀すべきものでない、何となれば官吏は經濟學者の所謂不生產的の職業で、獵官者が澤山にあれば隨て國家の實益を起すべき職業に從事する者の減ずるのである、又政治運動者は常に政變を想ふのである、それで英國では獵官防禦の爲めに政務官の數を非常に少くし、政府と一緖に更迭すべき者の數を制限して僅に四十八乃至四十五人とした、斯くの如く少數であるからして政黨の爲めに運動するものも、大抵の人は就官が出來ない、且つ就官の出來た人々でさへも、甚だ薄給である、蓋し政務官中大臣は格別であるが、大臣の下に國會次官と永久次官とがある、國會次官は即ち政務官であつて、內閣と共に更迭し、永久次官は內閣の交迭に關らず、其職に在るのである、而して政務の方針は國會次官が大臣を輔けて之を決するのであつて、永久次官は唯其指揮を仰で、之を執行するの責任があるに過ぎない、然しながら俸給から云へば、却て高くしてある、即ち永久次官の年俸は通常二萬圓であるのに、國會次官は一萬五千圓である。

斯くした原因は外ではない、恒の產ある者でなければ、恒の心がないと云ふ理由から來たのである、即ち政務官は恒の產ある者であつて其經綸が國民の輿望に適つた時には、入て入閣を組織し、國民の輿望に副はない時には、退て自分の產業を守ると云ふのである、之に反して事務官は即ち終身身を其職務に捧げて居るものである、其事務が即ち自分の職業である、故に斯の如き者には厚く俸給を與へて他の誘惑に迷はされぬやうにしてあるのである、此は餘程考へた結果である、それで英吉利などでは獵官の爲めに政治運動をするものが非常に少ない、隨て政治上の遊民と云ふやうな者もないのである、英吉利の政治社會が潔白にして、而して實業が盛になると云ふのは、無論此邊が與りて力ある事と思はれます、序に御咄するが、英吉利では、裁判官の如き地位には、其身分が終身官たるに關はらず、非常な高い俸給を與へて居る、英吉利の官吏で一番高い俸給を貰つて居るのは誰かと云へば即ち大法官であつて、大法官の俸給は總理大臣の二倍程、即ち十萬圓である、又檢事總長、檢事長の如きも總理大臣より殆んど五割以上の多額の俸給を貰つて居る、斯くの如きことは、餘程我國に於ても考へなくてはならぬことゝ思ふ。

次に漁利を防ぐの道を御話しましよう、英吉利では國庫の歲出を增加し、或は歲入を減却し、又は政府の債權を調停する議案の如きは、議員から提出することが一切出來ぬのである、議案を提出することが出來ぬのみならず、請願と雖も斯の種のものは、大藏省の認諾を經たものに非ざれば、之を受理することが出來ぬと云ふことになつて居る、之に反して我邦には斯の如き制限がない、爲めに種々な法案が出る、是れ實に財政當局者の計畫をして、左牴右牾の結果に陷らしむるのみならず、特別の利害關係に就ては、往々醜聲を耳にすること尠からぬのである、英吉利では右の如き議案を提出することの出來ぬ様になりて居るのみならず、議員に對して斯の如き運動を賴むと云ふ様なことでもあらんか、議員侮辱罪として重刑を科せらるゝのである、我邦に於ても斯くしたいものであります。

最後に選擧區の束縛、是れは餘程考へねばならぬが、今日本でも學者社會には議員は選擧區の代表者でない、國家の代表者であると云ふことが一定の論であるが、實際は中々左樣でない、堂々たる議員でさへ、選擧の時は約束の爲めに束縛せらるゝのみならず、當選後に生じたる問題に就ても、選擧區の鼻息を覗つて進退を決するものが多い、斯くの如きものは實に其本分を忘れたのである、選擧區民と議員候補者との間に奈何なる契約が在つても此契約は法律上無效のものであるのみならず、憲法の精神に違反したるものである、議員の議院内に於ける行動は、皆其の自由に任せなくてはならない、否らざれば議院の討論は用のないのである、此理窟を辨へて選擧區民たるものは、決して牽制を加へてはならない、英國では一地方限りの法律、例へば鐵道敷設、學校設立の如き、或は港灣、溝渠の建築の如きものは、悉く地方的の利害とし、之を議決するの方法も特別になりて居る、我邦には斯の如き成規がない、爲めに或は東北のものと九州のものと合體して大學設立の運動をする、或は北海道と四國と連合して鐵道補助法の通過に盡瘁すると云ふが如きことの實際に生ぜぬとも限らぬのである、是は一は獵官の目的ともなるのであるが、一は選擧區よりの絆束、否斯くの如きことに盡力するにあらざれば、再選の望がないのであるから、議員の自由を保つ爲めには嚴重の取締法を設けなくてはならない、近頃承れば或る名士が其鄕里に於て候補者たらんことを望んだ、處が鄕里の者が云ふには、成程都に於ては立派な人物だか知らないが、我黨の爲め及我鄕里の爲めには何一つ働たことがないから御免蒙ると言たそふだ是れは大なる誤である、議員は選擧區の代表人でない、又選擧は報酬でない、大選擧區法は少數を代表せしむると雖も、決して議院制度の原理に戻ることを敎へるのではない、是れ等は諸君に對し幾重にも注意して置きます。

斯くの如く選擧に際しては、其運動に多くの費用を要せざることゝし、選擧人をして自由に輿望を荷ふの士を擧ぐるを得せしむるやうにし、又獵官、漁利の途を防ぎ及選擧區の、束縛を解き、議員をして自由に其手腕を揮ふの餘地を得せしむるときは、以て始めて立憲政治の完美を期することが出來やうと考へる。

然しながら、此立憲の完美を期すると云ふことは、迚も一朝一夕に行はれることでない、今云ふ所の法律の如きは、單に一時を彌縫するの策に過ぎない、米國の碩學エモルソンは斯う云ふことを言つた『ロー、イズ、エ、プーア、バッチング』即ち『法律は慣れなる繼綴である』此所に穴が開いた、其所へ繼を當てる、此所が弱くなつた、此所へ綴を當てる、法律は實に彌縫的のもので、右に述べたる各種の法律の如きも、詰り議院に對し、慣れなる繼綴に過ぎないのである、要するに、國民の教育を進め、立憲政治と云ふものは、如何なるものであるか、又如何なる權利と如何なる重大なる義務とを國民は負ふて居るものであるかと云ふ考を懷くやうにしなければ、憲政の完美の域に達することは出來ぬのである、制度は改むるに易いが、社會の改良は六かしいものである、故に教育の力を藉るにあらざれば最後の目的は達せられませぬ。

政黨內閣を云ふものがあるか、若し之を希望せらるゝならば諸君は退て教育を盛にし、大に智識と資産を養ふ可し、英國ですら議會の開けてより五百年にして始めて僅かに出來たものを、國民の程度今日の如くにして而して今俄かに之を望まんとするは、出來べからざることを望むものである、諸君希くは奮發せられんことを。

道義なき立憲政治は、其害、專制政治と異なることなきは、帝國今日の現狀之を證す。今日の現狀より論ずれば、憲法は空文のみ、議會は愚論の府のみ、憲政は亡國政治のみ。鈴山身を政界に置き、躬親しく腐敗の現狀を目睹し、政治と道義の一致せざるべからざる所以を論ずる、大に可なり。政界廓清の志あるもの、先づ道義の精神を鼓舞して而して後根本策を畫せざる可からず。噫憲政革新の機已に逼れり。余は文王を待たずして興るものを待つもの也。

紫山山人

第十四章　官治及自治行政と道義　上

一　國務大臣及官吏

帝國の道義は、君臣共に恪守せざるべからざるものにして、帝國の主腦たり、骨髓たり。而して帝國臣民をして其首腦たり、骨髓たる道義に率由せしめざるべからざる至大至重の責任を有するものは國務大臣なり。夫れ國家の興亡は道義の盛衰に由らざるはなし。道義の盛衰は國家の興亡之に關すとせば、國家興亡の責に任ずる國務大臣は、又道義盛衰の責に任せざるべからず。而して帝國臣民をして道義を恪守せしめむとせば、國務大臣先づ自ら道義を恪守せざるべからず。其源泉濁りて末流清るものは未だ之れあらざるなり。

抑も國政は國民の道義の上に建設せられざるはなしと雖も、國政は又國民の道義と消長するものなり。善政は善果を國民に與へ、惡政は惡果を國家に與ふ、國政の樞機に任ずる國務大臣にして道義を恪守し、道義に因て國政を施さざらしめば、安ぞ臣民の道義を恪守し、其政令に服ずるを望むべけむや。國務大臣が天皇を輔弼し其責に任ずるは、帝國憲法第五十五條の命ずる所なり。國政は國家の統治權を總攬せらるゝ所の帝國の元首たる天皇の行はせらるゝ所なりと雖も、其責に任ずべきは、國務大臣なり、天皇は神聖にして侵すべからざること、又帝國憲法の第三條に掲ぐる所なり。故に國政の樞機に任ずる國務大臣は、帝國の道義を恪守するの師表たらざるべからず。

帝國の道義は皇祖皇宗の遺訓にして、忠孝を以て之れが淵源となす。皇祖皇宗は天神なり、故に帝國の國務大臣は、帝國の道義を恪守するに於て、天神に仕ふるを以て軌範となす。神武天皇の中國を平定し、皇祖天神を鳥見山に祭祀せらるゝや、當時の國務大臣たる天種子命、天富命は、之れが祭祀を司り、以て國政の樞機に任じたり、天種子命八世の孫大鹿嶋命は、垂仁天皇の朝に大夫たり、天皇の天照太神を伊勢に祠るに方り、命じて祭主たらしめたり。是、帝國の祭政一致なる所以にして、道義を恪守遵奉するの範を垂るゝ所なり。歷代の天皇を輔弼する所の國務大臣は、皆此の如くならざるなきは、上古の史傳に於て之を概見するに難からず、皇極天皇の朝に於て、天種子命の子孫たる藤原鎌足を神祇伯に拜したるもの亦此意に外ならず、而して鎌足の天智天皇を輔弼し、天下を匡濟したるの偉績は、帝國道義の之を指導したるを知るべし。亦以て上古より臣民をして帝國の道義を恪守せしむるの要義は、即ち國政の上に尊重せられたるを知るべきなり。

、政治の機關を活動せしむべき國務大臣以下の官吏は、官位官職に於て一般臣民に畏敬せらるゝ權利を有するのみならず、更に榮譽に於ても、一般臣民に尊崇せらるゝ權利を有するものなり。一般臣民に畏敬せられ、尊崇せらるゝが故に、隨て其言行は一般臣民の軌範となり、感化を與ふることも至大至深ならざるを得ず。是を以て官吏に在ては、一般臣民に異なる所の權利を有すると共に、又一般臣民に異る所の至嚴至重なる義務を擔はざるべからざるなり。至嚴至重なるの義務とは、何ぞや、即ち祖宗の鴻謨に則り、宏猷に基き國家に貢献するの義務と謹愼を旨とし、權域を守り、禮義廉恥を重むじ、高尚潔白、克く其品位を保持するの義務是なり。此權利を眞正に實行し、此義務を明確に保持するは、帝國の道義を恪守遵奉するに在り。國務大臣たる天皇輔弼の重責に任ずるの點に於ては勿論、一省一廳の長官として帝國の道義を顧みざるが如きあらば、官紀は紊亂し、國家の安寧秩序は得て望むべからざるに至らむ、道義の關する所、至大なるを知るべきなり。

政治は國家の機關にして、國家は政治の機關に由て、富强を進め、發展を期すと雖も、政治の機關は官吏に因て活動するものたり。若し國務大臣以下の官吏にして、帝國固有の國體、國性に鑑み、帝國の道義を恪守し遵奉して、其任務に忠實ならざるが如きあらば、啻に帝國の富强を進め、發展を期する能はざるのみならず、貧弱、衰頽、萎縮して、其亡滅を免れざるに至らむ。官吏の國家に對する責任たる重且大なるは論を俟たざるなり。帝國は肇造以來、國體、國性として皇祖、皇宗の遺訓を傳へ、上古に在て國務大臣をして皇祖、皇宗を祭祀せしめ、祭政一致の訓を垂れ、以て臣民を薫陶するに於て、吾人が今日、國務大臣以下の官吏に向て、帝國の道義を恪守遵奉し、國家の光輝を發揚せしめむことを切望する所以のもの亦偶然ならざるなり。官紀の紊亂して、道義の名ありて實の存せざりしものは、支那なり。孔孟の教は存在せざるにあらざりしと雖も、口に之を唱道するに止まりて、之を履行せず、銅臭紛々として常に官吏の間に充滿せざるはなし。是れ現代の事實にして世人の皆知る所たらむ、獨り支那に於て然るのみならず、彼の韓國の衰頽して自ら保つこと能はざるに至りたるもの亦官紀紊亂、賄賂横行して政令の行れざりし結果たらずむばあらず。之を帝國の歴史に顧みるに、德川幕府の衰頽して、百弊隨て生じ、終に其政權を維持する能はざるに至りしもの、其根元に於て國體、國性に適合せざるの致す所たるべしと雖も、其末世に及び、幕府創業當時の精神を失し、官吏は驕奢に流れ、苞苴公行して禮義廉耻なく、政令爲に勵行せられず、結局、外は列國の壓迫する所となり、内は尊王黨の攻擊する所となり、遂に亡滅に歸したるもの。是れ皆道義地に墜ちたるの結果にあらざるはなし。天運循環して皇政維新の大業を成就し、國運隆昌の今日あるを致したるものは、當時國政の樞機に任ずるの大臣を首とし、一般官吏が道義の精神を發揮し、至誠國家に貢献したるの結果たらずむばあらざるなり。

帝國の現代に於ける官吏なるもの、官位官職に於て、將た又榮譽に於て、一般臣民に畏敬せらるゝ權利を貪るを知ると雖も、祖宗の鴻謨に則り、宏猷に基き、國運を隆昌ならしむるの義務と謹愼を旨として威權を弄せず、廉耻を重むじて醜汚の行爲なく、高尚潔白の品位を保持するの義務とを踐行せりとなすを得べきや。吾人は之を證明する能はざるを遺憾とせざるを得ず、米國人ローウエル、墺國の文官を論じて言るあり、吾人は帝國現代の文官の狀態に顧みて、甚だ赧然たる所なき能はざるなり、其言に曰く。

若し夫れ墺國の文官に至ては其の非常なる權力を有するが爲めに特に注意を要すべきものあり。彼等は官職の保障を有し犯罪若くは懲戒處分の外其職を罷めらるゝことなし、文官の多數は日耳曼人是れを占むと雖も行政の間に黨爭を混淆することは甚だ稀なるに似たり。墺國の前首相ターフエ伯の如き身長く行政の衝に當りたるも儼乎として行政を黨爭の具に供するを排し政黨の爲めに官吏の任免交迭を行ひしことは殆んど是れ無かりき、而して是れが爲め彼は日耳曼人の爲め議會に於て反抗を蒙りたりき。事態此の如きが故に獵官運動の如きは寧ろ有るまじと信じ得るに足るべきが如し、而も墺國の政治社會に於る腐敗は深く根底に伏在するに似たり。予は敢て伏在するに似たりと云ふ、何となれば凡そ一國の官吏社會の腐敗を必ず是れありと斷言するが如きは蓋し至難のことにして看板は必しも僞り無きを證明するものに非らざればなり。然りと雖も偶發の些事恰かもよく此事に偶中するの一事あり。數年以前のことなりき、一鐵道の支配人他人と契約を結び私利を納めたりとの廉を以て告發せられたる時國務大臣の一人證人として出廷し、苞苴は上內閣の各大臣より下下男給仕に至る迄行はる、墺國の特種なる一制度なりと陳述しぬ。若し此の證言をして謬なからしめば文官の權能甚だ大にして殆んど個人の私事に迄干涉を爲して憚らざるものならむ。墺國の文官たるもの此の如くの狀態に陷りたるは、其原因の存するものあらむ、吾人は墺國の文官を論ずるものにあらず、帝國の現代に於ける官吏にして、甚だ墺國政府に似たるものあるが如き、帝國の道義は個人主義輸入の爲めに衰退を來したる結果なりと言はざるを得ざるなり。

試に近時の桂內閣たり、西園寺內閣たる所の國務大臣の行動を以て、之を維新當時の國務大臣と稱すべき官吏に比較して之を考量せば、其相距る事、霄壤も亦啻ならざるを知るに足らむ。是れ實に道義の精神旺盛ならざるの證據たらずむば非ず、看よ、彼れは王政復古、維新の大業を成就し、以て立憲政治の基礎を築きたる先覺者たる位置を占むるも、此れは彼れの築きたる王政を遂行し、立憲政治を運用し、其効能を發揮する能はざるにあらずや。彼れは肇國の本義たる國體を擁護して、國威を中外に宣揚せむとするに於て、道義の觀念旺盛なりしも此れは然ること能はざるにあらずや。西郷隆盛の王政復古の事業に於ける、木戸孝允、大久保利通、廣澤眞臣の行政に於ける、大村益次郎の陸軍に於ける、勝海舟の海軍に於ける、皇祖皇宗の遺訓たる道義を恪守し、至誠國家に貢獻したるの赤心は、成蹟の上に於て瞭然たるものあるにあらずや。伊藤博文に及びては、吾人は彼れと其政見を異にし、彼れの在世中に於て、論難抗擊殆ど至らざるなかりしと雖も、彼れを以て現代國務大臣の行動に比較して、之を觀察せば、彼は苟且偸安、一時を瞞過せむとのみする政治家にあらず、少なくとも彼が至誠國家に報ゆるの精神を有したるの形跡尠なからざりしは、吾人の認識せざるを得ざる所なり。而して現代の國務大臣及其他官吏の行動は、肇國以來の國體たる道義に出るものにあらずして。輕儇浮薄、捷才を賴み、機智を弄し、目前の彌縫是れ事とし、苟且偸安、只是れ一時を瞞過し、一身の榮達に誇り、一己の利慾を貪らむとするに外ならず。吾人は彼等の至誠以て國家に報じ赤心以て皇室に奉ずるが如き形跡を認むる能はざるなり。國家の元首を輔弼し、萬機を統理する所の、國務大臣にして此の如し。之を奈何ぞ臣民を率ゐて道義の精神を鼓舞作興するを望むべけむや、之を奈何ぞ財政を整理し、綱紀を振粛し、經濟の發達を圖り、産業の伸暢を期し、帝國の貿易をして世界に發展せしむるを望むべけむや。幹根腐朽して、枝葉枯凋せざるものはあらざるなり。滔々たる天下、輕儇浮薄の風潮上下を蔽ひ、異端邪説此の間に跋扈跳梁を極め、一點道義の光明を認むるに由なきは現代の趨勢にあらずや。嗚呼王政維新の隆運を啓き、立憲政治の大業を奏するに至りたるは、臣民道義の力に由ると雖も、日清、日露の戰役を限度として國運興隆の元氣を見る能はざるは、是れ道義の衰頽せる結果に非ずと謂ふ可からず。伊藤博文已に逝けり、大隈重信、山縣有朋老いたり。國家の前途を考れば、吾人は轉だ痛嘆已む能はざるなり。

今上天皇の御製の歌に曰く。

世の中の人の宰となる人の

身の行よ正しからなん

吾人は之を拜誦する每に、如何に大御心を國政に用ゐさせ給はるゝやに感泣せずむばあらず。而して此御製の歌につき、坊間傳ふる所の說あり、幾年の頃にやおはしけむ、憶ふに日露戰役の後なるべし。恰も宮中に於て、國務大臣に陪食を仰せ付られたるのときなりき。天皇は率爾として左右を顧みられ、大臣の一人に御下賜あらせられたるは、卽ち以上の御製なりと。叡慮の程、臣子の叨に想察し奉るべきにあらずと雖も、此時に於て特に御製を國務大臣に御下賜あらせられたるもの、深き叡慮の存する所なるべきを拜察せざるを得ざるなり。吾人は坊間傳ふる所の說を聞き、轉た恐懼に堪へざるなり。然るに、國務大臣たる諸公にして身命を國家に致すの覺悟なく、尸位素餐、一日の逸樂を貪るが如きあらしめば、所謂『獨使至尊憂社稷、諸君何以答昇平』の嘲を免れざらむと欲するも能はざるなり。知らず國務大臣たる諸公は、御製を拜誦して、慚死の思ひなかりしや否や。

官吏は國務大臣たると、其他の官吏たるとを問はず、帝國憲法第十條に於て『天皇は行政各部の官制、及、文武官の俸給を定め、及、文武官を任免す』と欽定せられたる所の、大權の發動に於て、其職責を擔ふものたりと雖ども、大權の附隨する所は其職責なり。官吏自己の行動に附隨するものにあらざるなり。温良恭謙なるは帝國の道義にして、傲慢不遜なるは道義の戒飭する所なり、然るに現代の官吏にして道義を恪守し、其行動應對を愼まざるもの多きは、天皇の臣民を愛撫し、臣民の心を以て心とせらるゝの聖旨に背反するものにあらざるなきか。近時、後藤新平の譯述に係る『官僚政治』の著者オルッェウスキーの官吏を論ずるもの、頗ぶる時弊を喝破したるを覺ゆ、其一節に曰く。

官吏は代議士に依りて發表せられたる民意の執行機關にして、人民は官吏に俸給を給し、官吏は人民の代表者によりて監督せらるゝものなりとの原則行はれたる以上は、其の自己を優等なる地位に置き、一種の威嚴を借して人民に對するが如きは、斷じて許す可からず、今日、官吏の傲慢無禮なる應對に接し、誰か憤激せざるものあらむや。

帝國の官吏にして能く以上の主趣を了解し、傲慢不遜の應對を敢てせざるものなしとなすか、吾人は屢々之を聞く、帝國の道義を守り、品位高尚に、氣節森嚴なるの人士は、官衙に出入するを厭はざるものなしと。是れ畢竟するに官吏の傲慢不遜の應對に接するを快とせざるが爲めならずむばあらず。傲慢不遜は啻に官吏たるの威嚴を保つ所以にあらざるのみならず、其職責を盡す所以にあらざるなり。況むや立憲政治の下に於ける官吏に於てをや。威ありて猛からず、恭謙能く其身を持するは、是れ官吏たるの品位を崇め、榮譽を全うし、權利を保ち、職責を盡す所以たらずむばあらず。其之を爲すは、帝國の道義を恪守、遵奉するにあるを知るべきなり。

道義の廢頽は、啻に國務大臣以下の官吏のみに止まらずと雖も、政治は國家を隆替せしむる樞機なり、樞機を司どりて其運用に任ずるものは官吏なり、故に官吏の行動は感化を臣民に及ぼすものにして、其影響の至大なる言を俟たざるなり。官吏にして道義の光輝を發揚するなくむば、一般臣民の精神思想に向て、道義の光輝を發揚せしむる能はざるなり。然るに現今官吏の行動なるものは如何、試に官僚社會の狀況を視よ、彼等は自ら一般臣民と特殊なるが如くに思惟し、比朋相援き、黨與相助け、夤緣せる內部の醜狀陋行は、一切外間に洩れざらむことを勉め、共に倶に個人の利慾にのみ汲々として、卑々屈々、上官の髯塵を拂ひ、其甘心を得むとするを以て平生の任務の如く、職責の如く思惟せざるはなし、何ぞ復國家の爲めに臣民の爲めに其職を奉ずるものたることを知らむや。　就中軍人社會に至ては、抑壓專制を强行するを以て其職責を盡せるものゝ如く思惟し、條理なく、信愛なく、下士卒を見ること奴隷の如く、我意を張り、私心を逞ふし、暴戾殘忍至らざる所なきが如し、此の如きは祖宗の道義を恪守し、與國的の精神を有する所の臣民として、益々奮勵して國家に貢獻せしむる所以にあらずして、却て向上的、發展的なる、帝國獨特の謨訓に背反し、臣民を率ゐて、自卑自屈に陷らしむるものにあらざるなきなり。　曰く軍人は沈勇ならざるべからず、曰く軍人は從順なるを善とすと、沈勇なるも從順なるも可ならむ、然れども條理なく、信愛なく、唯是れ抑壓專制の下に餘義なく屈服せしむるものは、眞正なる沈勇眞正なる從順にあらず、却て之をして自卑ならしめ、自屈ならしむるものたるを知らざるべからず。　帝國臣民を率ゐて、向上の心、發展の念を消滅し、自卑自屈の心志を助長せしめて、曰く軍人は沈勇ならざるべからず、曰く軍人は從順ならざるべからずと、之を如何ぞ帝國の勇武を五洲列國に輝かし、國運の隆昌、國威の發展を期することを得むや。

道義の師表たるべき、政治の機關を活動運用すべきの國務大臣にして、至誠赤心、君國に貢獻するの精神なく、一時を瞞着し、一世を欺罔して、個人の驕奢を擅まゝにせむとするに過ざるを以て、滔々たる天下の臣民をして道義の何者たるを知らず、國體の儼たる所、國性の美なる所を顧みず、異端邪說を喜び、新を逐ひ、奇を衒ひ、私慾を貪り、私利を博せむとするの外に何等の念慮を備へざるが如く。臣民の選良たるべき代議士は常に國務大臣の操縱する所となり、飜弄する所となり、節操もなく、廉耻もなく、職責を双肩に擔ひ、臣民に負ふ所を覺らざるに至り。國務大臣は是等の代議士を利用して自家の私慾を滿し、權勢に誇るに至る、國務大臣にして此の如し、一般官吏なるものゝ專擅放恣を極め、官紀の嚴肅ならざる又怪むに足らざるなり。國政の治績見るべきものなくして、臣民の風を換へ、俗を移すの實に激甚なるものあり、皇政維新以來僅々四十餘年にして、帝國道義の湮晦否塞する現代に至る、是れ咸な國政の機關を活動せしむべき最高官吏たる國務大臣の國體、國性の儼存する所以、皇祖皇宗の鴻謨宏猷の偉大なる所以を顧みず、帝國の道義を嚴守遵奉して益々其光輝を放たしむるの精神なきが爲めなり。嗚呼帝國の前途は轉だ寒心に堪へざるなり。天下の憂に先だちて憂ひ、天下の樂に後れて樂むの志士仁人は、抑も之を如何せむとする歟。

更に茲に特に一言せざるを得ざるものは、外交官是なり。外交官たるものは、所謂四方に使して君命を辱かしめざるの人士たらざるべからず。大使、公使を首とし、駐外の外交官たるもの、帝國を代表する者にして其職責の重大なる、論を俟たざるなり。帝國の道義は、陸海軍を訓育して祖宗の鴻謨を恢弘し、國威を中外に宣揚せりと雖も、國家は獨り陸海軍のみを以て富力を增大ならしむる能はず、必ずや生產貿易の發展、之に伴はざるべからず。而して生產貿易の發展は、外交官の手腕を要せざるを得ず。外交官にして無能無力なるに於ては、安ぞ能く、國威を宣揚し貿易を發展せしむるを得むや。國務大臣は、國內に在て、天皇を補弼し、統治權を執行する大責任ありと雖も、外交官は、國外に在て、天皇の名に於て、帝國を代表する大責任を負ふものにして、其職務の至重至高なる國務大臣と軒輊する所あらざるなり、故に國家主義たる帝國の道義は、最も外交官たるべき人士の頭腦たり、骨髓たらざるべからず。私を去て公に奉じ、個人を後にして、國家を先にずるは、外交官の本分なり、職責なり。國家主義たる帝國の道義は帝國の國體なり、國性なり、祖宗の鴻謨なり、皇猷なり、吾人祖先の教訓なり。忠孝之に由て顯れ、信義之に由て立ち、友和之に由て成る。國家主義たる帝國の道義を恪守遵奉して、克く忠に克く孝に、信義を守り、友和を保つにあらずむば、之を奈何ぞ列國に駐在して外交官たるの職責を全するを得むや。而して現代の外交官なるものは果して能く道義を恪守遵奉するの資格を具備せるものと言ふを得べき歟。吾人は遺憾なき能はざるなり。

世人口を開けば、帝國の外交官を以て無能なり、無識なりと稱す。吾人は必ずしも既往を顧みて、遼東還附事件、ポーツマス媾和談判を繰返すものにあらずと雖も、外交上失敗の歴史に鑑みて頗る遺憾なき能はざるものなり。吾人が常に痛嘆する所のものは外交官の選任なり、外交官は列國の形勢を審にし、列國の言語を解し、交際に巧に、談判に敏ならざるべからざるは勿論なりと雖も、此の如きは、是れ技術なり、技術は智識の上に之を得べし。人に智識あり技術ありと雖も、其根本たる精神なくむば、完全なるの人と言ふべからず、精神ありて、而して智識之に伴ふの人士に於て始めて外交官として、國家を代表するを得べきなり。帝國臣民の精神は、帝國の道義なり、道義を恪守遵奉せざるべからざるは論を俟たずと雖も、帝國の道義を恪守遵奉せざるの臣民は、是れ精神を有せざるなり。焉むぞ國家を代表し、至大至重なる責任を有する所の外交官たらしむべけむや。此等の人物は、假令列國の事情に通じ、列國の言語を解し、交際に巧に、談判に敏なりと雖も、一個の技術者なり、之をして國家を代表せしむるに足らざるなり。而して是等の技術者は、概ね輕佻なり、浮薄なり、翩々たる才子なり、概ね歐化主義を尚ぶものなり、個人主義を抱けるものなり、奈何ぞ祖宗の鴻謨に則り、皇猷に鑑み、國威を宣揚し、貿易を發展して、帝國の富强を策することを得むや。

帝國の現代に於ける外交官なるものは、概ね吾人の希望と反對せざるはなきが如し。是れ外交上、毎に其失態を重ね、帝國臣民の道義の精神を陸海軍に發揚して、僅かに收拾し得たるの國威を保持する能はず、隨て貿易の發展、國富の增殖を期する能はざる所以なり。吾人は徒に夜郎自大、列國を輕視するものにあらずと雖も、徒らに列國を崇拜し其脚下に屈伏して、自國を顧みざるが如きの陋態あるを欲せざるなり。其態度謙讓、大義を執り、公論を持して屈せず、浩然の氣、凌霄の節、威儀を正し、尊嚴を保つは、帝國の道義なり。而して現代の外交官たるもの、帝國の國體、國性に則り、肇國の鴻謨を體し、樽俎折衝の間に於て、敏活自在の手腕を有し、浩然の氣、凌霄の節を有し、『提挈漢節同生死』『不問羝羊解乳不』の概あるもの能く幾人かある。是れ吾人の痛歎せざる能はざる所以なり。顧ふに外交官の選任なるもの、列國の事情に通じ、列國の言語を解し、交際に巧に、談判に敏なるを選ぶの前に於て、先づ帝國の道義を恪守遵奉する人格を有するものなるや否やを考量せざるべからず然らずむば國威の宣揚、貿易の發展、得て望む可からず。是れ吾人が國務大臣と均しく外交官たる大使、公使、總領事、領事、貿易事務官とに論なく、普く外交官なるものに向て道義の精神を發揚せられむことを切望せざるを得ざる所以なり。況むや五洲列國の耳目、東邦に集注し、一衣帶水を隔る支那國は禍亂の焦點と爲り、其平和得て期すべからざる現狀なるに於てをや。

國務大臣は天皇を輔弼し、國家の統治權を執行し、其責に任ずるに於ては、固より國體のある所、國性の存する所に鑑み、肇國の鴻謨に則り、祖宗の遺訓たる帝國の道義を恪守する所の一世の棟梁にして、氣品性格共に高尚清潔ならざるべからざるは論を俟たず。而して國務大臣は帝國議會に於て勢力を有する黨派の首領たるべき人士に向て、天皇の內閣組織の大命を下さるゝに方り、其奏薦に因て親任あらせらるゝものなれば、吾人は敢て其親任に就て、言を立るを欲せず、唯だ親任せらるる所の國務大臣に向て帝國の道義を恪守して、優渥なる聖恩に奉答せざるべからずと爲すものなり。其他の文官は敕任と奏任とを問はず、大臣の奏薦せらるゝ所たり。大臣の之を奏薦するに方りて一定の法則ありて、比朋相援け夤緣相依るの弊害を避けざるべからず、是れ各國に任用試驗の行はるゝ所以にして、吾人は明治十二年に於て官吏任庸論なる一篇を世に公にし、試驗制度の行はれむことを望みたり。政府も無法則奏薦の弊害あるを認め、今日の試驗制度を行ふに至りたりと雖も試驗は學藝技術に於て之を行ふを得べし、精神品位に於て之を行ふは頗る難事なり。官吏にして學藝技術ありと雖も、其精神の修養なく、性格、氣品の下劣なるあらしめば、奈何ぞ官位官職に對する所の權利及、榮譽の權利を保持するを得むや。官吏にして其榮譽たる權利、及、其官位官職に對する所の權利を保待する能はず、貪婪にして賄賂を受け、放肆にして酒食に耽り、清節を守らず、廉耻を重せずむば、隨て官紀を保持する能はざるに至るは必然なり。　官位官職に對する權利、及、榮譽の權を有する官吏にして此の如くなるに至らば、害毒を一般臣民に及ぼすの大なる者あるに至るは自然の結果也、帝國の道義にして、國家の機關たる政治を運用すべき官吏の爲に破壞せられむ乎、帝國の前途亦危からずや。　故に吾人は官吏任用に試驗制度あるを以て安心する能はざるなり、官吏服務規律なるものありと雖も、之を適用せざるべからざるに至るは、抑も末なり、天皇を輔弼し其責に任ずる國務大臣躬先づ自ら道義を恪守し、而して、一般の官吏を戒飭し、一般の官吏先づ躬自ら道義を恪守して、而して一般臣民の道義の精神を涵養せられむこと、當然の順序にして、帝國の現代に於て最も之を急務なりと爲さゞるを得ざるなり。

評説

國家は國民の集團に過ぎず、故に精神的要素あり、又機關的要素あり精神的要素とは倫理道德にして、機關的要素とは政治經濟なり、此の二者具備すれば國家始めて鞏固繁榮なるを得可し。故に國務大臣は己れ自ら嵩高なる品性を具し、經綸の技能を有せざるべからず、若し單に機關的方面にのみ通達するに止まるは、是れ政治技師のみ、國務大臣となすに足らざる也。我が邦維新の元勳中國務大臣たるの資格を有せるもの少なからざりしと著者の言の如しと雖も、余は東西史上に於て蜀漢の諸葛亮英國の『グラッドスーン』の如きは最これに庶幾きものと信ず。

儒學は政敎一致を主とし修己治人を本領とす、近世これを以て迂僻の說となすものあり然れども政敎一致せずして國家の鞏固繁榮なりしものありや、支那は政敎一致の論ありて政敎一致の實少し、是れその振はざる所以なり。英國は政敎分離の名ありて政敎一致の實多し、是れその盛なる所以なり。但宗敎は人類を目的とし、國家を主眼とせず是れ政治と宗敎との往々一致し難き所ある所以なれども、德敎に至りては然らず國務大臣たるもの意を此に致して可なり。

壬子三月十四日夜　　市村瓚次郎

物質主義の潮流一たび我國の社會に浸潤ししより、上下相率ゐて利己中心主義を崇拜し至らざる所なし。而も官僚社會、個人主義を尙び國家の公僕たる觀念全く地を拂ふては國家の危機也。余は此章を讀み感慨禁ずる能はざる者之を久うす。

江藤南白の死後、七千餘圓の負債あり、僅に其邸宅を賣却して之を償ふを得たり。大久保甲東の薨ずるや、八千圓の負債あり、漸く恩賜金に由りて之を還すことを得たりと云ふ。西鄕南洲曰く、我家遺法人知否。不爲子孫買美田と。一身を君國に捧げて家に餘財なく、子孫の爲めに美田を買ふに遑あらざるもの、是れ南洲、南白、甲東等の國務大臣としての行動一世の師表たる所以。彼等が死して而して其の德を稱せらるゝ所以なり。今の元勳諸公や、其富彼が如し。而も彼等は果して國務大臣としての品性に於て、一世の師表たるに足る歟。余は惑なき能はざるなり。

紫山山人

第十五章　官治及自治行政と道義　下

二　名譽職及公吏

國政は、國民の俗を易へ、風を移すこと極めて速かなるものあり。苟も國政にして道義の行はれざるあらむ乎、紀綱張らず、事務擧らず、其國民は奢侈遊惰に陥り、放肆淫逸に流れ、隨て弊害百出、國家の衰亡之に伴はざるなし。是れ世の古今を問はず、國の東西を論せず、皆其軌範を一にする所なり。之を帝國の既往に徵するに、德川幕府の亡滅に歸したるものは、其の國政を掌る所の官吏帝國の道義を恪守遵奉せず、國體、國性の存する所を知らず、徒に專制抑壓を事とし、輿論を顧みざりしを以て、國民驕奢を競ひ、遊惰に耽り、紀綱紊亂、財政困難、一たび外國の壓迫に際し、周章狼狽、措く所を知らず、終に自ら其政權を失ふに至りしなり。豈獨り國政のみならむや、一府縣、一市町村の政治と雖も、皆此くの如くならざるはなし、蓋し一市一町村の自治機關は、其一市一町村の政なり、而して自治機關を活動せしむべき公吏は、其職務に於て、大小輕重の別こそあれ、其責任に至りては、國家の責任を負ふ國務大臣と異なる所なきなり。故に吾人は、市町村、自治機關の公吏に對し、帝國の道義を一言せざるを得ざるなり。

帝國の上古、中世、及近代に至るの政治は、必ずしも完全なるものと謂ふ可からず、隨て其政治の國體國性に適せず、風俗習慣を破壞することなきにあらずと雖も、永久的に繼續する能はざりしなり。蓋し國家成立の起原を論ずれば、或は國家は神の造れるものなりと云ひ、歷史の自然に發達したるものなりと云ひ、社會契約に成るものなりと云ひ、其他種々の議論なきにあらずと雖も、此の神學說、歷史說、社會說は現今學者の唱道せらるゝ所なり、帝國肇造の大體に於ては、吾人已に之を論ぜるが如く、神學說、歷史說に近きものありと雖も、社會說とは全然反對背馳する所あるを知らざる可らず。社會說なるものは、社會の組織は總て契約に由て成立するものとなす、國家も契約によりて成立し、市町村も亦契約によりて成立するものなりとなす、是れ概ねルーソー學派の主張する所なり。帝國の肇造せられたるもの固より契約に起因するにあらざるは論を俟たずと雖、帝國の市町村なるものゝ成立も亦契約に由るものにあらずして、天然性、地理的より來る民族の發達に起原せるものなり。家族制度は、風土に依りて能く部落を造成し、部落の發達せるに從て市町村たるに至りしは、自然の勢にして、帝國臣民の咸な克く知る所、誰か又疑を懷くものあらむや。吾人は玆に市町村の成立を論ぜむとするものにあらずと雖も、國政は國體國性に由て行はざるべからざると同じく、市町村、自治機關も、市町村の成立に鑑み、其自治機關を活動せしめざるべからず。而して市町村の成立する所の天然性、地理的より來る民族の發達に隨て、帝國の道義を擴充し、之を恪守せられざるべからざるなり。

吾人は國政の上に於て、國家成立の起原を以て、契約に置く所の說を絕對的に排斥するものなり。故に市町村の成立に於ても亦然らざるはなし。蓋し國家は市町村を連絡して郡府縣となし、郡府縣を連絡して、統治權を總攬するの君主を戴き、國政の機關を備へたるものたればなり、帝國肇造の歷史、之を證明して餘蘊あるとなし。歐米の文物我れに輸入せらるゝや、社會契約說流行し、社會萬般擧て之を法律の範圍に包藏し、法律にあらざれば以て安寧を保全し、秩序を維持し能はざるものとなすに至る。吾人は法律を必要にあらずとするものにあらざるなり、法律固より可なり、然れども、法律なるものは國體國性に基き、風俗習慣により制定せられざるべからず。苟も風俗習慣にして尊重せられ、嚴守せらるゝあらば、必ずしも法律の制定を必要とせざるなり。風俗慣習にして破壞せられむとする、是れ法律の制定を必要とせざるを得ざる所以なるべし。而して社會萬般の事を擧て、一に之を法律の範圍に包藏し盡さんとするもの、吾人の甚だ喜ばざる所なり。帝國往時の國政は必ずしも完全無缺なりしと言ふにあらずと雖ども、又克く風俗慣習を尊重し嚴守して數章の法度禁制、以て治蹟を擧げたるの例、概見し難からざるものあり。英國の風俗を尊重し、慣習を嚴守して、立憲政治を創設し、以て今日の發達を見るに至りたるもの亦龜鑑とせざるべからざるなり。國政の上に於て風俗慣習を尊重せざるべからざること此の如し、況むや市町村の自治機關に於てをや。然らば則ち、自治機關を活動せしむべき吏員は、最も風俗慣習を尊重恪守して、圓滿に自治の成績を擧ぐるに努めざるべからず、是れ吾人の所謂、帝國の道義を遵奉するものなり。若し然らずして法律を壘とし、規則を楯として、市町村民と相對峙するが如きあらば、是れ實に自治機關の基礎を破壞するものにして、抑も亦帝國道義の罪人なり。

吾人が市町村、自治機關の公吏に向て、風俗慣習の尊重し恪守せざる可らざる所以を論ずるは、市町村は、風俗慣習の發生する所にして、善良なる慣習、高尚なる風俗は、自治機關の公吏に依て保維せらるゝ所のものたればなり。帝國の道義は、善良なる慣習を造成し、高尚なる風俗を建設すると共に、高尚なる風俗に由り、善良なる慣習に由て、帝國の道義は其光彩を發揚せらるゝものたればなり。故に道義の頽廢する所の市町村は、必ずや風俗高尚ならず、慣習善良ならずして、奢侈遊惰に流れ、放肆淫逸に陷らざるはなきなり。之を奈何ぞ其市町村の産業を作興し、商業を振起し、敎育を旺盛ならしめ、以て市町村民の福利を增進し其富力を發展せしむるを望むべけむや。其市町村の福利を增進し其富力を發展せしめむと欲せば、須らく帝國肇造の天則に基き、國體國性の存する所に鑑み、祖宗の遺訓たる道義を遵奉して益々高尚なる風俗を尊重し、愈々善良なる習慣を保守するを努めざるべからず、法律規則は、風俗慣習を骨子として制定せられたるものたらざるはなしと雖も、是れ一般的にして地方的にあらざるなり。地方の市町村、自治機關の公吏は法律に由り、規則に從て、機關を活動するの上に於て、其法律規則を風俗慣習に適合せしめ、之に背戾せざるの方法手段を盡さゞるべからず。是れ實に法律規則を善用し活用するものと言ふべし。

凡そ國家の政治と、地方の自治機關とを問はず、人民に直接し、事務執行の局に當るもの、重要なる責任を有せざるはなし。人心の同じからざるは其面の如く、個々別々各相同じからざる所の心情を有する人民に直接し、事務を執行し、一般臣民に對し、其怨恨なく、不平なく、圓滿的に其治績を擧るは頗る困難なると論を俟たざるなり。而して市町村、自治機關を活動せしむるの職責を帶る所の公吏は、日常總て個々別々の心情を有する人民に直接して公務を所理せざるを得ず、困難辛苦の狀想察するに難からず、而して其能く治績を擧ぐるを得るは、豈法律規則の能く成す所ならむや。是れ咸な忠孝に淵源する帝國の道義を恪守し、遵奉し、相和し、相信じ、一町村一家の如く、協睦親善なるの致す所たらずむば能はざるなり。吾人が帝國の道義を論ずるに當り、特に自治機關の公吏に向て、之を證明して、帝國の君主立憲政治は、國體國性の存在する所を認識し、風俗習慣の尊重せざるべからざる所を覺知せしめむと欲する所以のもの。又自治機關の公吏をして益々道義を遵奉するの觀念を旺盛ならしめむことを切望する所以のもの、即ち茲に在り。歐米の法律規則は如何に善良なりと雖も、帝國に在て眞に其效能を認むべきにあらざるなり、他人の經驗は我れの經驗にあらざると同一般なるを知らざるべからず。

市町村、自治機關の公吏を名譽職と稱するものは、市町村の自治機關を活動し、以て其效果を收むるの頗る困難苦辛の存すべき所にして、市町村自治の善美なるは、國家の政治を善美ならしむるものにして、國政の根元は市町村の自治機關に存するは論を俟たず。規模狹少なりと雖も、其關係する所重大なり。此の困難にして苦辛を要する自治機關を活動せしむるの公吏を名譽職と稱するの不當に非ざるを知るに足らむ。而して名譽なるものは給料を受くると否とに因て分るゝものにあらざるなり、給料を受けざる者を名譽なりとせば、給料を受くる所の者は不名譽なりとせざるを得ず、天下豈此の如きの道理あるを許さむや。又名譽なるものは自治機關を活動せしむる職務に專任するものと、個人の業務の傍ら其職務に任ずるものとに由て區別せらるゝものにあらざるなり。個人の業務の傍ら其職務に任ずるものを名譽なりとせば、其職務に專任するものは不名譽なりとせざるを得ず。天下亦豈此の如きの道理あるものならむや。市町村、自治機關を活用するの公吏にして、其職務に任ずるものは、總て名譽職たらざるべからず、何となれば其職務や人民に直接して、治蹟を擧げざるべからざるものにして、人民に對し怨恨なく、不幸なく、圓滿的に事務を處理するは、衆望の期する所、名譽の集る所にして、此の名譽、此の衆望を擔ふて、風俗を高尙ならしめ、慣習を善良ならしめ、産業を作興し、商業を振起し、敎育を普及せしめ、以て人民の福利を增進し、其富力を發展せしむるものなればなり。其之を爲すは帝國の道義を恪守遵奉するものにあらざれば能はざればなり、豈之を名譽の職なりと言はざるべけむや。

市町村、自治機關を活動せしむる所の公吏は、帝國の道義を恪守遵奉するの模範を表示すべきの至大至重なる職務を有するものなり、是を以て之を名譽職と言ふ。名譽職を奉ずる所の公吏は果して能く吾人が說述する所の職責を全うして謬なしと言ふを得べきか、市町村制實施以來、茲に三十四年、多數の市町村中に於て、吾人の希望と全く齟齬するものあるは已を得ざるべしと雖も、而も現代の市町村公吏なるもの、克く其名譽職たるの責任を自覺し、道義を恪守遵奉して、模範を表白せむとするものゝ言行を執る、實に寥々たるを痛嘆せざるを得ざるを奈何せむ。是れ歐米の敎化急激に帝國に蔓延し、個人主義一變して私慾主義、利己主義となり、帝國の國體たり國性たる所の高尙なる風俗、善良なる慣習を破壞し、其名は君主立憲政體たるに拘らず、國家主義は全然衰頽し、其實は共和政體たる契約主義、勃然として熾盛を極め、法律規則に背戾し牴觸せずむば、私利を營み、私腹を肥すは、當然の所爲なりとなすに至り、信義を守らず、廉耻を解せず、帝國の道義殆むど地を拂はむとするもの、現代市町村の實狀にして、吾人の常に浩歎大息に勝へざる所なり。是れ共和政體たる法治國に於ても不可なり。況や萬世一系の天子を奉戴せる所の君主立憲政治を布かるゝ所の我大帝國に於てをや。市町村、自治機關を活動するの公吏たるもの、國體國性に鑑みる所なくして可ならむや。

吾人は國務大臣、及、其他の官吏に對し、帝國の道義を恪守遵奉せられむことを望むに於て、現代の官吏に行はるゝ所の弊害を縷述して、官吏たる品位を守り、威嚴を備へ、清廉に潔白に高尚に、恭謙ならむことを切望したり。官吏たると公吏たると、其名稱に區別なきにあらずと雖も、均しく國家の行政若くは公務を負ふものたるは論を俟たざるなり。況むや公吏は名譽職なるの稱號を荷ひ、人民に直接するものたるに於てをや。公吏諸君は實に君主立憲政治の基礎たるべき事務を擔任し、市町村會、府縣會、帝國議會の議員選擧に當りては、又其選擧事務を分擔せるものたり。選擧は最も公平に、最も神聖に行はるゝにあらずむば、立憲政治は完全に發達すべきにあらざるなり。吾人は帝國の君主立憲政治は、帝國臣民の道義の上に建設せられたるものなるを確信するものなり。道義廢頽せば立憲政治は亡國政治たるべければなり。

立憲政治に、道義の最も旺盛ならむことを望むは選擧なり、選擧は立憲政治の基礎を形成する所たればなり。選擧に於て道義行はれず、賄賂買收、種々の惡弊行はるゝことあらむ乎、其基礎は確實に形成せられたるにあらざるなり。之を如何ぞ、立憲政治有終の美を見ることを望むべけむや。立憲政治の下にある帝國臣民は、官吏なると、公吏なるとを問はず、政黨政社に加入するを妨げざるなり、然れども職を官吏に奉じ、職を公吏に置くものは、官公吏たるの職務を執行するに方りて、自己の加入せるの政黨政社に利益を與ふべきの行爲を許さゞるなり。是れ公吏諸君の均しく知らるゝ所なりと雖も、知て而して之を守らざるものあるを如何せむ、諸君は細末なる職務を整理し、微小なる事件を所辨するに於ても、常に風俗に違ひ、慣習に戻らざることを注意せざるべからず。風俗慣習は是れ國體國性の因て起る所にして、帝國の道義は即ち國體國性たればなり、故に吾人は公吏たる諸君に向て道義を恪守遵奉せざるべからざるを切言すると共に、道義の保護者たり、養成者たるを自覺せられむことを希望して息まざるものなり。

市町村、自治機關の活動を司る所の公吏の職責たるや、至大至重にして、帝國道義の盛衰消長、一に公吏諸君の職責に繫れり。國體國性を維持し、人情風俗を愛護し、舊慣古例を保全し、進て以て立憲政治の美果を收むるは、公吏諸君の職責なり。公吏を名譽職と稱する誠に當然なりと謂ふべし。顧ふに帝國の君主立憲政治の完美を期し、天壤無窮の皇運を翼賛するの方法は、全く國體國性と、人情風俗と、舊慣古例とを愛護し、保持するにあり。是れ吾人が帝國の道義の益々旺盛ならむことを切望する所以にして、帝國の道義は皇祖皇宗の遺訓なり、皇祖皇宗は天神にして、遺訓は即ち神道なり。帝國の神社を祭祀せらるゝもの、天神の遺訓たる神道を、一般臣民に普及せしむるにあり。市町村に祭祀せらるゝ所の神社は悉く皇祖皇宗を祭祀せるものにあらざるべしと雖も。皇祖皇宗の遺訓を紹述して國家に貢獻し、模範を臣民に垂れたる所の功臣たらざるはなし。故に之を崇敬し、之を祭祀し、敢て懈る無き所以のもの、即ち祖宗の遺訓たる道義をして、臣民の間に旺盛ならむことを期するに外ならざるものと知るべし。

中世、及、近世に至りて、佛敎、耶蘇敎の輸入せられ、人類平等、無差別の敎義は、一般に傳播し、個人主義は國家主義を淩駕するの勢を呈するに至りしも、帝國の國體たる道義未だ消滅せざるもの、日清、日露の戰役に於て、大に道義の精神を發揮せられたるを以て知るを得べし。苟も帝國の道義にして衰滅せむか、帝國は滅亡するの時たるを念はざるべからず。是を以て帝國の道義たる祖宗の遺訓は、今上天皇の勅語に於て屢々渙發せられざるはなし。祖宗の神靈を崇敬し、祭祀を懈らざるもの即ち國體國性を維持し、人情風俗を愛護し、舊慣古例を保全し、之をして道義の精神を發揮せしめむとするにあり。故に國家は神宮及官國幣社の祭祀を懈らざる也、府縣郡市町村に於ては、又府縣郷村社に對し、祭祀を懈るが如きとありて可ならむや。國家が特に府縣郡、市町村に向て、神饌幣帛料を府縣郷村社に供進すべきものと定められたるは、即ち皇室、及國家が奉幣勅使を神宮、及、官國幣社の崇敬祭祀に派遣せらるゝの旨趣と同じきを知るべし。是れ一に帝國の君主立憲政治を鞏固にし、三千載の帝國をして愈々興隆ならしめ、天壤と共に無窮ならむことを期せらるゝ所以にして。亦實に公吏諸君をして帝國の道義を恪守遵奉して、一般臣民の模範たり、師表たらしめむとする所以なり。

評説

古今朝野の別なく、一般人士の齊しく忘るべからざるは之を道義の觀念となす。人にして道義の以て信ずべきなく、徳操の以て尊ぶべきなからむか、上下離背内外懸絶又収むべからざるものあるに至らむ。顧みるに我肇國の大本は家國一致敬神念祖忠孝一本の道を守るに因りて起り、我國體の宇內に比類なき所以のもの亦一に此に存す。然るに政治經濟の進運に方り、制度文物百花爛亂の觀を致すの秋、或は國民道德の本領を忘れ、民族固有の光華を損ふことあらむか、奚んぞ能く國家の盛業を永遠に傳ふることを得むや。今本書を閲するに敍事剴切議論眞摯人をして襟を正さしむるものあり。惟ふに著者の父君拍樹堂夙に國學を修めて鄕黨に令名あり、君箕裘の業を紹きて斯學の爲に貢献せらるゝ所多し。今亦此著あり、乃ち玆に一言を敍して本書の成るを慶す。

井上友一

地方自治は、立憲政治の基礎たり、根蔕たり。英國が憲政の完美を以て稱せらるゝ者は、他無し、數百年來、鎔鑄陶治せる地方自治の良風善俗之が素を成せるを以てなり。佛國が黨派政治の結果、內閣の更迭頻繁、國是動搖するに係らず、猶且つ行政機關の運用を誤らず、共和政治の基礎を破壞するに至らざるもの、亦全く地方自治の要素鞏固なるの致す所なり。 飜て帝國地方自治の實狀を察すれば、其機關は動もすれば黨人の濫用し、破壞し、震蕩し去るに任せ、毫も之を矯正するものなし。 是れ即ち地方自治の一大危機なりと謂はざる可からず。 余は此點に於て、鈴山と共に其憂を同うするもの。 若し夫れ矯正革新の方法手段に至りては、余は切に之を經世家に望まざるを得ざるなり。

紫山山人

第十六章　司法制度と道義

吾人が帝國の道義を述べ、帝國の君主立憲政治をして、善良なる發達を遂げ、國家の隆昌を扶植せしめむとするに於て、一言せざるべからざるは司法制度是なり。司法裁判所、及、裁判官なるものは、元來道義に由て成立するものにして、道義に由らずむば其裁判は神聖なるものにあらず。故に裁判所なるものは、道義の府なりと言ふも過言にあらざるなり。元來國家の法律なるものは、國體國性に淵源せざるべからず、風俗慣習に基因せざるべからず。帝國の國體國性は帝國の道義にして、風俗慣習は道義の產する所なればなり。故に帝國の法律なるものは、帝國の道義に由て制定せらるゝものにして、此の道義に由て制定せらるゝ所の法律を適用して、裁判を行ふ所の裁判官なるもの、道義を恪守遵奉せずして、焉ぞ其職責を全うするを得むや。

法律なるもの、元來帝國の道義に由て制定せられざる可からずと雖も、法律は自ら活動するものにあらず、必らず裁判官に由て活動する者なり。其法律を活動せじむべき裁判官にして、國體を辨せず、國性を解せず、風俗慣習に通ぜずむば、克く帝國の道義を體し、裁判の神聖なるを望むべからざるなり。帝國の道義は、國體國性の淵源にして、風俗慣習を產出する根源たるに於て、帝國の道義に由て制定せられたる法律を適用するの裁判官たるもの、躬自ら道義を恪守するにあらずむば、法律の精神を解釋する能はざるや必せり。已に法律の精神を解釋する能はずして、焉むぞ法律を活用することを得むや。故に吾人は帝國の道義を逃べ、立憲政治の善良なる發達を遂げ、國家の進運を圖るに於て、司法裁判所、及、裁判官を以て、最も道義を恪守遵奉せざる可からざるものと爲す者なり。

帝國の司法權は、帝國憲法、第五十七條より第六十一條までの五箇條に於て欽定せられたり。第五十七條に曰く、『司法權は天皇の名に於て、法律に依り裁判所之を行ふ』と。而して其第二項に於て『裁判所の構成は、法律を以て之を定む』とあり。是に由て之を見れば、司法權なるものは、全く天皇の大權に屬し、裁判所をして之を行はしむと雖も、其裁判を行ふ所の裁判所の構成は、之を立法府に屬せしめられたり。之を歐米列國に見るに、英國の如き、佛國の如き、憲法上に於て、設定せられたる法廷なきにあらず。英國の貴族院、及、樞密院の司法委員會の如き、獨國の聯邦參議院の如きありと雖も、其他の列國は槪ね皆司法部なる裁判所の構成は、立法府に委任せられざるはなし。帝國憲法第五十七條に於て、裁判所の構成を立法部に屬せしめられたるもの、亦當然なりと謂ふべし。立法部に於て裁判所構成法なるものを制定し、大審院、控訴院、地方裁判、區裁判の四種に分ち、各々其職務權限を附せられたるは、五洲列國の例に據られたるものなりと雖ども、帝國は自ら帝國の國體國性に基き、地理人情を參酌し、風俗慣習に適合せしめたるものにあらざるはなきなり。

人の性は善なりと云ひ、又惡なりと云ひ、人は苦痛を忍びて善に達するものなりと云ひ、人は快樂を好みて善を行ふものなりと云ふと雖も、人性の歸着する所を研究、解釋したるもの、古來未だ曾て之あらざるなり。是を以て紛爭と爲り、暴行と爲り、或は財を奪ひ、或は人を傷け、騷動擾亂、底止する所なきもの、社會今日の常態にして各國皆然らざるはなし。故に國家之を制裁し、之を處分すべきの法律なくむばあらず、既に法律あり、之を適用すべきの司法裁判所、裁判官無かるべからず。帝國の往古は、成文法律なるもの悉く備らざりしと雖も、肇國以來の國體に基き、國性に從ふ所の習慣法なるものなきにあらず、習慣法なるものは是れ道義なり。道義に由て紛爭を解き、暴行を制し、財を奪ひ、人を害するものを所罰す、故に檢非違使、判官等の官職を置きたるは、之を歷史に徵して斑々考ふべし。國家の開明に趨くに從ひ、社會人事日に、複雜と爲り、其法律も亦漸次完整周密を加ふるに至れり。故に今上天皇、皇政維新以來、政府は司法權獨立の基礎を定め、神聖の裁判を以て、身體、生命財產の安固を保持するを期し、帝國憲法を欽定し、君主立憲政治を建設し、全然司法權の獨立を確立し、終に現代の制度を見るに至りたるものなり。

國家の法律は、其國の人情風俗に基因し、舊慣古例を斟酌し、漸次に條文に制定せられたるものなりと雖も、國各國體國性を異にす、隨て人情風俗の同じからざるものあり、舊慣古例も亦隨て異同なき能はざるなり。故に帝國の法律は、帝國固有の國體國性に基き、人情風俗を尊重し、舊慣古例を斟酌して制定せられたるや、論を俟ざるなり。米國人ウイルソン言へるあり、『各人民、及、各國家は、自個の經驗に從て生存するを得ざるが如く、國家も亦決して他國の經驗を借用するを得ざるなり』と、法律の制定せらるゝや、全然自國の經驗し來りたる所の舊慣古例に由らざるべからず。帝國は肇造以來、茲に三千載の國體國性を保維し來り、五洲列國、其比類を見ざるの帝國なり。而して其舊慣古例も亦三千載の經驗を重ね來れるものたるに於て、之を如何ぞ尊重せずして可ならむや。帝國の法律なるもの、開國の國是に依り、五洲列國と親交を結び、彼の文物憲章の輸入し來れるの後に於て、制定せられたるものたるを以て、其外形組織に於ては彼れに摸倣したるもの少なからずと雖ども、其精神たるや、帝國の固有のものなりとなさゞるべからざるなり。此の如く帝國の法律は固有の國體國性に基き、人情風俗を斟酌し、舊慣古例を尊重して制定せられたるものといせば、是れ即ち帝國の道義の實現したるものなりと言はざるを得ざるなり。

帝國の道義の實現したるものは、帝國の法律なりと言はざるを得ずと雖ども、歐化主義の流行し、彼を尊びて先進國なりとし、我を賤みて後進國なりとなすの現代に於て、制定せられたるの法律なるもの、果して國體國性に基き、人情風俗を斟酌し、舊慣古例を尊重したるものなりと斷定する能はざるは、吾人の常に遺憾に堪へざる所なり。然れども法律の活用は要するに之を其人に俟たざるべからず、而して法律を活用するは司法裁判所にして、裁判官の執行に由らざるべからず。故に法律を執行する裁判官たるものは、躬自ら道義の指導者となり師表者とならざるべからず。苟も裁判官にして道義の指導者たり、師表者たるの地位にあらしめば、假令法律は歐米列國に行はるゝ所を摸倣したるものとなすも、法律を活用するに於て、之を國體國性に戻らざらしめ、之を人情風俗に背かざらしめ、之を舊慣古例に適合せしむること、敢て難しとせざるなり。之に反して法律を活用する所の裁判官にして此精神に乏しとせば、帝國の道義は廢頽し、帝國の國體國性、及人情風俗と、及舊慣古例とは破壞せらるゝに至らむ。果して然らば今上天皇の光輝ある歴史の成績を貽したりと宣せられたるもの、又現代を限りとせざるを得ず。故に帝國を扶植するもの、吾人一に之を裁判官に庶幾せざるを得ず。

帝國の司法裁判所、及裁判官たるや、帝國憲法第五十八條に於て欽定せらるゝ所なり。而して此の欽定たるや、文武百官中に於て特別の欽定にして、是れ實に裁判の神聖にして獨立ならむことを期したるなり。帝國に此神聖なる裁判あり、因て以て臣民の身體、性命、財產の安全を確保するを得べし。裁判官たるの職權たる、至大至重なりと言はざるを得ず。此至大至重なる職權を擔ふ所の裁判官たるもの焉むぞ肇國の道義を恪守し、忠誠以て國家に報じ、信實以て天皇の臣民に臨む所なくして可ならむや。帝國の現代は、國體國性共に異り、人情風俗共に同じからざる所の歐米各國に行はるゝ個人主義、輸入し來り、個人を先にし國家を後にし、公利公益を輕むじ、私利私慾を重しとするの結果、其訴訟は民事たると刑事たるとを問はず、個人主義の觀念より湧出し來らざるはなきなり。個人の權利固より重せざる可らず、然れども個人の權利を行使するが爲めに、國家の安寧を妨げ、秩序を紊し、利益を害するを許すべからざるなり。帝國の君主立憲政治は、國家の安寧秩序を保ち、國家の興隆盛榮を期し、個人も亦其慶に賴らしめむとするにあり。而して之を爲すこと如何、曰く、帝國の道義をして、益々光輝を發揚せしむるに若かざるなり。裁判官たるもの、其至大至重の職權を行使するに於て、必ずや此の精神、此の觀念なくむばあらざるなり。

司法裁判所の裁判をなすに方り、特に吾人の希望を開陳せざるを得ざるものは檢事なり。檢事は行政官にして司法大臣の下に在るものたりと雖も、亦裁判官と共に裁判に關係するものなり。檢事の職務たるや最も廣大なり、故に責任も又重大ならざるを得ず。其廣大なる職務を執り、重大なる責任を盡すに於ては、造次だも、顚沛だも、忘るべからざるは帝國の道義にして、國體國性に照し、人情風俗に鑑み、舊慣古例に依り、以て犯罪者の起る所を考量せざるべからず。犯罪者の起るや、必ずや道義の觀念に變化を來すに因らざるはなし、是れ國家盛衰の岐るゝ所にして、微細の點に於て國家の大勢を想察するに難からざるなり。然るに、檢事なるもの、道義の精神なくむば、國體國性を見ること甚だ輕く、人情風俗に通ずること甚だ薄く、舊慣古例を守ること甚だ乏しからざるはなかるべし。而して唯是れ現世主義を以て裁判事務を執行するが如きあらしめば、國家の將來を危するものにあらざるなきか。帝國をして君主國たらしむるも、共和國たらしむるも、個人の現世に於て安穩幸福に過すを得ば足れりとなすものならしめば、或は可ならむ。然れども、帝國臣民たる吾人は、祖先あり、子孫あり、萬世一系の天皇を奉戴して三千載の光輝ある歷史の成蹟を貽し、又之を天壤無窮に傳へざるべからざるものなりとせば、帝國臣民の身體、性命、財產を確保せしむべきの職責を帶るの檢事は、帝國の道義を恪守遵奉して、犯罪者の續出する所を道義に鑑み、犯罪者を處分する所も亦道義に鑑みるの覺悟を有せずして可ならむや。憶に現代の檢事なるもの、必ずや道義を恪守せざるはなかるべし、又何ぞ吾人の喋喋を要せむや。

現代の裁判に向て、世人の常に遺憾を懷くなきを得ざるものは、何ぞや。司法裁判所及裁判官は、帝國憲法の欽定せらるゝ所により、立法、及、行政の兩部と對峙すべきものにして、裁判官は特に憲法五十八條により任ぜらるる所にして、即ち終身官なり。檢事は行政官にして、司法大臣の下にあるものたりと雖も、裁判所構成法に據れば、準終身官たり。是れ國務大臣の干渉を受け、法律の適用に偏頗なからしむが爲たらざるはなし。國務大臣は立憲政治に在ては、政黨政社の消長如何により、屢々其更迭を見ることあるを免れず。政黨政社に出る國務大臣をして、代議士の選擧を始めとし、其他の刑事、民事の裁判に自黨、自社の黨員、社員を保護する干渉を敢てすることなきを保せざるべし。是れ憲法に於て、特に判事、檢事の職權を重むじ、終身官として之を保護する所以なり。然れども、現代に於ける裁判は、果して克く國務大臣の干渉を受くるなしとするか。判事、檢事は、時にありて國務大臣の意向に適合せむとするの裁判を爲すことなしとするか。　吾人は世人の常に遺憾とする所を否認する能はざるなり。　帝國の道義は忠孝にあり忠孝以て祖宗と祖先の肇造したる國家に貢獻するは、是れ報本反始の道にして、帝國の道義を恪守するもの、豈此忠孝の大節無かるべけむや。　道義に由て大義名分を正し、大節を懐きて職務を竭さむとするもの、富貴も淫する能はず、威武も屈する能はざるの概無かる可からず。　此本領無くむば、憲法に於て保障する司法權の獨立なるものは空文に歸すべきなり。

　吾人は民事訴訟法と刑事訴訟法とにより、法律的に之を論ぜむと欲するものにあらず。　民事の訴訟たると、刑事の訴訟たるとを問はず、凡そ訴訟の起るもの道義の旺盛ならざるに起因せずむばあらざるなり。　道義の廢頽するや、個人にありては訴訟となり、國家にありては擾亂となる、其關する所廣且大なり。　司法裁判所にある裁判官たるもの、深く帝國の道義を恪守し、訴訟の審理を遂げ、判決を與ふるに方り、法律の適用に誤りなからむを期するは、司法たる其名に於て固より論を俟たずと雖ども、法律を解釋し、法律を適用するは帝國の道義を恪守するの精神より出でざるべからずとなすものなり。吾人は訴訟の大小により敢て言論を異にせず、然れども、控訴院、地方裁判所、區裁判所は、各々其審理を遂げ、判決を下す訴訟事件に區別を有せざるはなし、大なる訴訟は固より愼重にせざるべからず、小なる訴訟も亦愼重にせざるべからず。凡そ區裁判所の管轄として、審理を遂げ、判決を與るは小なる訴訟を區裁判所の民事に提起し、刑事に告訴するに至れるもの、深く裁判官の注意を要する所たるべしと信ずるなり。

一畝歩の土地、一圓の金錢に對して、民事の訴訟を提起せられ、又提起せざるを得ざるもの、其訴訟の基因は、彼我共に之れなくむば社會生活に關係を及すが爲たらずむばあらず。詐欺、竊盜の些細なる金錢、物品に對して刑事の訴訟を提起し又提起せらるゝもの、又民事と同じく其訴訟の基因は、彼我共に之れなくむば社會生活に關係を及すが爲たらずむばあらざるに由る。吾人が此の觀察は蓋し十中に於て七八は誤らざるを信ずるなり。帝國臣民の五千萬は皆是れ吾人の同胞なり、皆是れ天皇の赤子なり。肇國の當初に溯て之を考れば、一家族より分散したるものたらざるはなし。是を以て日本記は言ふ『一種繁殖して萬種となる』と、是を以て大日本史は言ふ、『天下一姓なり』と。而して社會の進歩に從ひ、人事萬般の複雜なる、生存競爭の激甚なる、彼等をして此の行爲を敢てするに至らしめたるもの、國家も亦其責を分たざるを得ざるものあらむ。孝を祖先に追ひ、忠を君主に盡すは、帝國道義の淵源にして、忠孝一致、岐るべからざるは帝國の國體なり、國性なり。此の國體國性の下に立ち、此の道義を恪守せざるべからざるの臣民として、此の如くに至れるもの、道義の頽廢したる結果にあらざるなきか。此の民事刑事の訴訟を審理し、判決するの裁判官たるもの、焉むぞ躬自ら帝國の道義を恪守遵奉し、帝國の道義に鑑みて、法律を適用するに一層の注意を要せずして可ならむや。是れ吾人が訴訟は大小を以て輕重を分ち論ずるものにあらずとするも、而も尚ほ區裁判所の管轄する民、刑、訴訟事件に對して一言せざるを得ざる所以のもの、危險思想の胚胎せむとする所は、果して何れの所にあるやを深く懸念せざるを得ざるが爲なり。

吾人は現代の裁判官を以て、法律の智識に富まざるものとせず。蓋し帝國現代の教育なるもの、物質的の教育にして、科學の研究至らざるなきを以てなり。左れど民事刑事の訴訟なるもの悉く皆な智識の然らしむる所なりとなすべからず。

忠孝の行爲を現すも心靈的なれば、危險の思想を起すも心靈的なり、心靈的の發動に對して之を解釋するは、徒に法文的に偏すべからず、宜しく心靈的ならざるべからず。吾人の帝國の道義を唱道するもの、智識の不足を補はむとするものにあらずして、精神の涵養を必要なりとするものなり。精神の涵養は人類畢生の事業たらざるべからず、是を以て吾人は獨り司法裁判所の裁判官のみに向て、道義を恪守遵奉せざる可らずとなすものにあらず。立法部に向ても、行政部に向ても、將又一般臣民に向ても、道義を恪守遵奉せざるべからずとなすものなり。而して特に司法裁判官に向て之を唱道する所以のもの、法律は道義に依て制定せられたるものにして、法律を活動せしむるものは裁判官に在て存すればなり。裁判官は啻に道義を恪守遵奉するのみならず、之を職責の上に應用するの最も必要を感ぜざるを得ざるものたればなり。

司法裁判所の搆成は帝國の現代に在ては、一個の大審院、七個の控訴院、五十七個の地方裁判所、三百十二個の區裁判所あり、未だ全く完備せずとのみ言ふべからず。而して是等の司法權を執行する所の、大審院、控訴院、裁判所には、明治四十四年十月一日現在に據れば、千九十六人の判事と、三百八十六人の檢事とに由て配置せられたり。構成法を遺憾なく完備せしめむとするに於ては、判檢事は數に於て充分なりと言ふを得ずと雖、構成法の如何に拘らざれば又小數なりと言ふ能はざる也。是等の裁判官たるもの、帝國の道義は宇宙の眞理にして、帝國の肇造せられたるもの、即ち此の道義に起因するものたり。道義は發して皇祖皇宗の遺訓となり、國體之に因て鞏固に、國性之に因て向上温健に、人情風俗之に因て高尚善美に、舊慣古例之に因て保持せられたることを覺知し、益々此道義を恪守し、愈々此の道義を應用して、遺憾なく至廣至大なる職責を盡すに至らば、諸君は道義の模範者たり、師表者たるの性質を發揮するに至らむ。果して然らば一般臣民をして、廉耻を重じ、清節を貴ぶに至るべく、帝國の君主立憲政治を完成し國運益々隆昌、國威益々發展、祖宗の鴻謨を天壤無窮に傳ふ、豈に難しとせむや。

吾人は司法制度と道義の一章を設け、裁判官に對して述る所の筆を止むるに方りて、之に附隨して一言を述べざるを得ざるものあるは典獄是なり、辯護士是なり。典獄の犯罪囚人に對するに帝國の道義を以てせざるべからざるは、裁判官と異なるべからず、故に吾人は典獄に向て多言を用ひざるべし。辯護士の職務に從事するも亦裁判官と異なる所あるべからず。帝國の道義を恪守し、道義を以て法律に臨まざるべからざるは勿論なり。近時個人主義の蔓延し、一變して利己主義、我慾主義の傳播する所となるや。一般臣民の模範となるべきの行動を執らざるべからざるの貴重の職務に從事するの辯護士にして、帝國に肇造以來の道義の存在するを知らず、個人主義に走りて、國家主義を顧みず、漫に健訟の弊風を助長せしむるものなしとするか。往昔に在ては醫師は仁術なりと云ふ、蓋し人生の痛苦は疾患より甚だしきはなかるべし、人生の痛苦とする所の疾病を免れしむ、是れ仁術なりと稱するも當らざるにあらざるなり、仁術豈に時代に由て異なるべきものならむや。現代の醫師は職業なり、疾病痛苦、瀕死に呻吟するものあるも、診察料、及、施術料と藥價とを支拂ふにあらざれば之を顧みざるなり。藥價或は可ならむ、診察料と施術料とに至りては如何、而して之を支拂ふ資力を有せざるものは、痛苦を忍びて死生を天命に待たざるべからず。社會の文明は此の如く殘忍なり冷酷なり、危險思想を誘起するを恐るゝもの、是等の狀勢に鑑みずむばあるべからず。帝國の現世、二千二十の辯護士にありて訴訟を提起し來るもの、殆んどこれに似たるものなきか。是れ皆な歐化主義の襲來し、帝國の道義を蠶食し盡さむとするの結果たらずむはあらず。辯護は諸君の職務なり、必ずや吾人の述る所に對して言あらむ、然れども強て其言を成すもの既に道義を重ぜざるにあらざるなきか。吾人は其言を聽かんと欲するものにあらず、唯諸君の精神に向て、帝國の道義を恪守せざるべからず、應用せざるべからずと言ふものなり。

評説

大津君の道義論、至廣至大、讀者をして襟を正さしむ、敬々服々（三七一ページ）

法律家用字の定例を見るに、英人の所謂「カストム」を慣習と稱し、其所謂「ハビット」を習慣と呼ぶ、此處恐くは慣習の文字を用ふるを佳とす下同じ（三七一ページ）

古來、人性を研究する者頗る多し、唯之に關するの學説一致せず、而して其孰か是なるを判する至て難し、余を以て之を見れば、人性善惡混す（三七三ページ）

藩閥跋扈の結果、行政官にして司法權を左右せむと欲するものあり、嘆すべし（三七四ページ）

余の如きは屢々他人の經驗を借るものなり、國と雖、焉ぞ他國の經驗を借るを得ざるの理あらむや（三七四ページ）

日本人、濫りに歐米に倣す可らず、然れども彼の長を採り、我が短を補ふ、何の非か之有らん、唯憾む我立法家、時ありてか、我が長を棄てゝ彼の短を用ひたるを（三七五ページ）

廣大なる哉此論、庶幾くは裁判官をして之を熟讀せしめむ（三七五ページ）

正大の議論（三七六ページ）

我國民一家族より分散したりとは恐くは事實に非ず、歴史を通覽するに外國より我國に移住したるもの頗る多し、而して人類果して一源なりや是頗る疑はし、余を以て之を見れば人類果して一源なりや將又多源なりや、將又多源なるは是我國體と沒交渉（三八一及三八二ページ）

頂門の一針（三八五ページ）

戸水寛人

聖上民を愛する大御心を解せず、立法府、法を定むるの精神を顧みず、現時の裁判なるもの、また慨すべき哉（三七二ページ）

判決の示すところは、國民共同生活の結晶體ならざるべからず、換言すれば國民の思想、一望求、行爲の依りて來れる所以を解剖し、之に向つて適切なる斷案を下すことを要す、然かも道義的觀念をや、是れ吾人が多期議會に紛議仲裁法案を提出したる所以の一理由也（三七六ページ）

法條を適用せむが爲めに、若しくは起訴せむが爲めに、一種の成心を以て事實を認定するの傾向あるもの、是れ今日の檢事の常態也、犯罪檢擧の苛酷なる、蓋し、偶然ならざるべし、檢事に道義的觀念を與ふるは必要ある勿論のみ（三七八及三七九ページ）

同感。　但刑事訴訟法中官選辯護の制あり、辯護士は裁判所の命令に依り、無報酬を以て或る一定の犯罪事件を辯護する法律上の義務を負ふ、而して斯くの

如きは、各種職業中、獨り辯護士に於て之を見るのみ、鈴山君以て如何となす(三八五ページ)

高木益太郎

江藤南白の司法に卿たるや、尾去澤銅山强奪事件に於て井上某の罪を糺さむとし、京都府事件に於て、當時の參事植村正直を縛し、巨頭大官に對して法を枉げず、以て司法權獨立の基礎を鞏立せむことを期したりき。然るに憲政建設後の今日、司法權動もすれば行政長官の左右する所と爲り、巨頭大官の爲に法を枉ぐるの事實、往々之あるを聞くは何ぞや。

司法權獨立の基礎微弱未定にして、行政府の奴隷たるが如きは、蓋し、從來司法の長官其人を得ず、司直官の地位及待遇、行政官よりも劣れるものあるに由ると雖も、畢竟するに、不羈獨立、帝國の道義を發揮する司直官其人を得ざるに由らずんばあらず。鈴山の論、光明正大、此點に於て最も其正鵠を得たり。

今の司直官中、頭腦明晰、才識優秀、法律觀念に富めるもの少なからざること、余の喜ぶ所なりと雖も、其人の胸裡只是れ乾燥無味底の法律的觀念あるのみにして、塵海の風波を渉り、人世の險途を蹈まず、故を以て彼等は、社會の反面を洞見せず、人情風俗を解せず、舊慣古例を辨ぜず、往々、非常識、非合理の裁判を施して顧みず、社會の笑柄と爲るもの、新聞紙上、迹を絶ず、是、世人が現代の司直官を目して非常識、非合理の司直官と爲す所以なり。慨するに堪ふべけむや。鈴山が司直官に對して、帝國の道義を說明する所以のもの、蓋し亦偶然ならざるなり。

司直官が帝國の道義を恪守遵奉せざる可からざるや、固より論なし。然れども、司直官改善の方法として、司直官の待遇を厚うし、之をして獨立不羈の位置を鞏うせしむること(一)必ずしも帝國大學の卒業生に偏せず、廣く人才を天下に求め、特に辯護士社會より判事檢事を採用すること(二)陪審制を設け、執法の公平を期すること(三)等の如きは、蓋し今日の急務なり。余は敢て之を世論に問はんと欲す。

紫山山人

第十七章　陸海軍と道義

帝國の肇造せられたる所以のものは、道義を六合に行はむが爲なり。道義は宇宙に磅礴たる眞理にして、天地の大經なり、皇祖皇宗は之れに因て基を開き、吾人臣民の祖先は之れに因て皇祖皇宗を輔翼し、國政之れに因て行はれ、臣民之れに因て其任務を國家に竭す、道義は豈に獨り陸海軍に於てのみ嚴守遵奉すべきものならむや。然れども、帝國の興隆發展、勇武常に之れが先驅たらざるはなし。勇とは何ぞ、果敢衆之れを共用するを云ふ。武とは何ぞ、威彊克く禍亂を定むるを云ふ。陸海軍は果敢威彊にして共に勇武を用ゐて克く禍亂を鎭定し、皇威を發揚し、國權を擁護するを以て其任務となす。而して其任務を全うするの道は、最も克く道義を嚴守遵奉するに在り。帝國の道義は忠孝を以て本となす、人忠ならざれば武なく、孝ならざれば勇なし。忠孝の道義を嚴守遵奉して衆と共に勇武を用ゐて、克く禍亂を鎭定する、是れ豈陸海軍人の任務を全うする道にあらずして何ぞや。吾人が帝國の道義を以て、特に陸海軍に希望する所以のもの、即ち是れなり。

建御雷神が天照皇太神の詔を奉じて中國に下り、大難を芟夷して、草昧を開きたるもの、勇武の致す所にあらずや。道臣命が神武天皇の先鋒として熊野の險を越え大和に向て諸賊を破り、又大伴部の將として宮門を衞りたるもの、勇武の致す所にあらずや。日本武尊が築紫に熊襲梟帥を誅し、又蝦夷の賊徒を平定したるもの、勇武の致す所にあらずや。神功皇后の舟師を率ゐて新羅を降し、毎歳貢船を上らんことを誓はしめたるもの、勇武の致す所にあらずや。調伊企儺が新羅と戰ひて敵の捕虜となり、大に新羅王を罵りて死に就きたるもの、勇武の致す所にあらずや。大連物部尾輿が帝國本來の訓を棄て、蕃神を崇敬するの不可なるを論じ、其子大連守屋が堂塔伽藍を燒き、佛像經論を難波の堀江に投じたるもの、勇武の致す所にあらずや。中臣鎌足が中大兄皇子を輔けて、蘇我入鹿父子を誅戮したるもの、勇武の致す所にあらずや。亦以て勇武の忠孝と一致して離れず、常に帝國を擁護し、一旦事あるに際會すれば、必ず燦爛たる光彩を放つを知るべきなり。

中世以降、藤原氏政權を擅にせしより、天地湮晦、道義光を失ひ、四方の土豪閥族なるもの跋扈陸梁を極め、戰亂相踵き、殆んど寧日なし。随て勇武の實、見るべきものなく、徒らに横暴を恣まゝにするのみ。夫れ勇武なるものは道義之が根本たり、道義に因らざるの戰闘は、假令一時勝利を占むるものありと雖も、是れ勇武にあらずして武を黷すものなり。中世五百餘年の間、皇化陵夷、道義地に墜ち、帝國の主權は、其名ありと雖も、其實を行ふこと能はざるに至る、豈浩歎に勝ふべけむや。後醍醐天皇祖宗の宏謨に則り、順逆を正し、天下を澄清せむとするに當り、北畠、新田、楠、菊池、名和、兒島等の一族、父子兄弟相繼ぎて王事に殉するあり。中興の業終へずと雖も、其忠孝兼全、勇武絶倫、千載の下凛然として道義を維持するに足るものあり、偉なりと謂はざるべけむや。

吾人は又中世の歴史を繙き、弘安の役に至り、帝國を擁護したる勇武の大なるを認め、感慨禁ずること能はざるものあり。嗚呼皇祖皇宗、極を立て、統を垂れ、萬世一系、以て今日に君臨するもの、吾人臣民の祖先が輔翼し奉りたる所にして、之れを八荒に及ぼし、之れを無窮に傳ふるは、吾人臣民の任務なり。堂々たる帝國、衰へたることありと雖も、寸壤尺地、豈他姓異族の垂涎を許さむや。然るに彼れ忽必烈なるものは何物ぞ、我萬世不易の國體を有する帝國を以て、彼の南渡偏安腐敗せる支那と同一視し、累世の餘威を挾みて將に鯨呑の欲を逞うせむとせり。此時に方り天地摧けず、日月滅せず、帝國の道義未だ地に委せず、執權北條時宗、元の使を斬り、元の師を鏖にしたるもの、是れ豈に勇武の典型を萬世に垂れたるものにあらずして何ぞ。是れ豈に道義の光鋩を坤輿に顯耀したるものにあらずして何ぞ。

皇道一たび陵夷せしより、國政の紊亂其の極に達し、法度壞れ、紀綱擧らず、文物典章、全く廢頽し、良風美俗、化して奢侈淫逸の陋態と爲り、勇は以て虐となり、武は以て暴となり、三綱絶え五常滅せむとするの時に方り、織田信長の勃興するあり、勇武の資を以て皇道の陵夷を慨し、群兇を驅除し、屢々入朝して神廟を修し、皇城を營み、君臣の大義を明かにして、帝國道義の振興を期したるもの、古の武門武士たるに愧ぢずと謂ふべし。豐臣秀吉その志を繼ぎ、又皇謨の存する所に鑑み、朝廷を擁して統一の業を全うし、皇威を海外に輝したるもの、克く其任務を竭したるものと謂はざる可からず。要するに、彼等は少くとも帝國の道義を解したるものにして、吾人は彼等に許すに勇武の稱を以てするに吝ならざるなり。殊に秀吉が三百年前の當時に於て、早く業に帝國の鴻謨は、海島の一隅に偏安すべからざるものたるを自覺し、遠征の師を出し、朝鮮を併せ、支那を征せむとしたるは。帝國興隆の大計を亞洲に畫したるものにして、是れ豈に皇祖皇宗の遺訓に率由し、帝國の道義を遵奉し、勇武の精神を遺憾なく發揮したるものに非ずや。抑も將軍に任ぜられ兵馬の大權を統督するは何の爲めぞや、臣節を盡して帝國を擁護し、勇武を輝かして、列國の野心を挫き、上、天皇の稜威を保ち、下、天皇の臣民を安ぜんとするに外ならざるなり。足利義滿の徒、徒らに將軍の職にありて、自卑自屈、臣禮を明國に取り、彼の册封を甘受して恥ぢざるは、不忠不義、武門の面目を汚したるもの、豐臣氏と日を同うして論ずべからざるなり。

皇祖皇宗の帝國を肇造せらるゝに方り、叢雲劍を神孫瓊々杵尊に授け、以て寶祚の隆を訓示せられたるもの、勇武を以て宇内に君臨し、臣民を愛撫慈養するに外ならざるなり。帝國の勇武を尙ぶもの即ち國體の然らしむる所たらざるはなし。勇武は忠孝に發す、而して忠孝は帝國の道義なり。吾人は南巡して、尾州を過ぎ、熱田神宮に參拜する每に、未だ嘗て肇國の根源を想ひ、祖宗遺訓の悠遠なるに感泣せずむばあらざるなり。勇武は是れ天皇の親しく統帥せらるゝ陸海軍の精神なり。

然らば則ち陸海軍人は帝國の骨髓なり、道義の權化なり、是を以て今上天皇の大統を承け、寶祚を履み、祖宗の宏謨に則り、皇猷を擴張せられむとするに當りて、中世以降、武臣に委ねられたる國政を綜攬せられ、封建の制を廢して、郡縣の制に復し、徵兵の法を布きて、兵馬の權を統率せられたり。於是乎、勇武震盪、國光を宇内に輝かし、帝國興隆の基、祖宗肇國の當時に復するに至れり。道義の湮滅せざるや此の如し、吾人は謹みて明治十五年、今上天皇の陸海軍に賜はりたる勅諭を拜誦するに、廿三年一般臣民に賜はりたる勅語と相須て、帝國の道義を無窮に發揚するに足るものあり。其勅諭に曰く。

我國の軍隊は世々天皇の統率し給ふ所にぞある、昔神武天皇躬から大伴物部の兵どもを率ゐ、中國のまつろはぬものどもを討ち平げ給ひ、高御座に即かせられて天下しろしめし給ひしより、二千五百有餘年を經ぬ、此間世の樣の移り換るに隨ひて兵制の沿革も亦屢なりき、古は天皇躬つから軍隊を率ゐ給ふ御制にて、時ありては皇后皇太子の代らせ給ふこともありつれど、大凡兵權を臣下に委ね給ふことはなかりき、中世に至りて文武の制度皆唐國風に倣はせ給ひ、六衞府を置き、左右馬寮を建て、防人など設けられしかば、兵制は整ひたれども、打續ける昇平に狃れて朝廷の政務も漸く文弱に流れければ、兵農おのづから二に分れ、古の徴兵はいつとなく壯兵の姿に變り、遂に武士となり、兵馬の權は一向に其武士どもの棟梁たるものに歸し、世の亂と共に政治の大權も亦其手に落ち、七百年の間武家の政治とはなりぬ、世の樣の移り變りて斯なれるは人力もて挽回すべきにあらずとはいひながら、且は我國體に戻り、且は我祖宗の御制に背き奉り、淺間しき次第なりき、降りて弘化嘉永の頃より、德川の幕府其政衰へ剩外國の事ども起りて、其侮をも受けぬべき勢に迫りければ、朕が皇祖仁孝天皇、皇考孝明天皇いたく宸襟を惱し給ひしこそ忝くも又惶けれ、然るに朕幼くして天津日嗣を受けし初、征夷大將軍其政權を返上し、大名小名其版籍を奉還し、年を經ずして海內一統の世となり、古の制度に復しぬ、是文武の忠臣良弼ありて、朕を輔翼せる功績なり、歷世祖宗の專蒼生を憐み給ひし御遺澤なりといへども、併我臣民の其心に順逆の理を辨へ、大義の重きを知れるが故にこそあれされば、此時に於て兵制を更め、我國の光を輝さんと思ひ、此十五年が程に陸海軍の制をば今の樣に建定めぬ、夫兵馬の大權は朕が統ぶる所なればゝ其司々をこそ臣下には任すなれ、其大綱は朕親之を攬り、肯て臣下に委ぬべきものにあらず、子々孫々に至るまで篤く斯旨を傳へ、天子は文武の大權を掌握するの義を存して、再中世以降の如き失體なからんことを望むなり、朕は汝等軍人の大元帥なるぞ、されば朕は汝等を股肱と賴み、汝等は朕を頭首と仰ぎてぞ、其親は特に深かるべき、朕が國家を保護して、上天の惠に應じ、祖宗の恩に報ゐまゐらする事を得るも得ざるも汝等軍人が其職を盡すと、盡さゞるとに由るぞかし、我國の稜威振はざることあらば、汝等能く朕と其憂を共にせよ、我武維揚りて其榮を輝さば、朕汝等と其譽を偕にすべし、汝等皆其職を守り、朕と一心になりて力を國家の保護に盡さば、我國の蒼生は永く太平の福を受け、我國の威烈は大に世界の光華ともなりぬべし、朕斯も深く汝等軍人に望むなれば、猶訓諭すべき事こそあれ、いでや之を左に述べん。

此の如く軍備は國體の安危に繫る、至大至重なる大綱を明示せられたり。抑も國體は忠孝に基する道義なること、明治二十三年十月三十日の大詔に於て明かなり。

今茲に訓諭せられたる條項を列擧すれば『忠節を盡すべきこと。禮義を正くすべきこと。武勇を尙ぶべきこと。信義を重ずべきこと。質素を旨とすべきこと』の五個條にして、實に其懇篤切實を極むるものあり。又其末文に曰く。

右の五個條は、軍人たらんもの暫も忽にすべからず、さて之を行はんには一の誠心こそ大切なれ、抑も此五個條は我軍人の精神にして、一の誠心は又五個條の精神なり、心誠ならざれば如何なる嘉言も善行も、皆うはべの裝飾にて何の用にかは立つべき、心だに誠あれば何事も成るものぞかし、況してや此五個條は、天地の公道、人倫の常經なり、行ひ易く守り易し、汝等軍人能く朕が訓に遵ひて、此道を守り行ひ、國に報ゆるの務を盡さば、日本國の蒼生、擧りて之を悅びなむ、朕一人の懌のみならんや。

以上の勅諭は、肇國以來、祖宗の遺訓にして、臣民の嚴守遵奉せざる可からざる道義なり。況むや國家を擁護し、國權を伸暢するを以て其任務とする所の陸海軍に於てをや。道義を嚴守遵奉し、天地の公道を履み、人倫の常經を行ふ。是れ國體の精華にして、帝國の興隆する所以、全く茲に在りと謂はざるべけむや。

道義の磅礴する所、一たび發して日清の戰役となり、再び發して日露の戰役となり。帝國の勇武を五洲に耀したるもの、君臣共に嚴守し來れる、道義の實現にあらざるはなし。故に日清戰役の局を結ぶや、天皇は陸海軍に對して、再び勅諭を賜はりたり。其勅諭に曰く。

朕が親愛する帝國陸海軍人に告ぐ

朕兵馬の大權を統へ、明治十五年、陸海軍人の制略立つに於て、汝等に軍人の精神五箇條を訓諭し、忠節、禮義、武勇、信義、質素、貫くに一誠を以てすべきことを告げたり、朕が汝等に訓諭するの般切なりしもの、洵に汝等を以て朕が股肱と賴めばなり。

爾來治平十有餘年、客歲淸國と釁を開くや、汝等は朕が一號令の下に起て隆暑に耐へ、祁寒を冒し、内は籌畫警防を努め、外は進攻出戰に勞し、陸に海に、振古未だ有らざるの偉勳を奏し能く交戰の目的を達して、帝國の光榮を四表に發揚せしめたり。

朕は帝國陸海軍の進步玆に至りたるを欣び、汝等が深く五箇條を服膺して、敢て失墜せず、命を重し、生を輕し、以て能く朕か股肱たるの職を盡したるを嘉す、獨り鋒鏑に斃れ、疾病に死し、然らさるも病廢となりたるものに至ては、朕深く其事を烈として、其人を悲まさるを得す。

朕今清國と和を講し、汝等と倶に治平の慶に賴らむとす、顧ふに軍隊の名譽は、帝國の光榮と共に、汝等の責務を重からしむ、朕は我武維れ揚りて、汝等と其譽を偕にするを樂むと雖も、邦家の前程は尙遼遠なり、汝等其れ能く朕の訓諭を遵奉し、留りて隊伍に在るものと、散して鄕關に歸るものとに論なく、五事を服膺して、軍人の本分を恪守し、一誠以て他日の報効を期せよ。

『命を重し生を輕し、以て能く朕か股肱たるの職を盡したるを嘉す』と宣給はせられたるもの、道義を遵奉し、勇武を發揚したるの致す所にして、誰か勅諭を拜誦して感激せざるものあらんや。 又日露戰役の局を結ぶに方り、天皇は三たび勅諭を賜はりたり。 其勅諭に曰く。

朕か親愛する帝國陸海軍人に告く

朕嚮に汝等に示すに、軍人の精神たる訓規五箇條を以てし、明治二十七八年戰役終るや、深く邦家の前途を念ひ、更に汝等に諭示する所あり、爾來十閲年、朕か陸海軍は、世界の進運に伴ひ、經挍大に其歩を進めたり、不幸にして客歳露國と釁を啓きしより、汝等協力奮勵、各々其任務に從ひ、籌畫宜しきを得、攻戰機を制し陸に海に曠古の大捷を奏し、帝國の威武を宇內に宣揚し、以て朕の望に副へり。

朕は汝等の忠誠勇武に頼り、出師の目的を達し、上は祖宗に對し、下は億兆に臨み、天職を盡すことを得たるを懌び、深く其の戰に死し、病に斃れ、又は廢痼と爲りたる者を悼む。

朕今露國と和を講す、惟ふに我軍の名譽は、帝國の光榮と共に、更に汝等の責務を重からしめ、國運の隆昌、亦汝等の努力に待つこと大なり、汝等其れ能く朕か意を體し、留りて軍隊に在る者と、散して鄕關に歸る者とを問はず、常に朕か訓諭を服膺して、朕か股肱たるの本分を守り、益々勵精以て報效を期せよ。

此の詔勅に於て、『朕は汝等の忠誠勇武に頼り、出師の目的を達し、上は祖宗に對し、下は億兆に臨み、天職を盡すことを得たるを懌び』と宣給はせられたるは、嘗に陸海軍人のみならず、實に帝國臣民の齊しく感佩して措くと能はざる所なり。更に進みて『惟ふに我軍の名譽は、帝國の光榮と共に、更に汝等の責務を重からしめ、國運の隆昌亦汝等の努力に待つこと大なり』と宣給はせられたり。陸海軍人たるもの、之を奈何ぞ益々道義を嚴守し、固有の忠誠勇武を發揮せずして可ならんや。日清、日露の戰役は、實に肇國以來、未曾有の偉業なり。帝國臣民、道義の精神、凝て擧國一致となり、進みて陸戰海戰に從ふものと、留まりて其後援と爲り、軍資の負荷に任ずるものと、共に尊嚴なる國體を保持し、重大なる道義を恪守するにあらずむば、安ぞ能く曠古の大捷を奏するを得むや。而も其進攻出戰に當り、勇武なる陸海軍あるにあらずむば、亦安ぞ此の目的を遂するを得むや。是れ天皇の丁寧反覆、再三を重ねて勅諭を陸海軍人に下させ給ひたる所以ならずや。夫れ陸海軍人は勇武ならざるべからず、勇武ならざれば、其任務を全うする能はず。而して陸海軍をして勇武ならしむるの道は、唯だ道義を嚴守遵奉するに在り。是れ吾人の更に反覆して特に陸海軍人に對し、帝國の道義を説明せざるを得ざる所以なり。

近來、世上、武士道を説くもの多し、抑も武士道とは何ぞや、即ち帝國の道義なり。

道義は、肇國以來の國體にして、臣民の共に嚴守遵奉すべきもの、獨り武人の私すべきものにあらざるなり。是を以て、上古道義の行はるゝや、特に武士道なるものなかりしなり。中世以降、武人の國政を擅まゝにするに及びて、彼等は帝國の臣民を以て自己の臣僕となし、之を遇すること奴隷の如く、之を視ること草芥の如く、禮樂政刑之をして總て與かり知らしめず。是を以て帝國臣民の道義を以て、武人專有の訓なりと誤認し、所謂武士道なるものの興れり。武士道なるものは即ち武人の命名せし所にして、其實體は帝國の道義なり、祖宗の遺訓なり。一般臣民の齊しく此道を嚴守せざるべからざる所にして、豈獨り武人のみ嚴守遵奉するを以て足れりとせむや。然れども、皇化陵夷の時代に於て、猶且つ武士道なるものの存在せしは、帝國の道義、磅礴として天地の間に塞る所の眞理にして時に盛衰汙隆あるを免れずと雖ども、亦以て此眞理の天地と共に湮滅せざることを證するに足らむ。況むや皇道隆盛にして、勇武五洲に振ふの今日に方り、大元帥陛下の統御あらせらるゝ陸海軍に於て、焉むぞ道義の精神を皷舞作興せずして可ならむや。

且夫れ帝國の國體たるや、忠孝二なく、文武岐ならず。帝國臣民の均しく文武官に任ぜらるゝの權利を有するは、帝國憲法、第十九條に明記する所。武官を兼るは、君主の大權に由れり。大臣にして大將たり、大將にして大臣たる、肇國以來の古制にして、君主の文武を合せたる、帝國の統治權を有せらるゝが如く、二者岐るべからざるものなり。特に立憲政治の現代に在ては、帝國臣民は、忠孝の道義を、恪守すべき選擧人たらざるべからず。共に是れ國家を先にして個人を後にし、私を去て、公に從ひ、皇祖皇宗と、吾人臣民の祖先と、協力輔翼、以て肇造したる所の帝國を擁護し益々國運の隆昌を期せざるべからず。是れ之を成すは文武岐ならず、忠孝二なく、肇國の本義にして國體たる祖宗の遺訓、乃ち帝國の道義をして臣民の精神とし、進むも退くも、此の精神をして旺盛ならしめざるべからざるなり。立憲政治は、今上天皇の、臣民に附與せられたる所の責任政治たるに於て、帝國臣民たるもの、文となく、武となく、共に倶に帝國を擁護し、帝國の發展を圖り、帝國の富强を期し、以て臣民たるの責任を全うし、優渥なる勅諭の精神に奉答せざるを得ざるなり。抑も陸海軍人は、妄りに世論に雷同し、政治に容喙すべからざることは、明治十五年の勅諭に明示し給ふ所なりと雖も、立憲政治の下にある臣民として、政治の得失利害を知らさるべからず。何となれば、陸海軍は是れ最とも重要なる政治の機關にして、他の政治機關と相俟ち、相伴ひて帝國の隆昌を期するものなればなり。況むや現代は立憲政治にして、立憲政治は臣民の責任政治たるに於てをや。臣民たるの責任を全うせんと欲せば、文官たり、武官たり、選擧人たり、陸海軍人たり、代議士たり、將校たるに論なく、進むも退くも、共に是れ一身同體にして、文武岐ならず、忠孝二なく、彌々益々道義の精神を發揚し、悠久なる國體を擁護し、深遠なる皇猷を翼賛し、以て帝國の隆昌を期せずして可ならむや。

吾人は眼を轉じて一衣帶水を隔つる所の清國の狀勢を察するに、今や革命實行の期にあり。國體、國性、悉く我に同じからざる清國を以て、我帝國と一律に論ずべからざるは固より言を俟たずと雖ども、清國も亦仁義を主とする儒敎あり、忠の敎は薄弱なりと雖も、孝の敎は純厚なるの邦國なり。既に此敎育ありて而して今日の擾亂を來し、其政府を擁護すべきの陸海軍にして、滿洲朝廷を轉覆するの革命軍となれるものは何ぞや。是れ清國の國家なるものは、其の組織全く帝國と趣きを異にし、禪讓、放伐、屢其國號を改め、屢其朝廷を代ふ。所謂强者の弱者を壓服して組織したるの國家なればなり。是を以て其統治機關の廢頽するの時は、革命の戰鬪起るの時にして、畢竟其國家存立の要素薄弱なるの致す所なり。我帝國の國體は、禪讓にもあらず、放伐にもあらず、强者が弱者を壓服したるにもあらざるなり。皇祖皇宗と、吾人臣民の祖先と、宇宙に磅礴たる眞理に基きて、肇造したる帝國にして、天地剖判の始めに於て、實現したる帝國なり。故に其國家は、道義に因て組織せらるゝものにして、道義は即ち帝國の國體なり。道義を嚴守遵奉する所の陸海軍人に於て、忠誠を挺て、勇武を勵まし、國體を擁護し、國家を保守し、以て大元帥たる天皇に貢獻すべきは、固より論を俟たず。帝國の道義たる、五洲に冠絕して、且つ尊嚴なふ所以のもの、茲に在て存せり、豈深く思はざるべけんや。今上天皇の御製に曰く。

山を拔く人の力もしきしまの
やまとこゝろぞ基なるべき

嗚呼しきしまの大和心なるもの、帝國の道義を外にして之れあらざるなり。帝國の道義なる哉。陸海軍人たるもの、其れ道義に基きて、勇武を發揮し、皇運を無窮に扶翼する所以を思はざるべけんや。

評説

著者は、沿革的に、陸海軍人と、忠節勇武の關係を説き、軍人を以て、帝國の骨髓、道義の權化なりと論斷せり、然り、彼等は、過去に於ては、確に此論斷の一種の、眞理を含めることを、事實的に證明したり、將た未來に於ても、彼等をして、此論斷の誤らざることを保證せしめざるべからず、彼の日清、日露の二大戰役を經て、帝國の名聲頓に擧り、其地位愈々高まりたる、今日に於ては、一般民衆に率先して、國威の振張、國權の擁護に任ずべき陸海軍人の責務は、一層の重きを加へ、國民の之に期待する所、亦數層の大を致したるなるべし、著者が、此の趣味ある著述に於て、論じて特に、軍人と道義の關係を、詳悉するに至りたるは、其の眞意の存する所、深く且遠しと謂つべし、抑も人類の、常に愛重する所のものは、生命なり、然るに軍人は、一般人士の愛重する、此の貴き生命をも、鴻毛の輕きに比し、己を捨て、專意君國の爲に、盡すべき本分を有せり、所謂人間至高の道義心の、發揮を要するの地位にあり、然るに方今、社會の風潮は、利己、拜金に傾き、姑息偷安を、之れ事とするの趨向、滔々乎として、其俗を爲さんとするの間に處し、克く毅然として、道義鼓吹の先覺を以て許し、之れが擁護の中堅に任ずべきを求むれば、其の本分地位の關係上、先づ指を軍人に屈せざるべからず、即ち軍隊は過去に於て、武士道の根原たりしが如く、將來に在りても依然として、否百尺竿頭更に一歩を進めて、道義の源泉たり、又國民の士道敎育に於ける、一大學校として、其培養扶植に任ずること肝要なり、世人往々、軍隊と國民との、此の關係を、恰も沒交渉なるが如くに、看過して、深く之れに意を致すもの稀れなり、是れ豈治國濟世の、要道を得たる者と云ふべけんや、著者の着眼克く、風俗を離れて、此邊の消息にまで及びたるは、大に吾人の意を得たる所にして、蓋此の著述が、社會の道義に、貢獻することの多大なるべきを信ず。

明治四十五年三月　　陸軍歩兵大佐　宇垣一成

古昔武士なる者なし、道義是れなりと説破せる、我兄の論鋒精利、恰も庠を牛渚に燃て、不測の深淵を照すが如く、快味無量、敬服々々。質素貫くに一誠を以てすべしとの帝訓を一讀再讀して感慨に堪へざるものあり。今や驕奢の風、滔々一世を靡かせんとするの狀あり、漢の霍去病、數伐匈奴有大功、漢帝親信之、曾爲治第令視之、對曰、匈奴不滅無以家爲也、上益重愛之と。我將士强露を征して凱旋するや、競ふて邸宅を治むる者あり、宴安は鴆毒なり、殷鑑遠からず、武勇一徹の三河武士も、元祿驕奢淫逸の風に耽溺し、德川氏の滅亡するや、干戈を執て奮戰せし者の多くは普代恩顧の士に非らずして、新參の兵士なりき。清朝三百年の社稷覆滅するに當り、滿蒙慓悍の旗人は、燕京の華美荒蕩に雄氣消沈し、曾て一人の義を唱へ節に殉する者なし。嗚呼質素は國民元氣の根底なる哉。忠孝の道義は國家の根源なる元より我兄の說く所の如し。然れども如何に道義健全なりと雖も、日進の智術を磨かざれば、列國と對峙し、國威を宣揚する能はざるなり。維新前の長州藩は、日本國中勇敢の兵なり、而して外國と兵を交ゆるや、高杉、山縣の諸將雲の如く、武夫林の如し、道義も亦今日に比して一層の高かりしは、毫も疑を存せざるなり。然るに一敗支へず、城下の盟を爲せり、薩人は慓悍天下無敵の强兵なり、加之るに西郷、大久保の豪傑あり、而して英國と戰ふや、猶敗衂を免れざりしは、忠義、道義、餘りありて智術足らざるの致す所と謂はざるを得ず。我兄以て如何とす。妄評多罪。

明治四十五年三月九日

東海散士誌

第十八章　產業及貿易と道義　上

道義は帝國の精神なり、主腦なり、骨髓なり。故に道義の盛なるや、帝國の國運大に興り、道義の衰ふるや、帝國の元氣亦隨て弛ぶ。帝國の安危興亡、一に繫りて道義の消長如何に在て存せり。貴重なるかな道義、尊嚴なるかな道義。帝國の立憲政治は之に因て以て行はれ、國運日に開展し、國威年に宣揚す、今や帝國の道義、中外に發揚するに至れり。吾人は、帝國の道義たる宇宙間の眞理を淵源とし、因て以て帝國を肇造せられたる、皇祖皇宗、及祖先に對し、仰ぎて絕對無限の稜威を崇敬し、俯して高遠悠久の遺德を感謝せざるを得ざるなり。

顧みて日淸、日露の戰役に於て、大捷の效果を收め、國威を五洲に宣揚したるもの、是れ道義の發動にして、國體の然らしむる所たらずむばあらず、然れども戰塵既に戢まり平和親善、以て列國と聯轡馳騁するに於ては、帝國道義の光輝は專ら產業發展の上に、通商貿易の上に發動せしめざるを得ざるなり。富國强兵の要は、產業を發展し、貿易の勝利を收むるに在り。凡そ國家の施設經營は、敎育、軍備を始めとし、港灣の修築、鐵道の布設、船舶の製造より船渠の設備に至るまで、皆是れ世界的にして、産業を發展し、通商貿易の勝利を五洲列國の間に收め、以て國利民福を増進せんとする所以にあらざるなし。是れ則ち帝國國政の目的にして、日清、日露の戰爭を敢てしたるも、亦此の目的の障害を掃蕩したるに外ならざるなり。

産業を發展せしめ、貿易を隆昌ならしむるは、道義の力に依らずむば能はず、帝國の道義は忠孝に淵源す、忠なるものは、私心なし、孝なるものは、民の行ひあり、故に、國家を先きにし、個人を後にす、私を去て公に就く、此の如くならざれば産業の發展、貿易の隆昌、得て期すべからざるなり。産業を發展せしむるは、私の爲にあらず、公に奉ずるなり、貿易を隆昌ならしむるは、個人を利するにあらず、國家を益するなり。公に奉じ國家を益するは、帝國を肇造せられし所の祖宗、及、祖先に奉ずる所以なり祖宗、及、祖先の肇造せられたる帝國を擁護し興隆せしむるは、吾人臣民の絶對的至重の責任にして、此の責任を果すは即ち忠孝の道義なり。農、商、工を初め、人事百般の業に於ける、皆此の道義に因て勤勉す。故に産業發展せざらむとするも得べからざるなり。生産物品を彼れに輸出し、又我れに輸入するに於ても、皆此の道義に、因て勵精す。故に貿易隆昌ならざらむとするも得べからざるなり。公に奉じて、私の爲にせざるは、信を五洲に示す所以なり。國家を益して、個人を利せざるは、誠を列國に表する所以なり。克く信に、克く誠に、國家の公事に貢献して、個人の幸福を享受せざるもの、古今未だ曾て之れあらざるなり。

帝國陸海軍の精鋭は、五洲列國の間に獨歩するを得べしと雖も、獨り帝國經濟産業の實力に至りては、之を列國に比して猶未だ幼稚微弱なるを免れざるなり。試に眼を放ちて、明治四十一年七月より翌四十二年六月に至る、一箇年間の輸出入額に依て之を察すれば、吾人甚だ遺憾に堪へざるなり。國の貧富を斷定するは、其國の輸出入額によるを主嘗とせざるを得ず、輸出は其國の生産力の發達を示すものにして、輸入は其國の購買力の强大なるを表するものなればなり。故に吾人は歐米列國の輸出入額を左に掲げん。

各國輸出入額表

國名	年度	輸入額	輸出額	輸出（入）超過額
英吉利	一九一〇年	六六三、六二一、四〇九圓	五、二二七、〇二四、四二八圓	（入）二、四〇六、五九六、九八圓

佛蘭西	一九〇九年	三、〇六八、一二〇、三八〇	二、九二二、九八七、七九六	(入)	一四六、一三三、五八四
獨逸	一九一〇年	四、二〇二、五七一、七〇五	三、六四五、〇六八、七七〇	(入)	五五七、五〇二、九三五
露西亞	一九〇八年	九四二、八一九、一〇〇	一、〇三一、二四三、九〇〇	(出)	八八、四二四、八〇〇
墺地利	一九〇九年	一、一一七、一八四、五六一	九四一、〇七六、六二九	(入)	一七六、一〇七、九三二
匈牙利	一九〇九年	七三五、二五〇、七二〇	六九一、六二八、八一六	(入)	四三、六二一、九〇四
伊太利	一九〇九年	一、二二五、一八一、〇八四	七二九、〇五七、八八三	(入)	四八六、一二三、二〇一
西班牙	一九〇九年	三五九、二六七、七五八	三五五、七三〇、〇三七	(入)	三、五三七、七二一
葡萄牙	一九〇九年	一四〇、四〇三、七二一	六七、一四三、一五二	(入)	七三、二六〇、五七〇
瑞典	一九〇九年	三三一、六〇一、一七四	二五四、二七八、七九九	(入)	七七、三二二、三七五
那威	一九〇九年六月卅日ニ終ル一ケ年	二〇七、九三九、〇五七	一四二、一〇四、三九〇	(入)	六五、七四四、六六七
丁抹	一九〇九年	三九三、二五二、〇一〇	三三九、八一六、三八〇	(入)	六三、四三五、六三〇
和蘭	一九〇九年	二、五二八、二九一、五六〇	二、〇〇七、七六〇、九五〇	(入)	五二〇、五三〇、六一〇
白耳義	一九〇九年	一、四三三、五六四、一〇〇	一、〇八七、三五三、九〇〇	(入)	三四六、二一〇、二〇〇

瑞西	一九一〇年	六三〇,八八一,七〇〇	四五四,一七六,七三六(入)	一七六,七〇四,九六四
希臘	一九〇八年	七四,四五六,九八三	五三,六二四,五八六(入)	二〇,八三三,三九七
北米合衆國	一九〇九年六月三十日ニ終ル一ケ年	二,五六一,六五五,四三二	三,二四七,一九五,四八四(出)	六八五,五四〇,〇五三

備考　表中總テ金銀貨及地金ヲ含マス

白耳義ハ通過貨物ヲ含マス

顧みて帝國の最近三年間の、輸出入額を見れば左の如し

年度	輸入額	輸出額	合計	輸出(入)超過額
四十三年	四六四,二三三,八〇八	四五八,四二八,九九六	九二二,六六二,八〇四(入)	五,八〇四,八一二
四十二年	三九四,一九八,八四三	四一三,一一三,五一一	八〇七,三一一,三五四(出)	一八,九一三,六六八
四十一年	四三六,二五七,四六二	三七八,二四五,六七三	八一四,五〇三,一三五(入)	五八,〇一一,七八九

(備考)　通過貨物ヲ含ム　金銀貨及地金ヲ含ム

國富まざれば、兵强からず、帝國は兵强からざるにあらざるなり。而して國家の强兵を養ふもの抑も何の爲めなるか、遺憾なく富國の策を遂行せんが爲めに外なら

ず、帝國は既に十九箇師團の陸軍あり、六十萬噸の海軍あり、而して陸海軍共に益々其充實完成を期しつゝあるに拘らず、國富の實未だ强兵に伴はざるものあるは何ぞや。是れ全く帝國道義の未だ産業發展の上に、又通商貿易上に、其光輝を放たざるに賴らずむばあらざるなり。苟も帝國の道義にして生産業者と貿易業者との間に光輝を放つものありとせば、焉ぞ、此の如き變態を來すことあらむや。

前に揭げたる、歐米列國の輸出入額を以て、帝國の輸出入額と對照せば、帝國の富の程度の如何を知るに足らむ、帝國の最近四十二年に於ける輸出入合計額九億二千二百六十六萬二千八百〇四圓より、金銀貨、及、地金の輸出入合計額四千二百八十四萬六千八百八十八圓を引き去れば、輸出入合計額八億七千九百八十一萬五千九百十六圓なり、之を以て英國の輸出入合計額百十八億四千六百十二萬五千八百三十七圓に比すれば、彼れの我れより增すこと十三倍强に當れり。又我れの輸出入合計額を以て、獨國の輸出入合計額七十八億四千七百六十四萬五千四百七十五圓に比すれば、彼れの我より增すと九倍强に當れり、佛國は、我れに七倍し、米國は、我れに六倍し、和蘭の如きすら我れに五倍せり、其の他白耳義、墺地利、伊太利、露西亞、匈牙利、瑞西の諸國も亦我れより增加せり。而して我れより下る所のものは、僅に彼の西班牙、丁抹、那威、葡萄牙、希臘の諸小國に過ぎざるなり。左れば、帝國の富の程度は、輸出入の點より之れを考ふれば、十二番目の下位にありて、我れに及ばざるものは、僅かに世界の弱小國たる、西、丁、那、葡、希の六箇國に過ぎざるなり。而して之れに金銀貨、及、地金の輸出入合計を加ふるときは、彼れは甚だ高位に上り、其懸隔益々甚だしきに至るべし。

吾人は又明治四十三年七月より、仝四十四年六月に至る、輸出入品の價額を調査したるに、輸入は五億三千三百六拾六萬四千九百四拾四圓にして、輸出は四億五千二百九萬七百貳拾五圓なり、輸入の輸出を超過するもの八千壹百五拾七萬四千貳百拾九圓なり、我れに購買力の强大なるものありとするも、驚くべき超過と言はざるべからず。是れ皆金貨の流失したるものにして、帝國の貿易競爭に敗北し、一箇年にして八千壹百五拾七萬餘圓の富力を失ひたるものなり、若し之を十箇年に亘るとせば、拾壹億の敗北なり、是れ豈憂ふべきの現象なりと謂はざるを得むや。

然れども、輸出合計額九億八千五百七拾七萬五千六百六拾九圓にして、之を四拾三年の輸出入合計額に對比せば、猶六千三百拾壹萬貳千八百六拾五圓の進歩なり。此の進歩は輸出の進歩にあらずして、輸入の進歩なり、購買力の强大なるものありとせば、聊か人意を慰するに足るべしと雖も、吾人は之を樂觀する能はざるなり。

吾人は、今試に、輸入品目を概掲して之を示さむに、英國より輸入したる者は、綿織物、鐵、羊毛、機械、硫酸、アンムニア等にして、其金高壹億壹千四百四拾三萬二千六百七圓に上れり。英領印度より輸入したるものは、綿、米、麻、羊革等にして、其額九千三百三拾萬三千三百八拾六圓に上れり。淸國より輸入したるものは、綿、豆糟、菓子糟、麻、鳥卵、大豆等にして、其の額八千壹百五拾壹萬貳千五百四拾貳圓に上り、北米合衆國より輸入したるものは、綿、石油、機械、鐵、麥粉、靴底革等にして、其額七千六百七拾四萬五千九百七拾貳圓に上れり。輸入品目より考ふれば、重に消費品にして、原料品としては、印度、淸國、及、合衆國より輸入する所の綿等に止まるなり。是れ果して喜ぶべき現象なりや否や、識者の一考を請はざるを得ざるなり。

吾人は更に輸出品目を概掲せんに、北米合衆國に向て輸出したるものは、茶、生糸、銅、羽二重、花莚、陶磁器、麥稈眞田等にして、其額壹億四千七百四拾九萬六千五百九拾四圓なり。清國に向て輸出したるものは、綿織絲、綿織物、石炭、燐寸、精糖等にして、其額八千九百三拾貳萬八千貳百六拾壹圓なり。佛國に向て輸出したるものは、生糸、屑糸、羽二重、銅等にして、其額四千四百九拾六萬八百四拾八圓なり。輸出品目より考ふれば、重に彼の消費品にして、原料たるべきものは、佛國に輸出する所の生糸屑糸にして、其額小少ならざるは、我れの工業未だ發達せざるを證するものにして、是れ豈喜ぶべき現象なりとせむや。

吾人が茲に産業、及、貿易に對し、帝國の道義の旺盛ならむことを望むに方り、國富の標準として、列國と對照するに、輸出入を合計したる總高を掲出したるもの、輸入の多額なるは、國に購買力の强大なるものあるが爲めにして、國貧にして多額の輸入を列國に仰ぐ能はざればなり。然れども、單に列國の輸出高と、帝國の輸出高とを對照し、其貧富を論ずるは頗る可なり、是れ吾人が最も切望する所にして、購買力の强弱に拘らず、輸入の減少して輸出の増加するにあり、輸出の増加は直に列國の金貨を帝國に吸收すべく、輸入の増加は、又直に帝國の金貨を列國に吸收せしめらるゝこと、論を俟ざるなり。

五大洲は、是れ生存上に於ける國際競爭の舞臺なり。國際競爭の舞臺に立てる列國は、之れが準備なくむばあらず、物質的、科學、工藝、技術の、智識を研磨するは之れが爲めなり、陸に海に交通機關の完成を計るは之れが爲めなり、戰艦を造り甲兵を練るは之れが爲めなり、國際競爭の準備は、多岐多端にして固より一樣ならずと雖も、若し夫れ其國民にして鞏固なる、眞摯なる精神なくむば、競爭場上に立て、最後の勝利を博する能はざるや必せり。是れ吾人が生產業者たり、貿易業者たり、將た又一般臣民に向て、精神修養道義恪守を以て富國を策するの第一義なりと言ふ所以なり。然り而して精神を修養するに於ては、帝國肇造以來の道義あり、是れ國家主義にして個人主義に非ざるなり、向上的、發展的にして退嬰的、萎縮的に非ざるなり之を嚴守遵奉して競爭場上に立つに於ては最後の勝利を我に博する、亦何の難きことか之れあらむや。

吾人は帝國の道義を守り、生產業者の公利公益を先にして、貿易の折衝、信實ならむことを望み、共に倶に吾人の希望を達し、國家を富饒ならしむるを得ば、隨て個人を富裕ならしむるの目的を遂ぐべきこと、吾人の信じて疑はざる所なり。吾人が熱心に生産業者、貿易業者に望む所のものは實に茲にあり、然れども、國家の富饒を策すべき、生産業者、貿易業者のみに限るにあらず、帝國臣民の一齊に公利公益を先にし、私利私慾を後にするにあらずむば能はざるなり。輸出をして増大ならしめんとするは、帝國臣民の一齊に、輸出に適應すべき、品質善良なる生産を期するにあり、輸入をして、減少せしめんとするは、帝國臣民の一齊に、外國品の品質の善惡奈何に拘らず、又價格の廉否奈何に關せず、勉めて需用せざらむことを期するにあり。苟も此の如くならむか、之を以て金貨の濫出を拒ぐを得べく、國富の培養を期し得べきなり。是れ吾人が生産の業を營み、貿易の衝に立つべき當業者に希望して止まざる所なりと雖も、更に又一般の帝國臣民に向て熱望せざるを得ざる所なり。然るに、歐化主義、拜外思想の行はるゝや、全く吾人の希望に反し、外國に產出する所の物品は、其品質の麤惡なると否とに關せず、其價格の高直なると否とに拘らず、一概に之を尊崇して舶來品の名稱の下に、珍重措く能はざるの傾向を馴致し、徒らに外國品を使用する底の、愛國精神に乏しき人士を以て、文明的紳士なりと賞揚するに至り、內國に產出するの物品は、其品質の精良なるも、其意匠の高雅なるも、是れ之れを顧みずして、徒に之れを輕蔑し、之を排斥し、野卑なり、麤惡なりとし、之を使用するの人士を以て、蠻骨固陋を脱せざる人士として、之を嘲笑するの狀態、今猶ほ盛なるは、吾人の痛嘆に堪へざる所なり。自尊自重の精神なく、公共の福利を希はず、拜外思想、歐化主義の蠧毒を社會に流し、災害を國家に及ぼすもの、深且大なりと言はざるべからず、是れ皆帝國本來の道義旺盛ならずして、帝國臣民たるの本分を忘れ、徒に個人の私慾を充たさむとするに營々たるの致す所にして、吾人の苦言を發せざるを得ざるは、全く玆に在り。

帝國輸出入の歐米列國に比して、第二等國、又は第三等國の下に位し、著しく遜色あるを免れざるは、直に國富の幼稚なる程度を表示するものにして、吾人の遺憾に堪へざる所なり。而して帝國の輸出入に於て、甚だ發達せざるものは即ち之を媒介する所の機關の未だ充分に備はらざるも、亦皆重大なる關係を有せざるはなし。吾人は又試に四十二年度に於ける、歐米列國の所有する所の船舶總噸數を左に掲げむ。

	噸數		
	汽船	帆船	計
英吉利	一八、〇五九、〇三七	九五三、二五七	一九、〇一二、二九四
北米合衆國	三、八二七、〇一四	一、二三一、六六四	五、〇五八、六七八
獨逸	三、九五九、三一八	三七三、八六八	四、三三三、一八六
諾威	一、四四八、〇〇六	五九一、五二七	二、〇一〇、五三三
佛蘭西	一、四四八、一七二	四四八、一七三	一、八八二、二八〇
伊太利	九八七、五五九	三三三、〇九四	一、三二〇、六五三
日本	一、二四六、九七七	二、二四五	一、二四九、二二三

五洲列國の中に於て、強國を以て目せらるゝ所の露國は、船舶噸數に於て我れに及ばざるものありと雖も、猶八十八萬七千三百二十五噸あり、而して西比利亞鐵道は船舶の數萬噸に優るの力あるを知るべし。英、米、獨、佛の我れに優越し、英國の我れに十九倍し、米國の我に五倍するのみならず、五大強國の外にある所の諸威に於てすら、我に二倍し、伊太利も亦我れより優れるものあり。帝國の輸出入に於て歐米列國の下位にある、蓋し又已むを得ざるなり。國を憂ひ、公に報ずるの道義を有する臣民は、産業の發達、貿易の增進に對して、安ぞ激勵發奮せざるを得むや。

産業を發達せしめ、貿易を增進せしめむとせば、又帝國臣民の道義の觀念を深からしめざるべからざる所以は前に述べたるが如し、而して之れが發達の徑路として、交通機關の完備も亦其必要なるは論を俟たず、吾人は今試に帝國の鐵道と英國の鐵道との比較表を左に揭げむ。

國名	土地面積(方哩)	人口	鐵道延長(哩)
日本	二七、一一七	五〇、二九五、二七九	七、三五五
英國	四九、七三九	四一、九七六、八二七	二三、二八〇

以上は、明治四十二年末の調査にして帝國は面積、人口、鐵道共に臺灣、朝鮮を包括したるものなり。鐵道には起工中に屬するもの千四百三十哩をも加算せり。英吉利本國は土地面積は我れに二倍せりと雖も、人口に於ては殆んど一千萬人の減少なり。然るに鐵道延長に於ては、我れより三倍以上に敷設せらるゝを見る。面積我れに二倍するの割合よりも增大なるものあるを知るべし。而して吾人が英國を把て比較したるもの、英國は島國なり、其地勢頗る帝國に類するものあり、故に英國を以て比較したり。英國は五洲列國中の第一位にあり、之れを以て我れに比するは抑も比較を誤れりと云ふものあらむ、是れ自ら我帝國を侮蔑したるの言なり、

吾人は五洲列國中に於て獨特の道義に因し、獨特の興隆を來さむとする帝國をして、益々進みて覇を五洲に爭はしめむと欲するものなり、而して五洲に覇たらむとするに於て、英國何かあらむや。

近時鐵道の布設を熱望するもの多きを加へたるは、產業の發達を促がし、貿易の增大を來たす徑路を交通機關の完備に求めざるを得ざるを、最も强く感じ來りたるに由るなるべし。然れども、民業として之を經營せむとするは、殆ど絕無にして、一意政府をして經營せしめむとするは、喜ぶべき傾向なりと言ふ能はず。事業は固より損失を顧ずして之を經營する能はざるや論を俟ずと雖も、私を去りて公に就き、個人を後にして國家を先きにする所の道義の觀念の强大なるものあらしめば、何ぞ獨り政府の經營に俟たむや。自ら進みて之れが、布設に從事すべきなり。鐵道の利益は國家と共に永遠に享受するを期せざるべからす。

國力强大なりと稱するは、國富み兵强きの謂なり、兵强しと雖も、國富まずむば未だ以て國力强大なりと言ふべからず。我帝國の世界列國に對して未だ國力强大なりと言ふ能はざるもの、兵强しと雖も、國富まざるに在り。豈痛歎大息に堪ふべけむや。

國力未だ强大ならざる我帝國にして國際競爭の間に處し、雄を世界と爭はむと欲せば、吾人帝國臣民たるもの、非常なる決心と又非常の準備なかるべからず、帝國は、皇祖皇宗と吾人の祖先と協力輔翼して肇造し以て之を吾人臣民に垂れたるに非ずや、君に忠なるもの此の帝國の將來を奈何にすべきか、親に孝なるもの此帝國の將來を如何にすべきか、忠孝は帝國の道義なり、道義を遵守して日清、日露戰役の捷利を收めたる帝國臣民は更に進みて此の道義を產業發展の上に、之を通商貿易の上に應用し、其光輝を放つことに勉めざるべからず。今日帝國臣民の一大責任は實に玆に在り。畏くも、今上天皇の御製に曰く。

世の中の人におくれを取りぬべし
進まん時にすゝまざりせば

聖旨のある所を拜察し奉り、誰れか感奮せざるものあらむや、產業に從事するもの、貿易に從事するもの誰か聖旨を奉戴して發奮せざるを得むや。

今や帝國の憂とする所は兵の强からざるにあらず、國の富まざるにあり、國富み兵强からざれば、國力强大なりと言ふべからず、是れ吾人が産業上、貿易上に向て、帝國道義の光輝を放たむことを、日清、日露の戰役の如くならざるべからざることを切望して止まざる所以なり。　私を去て公に就き、國家を先きにして個人を後にするは、帝國の道義なり、之を守て産業の發達を計らざるべからず、之を守りて貿易の擴張を計らざるべからず。　是れ信と誠とを五洲列國に表示し、國家の利益を増進する所以なり。　國家の利益増進して個人の利益之に伴ひて増進せざるなきは論を俟たざるなり。　公を先きにし私を後にするは帝國臣民の特質なり、國家を先きにし個人を後にするは帝國臣民の特徴なり、豈に獨り戰役に於てのみ然らむや。　産業上に於ても、貿易上に於ても、此の特質特徴を五洲に表示せざるべからず、開國の國是は産業を發達せしめ、貿易を隆盛ならしめ、以て國富を増進せしむるにあり。　國富まずむば兵强しと雖も、國力强大なりと云ふ能はず、然らば則ち之を爲す如何。　曰く個人の利益を後にし、國家の利益を先にし、國家の名譽を重むじ、一身の名譽を輕ぜざるべからず、是れ則ち吾人の所謂帝國の道義なり。　道義益々旺盛に、産業上貿易上に於て、其光輝を放つこと、日露戰役の如くならしめば、英國何かあらむ、佛國何かあらむ、米國何かあらむ、獨露亦何かあらむや。帝國をして五洲に雄飛し、列國に覇たらしむること、決して難からざるなり。之に反して臣民をして帝國肇造より獨有する特質特徴たる道義の觀念を衰亡せしめば、智識は五洲を壓し、百工、技藝は列國を風靡すと雖も、國力を强大ならしむること得て望むべからざるなり。六十萬噸の海軍、十九個師團の陸軍唯だ是れ裝飾物に過ぎざるのみ。吾人の猛省を產業上に促さむと欲する所以のもの、即ち茲に在り。

吾人は試に輸出品中に就きて、其價額の最大なるものを數へむ、明治四十三年の調査に依れば、五百萬圓以上のものは、玄米、綠茶、精糖、絹絲、綿織絲、羽二重織、生金巾、雲齋織、肌衣、石炭、銅、磁器及陶器、眞田、マッチの十四品に過ぎざるなり。其中絹絲類(繭も含む)の一億四千百五十六萬六百六十五圓を最高額として、一千萬圓以上のものは、銅、石炭、綿織絲、羽二重の四種に過ぎず、何ぞ其輸出品の劣數なるや、而して是等品目に就て、輸出の趨勢を見るに、綠茶、銅、石炭に於ては、四十一年に比して輸出金額を減少せりと雖も、其他の品目に於ては、輸出金額の增加するを見る、其中に於て眞田は著しく增加し、精糖、綿織絲之れに次ぐ、固より其年に於ける相場の如何を考へざるを得ずと雖も、金額の増加は、大凡産出の増大を知るを得べく、稍々吾人の意を強するものありと雖も、其輸出入合計より考ふれば何ぞ其貿易進歩の遅緩なるや。四十三年の輸出入合計は、九億一千五百三十五萬千四百五十圓に過ぎずして、四十二年に比して僅かに一億五百十五萬九千六百六十九圓の進歩を見るのみ。毎年一億の進歩を來すものと假定し、以て將來を考ふれば、帝國が今日の如き英國の域に達するに至るは、百九箇年の後ならざるべからず。獨國の域に達するに至るは、六十九箇年の後ならざるべからず。米國の域に達するに至るは、四十九箇年の後ならざるべからず、佛國の域に達するは五十箇年の後なるを知らざるべからず、又和蘭の域に達するは、三十六箇年の後なるを知らざるべからず。十六箇年の後にして漸やく白耳義に、十一箇年の後にして漸やく墺地利に達するに至るに過ぎざるなり。抑も此の如くに貿易の進歩せざる所以のものは何ぞや、是れ帝國臣民の道義の觀念を産業の上に、貿易の上に傾注せざるの致す所なりと斷言せざるを得ず。道義の觀念をして産業の上に、又貿易の上に傾注すること、日清、日露の戰役に於けるが如く旺盛ならしめば、奈何ぞ、産業の發展、此の如く遲緩なることと之れあらむや、奈何ぞ、貿易の增進、此の如く遲緩なると之れあらむや。道義觀念は產業の上に、貿易の上に於て、業に已に、衰退消耗したるものあり。是を以て、實業家は公益を思はざるなり。是を以て實業家は國家を憂へざるなり、只是れ狡慧黠詐、一時を欺罔して、個人の利益を得るに汲々たり、之を奈何ぞ誠を貿易の上に博し得むや、之を奈何ぞ信を產業の上に博し得むや。信なく誠なく、狡慧之れ勉め、黠詐之れ事とするも、或は一時を欺罔し瞞着して、個人の利益を得ることあらむ、然れども、是れ公益を害し、國家を禍するの罪人たることを知らざるべからず。公益を害し國家を禍するもの、亦能く遂に個人の利益を達し得ざるは、自然の道なり。產業に勉め、貿易に從ふもの、今日に當り道義の觀念を傾注せずして可ならむや。

吾人は產業に從ひ、貿易を事とするものに非ず、然れども、吾人の說く所は決して其過言に非ざるを信ず。世人に商業道德を論ずる者あり、是れ吾人と志を同うするものたるを知る、凡そ業を興し、商を營むに方り、道義の精神なくむば、其生產決して優良なりと謂ふ能はず、其商品決して確實なりと謂ふ能はず、疑惑の觀念必ずや貿易上に湧出せむ、業に貿易上に疑惑の觀念湧出せば、生產なり商品なり、優良確實なりと信ずる能はざるべし、之を奈何ぞ需用者を安心せしめ、産額を發達し、商業を増大ならしむるを得むや。由來商業者に黠詐多く、世人が奸商の命名を敢てするに至るもの、遺憾に堪へざるなり。凡そ産業を發展し、貿易を増殖するは第一義に於て國富を策せんとするに在り。第二義に於て個人を利するものたるを知らざるべからず。第一義の國富を策し得るに於て、第二義たる個人の利を得ざるとなきは論を俟たざるなり。國を富まし、己れを利する、皆是れ道義を嚴守するの精神なくむば能はざるなり。道義を嚴守して産業に臨み、貿易に對す、滊船なく、滊車なしと雖も、其産業發展し、其の貿易増大せざること、之れあらむや。帝國の産業に從ひ、貿易を事とするもの、果して能く道義を嚴守するや否や、輸出入額の遲々として進まざるもの、道義の精神缺乏して、信用を五洲列國に博する能はざるの致す所にあらざるなきか。是れ吾人の惑はざるを得ざる所なり。

評説

富國强兵是れ古來爲政家の心を盡して、其實行手段を講ずる所なり。然れども古に於ては富國と强兵と二事兩立して各別に存在す、富國是れ一事、强兵是れ一事、或は强兵を主として富國を從とす、國貧きも兵强ければ可なりと思へり。抑も富とは何ぞ、人生必需品の豐裕を意味す、衣食の供給乏からず、而して禮樂興るべく、德風進むべし、衣食足らざるも、道心固きことは、之を少數の君子に望むべくして、多數の庶人に求むること能はず、治國の要は多數の安寧幸福に存す、富國の事是れ政治家の最心を致すべき要義なり。然れども文化開けず、政權少數者の手に在る時代に於ては、自己の野心と功名との爲めに干戈を弄びて武を黷し、妄りに戰爭を事として自ら快とし、國民の膏血を涸らして强兵に誇るものあり。是れ富國の目的と全く相反して、二者別立する時代の强兵の意義より。現時の文明尙未だ理想の域に進まず、而して兵を銷して鋤に代るの樂境に入らずと雖も、國民の安寧幸福を保持せんが爲め、已むを得ざるの手段として兵を用ふ、是れ養兵の意義と相同からざる所以にして、富國是れ主、强兵是れ從の時代に移りたるものといふべし。前途必ず干戈を止めて平和技術の競爭に、國民の全力を用ゐるの時代を見んこと、決して空想にあらず、惟ふに今は過渡の時代なり、武器の時代去らんとして、商工業の時代來らんとす、其道程に何者かある、昔日武道の熟字ありて、商業道徳を說く者なかりき、甚きは巧言令色を以て商家成功の要事と信じたる時代ありき。今は然らず、信用誠實、是れ商家の最大要義なり。抑道德は世界人類共通のもの、豈別に商業道德なるものあらんや、然れども物品の交換は是れ社會交際の最始にして、又最終を兼ぬるもの、單獨孤立の能く爲すべきにあらざるが故に、人道の此間に明に行はるゝは必然の結果なるべし。己の欲する所を人に施し、己の欲せざる所を人に施さゞるの金訓、適切に履行せらるゝは商界に於て尤顯著なり。是れ特に商業道德の新熟字ある所以なるべし、予は社會百般の事皆道に合して初めて成るを信ず、而して商工業の利を主とするを見て、德義の關係此間に薄しといふは過てり、本篇此義を說く甚だ詳なり、是れ今日に要ある文字といふべし。

沼南生

第十九章　産業及貿易と道義　下

吾人が産業を發展せしめ、貿易を增大ならしむるを以て、今日の最大重要なる國策の第一義なりとするもの、鎖國の國是は五洲列國の大勢、許さゞる所たればなり。假令、鎖國の國是を執り得べしとするも、今日の帝國は、內地の生産のみを以て、饑を凌ぎ、寒を拒ぐこと、頗る難事とせざるを得ず。帝國は英國に比すれば、面積は彼れに及ばずして、人口は彼に超過せり、蕞爾たる嶋帝國にして、國を鎖して列國の生産品を一切仰がずとせば、其困苦艱難は幾干ぞや、或は凍餒餓死を免れざるに至るやも亦未だ知るべからざるなり。帝國の生活に必要なる物品を列國の供給に仰ぐもの二三にして足らず、開國以前の狀態を以て、今日の帝國を論ずる能はざるは、識者を待て之を知るを要せざるなり。獨り諸工業の原料を列國に仰ぐのみならず、直接生活に必要なるの物品も亦之を列國に仰ぐもの多きは、四十年來の輸入物品の細目に涉りて之を精査せば、自ら明瞭なるものあらむ。故に開國の國是は、帝國臣民の生活上に於ても、亦已を得ざる大勢なりと觀念せざるべからず。左ればとて、吾人は開國の國是は一切合切物品を列國に仰ぐが爲めなりとせず、成し得べくむば、一切合切帝國の生産を列國に輸出せむことを望むものにして、出來得る限りは耐忍に耐忍して、物品を列國に仰がざらむことを覺悟し、奢侈を戒め、驕怠を抑へ、麤惡の物品なりと雖ども、國内の生産を需要せむことを切望するものなり。何となれば、鎖國の國是は、帝國に於ては再び之を執らずとするも、戰爭は必ずしも未來永劫之れ無きを保たざればなり。一朝不幸にして戰鬪の場合となり、帝國の海軍、敵の爲に殲滅せられ、總ての港灣は、敵艦隊の爲めに封鎖し了せらるゝとせば、一時の生活は凌ぎ得べしとするも、能く久しきに渉りて生活に艱難困苦を生ずるなしとすべきか。此の如きは、萬々之れ無きが如しと雖も、嶋帝國たる我れに在ては無用の妄想なりと爲すべからざるなり。故に吾人は國防軍備を嚴にし、萬一の場合をも慮らざるを得ず。然れども、開國の國是は永久的なり、帝國の經濟を永久に發達せしめむには、益々生産力を培養し、列國の市場に角逐して、貿易上の勝利を占めざるべからず、是れ帝國臣民の重大なる任務なり。帝國臣民たるもの、果して能く此の重大なる任務を自覺する所あるか。業に之を自覺したりとせば、利己主義、個人主義を抛棄して、深く帝國の道義に鑑み、公利公益を先にし、國富の政策に貢獻せむことを期せざるべからず。是れ吾人が生産業者、貿易業者に向て、帝國肇造以來の道義を鼓吹せざるを得ざる所以なり。肇國の道義は、古今に通じて謬らず、中外に施して悖らざるは、今上天皇の夙に勅語に宣させられたる所にあらずや、誰か又之を疑ふものこれあらむや。

開國の國是は、帝國永遠に繼續せざるべからざること、天下の齊しく認むる所にして、今日吾人の喋々を要せざる所なりと雖も、開國の國是なるが爲めに、帝國の所用は、一切合切、之を列國に仰ぐを當然なりとなすの觀念を常習となすが如きは、吾人の甚だ喜ばざる所なり。帝國の今日は果して臣民の所用、萬事を擧げて列國に賴らむとするの傾向を來したるなきや、是れ吾人の甚だ憂慮に堪ざる所なり。試に想へ、生産を發達せしめ、貿易を增大ならしめむとせば、固より資本の潤澤ならざるべからざるは勿論にして、資本を潤澤ならしめむとするに於ては、諸種の狀態より之を國內に求むるは頗る困難なるものあらむ、然れども、國家の體面を維持し、公益を保全せむとせば、國內の資本に依るを本則なりとせざるを得ず。然るに是れ之を勉めずして動もすれば外債に依らむとするは、一般生産業、貿易業に從事せむとする諸會社の狀態にあらざるなきか。單に經濟の上より之を見れば、事業家は必ず自身に資本を所有し居らざれば、起業し能はざるものにあらずして、低利の資本を列國に仰ぎ、以て有利の事業の發起せらるゝは、誠に喜ぶべきが如しと雖ども、其資本は國内に於て供給する能はずして、之を列國に仰ぐもの。概して之を評せば、國家の窮乏を世界に表白するものにあらざるなきか。帝國の現狀は生産業者、貿易業者の外債を列國に起すを當然の事なりとするのみならず、之を以て手腕あり、機敏なりとして賞揚するに至る、何ぞ其思はざるの甚だしきや。蓋し低利の外債を列國に求めて、有利の起業に充るは、當業者にありては機敏なる手腕を有するならむ、然れども國家の上より之を考慮せば、勢已むを得ずして之を爲すものにして、遺憾の極なりと言はざるを得ず。

帝國の道義は以上の如きの行爲を以て、廉恥を顧みざるものゝ致す所なりと斷ぜざるを得ず。生産業者、貿易業者の、開國の國是に因り、縱橫無盡に、五洲列國に向て商略を揮はむと、吾人の熱望して息まざる所なりと雖も、常に公利公益を主とし、廉恥を重じ、品位を全するの精神なかるべからず。個人主義、利己主義のみを以て本事とし、利のある所は、信なく、誠なく、廉恥なく、禮節なく、詭譎これ事とし、權謀これ行ふに至らば、國威を傷け、國權を損せむ、國威を伸暢し、國權を保守するは、獨り戰爭の勝敗のみにあらざるなり。是れ吾人が肇國以來の道義を纘述し、生產業者、貿易業者に、之れを嚴守遵奉せられむことを望む所以なり。

彼の生產業者、貿易業者の起業資本を列國に仰ぐもの、之を耻辱とせざるにあらずと雖も、勢已を得ざるが爲なりと云ふものあらむ。然れども想へ、目下、歐米列國が支那に對して、借欵問題の囂々たるは何ぞや。資本を注入して利益を壟斷せむと計畫するものにあらざるなきか。布哇の米國に合倂せられたるものは何ぞや、資本家に對して國土を擧げて抵當流れとなしたるものにあらざるなきか。現代社會の一大問題は、資本家と勞働者との反目嫉視に非ざるなきか。此の如きの現象は目前に現出しつゝあるに拘らず、帝國の道義たる國家主義を嚴守し、堅忍不拔、自力を以て他力を制するの精神を發揮することを努めずして、資本を外債に仰ぎ、自力を屈して他力に制せらるゝを甘むじ、勞働者の地位を以て自ら任せむとするは、帝國臣民たるの一大汚辱に非ざるなきか。吾人は生產業者、貿易業者の起業に對し、外債は一切仰ぐべからずと論ずるものにあらずと雖も、之を成すは一時の耻辱を忍びて、將來の發展を期待するものたらざるべからず。然るに今や、當初より外債の成立を以て、敏腕家、理財家なりと爲し、起業者得々として耻る所なく、借金自慢の狀態なるは慨嘆に堪へざるなり。是れ起業者の品位下劣を表白するものにして、道義の觀念消亡し、國家を顧みざるの致す所たらずむばあらざるなり。

元來資本家と勞働者とは、君主と臣民の如き關係なきにあらず、資本家は主治者なり、勞働者は被治者なり。他人の資本に因て產業貿易に從事する商工業者は勞働者なり、他人の資本に因て征戰奮鬪に從事する海陸軍人も亦勞働者なり、此の如くに假定し來れば、堂々たる帝國は、被治者たり勞働者たるの地位に居らざるを得ず、豈に遺憾の極にあらずや。兵力は道義の旺盛なるが爲めに、五洲列國に向て橫行濶步するを得ると雖ども、是れ勞働者の勉勵して效したるに過ぎざるなり、然れども其成功は喜ぶべし。富力に至りては道義の廢頹するが爲めに、自主獨立の地位に立つ能はずして、甘むじて外國の支配を受け、外國の恩惠に依り、以て經濟を支ゆるものなり、是れ勞働者怠慢の不成功と言はざるを得ず、何ぞ夫れ醜態の甚だしきや。恥辱は戰爭の勝敗の上にのみ存するものにあらず、征戰奮鬪に大敗を招きて外國の支配を受るに至るを恥とせば、產業貿易に大敗を招きて外國の支配を受るに至るも亦恥なり、其の恥や一ならざるを得ず。吾人は遺憾ながら、其の恥を恥として之を隱蔽せず、進みて之を洗雪せむことに勉めざるべからずと信ずるなり。之を洗雪せむとせば、公利を先にし、私慾を後にし、國家主義を守りて個人主義を抛ち、國家の恥辱を以て個人の恥辱とし、帝國の道義をして、產業貿易の上に光輝を放つこと、征戰奮鬪の上に於けると異ならざるに至らずむは、決して被治者たり、勞働者たるの地位を蟬脫し、恥辱を洗雪する能はずと思惟するものなり。

帝國の現狀は、兵力に於て五洲列國に對峙して、一等國の地位にありと雖も、富力に於ては二等國、若くは三等國の地位にあり。之を輸出入の總額より算し來れば、下りて十四等の位置にあることを思はざるべからず。玆に其恥を恥として、帝國の財政を暴露せば、吾人は生產業者、貿易業者の、起業資本を列國に求むるを咎むる能はざるなり。帝國政府の國債たる明治四十四年十二月の調査に依れば、貳拾七億六千壹百壹萬百六拾八圓九拾七錢にし、其中外債の總額實に左の如し。

四分利付鐵道公債	一七、五七七、七五〇〇〇
四分利付事業公債	七八、〇五二、二五〇〇〇
四分利付北海道鐵道公債	二、〇〇〇〇〇〇〇〇
四分利付英貨公債	三五一、四六六、〇四七四〇〇
四分半利付英貨公債	五七五、九八九、〇七七八二〇
五分利付英貨公債	二二四、五四六、〇七一一〇〇
四分利付佛貨公債	一七四、一五〇、〇〇〇〇〇〇
五分利付舊北海道炭礦鐵道株式會社々債	三、九〇五二〇〇〇〇〇
四分半利付舊關西鐵道株式會社々債	九、七六三、〇〇〇〇〇〇
	一、四三七、四四九、三九六三二〇

以上の調査に依れば、外國債なるもの總て九種にして、其金額拾四億三千七百四拾四萬九千三百九拾六圓三拾貳錢なり、内國債よりも多きに上れり。政府にして財政の窮乏なるは、國家の窮乏なるを概見するに足らむ。故に生産業者、貿易業者

が、起業資本を外債に仰ぎ、其成功を以て理財の才あり、敏腕の士なりとして、信用を列國に博したるが如く、得々たるも亦已を得ざるなり、嗚呼何ぞ帝國の富力の此の如く窮蹙せるや。是れ生産業者、貿易業者をのみ咎むる能はずして、一般の帝國臣民が肇國の道義を遵守嚴奉せざるの致す所なりと言はざるを得ず。帝國は、皇祖皇宗と吾人臣民の祖先と共に倶に協力輔翼の上に肇造せられたるものなり。父母に孝に君主に忠なるもの、安ぞ祖宗、及、祖先の肇造したる帝國の窮乏なるを慨嘆痛哭せざるを得むや。況むや富國の國策を持して、五洲列國の競爭場上に奮戰勇闘すべき、急先鋒たる生産業者、貿易業者に於てをや。

肇國の道義は、日清、日露の戰役に於て、效果の偉大なるを顯彰したりと雖も、戰捷後の今日に於て、國富增進の上に、未だ之を顯彰し能はざるものは、吾人の遺憾に堪へざる所なり。夫れ國富を增殖するは、産業の發展貿易の振興にあるは論を俟たざる所、帝國の立憲政治は、政策を此點に傾注せざるべからず。然るに吾人の遺憾に堪へざるものあるは、帝國議會の正氣腐敗して、公利公益の觀念に乏しく、國富の政策を顧みざること是なり。今の時に方り産業の發展、貿易の增大を計むと欲せば、先づ國家の公利公益を先にし、個人の私利私慾を後にする道義の精神旺盛なるの士を、代議士に選出するを勉めざるべからざるなり。言ふ迄もなく、立憲政治は輿論政治なり、道義の精神に富める人士をして議會に立たしめ、以て國富の根本義を主張せしめざるべからず。議會にして、眞正なる輿論を代表し、國富の政策に奮勵せば、隨て實業家の之に應じて、公利公益を先にし、之に努力奮勵するに至ること論を俟たざるなり。元來立憲政治の歐米列國に尊重せられたるものは、國富の政策を實行するに於て、最も適當なる政治組織たればなり。帝國の立憲政治も亦國富の政策を實行するに奮勵せずむばあらず、要は實業家をして道義の精神を發揮し産業發展、貿易增大の目的を達するにあるのみ。而も實業家にして道義の精神旺盛なりとするも、國策の第一義として、立憲政治をして、此目的を達せしむるに努めしめざるべからず。又立憲政治をして其目的を達せしめむと欲せば、最も道義の精神に富める人士を擧て、之を代議士に選出し、輿論を此目的の上に造成せしめざるべからず。帝國臣民たるもの深く此の點に考量する所なくして可ならむや。

開國以來茲に五十年、五洲列國の進運に向て競爭する帝國は、國政の要義を世界的ならしめざるべからず。軍備、外交、教育は、言を俟たず、帝國の施設經營總て世界的ならざれば、奈何ぞ五洲列國の進運に向て之と競爭するを得むや。而して國政の要義を世界的ならしむるものは何ぞや、通商貿易を盛大ならしめ、富力を增殖せんとするに外ならず。國政の要義は總て世界的なりと雖、帝國臣民の道義の精神にして、旺盛ならずむば、決して富力を增殖する能はざるなり。臣民にして道義の精神なく、只是れ個人主義を把持し、私利私慾の觀念のみなるに於て、智力ありと雖も、決して富力增殖の目的を達し得べからざるなり。兵力ありと雖も、決して富力增殖の目的を達し得べからざるなり。智力、兵力は、却て國家を禍し、國家を危殆に陷らしむるものにして、世界的國政の要義は徒爲に終らんのみ。今日の生產貿易に從ふもの、智力なきにあらざるなり、業に已に智力あり、兵力の擁護も亦十分なりと言ふべし。而して產業、貿易の增殖せざるものは何ぞや、道義の精神缺乏して、國家主義を後にし、個人主義、利己主義を先にせるが故なり。是を以て頻年、粗製、濫造、不確實なる產物を輸出して、一時の利益を壟斷せんことのみに汲々たり。之を奈何ぞ日本商人の信義を、五洲列國の間に認識せしむることを得むや。帝國の立憲政治が租税の重荷を厭はず、臣民の艱苦を犧牲にし、軍備に、外交に、將た敎育に、百般の施設經營、總て世界的ならざるものなきは、富力の增殖を本位とするに由るのみ。然るに、生產貿易の當業者が、只是れ個人主義利己主義にのみ汲々たるは、道義の精神缺乏し、國家の重恩に辜負するものなりと言はざるを得ざるなり。

吾人は玆に生產貿易の當業者諸君に向て一言す。帝國の立憲政治は、諸君に竭す所、甚だ大也。十九箇師團の陸軍は抑も何の爲ぞや、三十萬噸の海軍は抑も何の爲ぞや。是咸な貿易の發展を計らむとするが爲ならずや。日清の戰は朝鮮貿易を回復するが爲めに起り、日露の戰は支那貿易をして露國の專有に歸せざらしめむが爲に起れり。大使館を各大國に置き、公使館を各小國に置き、總領事、領事、領事補、事務官を列國樞要の地に駐在せしむるもの、是咸な諸君を護衞して、業務を發展せしめむが爲にあらざるはなきなり。此の如く國家が全力を傾注して保護を加ふるものの、國富を以て國政の第一要義と爲すが爲のみ。諸君は特に此の至大なる保護を受け、安意して業務に服し得るに拘らず、公利を懷はず、公益を抱かず、唯是れ私慾を計り、唯是れ私利を營み、個人あるを知りて國家あるを知らざるが如き、行動を執るを得むや。

今や生産業、貿易業に從事する所の諸君は、不當なる、偏務的なる、關稅の協定稅率なるもの撤去せられたるの今日に於ては、縱横無盡に、勇氣を鼓舞して五洲列國の間に横行濶歩し、帝國の富力を增殖し、以て立憲政治に貢獻せざるべからざる重大なる責任を負ふものなり。而して諸君が此の重大なる責任を竭すは、個人主義、利己主義を後にし、帝國の道義を嚴守遵奉して、勇往邁進するに在り。道義の精神にして旺盛なるに於て、商業貿易上に於ける正實と誠信とを五洲列國の間に認識せしめざるとあるべけむや。正實と誠信とを五洲列國に認識せしむるに至りて、生産の發展、貿易の增進せざるとこれあらむや。生産貿易の發展增進して富力强大に至らざることこれあらむや、帝國が五洲列國の進運に凌駕すべきは、誰か又疑を容れむや。生産に勉め、貿易に黽むるの諸君は、速かに轉迷開悟、國家主義を先にし個人主義、利己主義を後にして、勇往邁進すべきなり。諸君は智力足らざるにあらず、要は唯だ帝國の道義を嚴守遵奉して、國家の進運に貢獻するに在るのみ。

評説

拜啓

貴著に關し何か執筆の御注文有之直に起草の積りなりしに、目下多用寸暇無之、餘り手間取候も恐縮と奉存一應貴意奉伺候。

願ふに我國は大戰役の結果として、世界一等國の伍伴に列し候得共、經濟に於ては後進國たる位地を脱すること能はず候得ば、今日は何よりも先づ最も重きを國富增進に置くべきは申上候までも無之候。

封建時代に、武士が君の御馬前に討死するを以て最大の榮譽と致居候如く今日に在ては、職業と共に討死すると云ふ忠實の觀念が最も必要に有之候。

然るに、職務に忠實ならず熱心ならざるより、何事も不規律無責任に陷り、事業擧らず、會社破綻を生ずると云ふ次第に候。　即ち會社が破綻を生ずるも、重役の不忠實なる結果のみ、堤防の破壞するも請負業者の不忠實なる結果のみ。

政治上の腐敗も亦其病源は爲政家の國家に對して不忠實なる結果のみと申

すも過言に無之と存候
我國民が職務に對する忠實の念を缺き候原因は封建時代に於て專ら武士の間に涵養せられたる忠義の思想精神が維新の改革と同時に打破せられたる儘に經過し有形の事柄のみに急にして無形の方面即ち精神上の修養を怠りたる爲と存候。今や各階級を通じて不眞面目となり無責任となり不規律となり無節操となり其弊害は各方面に現はれ來り候。一念玆に至る每に小生は之を小にしては本邦事業界の前途の爲め、之を大にしては邦家の將來に對して杞憂措くこと能はざるもの有之候。
小生が拙著『破壞思想と救治策』若くは『富國策論』に於て、聊か卑見を開陳候も帝國の前途に對して深憂を懷き候爲めに外ならず候。而して『富國策論』中二八四頁より二九五頁に亘る『戊申詔勅と國民の覺悟』てふ一篇は貴著の所論と大體に於て合致する所有之候、旁、之を以て責を塞ぎ申候幸に御採納を得候へば、大に助かり申候。先は右御伺まで。

二月九日　　添田

大津樣

戊申詔勅と國民の覺悟

忠實業に服せよと仰せられたる御趣意は

御詔勅は世人の朝夕感銘しつゝある所であつて、就中予の畏しと仰ぎ奉るは『宜しく上下心を一にし忠實業に服し勤儉產を治め惟れ信惟れ義醇厚俗を成し華を去り實に就き荒怠相誡め自彊息まざるべし』と仰せられたることである。以下順を追ふて大御心の在らせらるゝ所を恐察し當時我が國の產業狀態が如何に仕組まれつゝあるかを對照して世人の一考を煩はさうと思ふのである。

忠實業に服しと仰せられたるは、時勢の弊に適切なる詔として、吾人の恐懼措かざる所である、何となれば世界廣しと雖も、苟も文明を以て任ずるものにして、我が國民の如く職業職務に不忠實なるは稀である。彼の大日本製糖會社が端なくも內部の醜體を暴露したるが如き、其好適例であつて、若し會社經營の衝に當る重役が、自己の職責に忠實であつたならば、左樣の失態、非難はなかつたかも知れぬ。誠に惜むべきことである。依て察するに此職業職務に對する觀念の缺乏せる所以のものは必ずしも、國民の性格が然らしめたのではない、實は此の觀念が未だ發達しない爲である。それと云ふも歷史上古來君國の御馬前には命も惜しからず、國家の危急には一身を鴻毛の輕きに比し、後世封建の世と遷りては、互に境を爭ひ其領土に住する民の經濟生活的現象は個個孤立の姿にありて、彼れ是れ國家、藩主にさへ忠實なれば足れりとし、それ以外の觀念は高閣に束ねて顧みなかつたのである、されば我が國が孤島環海の惡夢より醒めて、列國との交を修め、經濟現象の範圍を擴張せし事も、維新以降最近の出來事として未だ目新らしく日淺きを免れぬ。自然職業職務の觀念に幼稚なる又是非なき次第と云はねばならぬ。世界の列强に伍して經濟的競爭場裡に馳騁するに至つた以上は、尙ほ其競爭激烈となつて來た以上は、只歷史上日淺しとのみの口實に轉嫁すべき場合では無い。願はくは一步を進めて、此の職業に對する觀念を向上し、以て經濟的各自の是を成すべきである。

各自の是を綜合して其所に國家の帳尻に莫大の產額を計上するのである。忠實業に服しと宣ふもの、實に汝國民終日己が自々の職務に勤めて、夢怠る勿れとの有難き御言葉にて、以上述べし國民の幼稚なる思想を御指導あらせられしに外ならぬと拜誦し奉るのである。さるを此職務に從事するを卑しき者の樣思ひ爲す者あるは片腹痛い譯である。彼の徒らに一時の榮華に耽り金殿玉樓を營み、放肆憚る所なく、天下を橫行するを、我れ人共に處世の術に長ずる天晴れの智者として、稱贊するが如き誠に嗤ふべき事である。予の眼より見れば、白晝額に三斛の汗を湛へて營々たる勞働者こそ賴母しいのである。夫は車の梶棒を取り妻は其後を擁し、最愛の兒を荷物の上に載せて行く一家族の如何許り幸福であらうか。假令賤が伏家に宿るとも、天地これ方寸のものの彼等に悔恨なく、怨嗟なく、黃昏家に歸りて團欒の莚にあるものは人生の讚美、國家長久の詩のみ、其心情や轉た嘉すべしである。國家の尊敬すべきものは此れ等勤勉なる階級であつて、其禍根を蒔くものは徒食の輩に外ならぬのである。

勤儉產を治めよと仰せ出されたるは

勤儉產を治めよと仰せ出さる、勤儉の反對は即ち遊惰である。奢侈である。是とても我が國民の如く放縱產を輕んずる者は世界中に稀である。殊に戰捷の後此の弊に陷り易きは東西歷史の證明する所であつて、日露の戰役は此の意味に於て我が國民に災ひして居るやうである。今此の奢侈なる語を具體的に說明せんは少しく困難であるけれども、先づ一般の標準としては、日常の生活に缺くべからざるものにあらざること。即ち身體、精神の發達に必要ならざるものを云ふ。素より人は一樣ではない、地位なり、場合なりにより甲の必要とする所、乙必ずしも必要としない。されど標準は大體に於て動かすべからざる所がある。何人も寒暑相當の衣服はなければならぬ。また雨露を凌ぐ家屋がなければ叶はぬ。されど彼の指環の如き果して何の用を爲すであらうか、堂々たる有髯の男子が婦女子に倣ひてこれ見よがしに閃かすに至りては、言語道斷であつて、誠に笑ふべきの極である。是等は奢侈の一例であつて、其外數へ來れば枚擧に遑ない程である。而して奢侈に伴ふものは即ち遊惰である。我が裝ひたる外觀の何時迄も華美なれと希ふ結果、平たく云へば衣類の裾の破損を氣に惱みなどして、横臥安座を事とし、不善を爲すに至るのである。予は是等のことを逐一逃ぶるに忍び無いが、世人が少しく社會の狀態に留意されなば歷々として是等の事は分るであらう。誠に寒心の至りと云はねばならぬ。彼の羅馬の亡びたるも奢侈に外ならず、否、豈啻に國家のみと云ふ事が出來ようか、個人の產を亡ぼし身を破るもの所詮は奢侈、遊惰の結果だ。故に陛下大御心を傾けさせられ、勤儉產を治めよと宣ふ、世人は宜しく感泣して、現代の弊風を打破し。健全なる社會の建設に努められ度いのである。而して、これは人間の當然の務である。彼の野に啄む鳥すらも、自ら勞して其生命を司るではないか、況んや人と生れて業に從はざるは浮浪、乞丐の徒のみ、苟くも並一通りの者にあらば何事にても業務に從はねばならぬのである。否、從はざるを得ないのである。學生諸君が今日校堂に學ばれつゝあるも、所詮は後日國家社會に貢獻し、軈て個性の美德を發揮されん爲めにして、即ち業に就くの準備中に外ならぬ。又如何に高尚なる致育を受くるとも、業卒へて徒らに無職の輩となり、居常父兄の厄介者たらば寧ろ教育を受けざるに如かず、何となれば世人の中、或は現に自から稼ぎて學ぶ人もあらんかなれど多數は父兄の恩惠に頼るものである。換言すれば一文も儲けずして他の臑を噛り、穀を潰しつゝあるのだ。さるをそれが假令父兄の好意にもせよ去氣なく仕澄して安逸をのみ貪るやうにては、忘恩の謗は勿論のこと國家に於ても甚だ迷惑と云はねばならぬ。宜しく其の受けたる教育を活用して有用の人物となり、而して其享けたる學費を倍加して返濟するの覺悟がなければならぬ。これ有形無形に報恩の全を得る所以にして、將た産業の發達に伴ひ國家は多々益々斯くの如き人物を要求するのである。

惟れ信惟れ義と仰せられたるは

惟れ信惟れ義と仰せられたるは取も直さず信用を專一に心懸けねばならぬ、人と約したることに違ふ勿れ、正しき道を踏んで渝るなかれとの聖旨と拜察し奉る、念ふに此信義を重んずると云ふことは、前に述べし職務の觀念同樣歷史的に發達の日尚ほ淺く、由來武士に二言なし、士道の隨一は信義を重んずるなどの教訓はあれど、夫等は昔日の武士にのみ適用されたるものにて、百姓町人に至りては只命之に隨ふて、御用を勤むる奴隷の境遇にあつたのである。斯る階級に信義の觀念が發達すべき餘裕は無い。星移りて明治維新となりしも、此武士道の實際は軍人と云ふ一階級にのみ狹められ、其他の廣き階級乃ち農工商には未だ新しき問題として、各人遵守する迄に行屆かない。彼の外國人が日本人に商業道德なしと云ふ所以も此の歷史的缺陷に對する非難と見ねばならぬ。されぱとて何時迄も罪を歷史に歸すべきでは無い。農工商が國民の大多數を占むる今日であり且つ尙ほ世界的經濟競爭の激烈なる時代に於て相互の楔子たる信義にして破棄されんか、國內の取引は勿論外國貿易も、勢、發達を阻害せらるるのである。斯くては實に由々しき大事である。今、一例を擧ぐれば橫濱其他開港地にある外國商館の如き、日本の商人を外人が信用せざる證左にして、外國貿易の大半が夫等の手に握られ居るは誠に遺憾である。我が商人にして信用すべくんば、何も開港地に外人の商館を設くるに及ぶまじく、直接に取引するが迅速且つ便宜である。例へば生糸の如き米國の機業者よりして、信州の生産地に直接交渉せば事足るべきを、第一に契約の日限を誤り、第二に見本と相違せる粗悪品を送る等兎角約束を履行せず、莫大の損害を招くが故に、斯くてあるべきにあらずと商館を設くるに至つたのである。否なこれ商館なるものが今日に至る迄撤回されざる所以である。若し之が普通の小賣店なりしならば、其場に於て顧客の要求により品物を取換ゆれば差支ないけれど、外國貿易商となれば頗る大仕掛けにて、一度の電料も少しく長文なれば、千圓を費し、其他手形の振出なり、金利の計算なり、其關係重大なれば飽迄信義を骨子となさゞるを得ないのである。されば日本商人にして此所に思ひ至らざる限り開港場の貿易を一手に所理せんこと到底望む事が出來ぬ。又銀行の如き、一方には預金者の取付に準備し、一方には資金の融通を圖りて鹽梅すべきものなるが、借主に於ては兎角は貸下されの主義にて債務を履行しない。斯くては銀行も危險を感じ、其業務の發達すべき道理はない。萬事此の弊害あるを免れぬ、信義の觀念を普及せしむるは目下の急務である。

醇厚俗を成しと仰せられたるは

醇厚俗を成しと仰せられたるは、生を樂み國家社會を謳歌して温良の氣風を養ふにあるのだ。思ふに當代の思潮徒らに荒みて輕薄者流途に滿ち、甚だしきは世を厭ひて身を亡ぼすが如き者がある。凡そ人と生るゝからには父母親緣の恩顧に預り、同時に國家社會の保護に俟たねばならぬ。朝夕の恩愛が如何計り鴻大なるかは世人の家庭に於て實驗さるゝ所なるべく、亦國家は弱肉强食の弊を矯め社會の秩序を維持し以て個人の安寧幸福を圖るため莫大の費を投じ、隈なき設備に盡力したのである。左樣に負ふ所多く責務の輕からざるを思はず、恰も浪に漂ふ船の如く、精神の碇を降さずして、生を咀ふが如き、全く恩を仇にて返すのである。親緣の愁嘆は云ふも更にて、國家の損害も容易でない。之と云ふも義務の觀念に乏しいからである。歷史を繰返せば其所に民族の使命あり、家庭に處すれば其所に報恩の義務あり、國家に對すれば其所に存亡の犧牲あり、世人宜しく之を念ふて輕薄、厭世の如き弊風の打破に力むる所あるを要するのである。

華を去り實に就くと仰せられたるは

華を去り實に就くと仰せ出させられたる、亦時弊矯正の爲ならんと拜察し奉る。世は只外觀の整齊にのみ耽りて實質の何等見るべきものがない。美裝して車馬を驅るも其多くは借財の徒である、何も彼も左樣に不德不義の榮華を貪りては、社會國家の基礎は沙上にある樓閣に等しく顚せざらんとするも得ないではないか。彼の帝國議會にして兎角醜聞の起るは、議會其物の罪のみに非ずして、社會の風潮之を然らしむるにあるので。是等互に心して矯正すべきとである。彼の流行を追ふが如き、又實を去り華に就くの好適例にして、女子は外形を生命とするが故に暫く措き、堂々たる丈夫が世俗に媚びて其外觀を裝ひ、奔命に疲るゝは以ての外である。清潔なる衣服だにあらば我が事足るべく、何も贅物を身に纏ふことが名譽ではない。此の流行なるものは實に所謂商賣の策略にして一度葬られたるを再び店頭に幷べ、かくして目新しく顧客を魅するにあるのだ。そを氣付かずして之を買ひ得々たるに至りては笑ふよりも寧ろ憫むべしだ。世人は斯かる市井の惡風に黠染するなからんことを願ふ、流行ほど事理に乏しく經濟に反するものはないのである。

荒怠相誡めと仰せられたるは

荒怠相誡めとは奢侈、遊惰の結果業を廢し遊惰に流るゝを誡めさせ給ふたのである、此の弊に陷ることを避けんと欲せば、勞働神聖の觀念を普及するにあるのだ。予の如き勞働の神聖を鼓吹すること、爰に二十有餘年、然も一向に效果なきを歎じつゝありしが、近時此の語を耳にするに至り欣喜に堪へぬ次第である。此の働くと云ふことは人生の最も善良なる德にして、小人閑居して不善をなすは、畢竟足運ぶなく手動かすなく、無爲にして暮すが爲めである。働けば啻に精神的に向上するのみならず、身體にしても至極健全である。精神安泰身體健全ならば此の以上何物をも要らぬ。或は富豪とならん、或は大臣宰相たらんとの希望もさることながら、一に健康を保ちてのことである。長壽無量ならば是等のもの望まざるも自然に掌中に歸することもあらう。勞働は實に生存の第一要件である。働く所其所に報酬あり、働かずして報酬を得んとするは、鼠賊の輩のみ、然もそれすら相當の苦心がいる。働きて而して其結果を握り、生を完全に保つこと、これ吾人が居常の本分である。さるを今日の如く勞働を卑みて安逸を無二の誇とするやうにては、經濟的發達は所詮望むことが出來ない。世人は世俗の譏を受くるとも莞爾として働かねばならぬ、職なきを呟つは求めて得ないのではない、求めないのである。路上の馬糞を拾ふも尙ほ我口を糊する事が出來るではないか。

自彊息まざるべしと仰せ出されたるは

自彊息まざるべしと宣ひたる尙ほ經濟に關係のない譯でない。人として自己の恃むことなく、自ら輕んじ自ら亡ぼすやうでは、國家社會の鞏固繁榮は望むことが出來ぬ。我は一個の男子なりてふ確信ありてこそ獨立獨行各自の是をなし、綜合して國家の强味となるのである。然るに世人のともすれば依賴心に長けたる、是れ亦封建の遺風と見るべく、一城の主人に仕へて幾干の祿を食むことが家門の光榮たり、武威を戴く事が一境の平安たりてふ思想の深く社會の層に浸潤したる結果、今尙ほ自己を侮りて他力に倚らんとして居る。されば彼の食客の如き又封建的寄食思想の產物にして、之を一家にしても子は親に依賴して居る。斯樣に到る所依賴心の鼓翼するやうにては、國家の發達所詮覺束なく、且つ其結果は相互の不利益である。共殪れになる。例へば馬の胃囊に棲むダニのやうである。ダニは胃囊を深く探りて生を寄せ、目なく足なく、只口許りの不具動物である。同時に馬は其害を受けて口邊唾涎を垂れ、喘々として危きに陷る。人間相倚り賴む又斯のやうなものである。國家の衰ふる禍根は實に茲に存するのである。生計上經濟上の獨立なきものは思想上の獨立がない、國民思想上の獨立なくば一國の獨立にも關係を及ぼすのである。而して帝國は他の先進國に比し後れたる所少くはない。故に『息まざるべし』との聖旨は殊に遵奉しなければならぬ。進みて息まずんば終には先進國に追及する事が出來る、苟くも帝國の民たるものの朝夕此の詔勅を拜讀して其の遵守に努めねばならぬ。

二十世紀に於ける世界的競爭の主力は、航海、植民、貿易の三者に在り。而して此の三者の併進併行、其優勝を占むると否とは、實に國家的準備、及、國民的素養の深淺厚薄如何に在りて、亦實に國際競爭に對する勝敗優劣の由て以て岐るる所也。國家的準備として、軍備の充實、外交の活動、固より缺くべからずと雖も、其最大主要なる條件は、國民的素養の根本的準備に在ること、論を俟ず。而も國民的素養として、其最も優勝なる資格は、品性あり、信念あり、進取的精神に富み、恒久的精神に富める國民たらざる可からず。其品性あり、信念あり、進取的精神に富み、恒久的精神に富める國民に非ざれば、世界的競爭、經濟的競爭に對する最後の捷利者、最後の優勝者たること能はざれば也。今日帝國が、世界的競爭、經濟的競爭に對して、每に其劣敗者の地位を脫すること能はざる所以のものは、固より種種の原因ありと雖も、其重なる原因は、國民的素養の根本的準備を缺くに由るのみ。國民的素養の根本的準備として、恒久的經濟競爭に耐ふる精神要素を缺くに由るのみ。

鈴山、本章に於て、我帝國の世界に於ける經濟上の位置を論じ、其短處弱點を指摘し、而して帝國の道義を産業、及、貿易に發揮せざる可からざる所以を論ず。議論堂堂、筆陣正正、一世の耳目を洗發するに足る。鈴山の所謂帝國の道義なるものは、吾人の所謂國民的素養の根本也。即ち品性あり、信念あり、進取的精神に富み、恒久的精神に富める國民也。世界的一等强國の位置を占めつゝあ る帝國にして、經濟的實力に於て、二等國若くは三等國たることを免るゝことを得ざるものは、主として國民的素養の根本たる道義の精神の缺乏するに在るに於ては、道義的精神の涵養、安ぞ之を懈るべけんや。余は此點に於て、鈴山の論、大に國民を啓發するに足るものあるを喜ぶ者也。

紫山山人

第二十章　現代の趨勢と道義

王政維新の初め、開國の國是を定め、歐米の文明を輸入せしより以來、社會の趨勢は、滔々として歐化主義に傾き、彼れを貴び、我れを卑しみ、明治二三年の交より、其風潮最も甚しきを極め、帝國の道義殆むど將に危殆に瀕せんとするに至れり。吾人深く之を慨し、敢て微力を量らず、國體を擁護し、誓て天日を回さむことを期し、廿三年帝國議會の開くるに方り、先づ神祇官を復興せんことを計りたり。爾來茲に年あり、事志に酬いずと雖も、政府も終に反省する所あり、明治三十一年神社局の設立となり、國體と終始すべき神宮、神社の宗教と混同すべからざるを明かにし、尋で官國幣社は、永久に國家の祭祀たるべき基礎を確立したり。是に於て、世上の論者大に國體のある所を自覺し、尋で日露の戰役、帝國の大捷となり、國光を宇内に宣揚するに及び、彼の曩に吾人の主張を以て、固陋なり、頑迷なりとせし所の學士博士等、飜然として國體の尊重せざるべからず、國粹の保存せざるべからざる所以を認識し。國史を講じ、憲法を說き、最も力を道義の涵養に致すに至りたるは、吾人の最も意を强うする所にして、誠に喜ぶべきの傾向なりと謂ふべし。

吾人は、日露の戰役に於て、至大なる實物教育を示されたり。看よ、帝國の道義は、帝國肇造の本義にして、皇祖皇宗と、吾人臣民の祖先と、之を履踐躬行して吾人に垂れたる所なり。吾人は、三千年來、子々孫々、血液相傳ふる所の臣民にして、一旦事あれば固有の道義を發揚して帝國に貢献せざるはなし、日露の戰役に於て、吾人臣民は、遺憾なく道義の光輝を發現したるものは是なり。而して吾人は日露の戰役に於て、遺憾なく道義の光輝を發現したるの跡を研究して、一種奇異なる現象を認めざるを得ざるものあり。何ぞや、曰く當時道義の强大なる力を有したるものは、文明を以て自任する都會の臣民、及、各市の中流以上の臣民にあらずして、多くは是れ眼に一丁字を讀む能はざる所の百姓、漁夫、樵者の子弟なりしこと是なり。是れ帝國の道義を淵源とし、帝國を肇造せし純潔なる祖先の血液、萬世に亘りて滅せず、子々相承け、孫々相傳へ、學なく智なく、眼一丁字を讀む能はざるも、猶且帝國の道義、彼等の肝腦に充ち、骨髓に塡するの致す所にあらざるはなきなり。而して彼の開化なり、文明なりと稱する都會の臣民、及、教育あり、智識ありと稱する、中流以上の臣民は、歐化主義なるものゝ襲ふ所となり、外敎の精神的蠶食を受け、其頭腦、骨髓共に腐敗し、帝國特殊なる道義の觀念に動搖を來したるものありしを證すべきなり。進みて公に奉じて私を忘れ、國家ありて個人なく、死を見ること歸するが如く、忠孝共に全かりしものは、都會の臣民、及、敎育あり、智識ある、中流以上の臣民に存せずして、却て山間海濱の農民、若くは漁夫、樵者の子弟、其最大多數なりしを知るべし。嗚呼愼み戒むべきは敎育の方針にある哉。恐れ懼るべきは外敎の侵害にある哉。

日淸、日露の戰役は、帝國希有の艱難に際會したるの時なりしなり。是を以て道義の最も克く光輝を發したるも亦此時にありしなり。然れども、國家は戰役以外に於て艱難なるのときあるを念はざるべからず、戰役後の秕政は、各般の施設經營を誤り、未だ十年ならずして、臣民をして荒怠放縱の淵に沈淪せしめ、戊申の詔書を發せらるゝに至りても、猶ほ未だ健全に復する能はず。財政は窮乏し、經濟は萎縮して、產業興らず、貿易振はざるなり。吾人は今日を以て國家艱難の時と言はざるを得ず。其然る所以のものは、政事家先づ腐敗し、敎育家となく、工業家となく、商業家となく、社會一般に波及し、國體たり、祖宗の遺訓たる所の、帝國の道義の衰頽したるに淵源せずむばあらざるなり。道義の重大尊嚴ならざるべからざるは豈に啻に戰役に於てのみならむや。戰役以外、四海平穩無事の日に於ても、絶えず光輝を放たしめざるべからざるを知るべきなり。道義廢頽せば、立憲政治腐敗せざるを得ず、立憲政治腐敗せば産業興らず、貿易振はず、財政窮乏、經濟萎縮せざるを得ざるは必至の勢なり。蓋し今日の最大急要なるの國策は、道義の精神を鼓舞作興し、先づ政治家を戒飭し、而して後、敎育、産業、軍事を始めとし、諸般の機關、及、業務に及ぼすに在るのみ。而して世上の有識者、臣民の精神涵養に注意せざるなきに非ずと雖も、未だ政治、工業、商業、及、敎育、諸般の事業、振作せざるの根元、全く玆に存する所以を研究せざるが如くなるは、吾人の浩歎に堪へざる所なり。

皇政維新の偉業は、種々の原因ありと雖も、其重なる原因は道義の精神に由らざるはなし。藤田東湖、橋本景岳、吉田松陰を始めとし、西郷、木戸、大久保等、維新の諸功臣に至るまで、身を挺で王事に盡瘁したるも、徳川慶喜の大政を奉還したるも、又道義の精神を發揮したる結果にあらざるはなし。又彼の順逆を誤り、汚名を流したる會津、仙臺、諸藩の、王師に抗したるも、其心事を察すれば、道義の精神に外ならずと雖も、唯其方嚮を誤りたるを遺憾とするのみ。此の如く維新の際、道義の精神全國に充滿したればこそ、彼れが如く容易に復古の偉業を成就し、國政漸次、緒に就き、而も君主立憲政治の產出したるなれ。道義の旺盛なるや、國政上綱張り目擧がり、社會の制裁も亦嚴重に行はるゝと雖も、道義の衰頽するや、政治腐敗、隨て社會を擧て暗黑時代に陷らしむるを常觀とせざるはなし。試に見よ、憲法發布の當時に於ては、帝國の道義、未だ全く衰頽せざるを以て、西野文太郎なるもの出でたりき。彼は一個の刺客のみ。吾人は固より其行爲を賞賛せんとするものにあらずと雖も、其精神は道義の犧牲者と爲りしなり。彼が此の如き行動を肯てしたるは、要するに尊王的、敬神的熱誠の致す所たるを知らざる可からず。

飜て當時、國家敎育の主宰たりし、文部大臣森有禮を見よ、彼は夙に歐米に學び、歐人を迎て妻となし、耶蘇敎を遵奉し、其精神已に歐米化したるものならずや。故に彼の精神には、帝國本來の道義、既に存在せざりしなり、彼れの精神は現世主義なり、個人主義なり、基督主義なり、是を以て畏くも皇祖皇宗の神前に向ひて、前古未曾有の大不敬を犯したり。無知無學の凡人なりと雖も、不敬の罪、斷じて寬假すべからず、而も況むや、君主輔弼の國務大臣として、國政の最も重要なる文教の主宰者たる位置を占むるものに於てをや。祖宗の遺訓を遵奉し、道義を以て鍛錬したる精神を有する、西野文太郎、慷慨悲憤、共に天を戴かずと爲し彼れが如きの擧に出でたるもの固より深く怪むに足らず、否寧ろ已むを得ざる所なりしなり。是れ西野文太郎の好みて執れる行動にあらずして、森有禮の行動、之を驅て此に出でしめたるなり。其後、政友會の領袖星亨は、金錢萬能主義を米國に學びて之を帝國に應用し、立憲政治を腐敗せしめたる行動を肯てし、又刺客の爲に倒れたり。是れ社會の制裁なり、道義の制裁なりと言ふも決して過言にあらざるなり。森某、星某、死せしより駒隙匆々、既に二十年を閲したり、社會は擧て暗黒、醜陋、唯其横行するものは個人主義、利己主義のみ。彼の個人主義者流は、君主、及、國家を顧みざるの行動を敢てするものあるも、而も道義の制裁、儼乎として行はるゝを見ず、是れ吾人の痛憤長大息に堪へざる所なり。

社會の制裁なるものは、道義の典則に依る。道義衰頽して、個人主義、私慾主義の蔓延するや、慚羞の心、廉耻の志、消滅せざるを得ざるなり。看よ娛樂の間に於て之を證する人あり。曰く『往時にありては、壯年血氣の人、杯酒の娛樂を爲さんとするや、先づ知名の士を招き、若くは朋友を會し、交盟を結び、友情を厚するを以て目的とせざるはなく、單獨にして旗亭に醉ふが如きは、是れ壯年血氣の人の羞耻としたる所なり。娛樂を取らむとするは、固より個人にして爲し得ざるにあらざるべしと雖も、個人單獨にして醉を旗亭に買ふもの、品行の上に向て醜評の起らむことを恐れ、君子危きに近かざるの方針を守りてなり。故に衆と共に娛樂を取る、旗亭酒杯の間、自ら交盟を結び、友情を厚うし得るの益あるのみならず、己れの品行に向ひても他人をして醜評を下すこと能はざらしむ。杯酒の間と雖も、個人の私慾を去りて、衆人の公益に隨ひ、衆と共に樂むなり、己れ獨り其樂を貪らざるなり。近時世上壯年血氣の人、杯酒によりて娛樂を取らんとするや、交盟を結ばむとするにあらず、友情を厚せむとするにあらず、故に知名の士を招かむとするにあらず、朋友と會するにあらず、唯是れ個人單獨、旗亭に出入し、品行の上に醜評を來すあるも顧みる所なし。是を以て都會到る所、酒樓、旗亭の大なるもの漸次衰微減少し、小亭、小樓、淫靡を競ひ、浮華を尙ぶもの、陸續として增加し、道德を敗り、風紀を紊すも、之が制裁を施さず、慚羞、廉耻を顧みざる、壯年血氣の士を驅て、墮落の深淵に沈溺せしむるに至れり、之を奈何ぞ皇運の隆昌、國家の發展を期すると云ふを得むや』と。此說卑近なりと雖、亦以て現代の趨勢、個人主義、私慾主義に傾偏して、知らず識らざるの間に、帝國の道義を侵害するの甚だしきものあるを證するに足らむか。皆是れ國體國性の存する所を覺らずして、輕佻浮薄、新を衒ひ、奇を喜び、歐米を以て無上の文明國と爲し、彼れに行はるゝ宗敎を妄信するの致す所なりと言はざるを得ざるなり。

彼の人類平等、無階級、無差別主義の宗敎、帝國を襲ひ來れるに拘らず、其發源地たる歐米に於て社會主義を鼓動し、共和政治を以て無上の善良なる政體と爲す人士あるに拘らず、宇内の大勢は帝國主義に傾き、共和主義『モンロー』主義の本尊たる、北米合衆國の如きも、大海軍の建設擴張に汲々として、布哇を合併し、比律賓群島の占領を確實ならしめたるが如きは、是れ明かに帝國主義を實行したるものなり。米國已に然り、歐洲列國の如きは、競ひて精巧緻密なる兵機の製造に、堅牢迅速なる軍艦の建造に、孜々として日も亦足らず。租稅を增加し、多額の國費を支出するも毫も顧みる所なきの勢を呈し來りたるは、是れ豈現代の趨向に非ずや。

歐米列國の帝國主義なるものは、人爲的の結果にして、戰鬪、侵略、强者の弱者を壓伏して建設したるものなり、共同會議、衆合規約に因て建設せられたるものなり。故に現代の趨向は、今後幾十年、幾百年に繼續せらるゝや否や、頗る吾人の疑問とする所なり。　蓋し人爲的の原因に依て成立したるものは、又人爲的の結果に依て破壞せられざるを得ざるは數の免れざる所、天地自然の成立と全く其性質を異にすればなり。　之れに反して帝國の肇造は、宇宙間の眞理に起因し、天地の剖判と共に成立したるの帝國主義にして、皇祖皇宗と、吾人の祖先は、其肇造を現實にしたるに過ぎざるなり。　是を以て三千年來、外國の壓迫を受けたることなきにあらずと雖も、未だ會て主權の轉移を許さゞるなり。　而も帝國が五洲列國に對して、特殊なる帝國主義を有するは、即ち帝國の道義なることを知らざるべからず。

歐米列國は、宗教を認めて其國教とし、宗教の力に依て精神涵養の目的を達せむとするに拘らず、國家としては、侵略的帝國主義の擴張を逞うしつゝあるに非ずや。顧みて帝國に行はれつゝある宗教の現狀を察するに、其教徒は動もすれば、皇室を無視し、國體を破壞せんとするの行動を敢てするものあり。　是れ吾人の奇怪なる現象なりと爲さゞるを得ざる所なり。而して今や我帝國に行はるゝ宗敎は、耶蘇敎ありて、宗派二十六を合して、敎會の數は千二百十九にして、傳道師千九百六十六人の多きに上り、就中帝國臣民の傳道師たるもの千二百八十六人あるは、又少しと云ふべからず。而して是等の傳道師は、悉く帝國の國體を破壞せんとするものにあらざるべきも、帝國の道義を顧みざるの敎徒たることは、彼等の言動に徵して掩ふべからざる事實なるを奈何せん。

佛敎は、傳來最も古し、隨て其數最も多く、宗派五十六にして、寺院七萬千八百八十佛堂亦三萬六千九百八十九あり、佛敎會も亦四千六百八十七ありて、僧侶の數は十二萬千四百九十七人に上り、其中敎師を以て任ずるもの七萬二千三百七十九人ありと雖も、今日の帝國に行はるゝ所の佛敎は、既に帝國の道義に化合せられたるものあり。而し釋迦本來の敎義、所謂無君無父の敎なるものは、帝國の道義に同化せられて忠孝を說くに至り、國體に及ぼす弊害あるを聞かざるは、吾人の聊か喜ぶ所なり。

帝國の神道なるものは、帝國の國體にして、神道は國政なり、帝國は祭政一致の國體たること、近く今上天皇の大詔に明かなる所なり。而して神道を以て、宗教とし、政府又之を宗教として公認し、宗教として管理するは、皇祖皇宗の神聖を保ち、國體の尊嚴を示す所以にあらざるや論を俟たず。然るに、今や、帝國に於て宗教として唱ふる所の宗派を數ふれば、十三に過ぎずと雖も、教會は五千四百五十七にして、教師は七萬六千百四十九八あり、又盛なりと云ふべし。神道の神なるものは、皇祖皇宗にして、耶蘇教の所謂基督の神にあらず、皇祖皇宗の訓は帝國の道義にして、吾人臣民の嚴守遵奉する所なり。此道義を以て、臣民の、精神を涵養すべきは、國政の第一義にして、神官、及、官國幣社、府縣鄉村社を奉祭せらるゝものゝ之が爲めなり。其神職たるものは其第一義を自覺して之が責に任ぜざるべからざるに拘らず、神職の其責任を竭すものゝ少なきは何ぞや。教育制度には修身科あり、以て尊嚴なる道義に基づき、精神涵養の目的を達せんとす、是れ皆帝國行政の致す所にして、祭政一致は茲に在て存せり。焉むぞ、神道を以て宗教とし、佛教、耶蘇教を混同して、愚夫愚婦の信仰力を增長せしむるの必要あらむや。顧ふに神道を以て宗教とするものゝ輩出し來りたるは、國政の上に於て道義を皷吹すべき神社制度ありと雖も、其力微弱にして、振興せざるの隙に乘じたるにあらざるなきか。

吾人は帝國に帝國肇造以來の國體あり、即ち帝國の道義にして、皇祖皇宗の遺訓なり、之れを古今に通じ、之を中外に施して悖らざるは、畏くも今上天皇の大詔に明かなる所なり。帝國は此の道義を以て國政を施せり、祖宗は即ち天神なり、故に祭政一致は帝國の國體なり、何ぞ必しも佛教を要せむや、何ぞ必ずしも耶蘇教を要せむや、又何ぞ必ずしも神道を宗教とし、其信仰力に依賴するを要せむや。國友尙克は舊水戸藩の儒者にして吾人の義父に當るものなり。尙克、安政中、開道錄九卷を著はし、以て宗教の弊を痛論せり、今其耶蘇教に關する論中に云へるあり。曰く。

夫れ之を紀するものは一統を明かにする所以なり。而して西荒諸戎、耶蘇生年を以て曆文となす、號して中興と爲す、是れ其國旣に釋法の爲めに奪ふ所にして、悟らざるなり。明道立敎は、國の大典なり、而して釋人これを掌る。冠婚葬祭は、人の大禮なり、而して釋人これを制す。是の二者は治權の存する所、而して諸戎甘して籠絡を受く、其大權を擧て、之を釋人に委す、恬然として復た疑はず。是を以て其下耶蘇を尊奉し、高く國汗の上に出づ、寧ろ其君に負くも、耶蘇に負かず、其法君父を以て假令を爲すが故なり。其論ずる所、其一は即ち帝國の自ら之を紀するは歐米列國と異なる所以にして、敢て之を侵さんとするものなしと雖も、其二に謂ふ所の明道立敎に至りては、即ち吾人の茲に痛論する所にして、帝國の明道、帝國の立敎なるものは、帝國肇造の淵源たる祖宗の遺訓なり、是れ之を道義と云ふ、是れ之を國體と云ふ。祖宗は天神にして、帝國は祭政一致なり、今に及びて歐米列國の糟粕を學びて宗敎に信賴するを要せむや。耶蘇敎の君父を以て假令となすもの、忠孝將た何の處に存せむ。是れ帝國の國體と根本義に於て相容れざるもの、而して今や二千の傳道師は、頑迷にして之を固執し、佛敎徒の彼れが如く、帝國の道義に同化せざるもの吾人の痛歎大息に堪へざる所なり。

現代に行はるゝ所の宗敎にして、神道各派と、佛敎各宗派と、耶蘇敎新舊派とは、前に述るが如きの勢を呈しつゝありと雖も、耶蘇敎は未だ國政の上に公認せられたるものにあらざるなり。而して各宗敎ともに臣民に在ては、國家の安寧秩序を妨げず、臣民たるの義務に負かざるの限りに於て信仰するの自由を有するのみにして、認めて國敎となしたるもの一も之れあらざるなり。否國敎と爲す能はざるものなり。帝國には肇國以來の道義あり、即ち祖宗の遺訓にして、明治二十三年十月三十日の勅語なり。此道義、此遺訓、此勅語は、彼れ歐米列國の稱する國敎と等しく、皇室は此國敎を信仰し、歸依せられ、以て模範を一般臣民に垂させらるゝもの三千載に及びたり。皇室は乃ち無宗敎にあらざるなり。然れども、此道義、此遺訓、此勅語は、國體、國性にして宗敎と稱せざるなり、否稱するの必要を感ぜざるなり。宗敎と稱せざるの故を以て、世人は宗敎家の煽動に乘り、無用の訝疑を懷き、皇室は無宗敎なりと言ふ、無論外敎に對しては無宗敎なり、無信仰なりと雖も、帝國には彼れ宗敎の上に超然たる、肇國の道義、祖宗の遺訓あり、皇室は常に斯道義に率由して敢て之に違はせらるゝことなし。何ぞ必しも外敎を信仰するを用ゐむや。何ぞ必しも無宗敎なりと言ふを得むや。

吾人は、床次竹二郎氏の『歐米小感』なる一書を見たり、床次氏は人類には信念なかるべからずと論じたり。是れ一を知て未だ二を知らざるの致す所にあらざるなきか、人に信なくむば何事も行ひ難し、信は信ずるなり、信じて疑はざるなり。磺山の工夫等の同盟罷業も信なくむば能はず、電車車掌等の同盟休業も信なくむば能はず、信念は善良の行動にのみ伴ふものにあらざるなり。信念なるもの必しも人を善良に導き、國家を擁護し、社會を裨益するものなりと解釋するあらば誤謬も亦甚しと言はざるべ可らず。氏は曰く『理窟にて詰込たる忠孝は怪しきものと思はる』と、又曰く『其形に拘泥して人の道は忠孝に限るとのみいふべからず』と、眞に然り、然れども之を訓るや、理に依り形に顯さゞるべからず、平重盛の父を諫めたるは理に由てなり、楠正成の王事に殉じたるは形に顯れたるなり。其形に顯る所を見、其理に由る所を聽く、故に人に忠孝の道なかるべからざるを信ずるなり。人をして信念を與さしむるもの、必ずしも同一ならず、種々樣々の方法手段なくむばあらず。氏の所謂巴里に於ける凱旋門、伯林に於ける普、佛、戰爭の記念碑が、國民的精神と元氣の旺盛とに關すと言が如く、是等は即ち形を以て信念を與さしめむとするものたらむ。釋迦は自ら釋迦たるの理窟あり、基督は自ら基督たるの理窟あるが如く、其理窟に由て信念の善となり、惡となり、社會を益し又社會を害し、國家を幸し、又國家を禍するの信念ともなることを知らざるべからず。『人の道は信を以て立ち、信に依るにあらざれば會得すること能はず』となし、其信ずる所の善惡邪正を問はず、信念さへ有すれば可なりとなさば、臺灣の蠻人も亦確乎たる信念を有するならむ。此の如くむば社會も國家も危險千萬なりと言はざるを得ず。

吾人は床次氏の歐米を漫遊し來り、帝國臣民の精神修養に氣付れたるを喜ぶものにて、鷄群中の一鶴なりと認むるものなり。然れども吾人は是れ其一を知て其二を知らざるなきかを疑ふ。列國、各、國體、國性あり、國體、國性に適せざるの敎は、其國を危險ならしむるものたるを知らざるべからず。唯一の信念を以て人道とし、敎義の國體に悖らず、國性に謬らざるや否を問はず、如何なる敎義も信念、以て之を仰げば可なりとなす、國家を認めず、倫理を問はず、君主を仰がずとせば或は可ならむ。然れども、人に父子あり、兄弟姉妹あり、集りて國家を成し、君主を仰ぐ、業に國家を成し、君主を仰ぐや、列國各特殊の國體を形成し、國性を具備せざるはなし、隨て敎義の適不適なくばあらざるなり。是れ吾人が宗敎各派の敎義に於て、大に發明し、太に感服する所なりと雖も、帝國臣民としては直に之れに贊同し、渴仰し、洗禮を受くるを得ず。是れ吾人の玆に反覆切論せざるを得ざる所以なり。帝國の肇造せられたるもの、一定不動の訓たる道義の儼乎として存在するあり、斯道義は國體なり、國性なり、祖宗の遺訓なり、宇宙の眞理なり。道義一たび衰滅せば、帝國は存立の要素なきなり。

床次氏なるもの其二に於て思ひ半に過るものあれば幸なり。

近時神、佛、耶の三教を會同せしめ、以て國家に貢献せしめむとするの企畫、政府部内に胚胎せりと聞き。吾人は其目的の粗大にして行はるべきにあらざるのみならず、帝國臣民が二大戰役を經て、我國體國性の貴重なる所以、祖宗の遺訓の深遠なる所以を釋得し、今上天皇の勅語、帝國の道義は漸く曙光を認め來りたる今日に於て、益々之れを中外に發揮することを勉めずして、根本的に國體、國性と調和するの頗る困難なるべき宗教に干渉して、其目的を達し得べからざるのみならず、之れが爲めに、却て帝國の道義をして、再び氛氣毒霧の裡に埋沒せしむるに至らむかを慨嘆し、政府の眞意の存する所を質問して、其蒙を啓かんことを期したり。然るに三教會同の企畫は、内務次官たる床次氏の一己の意思に出でたるものにして、政府の干與せざる所なりとの辨明を同次官に得たるを以て、吾人の質問は之を見合したり。

然るに吾人の親友なる木下代議士は、吾人と感を同うし、縷々數千言、條理分明なる質問を爲したり、今速記錄より其一端を左に摘載すべし。

近來に至つて幸に科學殊に國法學の進歩に依つて、政敎分離、信仰の自由と云ふことの原則が明かになつたために、其結果として宗敎家も政治家も各自異つたる天分のあることを今に至つて夢の覺めたる如くに自覺致して居る、是に於て政治家宗敎家は雙々相並び相冒さず、相悖らずして、各自の天分、一は國家を主體とし、一は人道を主體として、互に其天職を盡して居ると云ふ結構なる時代になつて居るではありませんか、故に世界の文明國は一として政敎分離を表明して居ない國は一箇所もないではないか、恐くは回々敎以外には政敎分離を表明して居らぬ國と云ふものは一箇所もないのである、諸君世界の大勢は此の如くである、學問の進歩は此の如くである、我日本の憲法並びに一般の國法は此の如しであります、此際に當つて內務省は何を苦んで世界の大勢に逆行し、學問の權利を打破り、國法を無視して、此の如き大膽なる計畫をなすのでありますか、私は其意のある所を了解するに苦むのであります。

元來宗敎は、各其敎義の存する所あり、人道は一にして二あらざるは勿論なりと雖も、其人道なりとする所は、各宗教義の一致せざる所なるを奈何せむ。教義の一致せざる所は乃ち帝國の國體、國性に適不適の現れ來る所以にして、吾人は佛、耶を排斥せむとするものにあらずと雖も、之を採て帝國の國教とし、臣民を誘掖する能はずとなすものなり。又神道各派なるものゝ主義とする所は、帝國の道義にして祖宗の遺訓なり、帝國の國政は、之れに因て行はれ、帝國の神社制度は、之れに因て立てり。祭政一致は、歴代天皇の宣明せらるゝ所にして、之を宗教視し、宗教を以て取締を爲すの極めて不條理にして、國體を蔑視するの端を啓くものたらざるなきかは既に論ずる所の如し。神、佛、耶の宗教なるもの、假令人道に益する所ありとするも、帝國の國政の上より、是等宗教の力のみに頼て臣民を誘掖せむとするは、却て五洲列國に特絶する帝國の國體、國性を損傷するものにして、極めて退歩の企畫なりと言はざるべからず。現代に於ける道義の趨勢は、此の如きの企畫に對して一顧だも與ふるの價を有せざるなり、唯だ政權を以て濫りに之を敢行せんとするが如きあらは、甚だ國家を災するものたるを茲に辯せざるを得ず。

　吾人が今筆を執りつゝある間に於て深大なる考慮を以て注目せざる可からざ

るものは、支那革命騒亂に關する報道是なり。元來支那は革命的の邦國なり、夏となり殷となり、周となり、秦、漢となり、三國となり、晋となり、南北朝となり、隋、唐、宋、元、明清と爲り其朝の更代、頻々なりと雖も、其國は君主主義に由て成立し、君主政體を繼續し、儒教は彼れに興り、王を尊び、覇を卑み、仁義を唱道す、五大洲の最舊國なり、今や滿洲朝廷は威力を失し、革命軍各省に勃發したるもの、自然の勢なるべしと雖も、革命軍の主張する所は民主主義の共和政治を創立するにあり、是れ支那にありては古今未曾有の事なりと謂はざるべからず、其國體國性固より我帝國と天壤の差ありと雖も、東邦に在りて、君主國の一變して民主國たらむとするに於て、其影響如何は豫め之を慮らざるべからざるなり。是れ吾人の今日に於て、最も帝國の道義を闡明し、帝國の肇造せられたる所以、皇祖皇宗の遺訓のある所を臣民の頭腦に充滿せしめ、其骨髓に徹底せしめざるべからずとなす所以なり。苟も帝國臣民をして帝國の道義を嚴守遵奉せしめば、支那の民主國たると、共和國たると、我れに於て亦何の恐るゝ所か之れあらむや。

要するに、支那は東邦に於て、文明の最も早く開けたる國にして、孔子あり、孟子あり、仁義を說き、以て王道を鼓吹したり。仁義は帝國の道義たる忠孝と一致せりと雖ども、忠孝ありて之を統一すべきの至大至要なる元極を有せざるなり。是を以て征討侵伐、久しきに至りて絶ゆるの時なく、以て今日の革命騷亂を湧起したるものたらざるはなし。豈獨り支那のみに限らんや、五洲列國皆此弊を免るべからざるなり。忠孝を統一すべきの至大至要なる元極とは何ぞや。即ち宇宙間の眞理に基づき天地と共に無窮なるべき、萬世一系の天皇是なり。忠孝の起因するや全く此の元極の備はれるものあればなり。夏、殷、周たり、秦、漢、晉、三國たり、隋、唐、宋たり、元、明、清たるに拘らず、皆是れ强者の弱者を壓服したるの君主政治たるに過ぎざるなり、之を如何ぞ忠孝を統一して元極を立つるを得むや。革命の騷亂は五洲列國の期待したるもの一朝一夕の故に非ず。列國なるもの之を奈何ぞ袖手傍觀するを得むや。或は一變して南北分治となり、或は再變して東西南北の四國となり、或は更に統一して一國となり、立憲君主政治を建設すべき乎、聯邦共和政治を創立すべき乎は未だ知るべからずと雖も、完全なる國體の下に樹立するの政體にあらずして、强者の簒奪にあらずむば、國民協約の政體たるに過ぎず、要するに忠孝統一を鞏固ならしむる能はざるや必せり。此の如くにして其政體を永遠に保守し得べきにあらざるは、既往紀元四千年に亘れる彼れの歷史の自ら證明する所なり。一葦帶水を隔てゝ帝國に接近し、而も其教ふる所は忠孝なり、帝國の道義と大差あることなし、然れども、其忠孝は歸着すべき元極を有せず。是れ征討、侵伐、騷亂、革命の絕えざる所以なり。早晩宇宙間の眞理に基づく所の元極たる、萬世一系の天皇を待て統一せらるべきは自然の趨勢にして、誰か又之を疑はむや、近く韓國併合の例之を證明して餘りあるにあらずや。忠孝豈に元極なくして存立するを得むや。帝國臣民たるもの、今に於て深く帝國の道義の中外に施して悖らざるものあるを思はざるべからず。

近來世人は、歐米人の帝國古代の器物を尊重するに鑑み、漸く國粹の破壞すべからざるを覺り、古代の建造物に注意し、政府は古社寺保存會を設け、東京の有志者は、史蹟、名勝保存會を設くるあり、地方人士亦舊蹟、勝地を保存することに勉むるに至りたるもの、吾人の大に喜ぶ所なり、然れども、是れ皆物質的の保存に止まりて、古書畫骨董の愛玩に異ならざる也、而して貴重尊嚴なる國粹、精神的の保存に至りては、往々之を等閑に附し去るが如き吾人の遺憾に堪へざる所なり。物質的の愛玩に供すべき國粹の保存すべきを知て、精神的の貴重すべき國粹の保存すべきを知らざるは、豈帝國臣民の一大缺點にあらざるなきか。古社寺保存會とは何ぞや、吾人は前に寺社奉行、社寺局なる官名、官衙の不條理なる所以を論じ神官僧侶を好對語となすを難じたり。寺社奉行は既往に屬し、社寺局は廢止せられたりと雖も、古社寺保存會は存せり、茲に古社寺と云ふは建造物に過ぎざるべしと雖も、抑も茲に古社寺と稱する所の帝國の社なるものは、神祠にして、皇祖皇宗を奉祭する所なり、國體を表示する所なり、道義を訓ふる所なり、建造物たりと雖も、其建造物に奉安する神靈は、帝國を永遠無窮に鎭護する所の祖宗にあらざれば、其遺訓を紹述したる天皇、及、帝國に貢獻したる忠臣義士にあらずや、國家精神の存在する社を以て、精神的に之を崇敬して億萬斯年に傳へ奉るべきは、帝國政府、帝國臣民の當然の任務たるに非ずや。然るに世の淺識者流、之を物質的に愛玩せむとして保存するの傾向を示し、佛堂寺院と同一視して、古社寺保存會なるものに一任し、國體の尊嚴なる、道義の貴重なる所以を帝國臣民に知らしむるの途となるか、思はざるも亦太甚しと謂ふべし、肇國の精神たる祖宗の遺訓、吾人の所謂道義を保存するは、帝國を擁護する所以なり。既に物質的に國粹の保存すべきを知るは吾人の喜ぶ所なりと雖も、實に尊嚴貴重なる精神的の保存を等閑に附し、外物の侵害に放任し、國家の危殆に瀕するを覺らざるは、吾人の痛歎大息せざるを得ざる所なり。

吾人は更に茲に一言せざるを得ざるものあり。今の博士、學士等、好みて國家の統治權を論ず。學理の研究として敢て之を咎むるにあらずと雖も、其論ずる所、皆歐米列國に於て、曾て其研究したる糟粕を嘗むるに止まりて、未だ曾て根本的に帝國固有の道義、固有の國體に基きて眞理を發見するものあるを見ず。想ふに歐米列國に在りては、古より眞理に適するの國家統治權を有せしものなく、革命、戰爭、征伐、強者の弱者を壓服するにあらざれば、則ち共同合議の結果、一人を推戴したるものにあらざるはなし。是れ豈に民約説となす所以に非ずして何ぞや。現在の歐米列國に於て、彼等同志の論難研究するは、則ち可なりと雖も、苟も眼孔を大局に放ちて、國家の統治權を論ぜんと欲するものは、須らく先づ五洲列國、國家の起原に溯りて之を研究せざるべからず。蓋し國家の統治權は、建國の起源に因て其趣きを異にするものなればなり。而して歐米列國の歴史に溯りて其起原を研究するに、未だ嘗て其能く眞理に合するものを見出す能はず、是を以て强奪說となり、契約說となるを免れざるなり。獨り我帝國に至りては、其起原五洲列國と其國性を異にし、其統治權、已に强奪にもあらず、契約にもあらず、天地剖判の始めより君臣の分已に定まり、此君臣ありて此帝國ありし也。是れ帝國の道義なるもの、亦宇宙間の眞理にして、國體と終始する所以なり、蓋し人集まれば社會を成し、社會成れば國家を成し、國家成れば主權者を要するは、宇宙間の眞理なり。帝國は此の眞理に基づきて、皇祖皇宗と、吾人臣民の祖先と肇造せられたるものなり。故に天皇は絕對無限の統治權を有し、臣民は絕對無限の服從の義務を有す。是を以て帝國は君主立憲政治にして、立憲君主政治にあらざるなり、天皇は神聖にして、道義を嚴守し、臣民を訓育し、臣民は忠實にして、道義を遵奉し、王事に貢献す、故に天皇は憲法を欽定して帝國議會を開き、臣民の輿論を採りて、國家を統治す、帝國の立憲政治是れなり。嗚呼道義は立憲政治の骨髓にして、君臣之に因て相和し、擧國之に因て一致す、之れに因て國力內に充實して、之れに因て國威外に宣揚す、此の如きの立憲政治を以て統治權を行ふもの、之れを眞理に合すと言はずして、天下又眞理に合するものあらんや。今の博士、學士等、根本的に眞理を求めて、統治權を論ずるものなく、徒らに歐米學說の糟粕に皮相し、輕く統治權に言及す、吾人其愚を憫笑せざらんとするも得ざるなり。

日露の戰役は、大に帝國の道義を喚起し、政府當局者は、神社中心論を主唱し、學士博士等亦國體を尊び、國性を重むずること、憲法の講義、歷史の說明に因て明かなりと雖も、猶ほ未だ吾人をして安心せしむる能はざるなり。念て此に至れば、吾人をして轉た痛歎大息に堪へざらしむるものあり、滔々たる天下、利己觀念の外に、何等の思想、何等の主義もあらざるなり。帝國の道義は只是れ歷史の上に現れ、文字の上に存するのみにして、口に之を唱ふるも、心に之を守らず、利己の前には大義なく、利己の前には名分なく、信なく義なく、節を賣り操を破るは弊履を脫するよりも猶ほ輕し、是れ豈に獨り政治家のみならむや、農、工、商、一般の臣民然らざるはなし。而して人口は日に增殖し、租稅は日に苛重となり、物價は益々騰貴す、人類無差別、社會平等、個人主義の宗敎は、滔々として洪水の如く此の間に蔓延す。敎育制度は、智育の一方に偏し、神道家は、本來の職責を全うするの力なし、先憂の士、帝國今日の趨勢を見て如何の感あるか。吾人は志士仁人が蹶然起て救治の策を講せむことを切望せざるを得ざるなり。

評說

ルーズヴェルト其の第二次大統領の職に在りし時嘗て人に語つて曰く、凡そ國政を爲すに當り最も之が障礙と爲るものは、第一腐敗政治家にして其次は誠意を有する突飛の改革主義者なりと。予此言を聞て流石に氏の實際政治家たる識見の高きに服す。腐敗政治家の國政に害を爲すは固より論なし。希臘羅馬の古代より輓近露西亞西班牙葡萄牙等の諸國に至り、腐敗政治家の國家を誤り社會を毒したるの例は僂指に暇あらず。唯だ夫れ正直なる突飛の改革者が國家に害あるは一見爾かく明々ならざるものあり。啻に其害の明白ならざるのみならず其の新思想を標榜し新主義を提唱するより、世人往往之を歡迎して意外の勢力を之に與ふることあり。而して此種の改革主義者は其精神潔白正直なるものなれば自信力極めて強く、自家の突飛なる意見が實際に適用すべきものに非ざるを悟らずして飽く迄之を遂行せんとす。故に實際的政治家が其國政に害あるを知りて之に反對するも、彼等は頑然其所見を固持して改めず。却て實際的政治家を以て因循固陋と爲し益反抗し來る。而して言論出版の文明的利器具さに備はる今日に於て、此徒の國家社會に害毒を流す特に甚しきを見る。ロ氏が之を厄介視せるは秦皇坑儒の意に似て大に味ふべき所あり。抑合衆國は泰西諸國中に在りて進歩の最も急激なるもの、其の政治法律より學術技藝及百般の産業に至るまで一意之が改良進歩に熱衷し、一日他國に後るゝは則ち一年の恥となし、一年他國に後るゝは則ち十年の恥と爲すの國なり。ロ氏之を知りて而して彼れが如きの言を爲す。非實際的改革者の恐るべく腐敗政治家の惡むべき深甚なるを覺悟したるに非ずして何ぞや。

我日本帝國世界無比の國體を以て巍然東洋に屹立し、時に皇威の汚隆を免れざりしと雖、天子の人民を視る赤子の如く、人民の天子を仰ぐ慈父の如く、中間相家武門の政柄を執ることありて皇室と人民との間、時に垣牆の遮るもの無きにしも非ざりしと雖、慈父孝子の至情は嘗て一日も熄みしこと無し。『高き屋にのぼりて見れば煙たつ民のかまどは賑ひにけり』と宣ひし昔より『古へのふみ見るごとに思ふかな己が治むる國はいかにと』歌ひ給ふ今上天皇に至るまで、下百姓と上萬乘との間に於ける忠愛の誠意は嘗て渝ることある無し。明治稔三の歳國會を開き萬機公論に由るとの聖詔を履行し賜ふや人心更に一新、智勇辯力併び進みて皇運を扶翼し國力を隆昌ならしむるに兢ふ。征清討露の大役世界を震慴せしめて國威を八紘に輝かしたる決して偶然に非ざるなり。歐米人或は之を解せずして曰く日本人は死を恐れざる蠻人の如し。砲聲銃音に狂して盲進するのみ。野猪の類なり。文明國人の敵する所に非ずと。歐米人の心理と日本人の心理との相違は實に此に存す。

抑も仁義忠孝の四字は我國民一々其意義を解せずして之を守り、義勇奉公の大義は口に言はずして躬に之を行ふ、家に在りて其父に孝なるの子は戰に出でて其君に忠なるの臣なり。家に在りて夫婦相和し兄弟相愛するは社會に出でて公德を重んじ正義を守るの心なり。是れ我國人固有の德性にして泰西人の怪むで而して羨望措かざる所なり。故人の皇朝萬乘一統、君臣一體忠孝一致、唯吾國爲然、といふもの實に我國の特色を道破したるものなり。始め我國の憲政を布き代議政治を行ふや、歐米人は或は曰く封建制度の下に馴致されたる日本人果して能く憲政の施行に堪ふるや否と。而して國會開設以來我國憲政實施の跡を檢すれば必しも泰西の先進國に多く讓る所無きを見るべし。但吾人の少しく遺憾に思ふ所は、一部少數の人士を除き國民の多數は憲政の眞諦を悟了せざるか、或は之を悟了するも忽諸に附するの嫌無き歟の點に在り。抑も忠孝の大義仁義の大道は古今變なしと雖も、之が妙用は世運の進步と共に變改せざるを得ず。今日に在りて日本國民の最も忠とする所は、各人其力を盡して生業に勵み國力の增進を計ると、參政の權利を重んじて憲政の擁護に努むるにあり。此二事にして擧らば天下皆聖皇の德を謳歌すべし。立憲政治の妙所も實は此點に在り。各人皆其義務を盡し權利を伸べ其家に在ては父子夫婦昆弟、敬愛親和の德を失はず。社會に出でては往來交際に些の怨嗟些の不平無く、人々皆其最善《ベスト》を盡して心に滿足するは立憲國民の本色なり。文明國人の常道なり。多數人民を奴隷にして一人に奉ずるは專制國の特色にして、家族生殺の權を家長に與ふるは野蠻時代の常習なり。我國憲政を實施してより既に二十餘年、大體に於て非難すべき所無きは前述の如しと雖も、歐米先進國に比して頗る遜色あるは掩はんとして能はざる所なり。特に選擧人が其一票の投票に由て國政に大影響を及ぼす所以を覺らず黄白に依て左右せられ、代議士が其職責を忘れて名利を趁ふが如きは最も悲しむべきの點なり。斯くの如きは我國固有の誇たる仁義忠孝の大道に背戾するのみならず、社會進步の原則を破壞するものなり。頃日友人大津君『帝國憲政と道義』なる一書を著はし予に批評を求む。予多忙にして其全部を讀了する能はずと雖も、其第五六七の三章は予が平生の所懷と符合する所尠からず。其の日本國體の世界無比にして上下忠愛の美德に富むを說き、近年政治家及び一般選擧人が、我國古來の道義を忘却して、動輙ち憲政の運用を誤らんとするを慨きたる所大に予輩の心を惹けり。

抑も大津君が往時改進黨の一有力者として當時改進黨の發展に盡力したるは皆人の知る所なり。爾來政界に在りて三十年一日の如く衷心國事を憂ふるの言動は、識者の均しく認むる所なり。今此一大著書を見るに及んで予輩は益君が用意の尋常ならざるを想はずんばあらず。唯憾むは予輩公私多事にして君が苦心を充分味ふ能はず。僅かに數言を列ねて好意に酬ゆるの外無きを。他日閑を得て此罪を謝せんのみ。

明治壬子四月

高田早苗

高論拜讀憂時慨世の念勃々として、行間に溢る。但論鋒鋭利、偶ま破邪に偏し、聊か褊狹の嫌なき能はざるものなからず。然も是れ著者護道的大精神の迸發する所、所謂過を見て仁を知るの類歟。予は大體に於て、著者と同意同感なるを明言するに憚からざる也。

明治四十五年二月念一

蘇峰學人

著者頃日『帝國憲政と道義』と題する一書を起草し余に評言を徴求せらる。余之を一讀して其宗教的熱誠と道義的意識の熾んなるに敬服せり。然れども余は本書の議論に對して意見を異にする所多きを以て一應評言を附することを辭謝せり。而かも著者は余の意見異なる所あるに拘はらず余の批評を求むること甚だ切なり。蓋し余の專ら意見を異にするは儒教、佛教、耶蘇教及び政治の隆替に關する所にあり。然かも著者は多年憲政の爲めに盡碎し、今又た憲政の確立は道義の基礎に依るべきことを切論せり。其の議論の誠實なる、主張の熱烈なる、流石に水戸派の流れを汲める著者の眞面目を見るに足る者あり。余や不肖にして著者と意見を異にする所甚だ多し。然かも著者が憲政の完成は國民道德の發展に俟つ可しとの結論には最も賛同の意を表し、又著者と同じく其事に從はんことを期するものなり。敢て一言を記して著者の誠意に酬いんと欲する而已。

明治四十五年二月廿七日　浮田和民

外人の日本人に接してまづ驚きたるは『ハラキリ』なり。泉岳寺に詣でて昔話に驚き、堺事件を目撃して實地に驚けり。日本の武士魂に就いては、何となく不思議に感じ居るよし、日清戰爭あり、北清事件あり、日露戰爭あり。日本兵の強きは單に獨逸流の兵制を學びたるが故にあらずして、必ず日本魂の作用なるべしと氣附くに至れり。玆に於て頻りに其の史的因由を採り、實際の理由を知らんことを勉む。諸外國が本邦の學者を聘し又は著書の翻譯を試みなどするは皆之れに由れり、日本學講座の設置、日本留學生の派遣等も亦之が爲なり。中には敎育勅語を以て直ちに學校の敎科中に加へたるものさへありと聞く。此の一種の狂熱的日本崇拜を馬鹿々々しとや見けん、先般チャンバレン氏の『日本に於ける新宗敎の創造』といふ題目にて、日本は今官僚派が皇帝崇拜熱を國民に宣布し居る時代なりと說き、以て、外人の輕擧を嘲笑せんとせり。余その論文を一讀するにチャンバレン氏は日本に滯在せること數箇年、日本の語學文學に通じたる人なれども、日本の精神事情を惜しいかな、未だ了解し居らざるが如し。氏は國民の敬神忠君の思想を以て單に近世に起りたる者とし、いはゆる南北朝、幕府時代等は全く忠君の思想の缺如せる時代なりとせり。これ誠に皮想の見たるを免れず。チャンバレン氏にして已に然りとせば、普通の外人の日本觀察は其の謬らざるは蓋し尠からん。今の世に於て世界の學説の長を採らんは可し。然れども強ちに彼を信じ我が美を忘れんは斷じて不可なり、一遍一言の感を記す。

拜讀　　やいち

語に曰く『道得レ衆則得レ國、失レ衆則失レ國』と。道義の精神は、獨り政治界に於て缺くべからざる要具たるのみならず。實業界に於ても、敎育界に於ても、宗敎界に於ても、文學界に於ても、藝術界に於ても、軍事界に於ても、其基礎と爲り、其淵源と爲るものは、道義の精神に在り。國家の隆替、社會の盛衰、一として斯精神の消長如何に關せざるは莫し。然るに、我帝國の泰西的文明を採用するや、獨り物質的文明の外容に瞑眩して、固有の國體國性を顧みず、我を舍て彼に從ふに至れり。是を以て物質的文明、愈よ具備するに隨て、精神的文明の基礎、愈よ危殆に瀕し、社會を擧て、無主義、沒理想の狀態に陷りしもの、當然の理勢なりと謂はざる可からず。

鈴山兄、身を政界に投ずるもの三十有餘年、平素心を憲政に留め研究研鑽、日も亦足らず。頃日、時事に慨する所あり、一書を著はし、名けて『帝國憲政と道義』と曰ふ。其意、帝國の道義を闡明し、國體國性を發揚し、以て憲政に貢獻せんとするに在り。今や、國民、物質的文明に心醉し、汩々沒々、風靡波頽、殆ど適從する所を知らざらんとす。此時に當り、斯書あり、以て國民の主義方嚮を指示するもの、的に是れ霧海の南針たり、闇夜の巨燈たり。若し夫れ其書中、說く所、我を揚て彼を抑へ、己れを尙びて他を鄙むの嫌なき能はざるは、白璧の微瑕たるを免れずと雖も、道義の精神を鼓舞作興して、社會を矯正せんとする大主眼に至ては、余の飽くまでも同感同情を表せざるを得ざる所なり。

碧泉　棚瀨軍之助拜讀

我日本帝國は、世界特殊の主義精神あり。故に世界特殊の國性國體あり。我天皇の萬世一系、神聖にして侵すべからざる、國家の不羈獨立、未だ嘗て外國の侵略を受けざる、國民の忠孝勇武國家的精神に富める、是れ固より種々の原因ありと雖ども、其最大原因は、職として世界特殊の國性、世界特殊の國體に由らずんばあらざる也。

日本民族の由來に就ては、種々の學説ありと雖ども、日本古代の國史に據れば我民族は、天御中主神、高皇産靈神、伊邪那岐尊、及、天照大神より出で、其嫡流は天皇と爲り、其他は皆皇室の別家たり。日本人の根本的要素たる民族の外に、異族の人種あり、外國より歸化の人種ありと雖ども、其精神は日本に同化し、日本民族と融合一致して、全然日本人と爲りしなり。此の如く、我日本人は、其祖先を同うし、又其祖先は、神々にして、吾人は其神裔たるに於て、吾人子孫たるもの克く忠に克く孝に、結びて共同一致の精神と爲り、發して尊王殉國の熱血と爲り、天壤無窮の皇運を扶翼するもの、是れ實に帝國特殊の國性にして、亦世界無比の國體を建設したる所以なり。

世或は神話的に、或は宗教的に、日本の國體を解釋せんとするものありと雖ども、日本の國體は、倫理的にして宗敎的に非ず。國家的にして個人的に非ず。國家と共に成長し、國家と共に發達し、數千年來、鎔鑄し來りし絕對的特殊の國體なり。故を以て日本人の理想は、生生主義にして厭世主義に非ず。帝國主義にして個人主義に非ず。進取主義にして退嬰主義に非ず。擴大主義にして縮小主義に非ず。現世主義にして未來主義に非ず。而も其生生主義も、帝國主義も、進取主義も、擴大主義も、現世主義も、一として崇高偉大なる道義に基きたる生生主義、帝國主義、進取主義、擴大主義、現世主義に非ざるは無し。是れ豈我日本民族が宇內强國と競爭場裡に馳驅して、能く其大を成す所以に非ずして何ぞや。

日本の國體は、帝國道義の結晶體なり。帝國倫理の根幹なり。帝國國風の精華なり。帝國國文の神髓なり。帝國に於ける政治、經濟、軍事、敎育、法律の淵源なり。近古以還、國學の大家荷田春滿、加茂眞淵、本居宣長、平田篤胤、山崎闇齋、谷秦山の徒、前後輩出、日本の國學、國文、國典、國體に關し、詳査精究至らざるなく、其發明する所亦少なからずと雖ども、而も國體の本義を具體的に闡明し、一種の國家學と爲したるは、蓋し水戸學派を以て嚆矢と爲さゞるを得ず。彼の會澤伯民が新論に於て、『國體』を論じたる一篇は、單に大體を說明したるに止まれりと雖ども、道義を以て國體の本源と爲すに至りては、千載磨滅すべからざるの至論なり。伯民の論に曰く、

君臣之義、天地之大義也。父子之親、天下之至恩也。義之大者與恩之至者、並立天地之間、漸漬積累、洽浹人心、久遠而不變、此帝王所以經緯天地綱紀億兆之大資也。昔者天祖肇建鴻基、位即天位、德即天德、以經綸天業、細大之事、無一非天者。比德於玉、比明於鏡、比威於劍。體天之仁、則天之明、奮天之威、以照臨萬邦、迨以天下傳皇孫、而手授三器、以爲天位之信、以象天德、而代天工治天職、然後傳之千萬世。天胤之尊、儼乎其不可犯、君臣之分定、而大義以明矣。天祖之傳神器、特執寶鏡、祝曰視此猶視吾焉。而萬世奉祀以爲天祖之神。聖子神孫、仰寶鏡而見影於其中、所見者即天祖之遺體、而視猶視天祖。於是乎盥薦之間、神人相感、不可以已、則其追遠申孝、敬神修德、亦豈得已哉。父子之親敦、而至恩以隆矣。天祖既以此二者而建人紀、垂訓萬世。夫君臣也、父子也、天倫之最大者、

而至恩隆於内、大義明於外、忠孝立、而天人之大道、昭々乎其著矣。忠以貴貴、孝以親親、億兆之能一心、上下之能相親、良有以也。

忠孝肇國の本義を論ずる、盡せりと謂ふべし。是れ維新以前、水戸學の天下の士氣を皷舞したる所以にして、王政復古に大造ある所以なり。然るに、維新以降、四十四年の今日に及び、我友大津鈴山をして、國體論を大聲疾呼せざるを得ざらしめたるものは、何ぞや。

我日本は、三十七八年役の結果、世界一等强國の地歩を占め得たりと雖ども、物質主義の潮流、滔々として六十餘州に汎濫し、上は政治、經濟、法律、軍事、敎育より下は社會、風俗、文藝、習慣、家庭に至るまで、一として其影響を受けざるなく、其弊今日に至りて極まれり。人臣の儀表たる總理大臣にして、相場を爲すものあり。國民の選良たる代議士にして、其節を二三にするものあり。國家の干城たる軍人にして、賄賂を貪るものあり。爵祿名利の外に超然たるべき學士にして、曲學阿世、其文を售るものあり。淸廉純潔、一世に模範たるべき宮廷の重臣たりし人物にして、社會より其汚行を指彈せらるゝものあり。不羈獨立、他の侵犯を容れざる司直官にして、行政府の奴隷たるを愧ぢざるものあり。日本唯一の實業家にして、昨は前内閣の財政策に謳歌し、今は之を攻撃し、現内閣に謳歌するものあり。其他、教育家なり。宗教家なり。文藝家なり。技術家なり。新聞記者なり。其品性陋劣、市井無頼の徒に類するもの、滔々皆是なり。夫れ國民の先覺者にして、一個獨自の本領なきや此の如し。寧ろ、復、政治社會に、實業社會に、教育社會に、軍事社會に、學藝社會に、言論社會に、其大信仰、大主張、大道義、大本領あるを望むべけんや。是れ蓋し鈴山が憤を發して時事に蒿目し、書を著はして之を世に問ふ所以なるべき歟。

鈴山は舊水戸藩の人。巖君栢樹堂夙に尊攘の大義を唱へ、義父國友善庵藩儒を以て國體論を主張す。其家訓學統、業に已に承くる所あるや此の如し。鈴山が少小經國濟民を以て自ら任じ、明治十二三年の交、關東に率先して自由主義を鼓吹し、廿三年一たび選ばれて代議士となりしより以來、三十年一日の如く、苦節を守りて藩閥に抗し、憲政の扶植に盡瘁するもの、抑も亦故ある哉。鈴山平素身を政界に投じ、席暖まるに遑あらずと雖も、念頭未だ嘗て國體の擁護を忘れず、其議論剴切、時弊に中るものあり。頃日、鈴山、時勢に激し、『帝國憲政と道義』の一篇を著はし、一評を余に問ふ。余受けて之を閲するに、國史に由りて國體の本義を論じ、國體の本義に由りて道義の大體を論じ、道義の大體に由りて時弊を論ずる、鑿々として其肯綮に中る。蓋し其論旨、必ずしも斬新なりと謂ふべからず。其文辭、必ずしも敏妙なりと謂ふべからず。然れども、憂時慨世の誠、中に發して、熱血熱涙、淋淋漓漓、行文排字の間に迸るに至ては、一代の好文字に非ずと謂ふべからず。

世上の論者、往往時務を論じ、財政問題若くは外交問題を喝破し、自ら大政治家を氣取るもののなきに非ず。然れども、國家の興亡隆替する所以のものは、獨り財政の伸縮のみに非ず。獨り外交の得失のみにあらず。願ふに道義の消長如何に關せざるはなし。苟も道義一たび地に委せん乎、國家の傾覆之に隨ふ響の聲に應ずるが如し。羅馬帝國の末路是のみ。滿清朝廷の今日、是のみ。經世家を以て自ら任ずるものにして、慮を國家永遠の大計に注がず、區區たる目前の問題に汲汲として、牛李黨爭以外、國家問題なきが如き觀あるは、何ぞや是れ余が國家の前途に對して痛嘆なき能はざる所なり。

嗚呼鈴山は憂國の士なり。身、一日の閑なくして、心、千載の憂を懷き、此書を著はし、以て國家の爲に、百年の大計を建てんと欲す。是れ豈翩翩たる文士者流の夢想だも及ぶ所ならんや。余は此書の世道人心に裨益する、世の所謂經國策を論ずるものゝ比に非ざるを信ぜんと欲す。一讀の餘、感慨禁ずること能はず、聊か所見を攄べて總評に代へ、以て此書を繙くものに告ぐと云ふ。

明治四十四年臘月二十八日於黑龍會

辱知生　紫山山人識

予が、大津淳一郎君と相識れるは、今より廿二年前、帝國議會はじめて開け、君が第一回の衆議院議員として、議場に起たれたる頃なりき。此の頃や、歐化風、なほ盛に吹き荒みて、道義、または神祇の事等は、之を語るも、殆ど耳を傾くるものなく、さる事は、政治家の本領にあらず、さる事をいはんは、時代おくれの頑迷固陋者のみと、却つて嘲笑罵詈するの風潮なりき。然るに君は、吾人同志間の神祇官設置論を聞くや、直に之を賛していはく、神宮及神社は、我國道義の淵源にして、これ有るが故に我國は建ち、これ有るが故に我國は榮ゆ。然るに國家が、神祇の事を捨てゝ顧みざること、今日の如くんば、我國の將來を如何にせん、皇統一系の我が國體を如何にせんと。爾來、上下兩院の同志者と謀り、建議に、質問に、法律案に、はた上奏案に、年々歳々、殆ど本件に關する提議あらざるは無く、終に去三十一年に至り、内務省神社局の別立を見、尋で官國幣社經費、國庫支辨の法律制定せられ、又府縣社以下各神社にも幣饌料供進の勅令出で、神社本來の性質、稍々世に判明せられんとするに至りしが、今二十八議會に於ては、君、更に神社崇敬に關する建議案を提出して、神社局の擴張を主張し、我が國家肇造の精神を明確にして、國民道義の向上發展を圖らざるべからずと論議せらる。其の忠誠熱烈、洵に以て驚歎すべく、感謝すべし。予は常に思ひらく、我國の政治家は、必ず神道家たらざるべからず、再拜拍手朝夕『神樣いぢり』をせよとはいはず、然れども、少くも神道の本義を解し、神祇の眞諦を覺りて、之を政治上に運用するの念慮なからざるべからずと。予は此の見地より、君を以て、現代に於ける眞正の政治家と爲し、常に尊敬を拂ひつゝあるものなるが、君此の頃、本書を齎し來つていはく、回顧すれば、我が一身の政治上に於ける過去は、皆これ失敗の歴史なり。然れども苦節三十有餘年、敢て志操を二にせず、惡戰苦鬪を續け來りしに、社會の風潮、漸く順境に向ひ、斯道の發展、眼もあやなるを見て、心窃に安んずる所ありしに、先般突如として大逆事件起り、また南北朝正閏問題の如き、一時囂々たるものあり。これ歐化風の名殘にして、敢て驚くに足らずと雖も、亦遠く我國の將來を慮れば、轉た寒心に堪へざるものあり。これ本年また敬神問題を提議したる所以にして、尚かつかゝる一著作を爲したり。君、批評を惜む勿れと。予喜んで之を披閲するに、議論適切、事理明確にして、而も時弊を説破し、將來を指導すること、丁寧親切を極め、たゞ全然同感、敬服々々と評するの外なきが、予は又本書を視て、君が既往の行動、故あるかなと敬服し、景慕の念、いよいよ切なるを覺えき。予即ち君に慫慂していはく、今や總選擧の期逼まれり。君本書の意を以て選擧民に説き、本書の義を以て郷黨に話さば、舊水戸領は、由來、敬神尊皇を以て念とし、固有の道義を尊重するの士に富める處、また現時、政黨の腐敗を嫌忌し、憤慨するの士に乏しからずと聞く、士民、必ずや、簞食壺漿して君を迎へんなり。君また、最大多數を以て、當選せんこと疑なきなり。かくして、君また、更に帝國議會に活躍せらるゝ事、舊に倍し、益々進みて、斯道の爲に盡瘁せられんこと切望に堪へずと。君微笑して去りしが、數日前、一書を寄せていはく、彼の書、印刷に附して、今將に成らんとす。速に一言を添へよと。予欣喜措く能はず、拙劣を顧みず、直に禿筆を馳せて、予が知れる方面に關する君の平生を序し、かつ予が君を景慕するの念、切なる所以のもの、其の所由あることを明らかにすと云爾。

附言　予が所謂神道は、君の所謂道義なり。恐れながら、故神道總裁　有栖川一品ノ宮の令旨を、左に謹寫して、相共に拜誦せんとす。令旨、雄大明斷、蓋し思ひ半に過ぐるものあるべければなり。

伏シテ惟ルニ

神道ハ

皇國ノ大道

天祖ノ懿訓ニシテ
皇統一系天壤ト窮リ無キハ則チ斯道ノ存スル所以ナリ夫
皇國ノ臣子タル者誰カ奉戴セザル者アランヤ云々
明治四十五年四月九日
辱交　高山昇拜識

帝國憲政と道義

終

跋

我帝國ガ東海ノ表ニ屹立シテ、光輝アル三千載ノ歷史ヲ有シ。維新以來、內ハ立憲政治ヲ建設シ、外ハ國威ヲ宣揚シ。臺灣ヲ收メ、南樺太ヲ復シ、朝鮮ヲ合シ、一等强國ノ伍伴ニ列スルコトヲ得タルモノ。其ノ原因一ナラズト雖モ、要スルニ國體ノ尊嚴ニ由ラズンバアラザル也。

然ルニ、近時、學者ニシテ、一派ノ學說ヲ盲信シ、帝國ノ國體ヲ以テ西洋諸國ノ國體ト同一視シ、歷史ノ異同ヲ顧ミザルモノアリ。　家族制度ヲ以テ野蠻時代ノ遺習ト爲スモノアリ。　忠孝主義ヲ以テ偏狹ノ見解ト爲スモノアリ。　其說、或ハ俗耳庸目ヲ欺クヲ得ベキモ、其實ハ、淺膚迂腐、前人ノ糟粕ヲ舐ムルニ過ギザル也。　然レモ、其ノ世道人心ニ害アルニ至リテハ、安ゾ之ヲ排擊シ、其罪ヲ鳴ラサザルヲ得ン哉。

鈴山大津淳一郞君ハ、家、世、水戶學ノ系統ヲ承ク、夙ニ憲政ノ建設ヲ唱道シ。　明治二十三年、初メテ帝國議會ノ開設セラルヽヤ、選バレテ衆議院議員ト爲リ。　正論讜議ヲ主張シ、苦節ヲ守リテ終始變セズ、二十餘年一日ノ如シ。君平素國學ヲ修メ、篤ク神聖ノ道ヲ信ジ、衆議院議員トシテ、政界ニ奔走シ、席殆ト煖マルニ遑アラザル時ト雖モ。事一タビ國體ニ關スル議ニ及ベバ、輒チ儼然襟ヲ正ウシ、善ク之ヲ傾聽スルヲ常トス。彼ノ神祇官復興ノ議ノ如キ、實ニ君ノ首唱ニ出デ、君ガ献身的精神ヲ以テ奮闘シタル歴史ハ、今猶余ノ記憶ニ新タナル所ナリ。君ハ一昨年餘暇ヲ以テ『憲政ト道義』ノ一書ヲ著ハシ、國體ト憲政トノ干繫ヲ明ニシ、以テ肇國ノ本義ヲ論ジ、之ヲ世ニ公ニシタリ。余之ヲ閲スルニ熱血淋漓筆墨ノ外ニ溢レ、議論正大、考證精確、切ニ時弊ニ中リ、大ニ世道人心ニ裨補スルニ足ルモノアリ。爾來、僅々二星霜、忽チ再版ノ擧アリ、余ノ一言ヲ徴スルニ會ス。余大ニ之ヲ喜ビ、聊カ所感ヲ披瀝シテ敢テ江湖ニ推薦シ、其ノ益ゝ世ニ行ハレンコトヲ祈ル。

大正三年甲寅正月下浣

今井清彦識

著者 撿印

明治四十五年四月二十日印刷
明治四十五年四月廿三日發行
大正三年三月一日再版發行

帝國憲政と道義 全一册
定價金壹圓參拾錢

不許複製

著者 大津淳一郎
發行者 東京府豐多摩郡內藤新宿北裏町五拾參番地 瀨川光行
印刷者 東京市神田區表神保町貳番地 藤澤外吉
印刷所 東京市神田區表神保町貳番地 弘文堂印刷所

發行所 東京府豐多摩郡內藤新宿北裏町五拾三番地 元元堂書房
振替口座東京八六〇二・電話番町一五八八

大賣捌所 東京市京橋區元數寄屋町三丁目七番地 北隆館書店
大阪市南區心齋橋筋二丁目六拾七番屋敷 松村文海堂

野口勝一批點
大津淳一郎著述

日本 官吏任用論 全

大津氏藏版

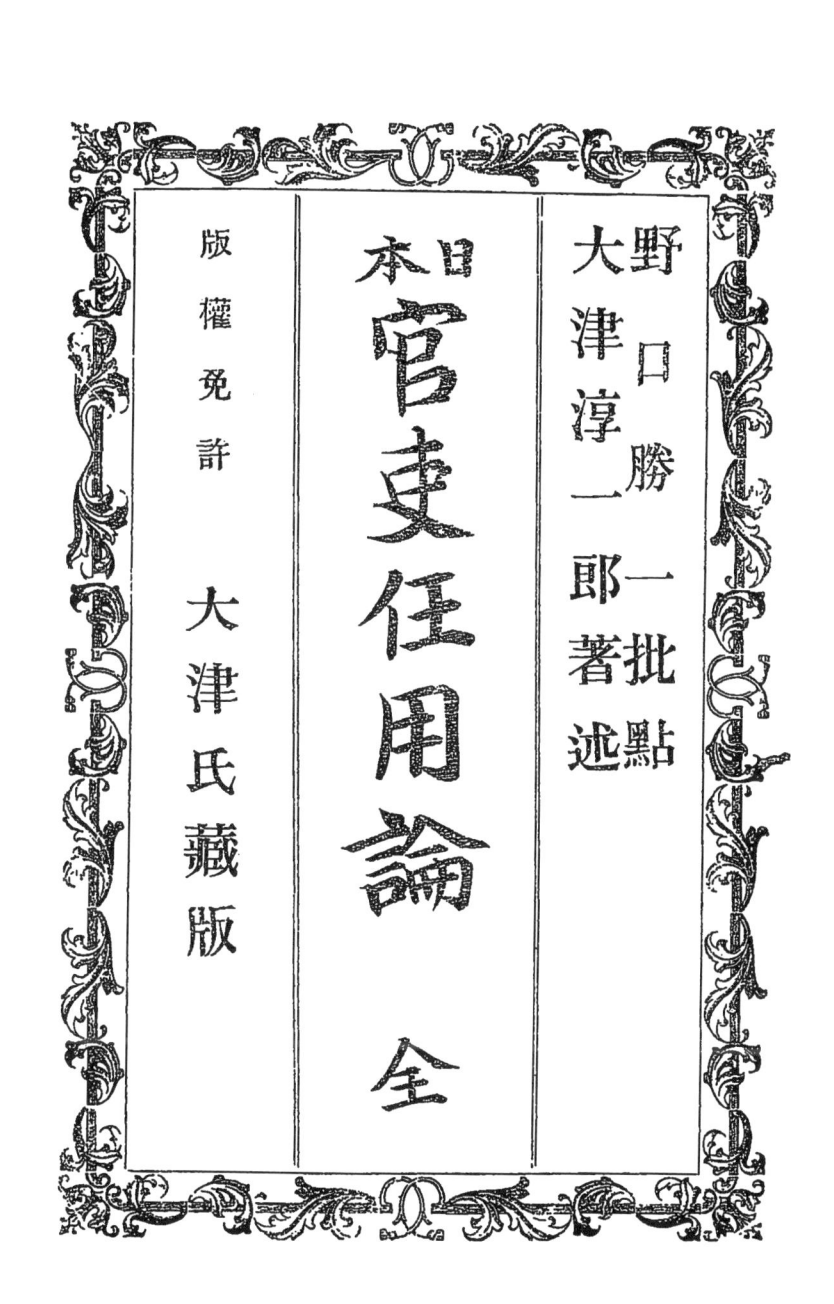

日本官吏任用論序

大凡。官吏。而能勝其任以辨其用者。屈指歷々數之。爲有幾人乎。曰。無。曰。然則。我邦憲制法律。不以可敵於洋外同盟之列邦也矣乎。曰。否。吁是。得之矣。李瑤之有言。曰。名位有貴賤。忠義無貴賤也。

能忠義、則匹夫貴矣。不能忠義、則卿相賤矣、所謂。桀紂至貴。而下士羞與爲伍。夷齊至賤、而王公不敢與抗。是也。豈在名位哉。閲斯篇者。亦參觀而察諸。

明治十二年晩冬

雲外高銳一

日本官吏任用論序

官吏任用之道二。曰人官人。曰法官人。以人者。君主國之制也。以法者。文明國之法也。夫人有情。有情則不能無私。私者以害公。法者持正。持正則不得不由理。理者以存公。此二者可以知政治之方向矣。抑爲君主國之制。其威權赫々而可生殺予奪民生之命。又以可治亂盛衰國土之運也。若君主賢則俊哲滿朝。若不賢則佞諛爭進。故一國以一人治。又以一人亂。如文明國。與之異。雖有君主。不能縱其威福。以生殺予奪民命。又以治亂盛衰國運也。君民各立其制。使敢不踰越。故一國以一國治。不以一國奉一人。我邦古昔。稱民曰大寶。以重民。民重則國重。

國民共重。則以君主之喜怒。不縱生殺大寶之民命也明矣。中世以降。傚唐土之制。學君主國之風。其盛衰治亂。一在君主之賢不肖如何。官民迥然。殊其區域。不使民負荷國家之重任。唯耕耘。以供官家之求。焉耳矣。自從明治維新以來。創千古未曾有之偉業。首法君民共治之制。破官職世襲之陋。取文明國之政度。施之于我邦矣。雖然。求完全於政治。亦爲人民者。所不得已也。政府亦不可以不完全之治。臨人民也。何言不完全。曰選任無法。不以法官人。以人官人。是也。夫以人官人。則讒佞欺負之徒。奔走於權貴之門。僥倖於形勢之途。利所在者。苟無不爲。雖有賢者。終不能免其私。況於不賢者乎。以法官人。則否。才能學術之士。求試於今世者。辛苦勉勵。研術修學。各欲以其所抱負。而出考課之道。法者平也。能平故不可欺而行私。將學以應試。夫如是。未有小人在位。賢者在澤。冠履顚倒。妨治安之患者。今方賢俊周行。百官副職。海內清寧。百序咸秩。及此時。不有法設。以選人。則恐有天下後世。以官私人。如平清盛。如宋賈似道者。立顯官要職。將何以防之乎。由是觀之。任官規則之設。雖明治康寧之天地。所以不可等閑也。予常歎之久矣。予學友大津淳一。偶持其所筆述。官吏任用論一卷。來屬予序之。予受讀之曰。是予生平所欲言而未言也。予雖欲無序。豈可得乎。因序且。曰予輩。欲求完全於政治者。雖不止此一事。然職官之關政治。

最莫先於此也。嗚呼使泰西國人。向我有司者。問任官規則者。則我有司者。將以何荅之乎。

常陸水戸　野口勝一撰

日本官吏任用論自叙

書院夜靜矣獨凭案剔燭以校此編會有一客來言曰西洋諸國之學士能論國家之法律。然其人皆自非寄身於法學院熟達万法學者不爲之其餘不味法學之全鼎者決莫論之是所以示法學之至難也又可謂能慮者矣今子有此編果能寄身於法學院歟又果能研究萬法學歟是予所以怪也余荅曰客何不覺之甚哉請試陳余意余常謂我國今日方尊自由發論之時也言論不敢束縛著書不敢疑憚有新聞紙以公論國家之萬法等是所以爲我國之開明爲君民同治之政度也當此時飽吐露自己腦裏含蓄之思想以計毫髮裨益於國家者豈不是國民之本分耶余所以有此編也客何以余不寄身於法學院而不講究萬法學之故抹殺此編哉今夫若神農之醫藥扶蘭克倫之電機得于心見于形洩天機於自然者也豈學而後施乎然以不脩藥物學不講電機學毀神農譏扶蘭克倫則惑之甚也抑神農於醫藥扶蘭克倫於電機以不寄身於其院而不講究其學之故爲不能發明製造之乎今於此編與二氏之功業大小難易之異不待言然亦雖不寄身於法學院而不講究萬法學然其得于心發于手洩天機於言論者也夫余所論關國家之秩序民生之福祉者不爲鮮少焉與醫藥電機之事雖有輕重乃論之編之可以盡爲國民之本分也至其旨意

之適時世乎否都任讀者之公論余豈强之哉且使余眞熟達萬法學有其所論述何止此一編哉所以止一編者不寄身於法學院而不熟達萬法學之所致也苟如客之言殆妨害思想之吐露言論之自由抹殺醫藥之製造電機之發明也客恍然而悟唯々而却因記之以爲自叙

明治十二年十月　大津淳一郎誌

凡例

一 本編ハ余カ始ヨリ刷出世ニ公ニセント欲セシ者ニアラス只閑中筆ヲ把テ一章ヲ記シ思想ヲ發露スルノミ如此スルヿ數日章積テ七八ニ至ル故ニ今之ヲ改正增補シテ以テ世ニ公ニセントス然ト雖始意然ルニアラサレハ章コトニ意ヲ異ニシ表題ト矛盾シ且重復スル者少キニアラス讀者幸ニ諒焉

一 編中西洋鴻儒ノ説ヲ引用セシハ概子孟得士咎氏蘆騷氏及イ、カ、フルンチュリ氏ナリ其他諸書ヲ參考セシ者アリト雖是亦福澤先生カ言ノ如キニ過キス譬ヘバ食物ヲ喰テ之ヲ消化シタルカ如シ其物ハ外物ナレモ一度ヒ我ニ取レハ自ラ我身内ノ物タラサルヲ得ス故ニ書中稀ニ良説アラハ其良説ハ余カ良説ニ非ス食物ノ良ナル故ト知ル可シト善哉斯言也讀者亦此書ノ意ヲ知ル可シ矣

余カ淺學寡文敢テ文字ヲ以テ估ランヿヲ欲スルニアラス唯國ヲ愛シ世ヲ憂ルノ微意自ラ苞藏スル能ハス故ニ筆ニ隨テ思想ヲ吐露スル而耳看者余カ乳臭ノ言ヲ咎メス余カ微意ヲ察シ採ルヘキアラハ之ヲ採レ不可ナルアラハ教示ヲ慳ムヿ勿レ敢テ請フ

大津淳一郎誌

四

日本官吏任用論目錄

第一章　總論
第二章　黨派ニ出ルノ官吏論
第三章　政法兩官吏ノ任庸ヲ同ス可キ論
第四章　古來官吏ノ任用論
第五章　官吏任用ノ規則論
第六章　任庸規則中ノ弊害論
第七章　黨派ヨリ出ルノ利益論
第八章　黨派ノ得失ハ一概ナラサル論
第九章　任官ニ年限アルハ得策ナラサル論

第十章　結論

日本官吏任用論

大津淳一郎著

第一章　總論

天地剖判之始邈矣世界萬國各其說ヲ異ニス後人敢テ其實ヲ窺ハント欲スルモ大古浩渺論スヘカラス夫世界人民生々シテ漸ク聚落ヲナスニ及山河ヲ界ヘテ以テ國ヲ造ス國已ニ造リ各其帝王統領アリ之ヲ統治ス是自然ノ勢也帝王統領已ニ立チ萬般ノ制度是ヨリ生ス然ト雖萬般制度擧テ一人ノ手ニ理ス可ラス故ニ之ヲ分割シテ數百ノ職官ヲ設ケ其任ニ堪ル人材ヲ登用シテ以テ各政務

ヲ負荷セシムル之ヲ負荷スルノ人材ヲ目シテ官吏ト云ヒ其施行スルノ制度ヲ以テ法律ト云フ是則任官ノ因テ起リ法律ノ以テ欽ク可ラサル所以也

抑國家ノ帝王統領ハ一國ノ主宰ニシテ民生ノ利害禍福擧テ之ニ係ル其任重ク其權高キ論スルヲ待タス而シテ任重ク權高キ帝王統領カ選任シテ萬般制度ノ整理ヲ主トル官吏ハ其任ト權トノ重ク且高キ帝王統領ニ亞ク乃チ此ノ如キ地位ハ尋常人ノ當リ得ベキ所ニアラス必一國公衆ニ卓絶超越スルノ人材ヲ登用セスンハアル可ラス而テ此官吏ニ二種ノ區別アリ國家官吏公務官吏是也

此區別ハ任用如何ヲ論スルニ於テ最緊要ナルヲ以テ將ニ左ニ揭出シテ讀者ノ參考ニ供セントス

凡國家官吏ト稱スルハ皆帝王統領ノ寄托ヲ受タル權務ヲ自己ノ意思ヲ以テ施行シ得ル者ヲ指目スル也然レ𪜈眞正ノ國家官吏ト稱ス可キハ帝王統領ヨリ制馭ノ權ヲ寄托セラレテ之ヲ施行スルヲ云ノミ而シテ國家官吏ノ中又二種アリ文官。武官是也此區別ハ我國ニアリテハ桓武。清和二帝ニ權輿シ源。平二氏ナル者起リ共ニ討伐ノ事ヲ主トセシヨリ馴致ノ極。兵權ヲ擧テ其手ニ歸シ在廷ノ顯貴藤原氏ノ如キ有テ常ニ大臣タリ參議タリト雖身ニ干戈ヲ帶ルヲ知ラス之ニ由テ國勢一變文武官吏相分ルヽノ基ヲナシ今日文官。武官ノ判然タル所以ハ職トシテ藤氏ト源。平氏トニ鑑觴セリト言ハサルヲ得ス又西洋諸國カ文武官二種ノ區別ヲ創立セシ者ハ羅馬帝コンスタンチン、デ、コローセニ昉レリ矣ト夫レ文官タリ武官タリト雖均ク國家重要ノ職タレハ之ヲ苟フノ人材ヲ登用スルハ最モ愼マスンハアル可ラサル也

公務官吏ト稱スル如キハ性質大ニ國家官吏ト相異ニシテ之ヲ撮言スレハ公學博士。教官。公病院督務。及公務醫官。公務建築官。財政官ノ如キ是也此等ノ職掌タルヤ國家官

吏カ掌ル所ノ至難ナル職ニ異ナリト雖亦均ク重要ノ官吏ナリ豈其任用ヲ愼マサル可ンヤ

國家ノ職官ヲ負荷スルノ官吏タル者ハ蓋二種ニ大別スト雖之ヲ小別スレハ種類頗ル多シ其種類頗ル多キ官吏タルヤ各其職掌ニ於テ難易輕重ノ分アリト雖要スルニ人材ヲ以テ之ニ充サルヲ得ス是則西洋諸國カ任官規則ヲ設テ其任用ヲ重スル所以也然而テ我國ノ如キ古往今來凡二千五百有餘年敢テ此國家重要ノ官吏ヲ任用スルノ法則ヲ講明スル者莫カ如キハ何也明治維新以前ハ蓋專制政治ナリ是等ノ法律莫キ尚可ナリト雖維新以後今

日ニ至リ百般ノ制度畧ホ緒ニ就キ大ニ昔日ノ面目ヲ一新ス宜ク官吏任用ノ法則ヲ設ケ是カ任用ヲ重シ國家騷擾ヲ未萌ニ拒絶ス可キハ惟タ此秋ヲ然トス

國家ノ騷擾スルヤ其本一ナラスト雖要スルニ施政ノ宜キヲ得サルト法院ノ治ラサルトニ由ル而テ施政ノ宜ヲ失シ法院ノ治ヲ欠クハ職トシテ權務ヲ負荷スル其人カ其任ニ適當セサルニ之由也豈慨歎ニ堪可ンヤ海外諸國ハ姑ク舍キ視ヨ我國古來ヨリノ擾亂ヲ來ス者天智ノ中興ト云ヒ後醍醐ノ恢復ト云ヒ共ニ其美蹟偉勳ヲ萬世ノ下ニ垂ルヽヲ得サル者ハ其任用人材ナラスシテ其職ヲ

曠フシ天武ノ兵ヲ擧ルヤ要路ノ官吏爲ン所ヲ知ラス或ハ反テ之ニ應シ或ハ間ヲ之ニ通ス尊氏ノ覇ヲ謀ルヤ要路ノ官吏忠臣ノ策ヲ沮ミ或ハ奔竄シ或ハ首服ス抑天智ノ智畧後醍醐ノ英姿ヲ以テ其志望ヲ遂ル能ハサル者ハ當日官吏任用ノ方法ヲ失シ施政錯亂ノ致ス所ニ非シテ何ソヤ二帝ニシテ猶且然リ況ンヤ夐ニ二帝ニ及ハサル者ニ於テオ乎始二帝ヲシテ官吏任用ノ宜キヲ得セシメハ弘文何ソ血食セサラン尊氏何ソ志ヲ得ン弘文ヲシテ血食セサラシメ尊氏ヲシテ志ヲ得セシメシハ二帝當日官吏任用ノ宜キヲ失シ無學者儻進無識者倖出シテ國家

ノ權務ト政令トヲ紊亂セシノ致ス所以ニアラス乎夫如此官吏任用豈忽諸ニスルヿヲ得ン乎哉

天智。後醍醐ノ古昔ニ在テ當時ノ形勢果シテ如何當時ノ民心果シテ如何ハ今窺ヲ得スト雖之ヲ史乘ニ徵スレハ思半ニ過ン矣古往ハ之ヲ措キ世人眼ヲ張テ彼德川幕府カ安政以後ノ景狀ヲ一覩セヨ任用其人ヲ得タル歟何故ニ威福ヲ弄私ス官吏其職ニ副フ歟何故ニ賢者ヲ嫌忌スル是任用其人ヲ得サル也官吏其職ニ副ハサル也爲之ニ遂ニ國家ノ序次ヲ擾亂シ德川三百餘年ノ幕府ヲ失墜セシ所以ナリ以今覩之慄然トシテ寒心シ憮然トシテ大息セサラント欲スルモ得ン乎世人証ヲ歴史ニ採ルヲ用ヘス直ニ當時之ヲ擊目シテ今尚存在スルノ老者ニ問ヘ必ヤ此言ノ妄談虛說ナラサルヲ知ラン彼德川氏ノ政策タル專ラ擅制專治ヲ以テ無上ノ良法ト爲ス是故ニ其職官ノ如キハ往時功勞アル勳門績家カ子々孫々之ヲ世襲スル者ト規定スルヲ以テ世門地ノ尊フ可キヲ知テ其人ノ材否ヲ問ハス其遺法ニ據テ祖業ヲ三百歲ニ維持スルヲ得タリ今ヤ業既ニ擅制專治ノ陋弊ヲ脫シ職官世襲ノ汚習ヲ破リ君民共治ノ良政ヲ誇稱スルノ日ニ方テハ宜ク官吏任用ニ嚴密ナル制度ヲ設ケ無學者無識者ノ再ヒ高官

ニ登リ要職ニ立ノ弊害ヲ洗除スルヲ勉ム可キノ急タリ却說スルニ凡國家ノ職官タル者ハ國家ノ濟生ニ於テ必用ニシテ其榮養ノ爲ニ設ル者ナリ決シテ職官ヲ荷フ其人々ノ爲ニ設ルニアラス是故ニ愚者姦者唯ニ私ヲ利スルカ爲職官ヲ與ヘ或ハ職官ヲ以テ私事ヲ營ムノ器具ト爲スカ如キハ大ナル過ナリ我國德川幕府ノ時ニ當リ乃如此ノ弊害往々ニシテ而焉レ有リ是獨リ我國ノミナラス中古ハ各國共ニアル所ニシテ殊ニ佛國ノ如キハ輓近ニ至リ尚此弊害アルヲ視ル是必竟獷狉不文國家ノ眞理未全開明セズ判然國法。私法ノ區別ナク國法常ニ私法ノ

爲ニ束縛セラレ其能力ヲ全伸スルニ能ハサルニ是由レリ
抑我國ノ今日ハ豈國法。私法ノ區域ナク私法ヲ以テ國法
ニ混入シ其勢力ヲ奮可キ時ナランヤ然ルニ詳細眼目ヲ注
キ雲梯ノ上ヲ瞠視セハ冥々中其弊害決シテ有ヿ莫トハ
我輩ノ斷言シ能ハサル所ナリ是速ニ任用官吏ノ方法ヲ
制定シテ此弊害ヲ掃蕩ス可キ也若之ヲ掃蕩セス滋々蔓
延セシムルヰハ則恐ラクハ國家秩序ヲ壞破シ擾亂ヲ釀
成スルニ至ランモ亦未知ル可ラス殷鑑遠カラス德川幕
府ノ末路ニ在リ當局者豈深ク顧慮セサル可ンヤ
蓋國家ノ秩序ヲ壞破シ民生ノ福祉ヲ殘害スルハ姦官吏

邪職員ニ在リ其姦官吏邪職員ノ暴威ヲ擅ニスルニ方テハ國憲ノ鞏固ナルアリト雖決シテ之ヲ防禦シ能ハサル也何哉奸曲ノ官吏カ暴威ヲ擅シ斯民ノ福祉ヲ殘害シ國家ノ秩序ヲ紊亂スルハ概ネ憲法ノ外ニ出ツ憲法ヲ以テ肘掣シ得ルノ姦官吏邪職員ハ甚キ暴威ヲ奮フ能ハサル也曉然トシテ夫明矣故ニ我輩ハ云國憲ハ到底姦官吏邪職員ノ暴威ヲ拒ク能ハサル也矣ト況乎國憲未確定セサル我國オヤ何以テカ之カ暴威ヲ抑制ス可ケン是我輩カ豫メ官吏任用ノ法則ヲ設テ姦佞邪黠ノ徒カ容易ニ就官スルノ弊害ヲ防禦ス可シト云所以也

抑任官ノ法則アルハ暗夜ノ燭火アルカ如シ黯夜ニ燭火ヲ失フキハ魑魅魍魎變幻百出ス任官ニ法則ヲ欠クキハ邪佞姦黠僥進倖出ス邪佞姦黠僥進倖出スルキハ則民生ノ福祉ヲ殘害シ國家ノ秩序ヲ壞破スル魑魅魍魎ノ禍毒ト何ソ相距ラン今我國ノ官吏ハ悉ク有能正義博學多識ナリト雖此法則ハ設スンハアル可ラサル也詩云。迨天之未陰雨。徹彼桑土。綢繆牖戸。今ニ及テ法則ヲ設ケ姦官吏邪職員ノ輩出スルヲ防禦セスシテ他日大雨滂沱盆ヲ傾ル日ニ逢ヒ魑魅魍魎變幻百出スル時ニ遇テ徒ニ自ラ之ヲ悲歎スルハ誰カ之ヲ蠢愚ト云ハサル可ン乎國家ハ職官ハ一日半時モ無ル可ラス職官有レハ則之ヲ負荷スルノ官吏モ亦無ンハアル可ラス是以テ一國人民榮養ニ關シテ其必用ニシテ且貴重ナルハ前ニ述去スルカ如シ故ニ其職官ヲ荷フノ官吏ハ國政ノ樞機ト謂ツ可シ其樞機ナル官吏ヲ登用スルハ最鄭重ニシ無學無識者ノ僥進シ姦佞黠智者倖出スル弊害ヲ豫防セスンハアル可ラサル也殊ニ我國今日ノ現況ヲ以セハ之カ法則ヲ設ル燒眉ノ急タリ何者國威未外ニ加ラス國會未内ニ起ヲス夫國威外ニ加ラスンハ獨立帝國ノ對面ヲ缺損ス國會内ニ起ラスンハ聖上陛下ノ詔旨ニ悖負ス宜ク此時ニ於

デ之カ法則ヲ急設シ官吏人材ヲ求メスンハ果何ノ時ヲ是望ンハ鳴呼誰カ家窮ニ逢テ良妻ヲ想ハサランヤ夫然リ官吏濫用ノ弊害ハ今日ニ防禦ス可キ也之ヲ防禦スル如何ノ一項ハ滿腔ノ熱血ト共ニ逐次之ヲ吐露セントス此一篇ハ唯ニ全編ノ大体ヲ論スルニ過サル而已矣

第二章　朋黨ニ出ルノ官吏論

我國今日ノ政府ニ任用スル所ノ官吏ナル者ハ決シテ往昔官吏ノ其職官ヲ世襲シ愚者モ賢夫モ同官ニ立チ香薫モ臭猶モ一器ニ混シ子々孫々其威權ヲ世襲シテ國家ノ一致ヲ阻格シ國家ノ秩序ヲ障碍シ民生ノ福祉ヲ殘滅シ

タルカ如キニアラスシテ政吏畧人材ヲ得章程井然備リ事務秩然擧リ已ニ開進ノ道途ニ向ヘ將ニ文明ノ光輝ヲ發曜セント欲スルノ時ナリ雖然其任用ノ如何ニ至テハ我輩毫モ其弊害ナシトハ斷言シ能ハサル也

何ヲカ弊害アリトスル歟曰官吏任用ノ規則ナク比朋黨與ヲシテ容易ニ就官セシム是也抑我輩カ常ニ官吏朋黨ヲ切論スルモノハ亦其因ナキニアラス觀ヨ今日各府各縣ニ任用セラレ職官ヲ奉スル官吏ナル者ヲ見ヨ其知事令其書記官カ山口人ナレハ屬官亦山口人ニ多キニ非スヤ是啻ニ府縣ノミ然リトセス小ニシテハ各區各郡ノ役

所ノ如キ大ニスルキハ則省局皆此ノ如クナヲサルハ鮮矣由是觀之其人材ナル者ハ何ソ一地方ニ蓁々トシテ一地方ニ寥々タル然ト雖豈其理アランヤ唯其一方ニ多出スル所以ハ要路ニ當ルノ官吏ナル者カ輙モスレハ其比朋黨與ニ脅サレ不得已相援引シテ或ハ才斗筲智穿窬之徒ヲ任用シ遂ニ大事ヲ誤ルカ如キ餘習未全ク除カスシテ而テ暗々裏ニ存スル莫キヲ保セサルカ爲ニ我輩ノ官吏任用ヲ論セサルヲ得サル所以也

試ニ靚ヨ國家ノ大勢ニ心アルノ士ハ彼英國古史ヲ一閲シテ該國カ一時巴力門《パルラメント》ノ盛力ヲ得權威共ニ熾ナルニ及

デヤ其議員黨ノ庇護ニ由テ以テ職官ニ任用セラレシコ屢々ナリシヲ既ニ職官ニ任用セラレ顧ル要路ニ立ニ及デヤ又其朋黨ニ因テ常ニ己カ寵遇スル所ノ者或ハ己カ治體ニ志ヲ同スル者ハ敢テ賢不肖ト學術ノ研究實業ノ練磨如何トヲ論セス忽相引ク風習盛ナリシヲ故ニ當時求官ノ民心ヲシテ唯要路ニ立ノ大臣ニ倿シ首長ニ諛シ以テ其寵遇ヲ銜シテ其朋黨タランニ汲々トシ拮据奔走曁ハ弗ル攸ロ靡ク學術以テ研究スルニ足ラス實業以テ練磨スルニ足ラスト爲スニ至レリ矣忠鯁謇諤卓識才能ノ士ト雖朋黨ノ以テ權官ニアル無キトキハ安逸閑散世塵

ノ外ニ逍遙スルカ或ハ怏々トシテ冀北ノ荒野ニ跼蹐スルニ過ス何ゾ又伯樂ノ一顧ヲ博スルヲ得可ンヤ

政令ノ措置ニ就テ朋黨ノ相分レ互ニ相爭ハ獨リ英國ノミ然トスルニアラス之ヲ往古ニ徵スル希臘。羅馬ノ共和政治ヲ騷擾スルアリ之ヲ近世ニ徵スレハ伊太利。和蘭ノ至治和平ヲ妨害スルアリ米國ノ如キモ亦「テモクラナツク」「レハブリカン」二黨ノ如キアツテ現今猶相頡頏軋轢シテ不止其勢炎ヲ以テ政府ノ顯官ヲ爭ヘ一起一伏以テ政令ヲ變更シ序次ヲ紊亂スルカ如キ害アルヲ覩ル之ヲ海外ニ求メス近ク我國ニ於テ其尤著明ナル者アリ往時ノ征韓黨ノ如キ乃是ナリ其征韓黨ヨリシテ生出スル禍害ハ幾干ゾ五參議退職シテ近衛兵ノ解散トナリ佐賀ノ變鹿兒島ノ亂トナル又台灣征討ノ事ニ就テモ亦少シク朋黨相分離スルノ形狀アルニアラスヤ是皆朋黨ノ釀成スル弊害ニシテ任官法則ナキノ致ス所以ニアラスヤ然ト雖。當時ノ權臣タルヤ幕府ノ弊政ヲ破テ新政府起立ノ時ニ任用スル者ニシテ勢ヒ任官規則ヲ設テ其任用ヲ重スルヲ得ス唯リ權力張大ノ藩士ヲ選ミ之ヲ任用スルヲ以テ得策トシタル政略而耳矣。故ニ其比朋黨與ノ征。非征韓ヲ主張シ國家ヲ擾亂スルモ省テ深ク責ルヲ得サルナリ今也政體畧ホ緒ニ就キ政令畧ホ定リ開進ノ曙光顯然タリ往日藩閥ノ權力ニ由テ官吏ヲ任用シタル時ノ比ニアラス然ルニ政府未任官規則ヲ設テ頗ル國家ノ職官ニ適應ス可キノ人材ヲ廣ク全國ニ得テ以テ考試セサルハ我輩ノ奇異ノ觀ヲ作サルヲ得サル所也

其國家克ク職官繼襲ノ弊ヲ改更シ人材任用ノ道ヲ開達スト雖第一ニ着手ス可キノ任官規則ヲ制定セス前ニ論述スル如キ朋黨寵遇ヲ以テ職官ニ授任シ駑蹇之乘ニシテ而テ千里ノ途ニ騁セ楶梲之材ニシテ而テ棟梁之任ヲ苟カ如キアルニ至ルトキハ則往時ノ職官ヲ世襲シ人材薦

學ノ道ヲ梗塞シ子々孫々威權王侯ノ如ク門地名望ヲ壟斷スルノ日ニ軒輊ナク蓋五十歩ノ百歩ニ於ルカ如キ嘲リ免レス當路者豈之ヲ注意セサル可ンヤ

之ヲ我國ノ近古ニ覩之ヲ外國ノ歴史ニ徴スルニ朋黨ニ出ルノ官吏ハ到底大害タルヲ免レス試ニ思ヘ朋黨ノ氣炎熾盛ナルニ方リテハ其黨與ニ非スンハ如何ナル高議讜論ヲ主張スルノ人材アリト雖之ヲ擯斥排擊シ誣言以テ才智德望ト報國ノ赤心ナキ者トナスニ至ラン然則任官ニ朋黨中ノ人ヲ以テセサルヲ得ス是國家ノ大患ニシテ我輩カ前ニ論説シテ職官繼紹ノ巨弊ニ軒輊ナシト云

所以也夫然而シテ其任用セラレ朝樞ニ中ル者カ駑蹇豢梲之會庸ニアラスシテ貪婪奸黠醜行汚名之小人ナラシメハ當ニ職官繼襲ノ弊ニ逾越スベキ者焉有ン何者繼紹ハ家名ヲ虧缺スルヲ恐テ敢テ奸雄ヲ巧スルナシト雖朋黨ニ出ル者ハ然ラス原其家ノ他ニ卓絶超乘スルハ門閥ニ非サレハ也故ニ其弊害啻ニ繼襲ニ蓓蓰スルニ至ランントス果シテ然ラハ今日ノ官吏任用ハ往昔ニ及ハサルヤ遠シト謂可キ歟我輩之ヲ明言スル能ハサル也

第三章　政法兩官吏ノ任庸ヲ同ス可キ論

凡政官吏法官吏ナル者ハ能ク其責任ニ堪可キノ良器ヲ

政府ニ整列シテ以テ其政務ヲ料理シ其政令ヲ公布シ其法則ヲ施行シ其告訟ヲ判決スルヿ最緊要ナリ然ルニ能ク其責任ニ堪ヘ其政務。政令。法則。告訟ヲ操テ之ヲ紊亂セス之ヲ遲滯セサルノ人物ハ概シテ一國同胞中ニ從頭求メント欲スルモ速ニ得易カラス是故ニ輓近歐。米ノ文明ノ各國ハ其任用ノ方法大ニ進歩シテ唯ニ各族。貴戚ノミナ選擇シテ政。法官吏ニ任用スルノ弊害ヲ破リ而テ一國ノ臣民タル者尊卑トナク其身ニ學識才能ヲ抱負スルアラハ悉ク皆職官タル可キノ進路ヲ開發セリ

聞ク所ニ據ルニ任官規則ニ至テハ實際ニ之ヲ施行シ得

ルノ國寡少ナリ矣ト且之ヲ施行スト雖其間未全ク些子ノ弊害ナキ能ハスト然レ𪜈各國共ニ任官規則ヲ施行シ能ハサルニハアラサル可シ唯之ヲ施行セサルニ由レハ也其法官吏ヲ任用スルニ就テハ各國共ニ善良ナル法則ノアル在テ必其法學ニ熟達スルニアラサレハ決シテ其職務ニ當ルヿヲ得サル者トセリ故ニ未嘗テ政官吏ノ任用ニ於ルカ如キ妄擧ヲ爲スヿナク而テ其法官タル者ハ其刑法ノ如キ區域頗ル寛曠ニシテ操縦唯其官吏ノ自在ニ任スト雖。銅臭薫染其事ヲ誤ルカ如キ少小ナリ
我國政。法官吏ノ任用タルヤ皇政維新ヨリ漸ク歐。米文明

國ノ良法ヲ咀嚼シ華士族平民ノ差別ナク唯學識才能ノ衆ニ逾越シテ能ク其責任ニ堪可キノ器ヲ任用スルヿナシタリシハ蓋賞賛ス可キ所也殊ニ法官吏ノ如キハ學術。實業ニ熟達スル者ニアラサレハ決シテ任用セサルヿナシ夙ニ政府ニ法學講習所ヲ設ケ求官生ヲ募集シ試撿ヲ經テ入學セシメ其學課既ニ卒業スルニ及ンテ試補ノ官ヲ授ケ法院ニ入レ事務ノ補助ヲ爲サシメ漸々實際ニ熟達スルヲ計テ本官トス是實ニ歐。米文明國ノ金科玉條ヲ撮取シテ能ク任官ノ良法ヲ得タル者ト云モ强チ我輩ガ曲説誑言ニアラサル可シ矣法官吏タル己ニ良法ヲ設テ其任用ヲ重ツト雖政官吏ニ至テハ未何等制規ノ設ナク胡越相隔絶スル、如キハ何ソ也政。法官職ヲ負荷スル者ハ均ク國家官吏ナリ然ルニ一ハ任用ノ規律アルモ一ハ其規律ナク規律ナキモノハ朋黨者相集合寵遇者相汲引スルノ弊ニ流レ害ニ蹈ラサルヲ得サルハ勢也試ニ其例ヲ擧ン先ニ五六ノ征韓黨首カ辭職スルヤ冠ヲ掛ル者若干人ナリ是畢竟朋黨者相引相援クルノ致ス所ニアラスツ何ソヤ然ルニ政府ハ此ニ鑒テ速ニ嚴密ナル任官規則ヲ發行シテ此弊害ヲ妨止スルニ勉メス猶勢力アルノ朋黨ニ因テ以テ明治政体ヲ鞏固ナラシメント欲スル歟明治七年ノ政府ハ即今日ノ政府ナリ豈再ヒ征韓黨ノ如キ黨派ナキヲ保ス可ケン況ヨ今日政府ノ官吏ナル者ヲ未薩○長○土等三四地方ノ人士ニ多キニアラスヤ苟モ學識才能アルノ士ヲシテ三四地方ニノミ生出セシムル者トセハ可ナリ然スシテ一國皆人材生出ニ異同アルコナシトセハ奚ソ成敗ノ餘習未全ク脱出セス此朋黨與ニ由テ僥倖職官ニ就クナキヲ必ス可ンヤ維新當初ヨリ明治五六年ニ至ルノ間ハ未創業ナク任官規則ヲ發行スル能ストス云ハヽ可ナリ明治七年ヨリ十一年ニ至ルノ間ハ未征討誅伐ノ混亂有リ焉任官規則ヲ施行

スルニ暇アラスト云モ亦可ナリ既ニ明治十二年ノ今日ニ至テハ何ノ障礙スル所アリテ速ニ任官規則ノ草稿ヲ起シ元老院ノ討議ニ附シ任用周備ヲ極メサル我國ノ治蹟ヲ計策スルニ汲々トシテ日モ亦足ラサルノ政府ニシテ未斯ニ注目セサルハ果シテ何ノ心ソ哉

我輩カ自家瞳着ノ嘲アルモ顧ミス官吏任用ヲ重シ任官規則ヲ今日ニ希望スルハ若西北隅ニ黑雲ヲ起シ雙頭ノ悍鷲爪ヲ磨シ東南隅ニ怒浪ヲ擧ケ大顎ノ巨鯨尾ヲ奮ノ災害アル亦未計ル可ラサル時ニ於テ上下協和國家ノ職官ヲ使テ人材濟蹌タラシメサルヲ得ザレハ也職官ニシ

テ人材濟蹌タラシメ宇內ヲ經緯シ人事ヲ織綜スル豈夫難カラン哉其濟蹌ノ人材ヲシテ國家ニ職官タラ使ント欲セハ宜ク速ニ任官規則ヲ今日ニ發行シ政官吏ヲ任用スルモ亦法官吏ヲ任用スルカ如ク當器ノ人材ヲ汎ク全國ニ募リ之ヲ考試シテ以テ公ヲ天下ニ表章セスンハアル可ラサル也若然スシテ人材ヲ得ント欲セハ木ニ緣リ魚ヲ求メテ而テ後禍アルカ如シ何ソ任官規則ハ法官吏ノミニ施行ス可ク政官吏ニ施行ス可ラサル者ト爲ン乎

第四章　古來官吏ノ任用論

我輩ハ已ニ第二章ニ於テ官吏朋黨ノ禍害ヲ論シ第三章

ニ於テ政官吏任用モ法官吏ノ任用ニ於ルカ如クス可キヲ論ス二章何レモ其要訣ヲ撮スレハ官吏ノ任用ヲ重ンス可キノ一言ニ基クナリ猶其理ヲシテ分明ナラ使ンカ爲此章ニ於テハ我國往昔ヨリノ任用如何ニ溯論シテ其例鑑ヲ示サント欲ス讀者請フ幸ニ注視焉

上古ハ我輩淺學者ノ容易ク論出ス可キ所ニアラスト雖三四ノ史上ニ根據シテ聊カ其概畧ヲ陳述セン抑神武ノ一國ヲ平定シ都ヲ大和ノ橿原ニ立テ政務ヲ施行スルニ及テヤ其職官ノ任用ハ敢テ己ノ功臣而已ニ限ラス敵子ヲ擧テ近衛兵士ノ長トナシ以テ疑嫌セサル如キ其性明

豁如知ル可キ也此時百官ノ任用未世襲法アルニアラス若我國世々ノ君ヲシテ能神武ノ續ヲ繼紹セシメハ何ソ我輩カ論述ヲ要センヤ假令任官規則アルモ一ノ虚文ニ屬センノミ崇神初テ四道將軍ヲ置キ外ハ以テ武威ヲ四方ニ輝シ内ハ以テ不逞ノ徒ヲ誅ス是以テ海内平夷ナリ然レ𪜈當時其任用ハ何レノ方法ニ出ルカ今之ヲ測知スルニ由ナシ景行ノ西征東討スルニ及テ皇子日本武ヲ以テ元師タラシメシハ姑ク舍キ仲哀之大友ニ於ル神功之武内ニ於ルカ如キ未其任用如何ヲ知悉スルヲ得ス下テ欽明。敏達。用明。崇唆。推古ノ五朝ニ及テヤ國家ノ秩序已ニ弛解シ蘇我氏カ佞佛黨物部氏カ敬神黨アリ二黨相爭ヘ朋黨ノ害始テ史上ニ見ハル蘇我氏物部氏カ敬神黨ヲ排テ以テ顯官ヲ世襲シ威權甚赫灼ヲ極ム。於是乎臣子ノ身ヲ以テ刄ヲ天子ノ玉體ニ加ルニ至ル其大逆無道天人共ニ憤ル所ナリト雖。其原ヲ推セハ是僉職官世襲ト任用規律ナキニ淵源スルノ禍害ト謂フ可キ也

天智ノ中興ニ及テハ陵夷巳ニ地ニ墮タルノ郡縣制ヲ復興シ世襲大守漸々封建タラントスルノ害ヲ破却シ畫一ノ制度ヲ施行シ較々前朝ノ弊ヲ矯正シ人材輩出ノ路ヲ開達スト雖。然レ𪜈藤原氏世襲ノ根基ヲ此時ニ培養スル

ヲ悟ラス任官律ノ設ナキハ豈千載之缺典万世之遺憾ニ非乎聖武。孝謙ノ朝ニ至テハ玄昉カ朋黨ヲ以テ國家ヲ亂シ尋テ仲麿カ紫微內相ヲ私シ道鏡カ太政大臣ヲ辱カシメ比朋黨與國家ニ普クシテ遂ニ近江ノ反トナリ遂ニ宇佐ノ奉幣トナル其弊亦甚シト謂ツ可シ矣文德。陽成ニ及テハ藤原氏ノ威權已ニ專擅ヲ極メ宇多ノ英姿菅原氏ノ才學アリト雖。一滴ノ冷水數石ノ沸湯ニ洒クカ如シ豈夫之ヲ止ム可ンヤ又如何トモスル能ハス菅原氏却テ播遷ノ災ニ罹リ溘然寃ヲ呑テ以テ死ス嗟吁悲夫。冷泉。圓融ハ外戚政府ナリ華山ニ及テ爲ニ天位ヲ騙奪セラルヽニ至ル是ヨリ以下歷朝藤原氏門生ヲ以テ天子ヲ待ツ跋扈跳梁或ハ父子黨與ヲ異ニシ或ハ兄弟比朋ヲ分チ以テ相位ヲ爭フ藤氏世襲ノ禍害タルヤ保元平治ニ壞裂シ後白河ニ至テ却テ平氏ノ暴權ヲ養成シ四朝ノ職官悉ク平氏ノ掌中ニ歸シ數万ノ生靈平氏ノ黨與比朋ト爲リ其力ニ藉ルニアラスンハ微官賤職タモ得ル能ハス其族六十餘州ニ充滿シ萬乘ノ天子手ヲ束テ其鼻息ヲ窺フノミ養和ノ間ニ至テ西海ノ波瀾ニ沈沒スト雖海內ノ大勢是ヨリ一變矣由是觀之官吏朋黨ノ害ハ政治ノ秩序ヲ紊亂シ民生ノ福祉ヲ壞破スル尤其太甚シキヲ

後鳥羽政權ヲ擧テ武門ニ移セシヨリ朝廷唯虛器ヲ擁スルノミ源氏亦前朝ノ弊ヲ紹續シ外戚ヲ以テ要職ニ任シ隨テ亡滅ヲ取リ北條代テ政權ヲ掌ル二百餘年其間一ノ青砥氏アリト雖是一燕來テ天下ノ春ヲ粧ニ過ス煙霞澹蕩百花爛熳ノ陽和青春ニ非ス只幸ニシテ人ヲ得ルノミ豈其法アラン常ニ政猷外戚ニ出ツ其末路振ハス自ラ亡滅ヲ速ク後醍醐ノ恢復官吏濫用尤其甚シキヲ極メ新田足利ノ二黨ヲ生シ忽爾ニ政柄ヲ得テ忽爾ニ政柄ヲ奪ハル足利ノ十三世一モ以テ見ニ足ル者ナク初ニ高兄弟ノ跋扈中ニ細川。山名ノ擾亂終ニ三好。松永ノ災禍アリ是以テ元龜天正ノ大亂ヲ馴致シ家尋テ滅フ織田氏。豐臣氏崛起大勢ヲ收攬スト雖。年ヲ經ルコ長カラス德川氏全國ヲ平定シ以テ一致ノ政ヲ布クト雖。政、封建、ニ、シ、テ、官、ハ、世、襲、ナ、リ、海、內、亂、ヲ、厭、ノ、機、ニ、投、シ、テ、三、百、年、ノ、驩、虞、ヲ、見、ル、ト、雖、其、人、ヲ、任、用、ス、ル、果、シ、テ、法、ヲ、得、タ、リ、ト、セ、ン、ヤ、

右ハ我國古來職官任用ノ概畧ナリ其方法多クハ世襲ノ過害ヲ知覺セズ却テ之ヲ株守スルヲ以テ得策トナシ亂離ノ踵ヲ接シテ起ル所以ヲ顧慮セサル也前ニ藤原氏ノ政官世襲ヲ以テ皇室ヲ衰弱シ後ニ源。平氏武官世襲ヲ以テ朝綱ヲ錯亂ス當時幸ニ外変ナキヲ以テ國ノ獨立ヲ保

存ストトモ若當時ヲシテ今日ノ如クナラシメハ各國共ニ我國ノ內事ニ關涉シ四分五裂ノ禍害ヲ來スモ亦未知ル可ラサル也夫國ハ人ヲ以テ立ツ人ハ官ヲ以テ安寧ヲ保ツ其官吏ニシテ任用宜キヲ得サレハ喪亂立ニ臻ル歷世ノ治亂豈之ヲ鑒サル可ンヤ嗚呼職官世襲之害可恐矣官吏任用之法可不愼也哉

第五章　官吏任用ノ規則論

國家ノ職官ヲ世襲スルノ弊害ハ已ニ前篇ノ如シ讀者モ世官ノ方今時勢ニ適當セサルヲ知覺スルヲ信ス然レトモ單ニ職官繼襲ノミヲ惡ンテ之ヲ根絶シ一片ノ餘燼タモ

遺存セスト雖。一ノ任期例ノミ全國ノ人材ヲ網羅スヘキ者トセハ比朋黨與互ニ相扶助スルノ弊ヲ釀成シ却テ無恥無識凡庸ノ徒濫リニ僥倖ヲ博スルノ園囿ヲ設ルニ過スシテ然ラハ前狼去未タ盡ス後虎早ク已ニ來ルノ類而耳。

抑任官規則ハ獨逸國ヲ以テ其確實精良ヲ得タル者トス其他各國ノ如キ任官規則ノ制定ナキニアラズト雖未曾テ獨逸國ノ如キ確實精良ナルハアラス元來獨逸國ハ任官規則ニ由テ職官ニ適應スルノ人材ヲ考試スルノ方法ニ於テ殊ニ鄭重愼密ナリ官ノ試撿ニ於テ及第セシ者

ニアラサレハ任用スルヿ无シト蓋此規律ノ善良無缺ナルヿハ敢テ疑フ可キニアラスト雖然レトモ獨逸國モ亦其中ニ就テ一二ノ弊害ナキヿ能ハストハ先哲已ニ之ヲ論セリ蓋其任官規則ヲ制行シテ求官生ヲ考試スルノ方法ニ於テハ大凡分テ二次トナシ乃一次ノ考試タルヤ全ク大學ノ課目ヲ卒業シテ而シテ後ニ施行スル者ニシテ之ヲ學事ノ考試ト云フ即チ博士之ヲ掌ル凡此考試ニ於テ考試ヲ爲ス者モ亦考試ヲ受ル者モ共ニ其材能ニ適合セル事ヲ要スルガ故ニ其宜キヲ得ルヿ決シテ他方法ノ企及ス可キニアラズ且此考試ノ方法善良ナル時ハ風教ヲ

正フシ自ラ後來大學生徒ノ志ヲ奬勵スル甚鮮少ナラズト其二次ノ考試ノ如キハ即チ實事ノ考試ト稱シ求官生ヲシテ內務ノ官ニ任用セント欲セハ內務ノ實業ヲ考試シ外務ノ官ニ登用セント欲スレハ外務ノ實業ヲ考試スル等其他財務工藝ニ至ル皆然ラサルナシト此第一第二ノ兩次共ニ寔ニ其良制整律ヲ得タルハ我輩ノ今殊ニ賞贊ヲ俟サル所也宜也該國カ當時勢力ヲ歐洲ニ全伸スルヤ夫然リ顧テ我國ノ任用ヲ見ヨ典則ノ能僥倖ヲ防拒スルアル歟我輩筆シテ茲ニ至レハ豈爽然自失シ復[illegible]居セサラント欲スルモ得ンヤ

右ニ論スル如キ任官規則ノ嚴密ナルアルトキハ直接ニ於テハ既ニ學術習練ヲ經テ能ク其責任ニ適當ス可キノ人材ニアラサレハ之ヲ任用セス故ニ諂諛齷齪ノ徒賄賂苞苴ヲ貴達顯官ニ納ルヽノ醜習ヲ破リ且顯貴モ動モスレハ其鄕徒ト相比朋黨與スルノ弊害ヲ撲滅スルヲ得ヘシ間接ニ於テハ其少年有志者ハ專ラ學術研究ヲ以テ就官ノ正路ト爲シ決シテ僥倖ヲ博セント欲スルカ如キ卑怯心ヲ生出スルナク且不學無識者等カ浪リニ攀附貪緣ヲ求ムルカ如キ弊害亦自ラ消却スルニ至ル可シ夫一ノ任官規則ヲ發スレハ此二ノ良果ヲ得可シ果然ラハ一ノ任

期例ノ力ラ焉能ク之ト相比スルヲ得ヘケン哉

任官規則ハ以テ名器ノ濫用ヲ防ク第一要具ニシテ狡黠者流カ賄賂苞苴ヲ貴顯ニ納テ其慾ヲ逞ウスルノ弊ヲ杜絶スヘキナリ試看其規則ナク一二人カ其私黨ヲ引テ羽翼トスル爲ニ同臭相逐フノ徒ハ數十百里ヲ遠シトセス來テ一官ヲ僥倖セント欲シ顯達モ亦其人ノ才能德望報國純忠ヲ問ハス唯其比朋黨與ヲ引クニ至ル此弊害ヤ大ニ漲流スルニ及テハ滿野ノ少年輩テシテ就官ノ捷路ハ比朋タリ黨與タルヲ以テ得策トスルニ至ル我國ノ今日此二種ノ弊害顯然タラストト雖其暗々中ニ苞藏スルハ未

測知ス可ラス好シヤ今無ト雖他日又生スルモ亦未測知ス可ラス若一度ヒ之ヲ生セハ漸ヲ積テ衰ヘス易所謂。鼎折足覆公餗ト云カ如キ者陸續滿朝遂ニ大ナル𪜈ハ一國ヲ失亡シ小ナル𪜈ハ一國ヲ擾亂ス彼支那ノ宋代賈似道カ朝ニ立チ比朋黨與ヲ任用シ戰鬪勝タス和睦功ナク趙氏三百餘年ノ社稷ヲ顚覆スルカ如キ必スナキヲ將來ニ保証スルヲ得可ンヤ禍源ヲ未發ニ塞キ他日ノ安寧ヲ圖ラント欲セハ應ニ此任官規則ヲ設テ直接間接ノ二利益ヲ求ム可キ也其規則ノ細目ハ之ヲ施行スル其人ニアリ今何ソ我輩カ饒舌ヲ要センヤ只我輩ハ是カ發行ノ速ナ

ルヲ希望スルノミ

夫我輩カ官吏任用ノ愼ム可キヲ主張スル也久矣我輩カ任官規則ノ設ク可キヲ論辨スル也切矣何トナレ者官吏ノ人材ハ國家ノ至治至盛ニ緊要ナル者ニシテ官吏人材ナルアルニ非ンハ決テ我國威ヲ今日ニ恢復シ外國ニ向テ對等ノ權利ヲ占有シ能ハサルヲ知レハ也抑官吏任用ニ規則ヲ以テスルハ我國未曾聞知セサル所ナレハ當局者之カ考案ヲ下ニ於テ宜ク時勢人情ヲ注視セサル可ラス其之カ考案ヲ下スニ向テ世人或ハ之ヲ難スルナキヲ保セスト雖已ニ今日ニ及ンテ之カ施行ヲ忽ニス可キ時

ニアラス到底此規則ハ國家ノ開明ト共ニ施行セスンハアル可ラサル者也今日姑息ニ之カ編制ヲシテ緩慢ニシ之カ施行ヲシテ遷延セ使ント欲スト雖早晩之ヲ編制施行セサルヲ得ンヤ安ンソ速ニ之ヲ試テ其弊ヲ矯正シ其害ヲ更革シ試撿經撿ノ二利益ヲ實際ニ求メサル之ヲ施行スルノ初ヨリ金甌一點ノ虧鈌ナキカ如キハ滿天下殆ント希矣殊ニ我國今日ノ時勢人情ニ於テハ尤之カ施行ヲ怠ラス官吏其人ヲ得ルニ汲々タラスンハアル可ラス官吏其人ヲ得ル𪜈ハ則上下ノ情狀ヲ通暢シ適當ノ國會設ク可ク彼我ノ景況ヲ斟酌シ對外ノ政略行フ可キナリ

之ヲ設ケ之ヲ行テ以テ我獨立帝國本分ノ權理ヲ保有ス
ルヲ得可キ也

第六章　任庸規則中ノ弊害論

我輩ガ今日ニ急設セズンハアル可ラズト云フ所ノ任官規則ナル者ハ畧《ホ》前篇ニ論述セリ矣苟モ眼目ヲ具シテ天下ノ物理ヲ判定シ得ル者ハ必其得策ト否ヲ知悉セラル可シト信ス雖然以上論述スル所ハ啻ニ其利ノミニシテ未其弊ヲ説カス故ニ或ハ一方ニ偏スルノ嘲ヲ來サンヲ恐レ茲ニ其弊ヲ論説之ヲ左ニ陳セン

抑任官規則ノ發行ナカル可ラサルハ論ヲ竢スト雖之ヲ

施行スルニ及テ宜ク實際ニ注目スル所ナカリセハ或ハ由之些子ノ弊害ナキヲ保ス可ラス何トナレハ我輩カ前篇ニ論出スル所タルヤ考試ヲ分テ二種トナシ其一ハ大學ノ課目ヲ卒業スルヲ以テ施行スル學事ノ考試トス其二ハ若天性聰敏ノ徒アラハ縱令學習ノ常規ヲ踏ミ大學ノ課目ヲ卒業スルナキモ自ラ大有爲ノ才能ヲ抱負シ一世ヲ經綸スルニ足レルモノハ之ヲ任用スル者トス然ルヲ偏ニ學習ノ常規ヲ踏ミ大學ノ課目ヲ卒業セサルノ故ヲ以テ抛棄省ミス荒野ノ遺賢タラシメハ果シテ政府ノ幸ニアラス人民ノ不幸ナリ殊ニ我國ノ如キハ大學ノ課

目未全カラス其一部ノ學モ亦入學生徒寥々而耳學科備リ卒業多キノ日ヲ待タハ未何ノ時ニ於テ任官規則ヲ發行スベキヤ抑此規則タル此ノ如キ死法ニハアラス時世ヲ斟酌シテ其活用ヲ示サヾルヲ得ス其是ヲ以テ任官規則ヲ傷害スルニ至ルヲ患ル者ナキニアラスト雖設否ノ如何ヲ權衡セハ孰カ輕孰カ重自ラ分明ナル者焉レ有ン能ク實際ニ着意施行セハ瑣々ノ患害ハ豈之ヲ防拒スルニ於テ敢テ難事タラサルハ蓋先哲カ數年前ニ論述スルノ要旨ニシテ而テ我輩ノ杜撰ニアラサリキ
我輩嘗テ小學教員ノ弊風ト題セル一篇ヲ草シ小學教員

カ時勢人情ノ如何ヲ量テ教則ヲ實地ニ活用セシムルハ猶船將カ船具ヲ活用スルカ如シト論シタルヿアリキ此任官規則ノ如キモ亦然リ政務老練ノ博士カ之ヲ實際ニ活用セシムルニ方リテハ宜ク船將カ船具ニ於ルカ如クセズハアル可ラサル也船將ニシテ風ノ順逆ヲ量リ其器械平準ヲ得セシムル𪜈ハ激浪怒濤モ見テ以テ坦途ノ如ク若風ノ順逆ヲ量ズシテ其器具平準ナラサル𪜈ハ輕波靜濤モ亦何ソ巫峽ト異ナランヤ抑法律ト器械トハ死物ニシテ活物ニアラズ其良其否ハ之ヲ活用スル其人ニ存ス嗚呼活用ノ樞要ナルヿ論スルヲ俟タサル也然ト雖此

任官規則タルヤ些細船具ヲ活用スル船將輩ノ關リ知ル可キニアラス特ニ政務ノ老練者カ專擔ス可キ最貴最重ノ要件ナリ今ヤ我國開明ノ時運ニ遭遇シ愈々進ンテ歐ニ駕シ米ニ馭セント欲スレハ何ソ萬法老練ノ立法官ヲシテ此規則ヲ制定セシメ政務老練ノ博士ヲシテ此規則ヲ實際ニ活用セシメサル瑣々タル患害ハ之ヲ制定スル立法官ト之ヲ活用スル博士カ時勢人情ノ如何ヲ量リ以テ進退スルヲ得可キ也又何ソ之カ爲ニ任官規則ノ發行ヲ難トセンヤ

然而シテ獨逸國カ任官規則ニ弊害アリテ動モスレハ其

佳好ノ菓實ヲ損敗スルヿアルハ即チ左ノ二種ニ過サル可シ矣其一ハ始テ求官生ヲ官ニ任用シ或ハ既ニ官ニ就ケル者ヲ昇級スルノ際多クハ試補トナリ其職掌試習ノ年數長短ニ拘リ專ラ材能ヲ論セサルヲ以テナラン其二ハ考試ハ必眞ノ法學即チ民法。訴訟法。治罪法。刑法。商法等ヲ考試スルヲ主旨トシテ國法學。理財學等緊要ナル學課ノ優劣ニ注意スルヿ甚少キヲ以テナラン

蓋天性敏達ノ徒ト雖數年間卑職陋官ニ處シ以テ賤役ニ從事スルヿ傭工ト類ヲ均セハ遂ニ此ニ由テ其英氣ヲ疲倦挫折シ全ク天質ヲ衰弱耗滅スルニ至ルヘシ假令年功

ヲ以テ始テ顯官ニ擢用セラレ重職ヲ委托セラルト雖既ニ疲倦挫摧衰弱耗減スル元氣ハ豈能國家ノ用ヲ爲スニ足ル可ン哉是獨逸國カ第一弊害ノ弊害タル所以ナリ且求官生タル者ハ必法科及政科共ニ其大要ヲ研究セサル可ラサルハ固ヨリ論ヲ俟ズト雖一人ニシテ法政諸科ヲ併セ學ヒ法政ノ二官職ヲ兼テ攝スルニ堪ユル者ハ全國能ク幾許ゾヤ故ニ求官生ヲシテ其好ム所ニ隨テ專ラ一科ヲ修メシメハ法ニ政ニ志向ノ欲スル所ヲ研究スルハ必然ナリ然ルニ求官生ヲシテ漫ニ數科ヲ兼學シテ徒ラニ廣博ニ渉ラシメント欲セハ却テ其好ム所ヲ散シテ其

好マサル所ニ及ホス也之カ爲ニ志力ヲ挫折シテ遂ニ材能ノ發達ヲ妨害スルニ至ル可キヲ信ス是獨逸國カ第二獘害ノ弊害タル所以也

文明ヲ自稱スル歐洲ノ國ニ於テスラ猶前述ノ獘害アルヲ免レサルニアラス乎故ニ我國ノ如キ任用規則ヲ發行スルニ及テハ宜ク細思注目人情ノ如何ヲ撿覈シ其弊ヲ去リ其碍ヲ除シ撮要提綱ノ法方ヲ計畫ス可キナリ然リト雖直ニ獨逸國ニ行ハル法則ヲ以テ其獘害ヲモ擧テ一概ニ我國ニ施行ス可シト云ニハアラス此ノ如キハ我輩ノ決シテ國家ノ具眼者ト云能ハサル也熟ラ獨逸國カ弊

害トスル所ノ者ヲ視ヨ全ク官吏任用ノ規則ヨリ萌生スル者トスル歟官吏任用規則ヨリ萌生スルカ如キ者モ或ハアラン然レ𪜈前ニ擧ル二弊害ノ如キハ然ラス一ハ官吏權ヲ重スルヨリ起ル者ニシテ一ハ全ク學習ニ紊ク者ナリ其他ノ弊害ハ朋黨相扶クルノ禍ノミ是决シテ任官規則ノ意ニアラス又我輩ノ意ニアラス我國ニ於テ今日官吏任用ノ規則ヲ發行セント欲セハ曷ソ直ニ彼ノ規則ヲ而已墨守スルノ理アランヤ必ヤ美ヲ採リ醜ヲ去ルノ良法アル可キナリ故ニ我政府ヲシテ今日少弊害ノ爲ニ躊躇セス速ニ任官規則ヲ發行以テ遵守セシメハ豈可ナ

ヲスヤ少弊害ヲ恐レテ大利益ノ規則ヲ并セ捨ツルニ至テハ猶弊害ノ焉ヨリ甚シキ者アラン

第七章　黨派ヨリ出ルノ利益論

我國古昔ヨリ職官世襲ノ弊害ト黨派相引ノ弊害トハ連章陳說セリ讀者必ス知ラン此二者ハ膠漆相和シテ患害ヲ社會ニ流布スル者ナルヲ然ルニ此黨派ヨリシテ却テ一國ノ衰頽ヲ輔ケ社會ノ安寧福祉ヲ進ムル如キ者アリ請フ之ヲ左ニ說明セン

比朋黨與ノ弊害物ニ於テ却テ一國ノ衰頽ヲ復興シ社會ノ安寧福祉ヲ增進シ得タル者アリトハ何ソ哉曰皇政維

新ノ大革命即チ是也抑皇政維新ノ大革命タルヤ王政振ハス武門專制シ國威下ニ移リ萬乘ノ天子虚器ヲ九重中ニ擁スルノミ武人政治抑壓ヲ極メ全國人民一擧手一投足ノ微ト雖自ラ縱マヽニスルヲ得ス加之幕府ノ末路虚榮ヲ好ミ將軍一出入ノ費數萬ニ至ル茲ニ至テ財政ノ衰頽人民ノ怨謗外國ノ釁隙薦ヲ臻リ國家岌々將ニ死地ニ瀕セントス積極ノ弊潰裂シテ幕政既ニ覆リ皇政維レ新ナリ内ニ善良ノ國政ヲ布キ外ニ萬邦ノ交際ヲ結ヒ日章國旗ノ光輝ヲ使テ東洋ニ赫々タラシムル者ハ一ニ此大革命ニ出ルニアラスヤ革命既ニ此ノ如シ我國開闢以來

絶テ無シテ始テ有ル所一大偉蹟ヲ萬世ニ垂ルヽト我輩與人ト共ニ知ル所ナリ依之以テ社會ノ文明ヲ來シ依之以テ世官ノ大弊ヲ破リ華士族平民ノ區域ヲ立ス其學識材能ニ因テ就官シ得ルノ正路ヲ開發シ得タルハ遽ニ朴野ヲ脱シテ閑都ノ美ニ移ルカ如シ又歐洲文明國ニ比照シテ耻サル所タリ夫然而シテ此大革命ヲシテ一方ヨリ見解ヲ下ニトハ比朋黨與アルノ結果ナリト云モ敢テ不可ナキ者ノ如キ也

我輩前ノ如ク論述シ去レハ讀者ハ必怪訝セン俄ニ持論ヲ變更シ前後矛盾孟浪無稽ノ説ヲナスカ如シト雖然我

輩ハ決シテ持論ヲ變更シ孟浪無稽ノ說ヲ主張シテ社會ノ風潮ヲ靡蕩セシメントスル者ニアラス又決シテ前後矛盾始尾柄鑿ノ說ヲ吐露シテ世人ノ意想ヲ瞞着セシメントスル者ニモアラサルナリ却テ因之以テ任官規則ノ今日ニ緊要ナル所以ヲ發見セリ讀者暫ク平心虛意左ニ論スル所ヲ熟讀セヨ必其理由ヲ明悉ス可シ

皇政維新ノ大革命ヲ以テ比朋黨與ノ功蹟ニ歸スルモ理ナキニアラスト云ハ其旨趣蓋シ此數言ニ過サル可シ曰維新ノ當初ニ於テ薩。長。土ノ如キ黨派ナカリセハ何ソ速ニ德川幕政ヲ轉覆シ今日ノ開明ニ達スルヲ得可ンヤ長黨前ニ勤王攘夷ヲ以テ起リ薩黨土黨又踵ヲ接テ出ツ伏見ノ護闕ヲ初トシテ二總ノ野ニ二野ノ原ニ或ハ岩磐ノ山三陸ノ地ニ血戰死鬪之ヲ終ルニ函館港ノ一戰ヲ以テス而テ天地ノ清明ヲ致ス者ハ皆三黨ノ力ニ由ラサル者ナシ依此思察之國家ヲ艱難ナラシムルモ朋黨ノ力ニ由リ國家ノ艱難ヲ匡濟スルモ亦朋黨ノ力ニ由ルニアラスト是言ンヤ其然リ雖然當時德川幕府カ轉覆ハ比朋黨與ノ功績ニ出タル如シト雖幕府自ラ天理ニ逆ヒ人情ニ戾ル失德アルニアラスンハ三黨アリト雖焉ソ其力ヲ施ス所アランヤ是偏ニ黨與ノ功績ナリト斷言スルヲ得サルモ

亦朋黨ナクンハ豈速ニ此ノ如キヲ得ンヤ哉

夫朋黨カ國家ニ利アリ害アル所以ノ者ハ既ニ前數章及此章ニ明言スルカ如シ其益ヲ知テ其害ヲ知ラサレハ則偏ナリ其害ヲ知テ其益ヲ知ラサレハ則僻ナリ其利害ヲ知テ之ヲ料理スル所以ヲ知ラサレハ則亂ナリ其然ルニ朋黨ノ益ヨリ一ト度ハ國家ノ清明ヲ致スト雖再度ハ征韓ノ論トナリ三度ハ佐賀。山口。鹿兒島ノ變トナリ終ニ海内ヲ惱亂スルニ至ル是故ニ政府ニ朋黨アルハ經國ノ良圖ニアラス又人民ノ幸福ニアラサル也然ラハ則朋黨ヲ料理スル所以ノ法則ヲ設スンハアルヘカラス其法則トハ

何ソ任官規則是也

抑任官規則ハ官吏朋黨ヲ料理スルノ法則ナリ政事至公ヲ表章スルノ典型ナリ今也我國是畧ホ定マリ朋黨者相汲引スルノ迹ヲ絶チ諂諛者相奔走スルノ俗ヲ脱スルニ似タリト雖後世何ソ今日ノ如ナル莫ヲ保センヤ語有言曰。必也正名乎。今任官規則ヲ設テ官吏朋黨ヲ料理スルハ名ヲ正スルニ在リ政事至公ヲ表章スルハ實ヲ示スニ在リ名正ケレハ實之ニ隨フヤ明矣何ソ今日ニ醜俗ナキヲ以テ名實共ニ正キノ任官律ヲ抛却スルヲ得可キ者ナラン哉唯速ニ任官規則ヲ發行シテ名實正シキ官吏任用ヲ天下ニ表示ス可シ若夫然ラスシテ是カ施行ヲ遅々スルヰハ世人疑ヲ政府ニ入レ喧々囂々トシテ朋黨者ノ集合トナスニ至ルモ亦未知ル可ラス嗟呼危哉政府亦何物ヲ以テ今日ニ任官律ヲ發行ス可ラサルノ理ヲ証明セン夫我國ノ官吏任用タルヤ公ト云ヰハ則公ナリ然レ𪜈其規則ハ設ナキヲ見ハ又私ナリト云ト雖或ハ之ヲ逃ルヲ得サルニ似タリ既ニ之ヲ私ナリト認視セハ或ハ直ニ目シテ朋黨者ノ集合ト視做スモ抑亦故ナキニ非サル也今我政府ハ如此ニ際シ公ヲ天下ニ表示セント欲セハ他無シ唯速ニ任官規則ヲ發行スルニ若サルナリ夫之ヲ發行スル

ニ遲々スルキハ世人又喋々トシテ政府カ此謗言ヲ顧ミス獨リ甘心焉何哉其言之已ニ便ナルカ爲也ト云フモ亦未保ス可ラサル也子膽曰驅鷹犬而赴林藪語人曰我非獵也不如放鷹犬而獸自馴操網罟而入江湖語人曰我非漁也不如捐網罟而人自信ト善ナル乎言以テ官吏任用ノ今日ニ喩フ可シ矣

第八章　黨派ノ得失ハ一概ナラサル論

凡事物ノ理一方ヨリ之ヲ論スレハ十分ニ利アリ益アルカ如シト雖還タ他ノ一方ヨリ之ヲ議スルキハ害アリ弊アル所以ハ我輩前章ニ於テ之ヲ論述シタリ然レモ黨派

ヲ政府ニ生セシメサランﾄ欲セハ官吏ノ任用ニ基ク乃此官吏任用ノ一項ノ如キニ至テハ豈輕々論述シ去ルヲ得可キ者ナランヤ只我輩ハ彼是ノ間ヲ比較シテ已ノ是信スル所ヲ筆記スルノミ其一利一害何レカ多何レカ少ニ至テハ世上具眼者ノ輿論ニ任ス我輩敢テ之ヲ强ユ可キ者ナランﾝ也哉

抑弊害ノ任官規則ニ萌生シタルノ旨志ト比朋黨與カ却テ一國ノ利益ト認テレタルノ旨志トハ第六第七ノ兩章ニ論述セリ是等ハ悉咸ナ我輩ノ反對說ナルヲ以テ其段間ニ於テ一々辨明セシヲ以テ看者ハ多少其非ナルヲ知

ラン元來獨逸國カ第一第二ノ弊害アル所以ハ或ハ單ニ官吏權ヲ重スルヨリ萌生スル者ト或ハ單ニ諸法學ヲ研究セシムル學習ヨリ萌生スル者ニシテ是等ノ細弊ハ何ソ大利大益ノ官吏任用規則ヲ擧テ無効ニ歸セシム可キ者ナランヤ却テ是等ノ弊害アルカ爲ニ他各國ノ官吏任用ニ向テ其基礎ヲ鞏固ナラシメタル者ト謂ツ可シ矣而シテ今日我國ニ於テ任用規則ヲ設ケ官吏ノ黜陟ヲ重セント欲スレハ敢テ是等些少ノ弊害ヲ顧慮セス速ニ之ヲ設テ可ナラン少弊害ヲ恐テ大利益ヲ棄ツルニ至テハ矯ヲ撲テ牛ヲ傷スルノ類也

我國薩長土ノ三黨カ皇政維新ノ大革命ニ當ルヲ以テ萌生シタルノ弊害ハ佐賀ノ亂ト云ヘ鹿兒島ノ變トナス是則彼三黨カ當初政府ニ權力ヲ有セント欲シテ相爭ヨリ生出スルニアラサル者ナシ是尤比朋黨與ノ大禍ヲ近世我國ニ與ヘタルヤ昭々晰々トシテ夫著者也思テ茲ニ至レハ何ノ功蹟カ之有ラン此故ニ我輩ハ比朋黨與ハ君子トナク小人トナク寧ロ政府ノ間ニ行ハレサラシムヲ欲スルナリ蘆騷嘗テ斯巴爾達國ノ立法者ノ利吉爾喜《リキエルギユ》ノ言ヲ引キ論シテ曰諸ノ黨派ノ各々ノ意志ハ其黨者ヨリ之ヲ視ルトキハ公同ノ意志トナリ又其國ヨリ之ヲ視ルトキハ

獨一各自ノ意志トナル也是故ニ公同ノ意志ヲ發起スルニハ黨派ヲ生出スルヿナカル可シ矣ト善ナル乎言其之ヲシテ行ハレサラシムルハ任官規則ヲ設ケ朋黨ノ道途ヲ遮斷シ考試ヲ經ルニアラスンハ登用ヲ許サヽルニ若クハナシ

官吏朋黨ノ一國ヲ禍毒スル所以ハ右ニ論スル如シト雖之カ爲ニ在野ノ比朋黨與ニ及ホシ賢愚トナク一般ニ撲滅シテ遺類ナカラシメント欲スルニハアラサルナリ我輩ハ只政府ノ蕭牆中ニ行ハルヽ所ノ朋黨即私黨ヲ引用シテ賢愚奸猾ヲ論セス職官ニ任使シ其治体ヲ妨クカ如

キ弊害ヲ杜絶セント欲テナリ其之ヲ以テ定規トシ在野ニ會ヲ開キ社ヲ結ヒ施政ノ得失ヲ談論スルカ如キ即國家ノ公黨ニシテ或ハ一國ノ輿論トナリ或ハ人民ノ先導トナリ政府カ施政ノ方向ヲ確定スルカ如キ者ニ推及セント欲スルニアラサル也果シテ此ノ如ンハ則亂ナリ夫在野ノ公黨ハ社會ヲ安スルノ基ナリ政吏ノ私黨ハ社會ヲ害スルノ蟲ナリ其基本ヲ鞏固ニシ其蟲害ヲ防禦セントト欲セハ則嚴密ナル法律即任官規則ヲ設テ私朋黨ヲ未萌ニ杜絶セサルヘケン哉

右ニ論セシ如ク我輩カ廢棄セシメント欲スルノ朋黨ハ

政吏ノ私黨ナリ國家ノ徒黨ナリ在野在廷ノ直正ナル國政黨派ニアラサル也抑朋黨ノ種類タルヤ多シ我輩今此論題ヲ終ルニ臨ンテ豈一言ヲ贅シテ讀者ノ注意ヲ要セサルヲ得可ン乎蓋我輩カ此論ニ於テ比朋ト說キ黨與ト記シタル者ハ所謂官吏ノ私黨國家ノ法黨ナリ是等ノ朋黨ハ身ヲ出テ國家職官ノ爲ニスルニアラス身ノ爲ニ國家職官ヲ私セント欲スル者也直正ナル國政黨派ハ然ラス其內ニ於テ國家ノ禍タリ害タリ往々ニシテ而有リト雖其精神ハ國家ノ爲ニ身ヲ顧ミサル者也玉石詎ソ同一視スルヲ得可ンヤ若夫我輩カ眞正ナル國政黨派ヲ論ス

ルトキハ社會人々豈黨派ナラサル者ナカランヤ改進黨タリ保守黨タリ專制黨タリ激論黨タリ皆其人ノ心ニアリ然レ𪜈此黨派ハ臭味相投シ以テ官職ヲ私シ國家ニ禍スルカ如キ者ニアラス自ラ黨派中ニ立テ魚ノ水中ニ游泳シ鳥ノ空中ニ翱翔スルカ如ク顯然何人ト比朋黨與タルヤヲ知ラサルノ類ニシテ我輩カ論スル黨派ト自ラ異也我國薩。長。土ノ三黨カ維新ノ朝ニ於ル眞正ナル國政黨派ナリトセン歟果然ラズシテ時勢ノ變ニ遭シ人情ノ異ニ遇シ露國ノ「ニヒリスト」トナリ變シテ佛國ノ「シャコヒン」トナリタルナカラン歟讀者幸ニ之ヲ判スル所アリ

第九章　任官ニ年限アルハ得策ナラサル論

造次ニモ之ヲ思ヘ顛沛ニモ亦之ヲ思ヘ未嘗テ我輩ノ一日モ忘却セサル者ハ明治八年四月十四日立憲政體ノ聖詔ナリ今也政府ハ此聖詔ニ基キ分權任他ノ國是ヲ取テ全國人民ニ參政權利ヲ法律上ニ附與セラル我輩何ノ忌憚スル所アリテ此官吏任用ノ一項ヲ飽マテ論辨セサランヤ

抑任官規則ノ良否ハ官吏ノ得失ニ關シ官吏ノ得失ハ全國人民ノ利害休戚ニ直接ニ影響スル者ナレハ人民ハ固ヨリ孳々トシ意ヲ任官ノ如何ニ注キ着實穩當ノ論辨ヲ

ナシ以テ善良ノ官吏ヲ任用セラレンヿヲ冀望セサル可ラス政府モ亦必人民ニ政事ノ思想ヲ起サシメ着實穩當ノ論辨ヲ得テ以テ善良ノ官吏ヲ任用センヿヲ熟望セラル可キ也然リ而テ此官吏任用ノ規則タルヤ我國建創以來數千百年ノ久キヲ經ルモ文獻典例未曾之カ施行ヲ徵スルナキ者ナレハ其施行法方ト云ヘ其條章細目ト云ヘ共ニ是新創ノ擧タリ之ヲ施行スルニ當リテ其十分ヲ得ルヤ寔ニ至難中ノ又至難也是故ニ之カ起草ニ從事スル者ハ必ス學術ニ事務ニ老練熟達スル者ヲ選ハスンハアル可ラサルナリ夫任官規則ノ注意セサル可ラサルヤ如

此。故ニ我輩ハ一歩ヲ進メテ茲ニ任官規則中ニ反覆論及スル所以也

任官規則ヲ發行スルノ時ニ及テ其規律中ニ職官授任ノ期限ヲ定メ終ニ數年間トナシタルアリ此ノ如キハ古時ノ民主國ニ於テ偏ク流行シ而シテ或ハ再任ヲ許可シ或ハ再任ヲ許可セサルノ國モアリキ方今ニ至テモ猶民主國ニ於テハ此ノ如ク授任ノ期限ヲ定ムルノ職官アルヲ見ルハ是一地方而已ノ政務ヲ施行スルノ小官ニハ適當スルカ如シト雖。國家ノ要路ニアル顯官ノ如キニ至テハ甚不適當ナルヲ信ス何トナレ者一地方ノノミ政務ヲ施行

スル小官ノ如キハ固ヨリ其權甚狹ク輙モスレハ法律ノ牽制シ徽纏スル所タリ是カ爲ニ大ニ才力ヲ鍛錬セシムルヲ要セサル故右ノ如ク授任期限ヲ規定スル妨ナシト雖國全ノ全權ヲ掌握シ大柄ヲ運轉スル官吏ニ至テハ實ニ積年累月其職官ニ鍛錬習熟スルニ非サレハ或ハ政理ヲ紊亂シ或ハ國安ヲ妨害スルカ如キ莫キヲ保シ難シ近世各國共ニ萬事學術ノ研究高尙ノ度ニ達スルノ人物ヲ要スルノ時ニ方リ積年累月其職ニ鍛錬習熟スル者ヲ任用スルハ最緊要トス然ルニ其大小ヲ問ハス授任期限ヲ纔カ數年間ト定ムルカ如キハ施政上或ハ大害ナキヲ免

レス、、
蓋職官授任ノ斯ヲ限制スルノ國ニ於テ其弊害ハ各人自己ノ榮利ヲ求メンカ爲比朋黨與其志ヲ達センカ爲互ニ相爭ヒ相軋リ各顯官ニ登リ國家ノ政務ヲ掌握セント欲スルニ依テ生出ス是故ニ官吏ノ交代スルコ數々ニシテ且之カ爲ニ國家ノ安寧福祉ヲ破リ遂ニ職官ノ遠大ナル能力ヲ損壞スル甚鮮少ナラス支那宋ノ神宗ノ時ニ當リ新法黨ト守舊黨ト一起一伏互ニ朝ニ立チ新法黨ノ政令ハ守舊黨ノ爲ニ廢セラレ守舊黨ノ政令ハ新法黨ノ爲ニ廢セラル國家ノ政令ハ二黨ノ爲ニ變易改更混亂錯雜シテ方向

一定セズ遂ニ宋朝ノ南渡ヲ釀成セリ矣又南宋理宋ノ朝ニ於ルモ亦然リ其著明ナル者也由是言之職官ハ屢更代スルハ國政ヲ亂スノ張本ナリ況ン乎職官授任ノ年限ヲ定ムル者オヤ夫年限ヲ定ムル者ハ他日政府其任ニ適合セサルノ官吏政ヲ行アラハ速ニ之ヲ罷メ若クハ民人ノ信ヲ失墜スルノ有司カ權ヲ專ニスルアラハ速ニ之ヲ黜ケ眞ニ其責ニ任ス可キノ英材ヲ擧テ之ニ代ラシムルニアリト雖然レモ英才モ亦年限ノアル有リ焉假令再任ノ法則アルモ此利益ハ决シテ上ニ論述スル弊害ヲ償却スルニ足ラズ是利害比較ノ權衡ヲ失スル者ト謂フ可シ矣

我國今日ノ政体タルヤ決シテ民主政治ニアラサルハ論ヲ俟タズト雖亦貴族政治ニモアラサル也業既ニ立憲政体ノ聖詔ニ基キ創建以來未曾有ノ府縣會ヲ開キ而シテ國會開設ノ期モ亦應ニ遠ニアラサルヘシ何ソ速ニ我輩カ徽衷ヲ察シ利害得失ヲ比較シテ嚴密ナル官吏任用ノ規則ヲ頒布シテ昭代ノ鈌典ヲ補サル嗚呼我國ノ今日ハ任官規則ヲ設ク可キノ時期已ニ至ルニアラスヤ當路ノ君子豈深ク察セサル可ンヤ

且夫外國ニ對シテ我國威ヲ發耀セント欲セハ宜ク內國ノ人材ヲ政府ニ班列セシメサル可ラズ獨國ト云ヘ英國

ト云ヘ毎ニ國威ヲ外國ニ發耀シテ大權ヲ掌握スル者ハ多少ノ源淵アルノ致ス所ナル可シト雖畢竟在政府官吏ノ人材タル効驗ニアラザルハ莫シ在政府官吏ニシテ人材タラスンバ焉ソ對外政畧ニ應スルヲ得ンヤ而シテ英獨兩國カ在政府官吏ノ人材タルハ旨トシテ任官規則ノ致ス所也顧テ我國ノ形勢ヲ觀察セバ已ニ縷々陳述スルカ如ク內未官吏ノ人材班列セス外未他國ノ抑壓ヲ免レ得サルカ如シ國內ニ於テスラ尚ホ且我輩ノ心中ヲ滿足スルニ至ラサルアリ國外焉ソ對峙掎角威力ヲ煥發スルニ暇アランヤ我輩ハ筆ヲ把テ明治ノ隆盛ヲ記スル毎ニ未

嘗テ立憲政体ノ聖詔ヲ想起セスンハアラス立憲政体ノ聖詔ヲ想起スル毎ニ未嘗テ聖上ノ渥恩ヲ感激セスンハアラス然ト雖其感情中又幾分ノ悲歎ヲ催ス者ナキヲ如何セン切ニ望ム今ニ及ヒ適當ナル任官規則ヲ設ケ内官吏人材ヲ班列シテ遠大ノ氣力ヲ養ヒ外與國ノ侮慢ヲ受ルヿナキノ基礎ヲ確定シ快ク樂天カ七德ノ筆ヲ把テ明治ノ盛事ヲ記シ我輩カ仰慕セル聖上陛下ノ治績ヲ萬歲ニ垂レ賜ハラシメンヿヲ

第十章　結論

我輩カ已ニ篇ヲ重ネ已ニ章ヲ追ヘ重復ヲ厭ハス丁寧ニ

論述シ去タル官吏任用ノ一項タルヤ十分ニ演盡シ餘蘊ナシト云フニハ非サルモ疾ニ多少讀者ノ腦裡ニ感觸スヘシト自信ス故ニ我輩ハ此章ニ再説セスシテ可ナリト雖之カ發行ヲ望ムノ切ナルカ故ニ聊カ大眼目タルノ一事ヲ約言シ以テ此論項ヲ結ヒ他日輿論ノ輩出スルヲ待ントス

抑我國ノ官吏任用ニ當リテヤ如何シテ妍猾鄙悋不文無識者ノ比朋黨與諂諛賄賂ヲ以テ顯官要職ヲ僥倖スルノ弊害ヲ除却シ得可キヤト思考スレハ唯嚴密ナル任官規則ヲ發行スルニ若ズト云フニ止ル而耳也而シテ任官規

則ノ細目ニ至テハ能ク此編ノ盡ス可キニアラス且之ヲ盡スモ何ノ益カアラン今我輩ノ論セシ所ハ幹ナリ其幹タル任官法則ノ既ニ立アラハ條葉森然花ヲ開キ果ヲ結ハサルアラン故ニ其條葉タル細目ノ如キニ至テハ之ヲ編制スル其人ニ在リ唯大綱トナス所ハ學習ニ實業ニ練達スル所ヲ試撿シ登第落第ノ如何ニ由テ其職官ニ任用ス可シト云ニアリ然リ而シテ我國ハ如何シテ此任官規則ナ今日ニ必用ナリトスルヤニ至テハ已ニ前ニ縷々開演セリト雖先第一ニ學習ト實業トノ如何ヲ論セス比朋黨與相引ヲ以テ任官ノ慣例トナスカ如キ弊害明々中ニ

見レスト雖冥々裏ニ存スルアランヲ恐レテナリ比朋黨與相引テ以テ政府ノ官吏タルニ及テハ政官ノ命令スル所一ニ比朋黨與ノ好ム所ニ從ヘ他ニ正議讜論ノアルアリト雖常ニ其黨與ガ勢力ニ壓服セラレ遂ニ實地ノ利用ヲ施サヾルニ至ルモ亦未知ル可ラサル也往時英國カ米國獨立ノ事ニ關シテ國會ヲ開キ其始メ和議ノ明論アシリモ遂ニ朋黨ノ爲ニ掩蔽セラレ戰艦已ニ大西洋ヲ航シ兵革已ニ交ヘ屢々敗北スルニ及ヒ遂ニ彼ガ獨立ヲ許スカ如キ即是也且比朋黨與カ賢愚ヲ論セズ互ニ相引テ政府ニ立チ常ニ其勢力ヲ以テ縱マヽニ政令ヲ二三ニスル

トキハ國家ノ經綸ヲ紊亂シ其極亂ヲ釀成スルニ至ルモ亦未知ル可ラサル也支那ノ王安石カ比朋黨與ノ宋朝ニ立チ政令ヲ專行シ爲ニ國家ヲ騷擾シ秦檜。賈似道ガ比朋黨與ノ南宋ニ立テ趙家ヲ滅亡セシムルカ如キ即是也眞正ナル國政黨派ハ得易カラス之ヲ得易カラサルハ之ヲ辨易カラサルニ由ル堯之小人黨ヲ退ケ君子黨ヲ進メ天下大治リ舜之皐夔。稷契等二十二人ヲ朝ニ竝列セシメ天下亦大治リタルカ如キハ古昔ナリ堯舜獨リ之ヲ辨スルモ何ソ後人ニ望ム可ン漢室ノ大亂スルハ獻帝朋黨ノ正邪ヲ辨セサルニ由ル唐朝ノ滅亡スルモ昭宗又之ヲ辨セサルニ由ル天下人君豈悉ク堯舜タルヲ望ム可ンヤ又何ソ獻昭ナキヲ保ス可ンヤ其他朋黨ノ害タルヤ甚矣其他佛ノロベスピエールカ過激黨ハルイ十六世ヲ弑殺シ米ノ合衆黨《テモクラチユク》共和黨《レハブリケン》二黨カ政府ノ顯官ヲ争ヘ遂ニ南北ノ大戰トナル露ノ虚無黨《ニヒリスト》普ノ社會黨ハ社會ヲ惱亂セシムルカ如キ枚擧ニ遑アラス是カ蘊奥ヲ玩味セハ皆官吏任用ノ方法ヲ失スルニ源因スルニアラサルハナシ前車ノ覆轍歷々タリ宜ク之ニ鑑ル可矣今也世上論者口ヲ開ケハ則曰國威ヲ外國ニ發輝スルノ法ヲ講ス可シト我輩之ヲ欲セサルニ非サルモ奈セン其本末立サルヲ官吏人材ノ

政府ニ班列スルハ本也國家威力ヲ外國ニ發輝スルハ末也基ヲ希望セスシテ其末ヲ欲スルハ豈泉源ヲ濁シテ支流ノ清ヲ求ムルニ異ナランヤ徒法不能以自行ト善乎孟子之言也今ニ及ンテ政吏人材ヲ求ムルノ法ヲ設スシテ國威發輝ヲ欲スルノ法ヲ講セントハ此之ヲ謂ニ非サル乎人材ニシテ政府ニ班列セハ何ヲ爲而カ成ラサランヤ何ヲ欲而カ得サランヤ不知不識國威ノ萬國ニ發輝スルニ至ラントス夫朋黨ヲ料理シテ國亂ヲ未萌ニ拒クノ法ト云ヘ國威ヲ發輝シテ對外ノ權理ヲ有スルノ法ト云ヘ皆此規則ニ素カサルハナシ是我輩カ憂國ノ餘リ此論ヲ草シ

嚴密ナル任官規則ノ速ニ施行アランヿヲ希テ也

一編ノ要旨ヲ約言スレハ纔ニ前ソ一段ニ止レリ然ルニ我輩カ有用ノ日子ト有用ノ筆紙トヲ費シテ顧ミサル者ハ實ニ痴愚ノ至リナリト雖官吏任用ノ一項タルヤ彼是ニ牽及スル所アリ一利アルヲ見ハ又從テ一害アリ完全無缺利有リ害莫キ者ハ滿天下幾ント鮮矣例ハ瀛車人力車ノ流行シ人間交際ノ媒ヲナスハ世人皆喜フ所ニシテ馬夫輿丁ハ獨リ之ヲ歎スルカ如シ馬夫輿丁ノ愁歎スルハ洵ニ可憐的ノ至リ也矣ト雖モ之ヲ以テ瀛車人力車ノ流行ヲ止ム可ンヤ任官規則ノ如キモ亦然リ學術ニ技藝

ニ之ヲ試撿シテ以テ就官セシムル者ナレハ在廷ノ貴達顯官カ無學無識ノ黨與ヲ登用セント欲スルト又在野ノ諂諛狡黠者カ僥倖以テ一官ヲ博取セント欲スルノ念ハ此規則ト相反シ共ニ消滅セサルヲ得ス故ニ任官規則ハ國家ニ鴻利洪益アルハ滊車人力車ノ如シト雖稀ニハ馬夫輿丁ノ感ヲ爲ス者ナキヲ保セサル也夫然リ雖然被害タル者カ悲歎スルヲ以テ任官規則ヲ止メントスルハ馬夫輿丁ノ爲ニ滊車人力車ヲ棄ルト一般也誰カ之ヲ得策ト爲ス可ンヤ到底朋黨者諂諛者カ悲歎スル所ハ水泡タリ畫餅タルニ過サルノミ利害ノ一方ニ歸着セサルヤ夫

如此利ヲ論シテ害ヲ顧ミサルハ識者ノ耻ル所ナリ故ニ之ヲ叙シ之ヲ述セント欲スレハ不知不識文字冗長ニ亘ルアリ而テ我輩カ淺學短才ヲ以テ筆ヲ此一大論頂ニ着ル所以ハ請自愧始ヨノ意也且我輩ノ筆ヲ把ルヤ駁擊辨難踵ヲ接スルハ既ニ之ヲ知ル是例ヘハ喬木ノ獨リ草野ニ立カ如ク風靂必之ヲ苦ム言論亦然リ我輩豈敢怪乎。我輩何ソ此一編ヲ以テ終ルヲ期セン世上論者我輩ガ微意ヲ察シ條章論出スル所ニ就テ可認セハ宜ク我輩ノ意ヲ普演スヘシ苟モ可認セスンハ飽マテ駁擊辨論スベシ是我輩反對ノ良友ナリ此良友ヲ得テ以テ我輩カ意ヲ切磨スベシ我輩ハ只自ヲ是信スルノ微意ヲ吐露スルニ過キ弗ル焉耳若夫一讀一擲繋風捕影ノ空論ニ附シ去ルカ如キハ我輩ノ微意ヲ知ラサル也我輩ノ良友ニアラサル也我輩意趣是ニ止マラス將ニ暇日ヲ待チ續々論出公共ニ問フ所アラントス一掬憂國ノ涙灑テ以テ此一編之文字ヲナシ暫ク筆ヲ此結論ニ閣スト云

野口勝一批點

日本官吏任用論終

日本官吏任用論跋

一夕霜晴月朗ナリ閑ニ乘シテ弟カ所居ヲ訪ヘ酒ニ對シ共ニ良夜ヲ賞ス偶々几上ニ亂堆スル稿本ヲ見ル是則ナ官吏任用論ナリ是弟カ茶談酒話ノ間ト雖常ニ諸友ニ語リ津々トシテ自ラ止ム能ハサル所ノ者也弟嘗テ余ニ言テ曰生ヤ辨訥ニ文拙ナリ筆舌以テ人ヲ感動スル能ハス然レモ空ク心中ニ包藏シテ而シテ人ニ告ケサランヨリ寧ロ嘲笑ヲ顧ミス論述以テ世ニ訂サントト欲スト余之ヲ聞クヤ久ト雖弟諸務繁忙能ク果サヽルヲ知ル余亦官吏任用律ノ一事ニ至テハ多少意見ナキニアラスト雖志シ

アツテ未タ達セス而今此編ヲ讀ムニ及テ弟カ之ニ熱心スル一朝夕ノ故ニアラス苦心焦慮余ヲ使テ感歎セシム嗚呼海內ノ廣キ人類ノ多キ余ト志ヲ同シテ未タ論述セサルモノ其レ幾許ゾヤ余故ニ慫慂速ニ剞劂ニ付シ以テ同志ノ者ニ告セシム因テ筆ヲ援リ其由ヲ叙セント欲シ紙ニ臨メハ霜風氷月稜冷几案ニ迫リ紙筆簌々聲アリ時ニ夜將ニ半ナラントス聊カ感スル所ヲ書テ以テ爲跋

明治十二年九月　大津彰誌

日本官吏任用論跋

余友大津儀卿纂有明治文抄之著而今將鋟於梨棗焉夫文章者則至於韓柳而極其能事後世推之者何也以有矩矱也明治文抄亦然也歟文章姑置是余閱史乘而通覽天下之隆替治亂而知其治者賢人在上而所用所進皆其人之與也所謂綱張而目擧矣其亂者反之豈得不就衰頽委靡耶世以治亂或謂時運之循環使然者余不信矣抑以人事有所未盡也要之矩矱立於上賢者進而不肖者退則治矣是儀卿之所以有此官吏任用論也歟然則有矩矱則豈翅文章而已也哉縱雖明治之　聖代亦復有此著而可是爲跋

明治十三年一月城山居士中村光謙卿氏撰於自強不息齋之南窓

明治十三年一月廿二日版權免許
仝　年四月　出版

定價金四拾錢

著述出版人　茨城縣平民
大津淳一郎
常陸國多賀郡
折笠村三十九番地

發兌　金港堂本店
東京本町三丁目

大坂唐物町
兵庫湊町
上州前橋
仝高崎
仝　金港堂

仝　水戸下市七軒町　笹島吉郎右衛門

仝　東京本石町四丁目　嘉美知

仝　常陸國折笠村　如水堂

其他各地ノ書肆ヘ差出シ置候間諸君最寄ニテ御購求アランコトヲ乞フ

帝國憲政と道義
附　日本官吏任用論　全　　別巻 1238

2019(令和元)年9月20日　復刻版第1刷発行

著者　大津淳一郎
発行者　今井　貴
　　　　渡辺左近
発行所　信山社出版
〒113-0033　東京都文京区本郷6-2-9-102
モンテベルデ第2東大正門前
電話　03 (3818) 1019
FAX　03 (3818) 0344
郵便振替　00140-2-367777(信山社販売)

Printed in Japan.

制作／(株)信山社，印刷・製本／松澤印刷・日進堂

ISBN 978-4-7972-7357-1 C3332

別巻　巻数順一覧【950～981巻】

巻数	書　名	編・著者	ISBN	本体価格
950	実地応用町村制質疑録	野田藤吉郎、國吉拓郎	ISBN978-4-7972-6656-6	22,000円
951	市町村議員必携	川瀬周次、田中迪三	ISBN978-4-7972-6657-3	40,000円
952	増補 町村制執務備考 全	増澤鐵、飯島篤雄	ISBN978-4-7972-6658-0	46,000円
953	郡区町村編制法 府県会規則 地方税規則 三法綱論	小笠原美治	ISBN978-4-7972-6659-7	28,000円
954	郡区町村編制 府県会規則 地方税規則 新法例纂 追加地方諸要則	柳澤武運三	ISBN978-4-7972-6660-3	21,000円
955	地方革新講話	西内天行	ISBN978-4-7972-6921-5	40,000円
956	市町村名辞典	杉野耕三郎	ISBN978-4-7972-6922-2	38,000円
957	市町村吏員提要〔第三版〕	田邊好一	ISBN978-4-7972-6923-9	60,000円
958	帝国市町村便覧	大西林五郎	ISBN978-4-7972-6924-6	57,000円
959	最近検定 市町村名鑑 附 官国幣社 及 諸学校所在地一覧	藤澤衛彦、伊東順彦、増田穆、関惣右衛門	ISBN978-4-7972-6925-3	64,000円
960	鼇頭対照 市町村制解釈 附 理由書 及 参考諸布達	伊藤寿	ISBN978-4-7972-6926-0	40,000円
961	市町村制釈義 完　附 市町村制理由	水越成章	ISBN978-4-7972-6927-7	36,000円
962	府県郡市町村 模範治績　附 耕地整理法 産業組合法 附属法令	荻野千之助	ISBN978-4-7972-6928-4	74,000円
963	市町村大字読方名彙〔大正十四年度版〕	小川琢治	ISBN978-4-7972-6929-1	60,000円
964	町村会議員選挙要覧	津田東璋	ISBN978-4-7972-6930-7	34,000円
965	市制町村制 及 府県制　附 普通選挙法	法律研究会	ISBN978-4-7972-6931-4	30,000円
966	市制町村制註釈 完　附 市制町村制理由〔明治21年初版〕	角田真平、山田正賢	ISBN978-4-7972-6932-1	46,000円
967	市町村制詳解 全　附 市町村制理由	元田肇、加藤政之助、日鼻豊作	ISBN978-4-7972-6933-8	47,000円
968	区町村会議要覧 全	阪田辨之助	ISBN978-4-7972-6934-5	28,000円
969	実用 町村制市制事務提要	河邨貞山、島村文耕	ISBN978-4-7972-6935-2	46,000円
970	新旧対照 市制町村制正文〔第三版〕	自治館編輯局	ISBN978-4-7972-6936-9	28,000円
971	細密調査 市町村便覧（三府 四十三県 北海道 樺太 台湾 朝鮮 関東州）　附 分類官公衙公私学校銀行所在地一覧表	白山榮一郎、森田公美	ISBN978-4-7972-6937-6	88,000円
972	正文 市制町村制 並 附属法規	法曹閣	ISBN978-4-7972-6938-3	21,000円
973	台湾朝鮮関東州 全国市町村便覧 各学校所在地〔第一分冊〕	長谷川好太郎	ISBN978-4-7972-6939-0	58,000円
974	台湾朝鮮関東州 全国市町村便覧 各学校所在地〔第二分冊〕	長谷川好太郎	ISBN978-4-7972-6940-6	58,000円
975	合巻 佛蘭西邑法・和蘭邑法・皇国郡区町村編成法	箕作麟祥、大井憲太郎、神田孝平	ISBN978-4-7972-6941-3	28,000円
976	自治之模範	江木翼	ISBN978-4-7972-6942-0	60,000円
977	地方制度実例総覧〔明治36年初版〕	金田謙	ISBN978-4-7972-6943-7	48,000円
978	市町村民 自治読本	武藤榮治郎	ISBN978-4-7972-6944-4	22,000円
979	町村制詳解　附 市制及町村制理由	相澤富蔵	ISBN978-4-7972-6945-1	28,000円
980	改正 市町村制 並 附属法規	楠綾雄	ISBN978-4-7972-6946-8	28,000円
981	改正 市制 及 町村制〔訂正10版〕	山野金蔵	ISBN978-4-7972-6947-5	28,000円

巻数	書　名	編・著者	ISBN	本体価格
915	改正 新旧対照市町村一覧	鍾美堂	ISBN978-4-7972-6621-4	78,000円
916	東京市会先例彙輯	後藤新平、桐島像一、八田五三	ISBN978-4-7972-6622-1	65,000円
917	改正 地方制度解説〔第六版〕	狭間茂	ISBN978-4-7972-6623-8	67,000円
918	改正 地方制度通義	荒川五郎	ISBN978-4-7972-6624-5	75,000円
919	町村制市制全書 完	中嶋廣蔵	ISBN978-4-7972-6625-2	80,000円
920	自治新制 市町村会法要談 全	田中重策	ISBN978-4-7972-6626-9	22,000円
921	郡市町村吏員 収税実務要書	荻野千之助	ISBN978-4-7972-6627-6	21,000円
922	町村至宝	桂虎次郎	ISBN978-4-7972-6628-3	36,000円
923	地方制度通 全	上山満之進	ISBN978-4-7972-6629-0	60,000円
924	帝国議会府県会郡会市町村会議員必携 附関係法規 第1分冊	太田峯三郎、林田亀太郎、小原新三	ISBN978-4-7972-6630-6	46,000円
925	帝国議会府県会郡会市町村会議員必携 附関係法規 第2分冊	太田峯三郎、林田亀太郎、小原新三	ISBN978-4-7972-6631-3	62,000円
926	市町村是	野田千太郎	ISBN978-4-7972-6632-0	21,000円
927	市町村執務要覧 全 第1分冊	大成館編輯局	ISBN978-4-7972-6633-7	60,000円
928	市町村執務要覧 全 第2分冊	大成館編輯局	ISBN978-4-7972-6634-4	58,000円
929	府県会規則大全 附 裁定録	朝倉達三、若林友之	ISBN978-4-7972-6635-1	28,000円
930	地方自治の手引	前田宇治郎	ISBN978-4-7972-6636-8	28,000円
931	改正 市制町村制と衆議院議員選挙法	服部喜太郎	ISBN978-4-7972-6637-5	28,000円
932	市町村国税事務取扱手続	広島財務研究会	ISBN978-4-7972-6638-2	34,000円
933	地方自治制要義 全	末松偕一郎	ISBN978-4-7972-6639-9	57,000円
934	市町村特別税之栞	三邊長治、水谷平吉	ISBN978-4-7972-6640-5	24,000円
935	英国地方制度 及 税法	良保両氏、水野遵	ISBN978-4-7972-6641-2	34,000円
936	英国地方制度 及 税法	髙橋達	ISBN978-4-7972-6642-9	20,000円
937	日本法典全書 第一編 府県制郡制註釈	上條慎蔵、坪谷善四郎	ISBN978-4-7972-6643-6	58,000円
938	判例挿入 自治法規全集 全	池田繁太郎	ISBN978-4-7972-6644-3	82,000円
939	比較研究 自治之精髄	水野錬太郎	ISBN978-4-7972-6645-0	22,000円
940	傍訓註釈 市制町村制 並ニ 理由書〔第三版〕	筒井時治	ISBN978-4-7972-6646-7	46,000円
941	以呂波引町村便覧	田山宗堯	ISBN978-4-7972-6647-4	37,000円
942	町村制執務要録 全	鷹巣清二郎	ISBN978-4-7972-6648-1	46,000円
943	地方自治 及 振興策	床次竹二郎	ISBN978-4-7972-6649-8	30,000円
944	地方自治講話	田中四郎左衛門	ISBN978-4-7972-6650-4	36,000円
945	地方施設改良 訓諭演説集〔第六版〕	鹽川玉江	ISBN978-4-7972-6651-1	40,000円
946	帝国地方自治団体発達史〔第三版〕	佐藤亀齢	ISBN978-4-7972-6652-8	48,000円
947	農村自治	小橋一太	ISBN978-4-7972-6653-5	34,000円
948	国税 地方税 市町村税 滞納処分法問答	竹尾高堅	ISBN978-4-7972-6654-2	28,000円
949	市町村役場実用 完	福井淳	ISBN978-4-7972-6655-9	40,000円

別巻　巻数順一覧【878 ～ 914 巻】

巻数	書　名	編・著者	ISBN	本体価格
878	明治史第六編 政黨史	博文館編輯局	ISBN978-4-7972-7180-5	42,000 円
879	日本政黨發達史 全〔第一分冊〕	上野熊藏	ISBN978-4-7972-7181-2	50,000 円
880	日本政黨發達史 全〔第二分冊〕	上野熊藏	ISBN978-4-7972-7182-9	50,000 円
881	政党論	梶原保人	ISBN978-4-7972-7184-3	30,000 円
882	獨逸新民法商法正文	古川五郎、山口弘一	ISBN978-4-7972-7185-0	90,000 円
883	日本民法鼇頭對比獨逸民法	荒波正隆	ISBN978-4-7972-7186-7	40,000 円
884	泰西立憲國政治攬要	荒井泰治	ISBN978-4-7972-7187-4	30,000 円
885	改正衆議院議員選擧法釋義 全	福岡伯、横田左仲	ISBN978-4-7972-7188-1	42,000 円
886	改正衆議院議員選擧法釋義 附 改正貴族院令,治安維持法	犀川長作、犀川久平	ISBN978-4-7972-7189-8	33,000 円
887	公民必携 選擧法規ト判決例	大浦兼武、平沼騏一郎、木下友三郎、清水澄、三浦數平	ISBN978-4-7972-7190-4	96,000 円
888	衆議院議員選擧法輯覽	司法省刑事局	ISBN978-4-7972-7191-1	53,000 円
889	行政司法選擧判例總覽―行政救濟と其手續―	澤田竹治郎・川崎秀男	ISBN978-4-7972-7192-8	72,000 円
890	日本親族相續法義解 全	髙橋捨六・堀田馬三	ISBN978-4-7972-7193-5	45,000 円
891	普通選擧文書集成	山中秀男・岩本溫良	ISBN978-4-7972-7194-2	85,000 円
892	普選の勝者 代議士月旦	大石末吉	ISBN978-4-7972-7195-9	60,000 円
893	刑法註釋 巻一～巻四(上巻)	村田保	ISBN978-4-7972-7196-6	58,000 円
894	刑法註釋 巻五～巻八(下巻)	村田保	ISBN978-4-7972-7197-3	50,000 円
895	治罪法註釋 巻一～巻四(上巻)	村田保	ISBN978-4-7972-7198-0	50,000 円
896	治罪法註釋 巻五～巻八(下巻)	村田保	ISBN978-4-7972-7198-0	50,000 円
897	議會選擧法	カール・ブラウニアス、國政研究科會	ISBN978-4-7972-7201-7	42,000 円
901	鼇頭註釈 町村制　附 理由 全	八乙女盛次、片野続	ISBN978-4-7972-6607-8	28,000 円
902	改正 市制町村制　附 改正要義	田山宗堯	ISBN978-4-7972-6608-5	28,000 円
903	増補訂正 町村制詳解〔第十五版〕	長峰安三郎、三浦通太、野田千太郎	ISBN978-4-7972-6609-2	52,000 円
904	市制町村制 並 理由書　附 直接間接税類別及実施手続	高崎修助	ISBN978-4-7972-6610-8	20,000 円
905	町村制要義	河野正義	ISBN978-4-7972-6611-5	28,000 円
906	改正 市制町村制義解〔帝國地方行政学会〕	川村芳次	ISBN978-4-7972-6612-2	60,000 円
907	市制町村制 及 関係法令〔第三版〕	野田千太郎	ISBN978-4-7972-6613-9	35,000 円
908	市町村新旧対照一覧	中村芳松	ISBN978-4-7972-6614-6	38,000 円
909	改正 府県郡制問答講義	木内英雄	ISBN978-4-7972-6615-3	28,000 円
910	地方自治提要 全　附 諸届願書式 日用規則抄録	木村時義、吉武則久	ISBN978-4-7972-6616-0	56,000 円
911	訂正増補 市町村制問答詳解　附 理由及追輯	福井淳	ISBN978-4-7972-6617-7	70,000 円
912	改正 府県制郡制註釈〔第三版〕	福井淳	ISBN978-4-7972-6618-4	34,000 円
913	地方制度実例総覧〔第七版〕	自治館編輯局	ISBN978-4-7972-6619-1	78,000 円
914	英国地方政治論	ジョージ・チャールズ・ブロドリック、久米金彌	ISBN978-4-7972-6620-7	30,000 円